湖南师范大学政治学“十四五”省级重点建设学科资助
湖南师范大学政治学与行政学国家一流本科建设点资助
湖南省普通本科高校教学改革研究项目（202401000489）阶段性成果

GONGGONG ZUZHIXUE

公共组织学

主　编　陈文胜　胡扬名
副主编　梁贵超　柏　花　夏冬平

中国农业出版社
北　京

图书在版编目（CIP）数据

公共组织学 / 陈文胜，胡扬名主编. -- 北京 ：中国农业出版社，2024. 8. -- ISBN 978-7-109-32444-2

Ⅰ. C936

中国国家版本馆 CIP 数据核字第 2024QE4646 号

中国农业出版社出版

地址：北京市朝阳区麦子店街 18 号楼

邮编：100125

责任编辑：刁乾超　任红伟

版式设计：李向向　　责任校对：吴丽婷

印刷：中农印务有限公司

版次：2024 年 8 月第 1 版

印次：2024 年 8 月北京第 1 次印刷

发行：新华书店北京发行所

开本：787mm×1092mm　1/16

印张：17

字数：397 千字

定价：58.00 元

主　　编　陈文胜　胡扬名
副 主 编　梁贵超　柏　花　夏冬平

编写组成员　陈文胜（湖南师范大学）
胡扬名（湖南师范大学）
梁贵超（湘潭大学）
柏　花（湖南农业大学）
夏冬平（湖南农业大学）
陈欣怡（长沙医学院）
张　宁（湖南师范大学）
谭明明（湖南师范大学）

前　言

Foreword

信息技术的迅猛发展、社会结构的深刻变化，以及全球性问题的日益凸显，使国家治理面临着前所未有的复杂性与挑战性。在这样的背景下，国家治理学作为独立的学科逐渐兴起，已成为政治学一级学科目录内的二级学科。公共组织作为国家治理的核心载体，其重要性愈发凸显。公共组织不仅承担着政策制定与执行、公共服务提供与资源配置等多重职能，更是推动国家治理体系和治理能力现代化、实现社会公平、提高效率的关键力量。因此，深入研究公共组织学的理论与实践，对于提升国家治理效能、促进社会发展具有重要意义。公共组织学作为公共管理、政治学（国家治理）等学科的核心课程，其重要性不言而喻。

在全球互联、信息爆炸的时代，公共组织的运行环境日益复杂多变。一方面，全球化促进了资本、信息、人才的跨国流动，加剧了国际竞争与合作，要求公共组织具备全球视野和跨国合作能力；另一方面，信息技术的飞速发展，特别是大数据、云计算、人工智能等技术的应用，正在重塑公共服务的提供方式和公共决策的流程，对公共组织管理提出了更高的要求。同时，社会结构的多元化和公众需求的多样化，也要求公共组织结构更加合理、公共组织过程更加科学、公共组织文化更具包容性、公共组织管理更加高效，从而实现治理模式的根本性转变。

在这样的背景下，传统的公共组织理论和管理模式已难以满足新时代的需求。面对国家治理实践的深刻变革与理论需求，急需一部能够反映时代特征、融合最新研究成果、指导实践创新的公共组织学教材，本教材正是在这样的时代呼唤下应运而生的，旨在通过系统梳理公共组织理论的发展脉络，深入分析公共组织在新时代面临的挑战与机遇，探索公共组织创新与变革的路径，为国家治理教育与实践提供有力的理论支撑和实践指导。本教材编写人员旨在为行政管理等公共管理类专业、政治学与行政学等政治学类相关专业的本科生，公共管理学和政治学（国家治理）等学科的研究生、MPA 学员，以及公共管理部门实务工作者提供一部集理论深度、实践广度与时代创新性于一体的学习参考书，以期在新时代背景下，共同探索公共组织发展的新路径，培养适应未来挑战的国家治理高级专门人才。

公共组织学不仅是公共管理学和政治学（国家治理）学科体系中的一门核心课程，更是连接理论与实践、现在与未来的桥梁。本教材致力于成为一部能够引领时代潮流、激发创新思维的精品教材，为培养具有国际视野、创新精神、实践能力的高素质国家治理人才贡献力量。希望通过学习本教材，读者不仅能够掌握公共组织管理的核心理论与技能，更能够在实践中不断探索与创新，为推动公共组织的现代化转型，构建更加公平、高效、可持续的国家治理体系，推动国家治理能力现代化作出自己的贡献。

本教材是集体智慧的结晶，由湖南师范大学、湘潭大学、湖南农业大学、长沙医学院的有关教师和研究生共同编写。陈文胜和胡扬名任主编，梁贵超、柏花、夏冬平任副主编。全书由陈文胜、胡扬名拟定提纲，并最后统筹定稿。各章编写具体贡献如下：第一章，胡扬名；第二章，梁贵超、胡扬名；第三章，谭明明、胡扬名；第四章，柏花、张宁；第五章，柏花、张宁；第六章，夏冬平、胡扬名；第七章，夏冬平、梁贵超、胡扬名；第八章，陈欣怡、胡扬名；第九章，梁贵超、柏花、胡扬名；第十章，谭明明、夏冬平、胡扬名。

在编写过程中，广泛参考了同行学者的研究成果，有的以脚注的形式注明，有的在参考文献中列出。在此对有关作者表示深深的谢意。同时，囿于编者的水平和学识，书中难免有疏漏之处，敬请广大同行专家、学者、实践部门的管理者和读者们批评指正。期待与广大读者、学者和实践者一起，共同探索公共组织领域教学科研的美好未来，为推动国家治理体系和治理能力现代化贡献力量，共同书写新时代国家治理的辉煌篇章。

目　录

CONTENTS

第一章

公共组织导论

现代社会是高度组织化的社会，公共组织是国家治理的重要载体，是社会公共事务的管理者和公共服务的重要提供者，其运行和发展紧密嵌于人类生活的诸多场域之中。只有认识公共组织、掌握公共组织的发展与运行规律，才能更全面地理解公共生活，洞悉现代社会的多元复杂性。本章分别介绍公共组织概述、公共组织的类型和公共组织的功能。

第一节　公共组织概述

在现代社会中，公共组织以管理社会公共事务、提供公共产品和公共服务、维护和实现社会公共利益为目的，涵盖了政府组织、政党、事业部门、公共企业和第三部门等多种类型。公共组织的存在对于保障社会的稳定运行、促进经济发展、满足人民群众的多样化需求具有至关重要的意义。

一、组织概述

组织是人类社会久远而本质的现象，在人类文明发展进程中占据重要地位，人类社会的进化发展与组织的发展相伴而行。组织是人类活动协调、合作的形式，目的是突破人类个体体能和智能的局限，达成群体的某些共同目标。在一定程度上，没有组织就没有社会。现代社会里，组织在国家和社会生活中的地位日益凸显，国家治理活动也离不开组织。正如马克思所言："行政是国家的组织活动。"①

对于"组织"一词，不同国家、不同历史时期的不同的人们理解各不相同。20 世纪初，组织理论的兴起，为"组织"一词赋予了更广泛的社会含义。切斯特·巴纳德指出："组织可以理解为两个以上的人，为共同目标的实现，所进行的有意识的协调活动。"② 阿米太·

---

① ［德］卡尔·马克思，弗里德里希·恩格斯：《马克思恩格斯全集》（第 1 卷），北京：人民出版社，1956，第 479 页。

② ［美］切斯特·巴纳德：《组织与管理》，北京：中国人民大学出版社，2009。

埃齐奥尼则认为："组织是为了达到特定的目标而有意建构和重建的社会单位（或人的群体）。"① 赫伯特·西蒙认为，任何一个组织，其实质是"一个人类群体当中的信息沟通与相互关系的复杂模式"。② 经过对各种类型组织的深入研究与分析，可以进一步提炼出组织的共同特性，概括如下。

第一，组织是人类在交往中逐渐形成并具有特定行为关联性的群体；

第二，为满足实现特定目标的需求，人们会有意识地建立起组织；

第三，组织彰显了人们基于明确职责分工的合作精神；

第四，组织具备特定的内部构造和行为规范；

第五，组织蕴含着一种非天生的精神意识，它是通过有意识地培养，逐步演化成具有体系的组织文化；

第六，组织作为一个开放系统，能够依据外部环境的变化灵活调整并持续发展。

总结上述学者对于组织的理解，可以给组织下这样一个定义：组织是指在特定社会环境下，人们通过相互交流与互动，所形成的具有共同心理意识，并围绕实现共同目标，依照特定方式紧密结合在一起的群体。在组织的若干特征中，组织目标与组织行为是组织的本质性特征，尤其是组织目标往往被许多学者作为对组织进行系统研究的逻辑起点。

二、公共组织概述

对于公共组织，国内外专家学者做出了解释。在公共管理学研究中，组织则常被定义为"追求一定目标的人的集合体"或"为了实现共同目标分配工作的任何结构和过程"③。罗伯特·B. 登哈特认为，公共行政是指为谋求实现公众的社会价值而对社会变革过程的管理。罗森布鲁姆等学者研究指出，公共组织是建立在合作精神之上的公共集合体，其范畴广泛，囊括了行政、议会、司法三大政府部门及其相关机构；公共组织在公共政策的制定过程中扮演着举足轻重的角色，因此成为政治运作中不可或缺的一环；与民营部门的管理相比，公共组织在诸多关键领域展现出显著的不同；同时，公共组织与民营部门及个人之间也存在着紧密的联系和互动。迈克尔·瓦休则提出公共组织是那些依据法律建立，其财政支持来自公众税收的形式组织。美国国家公共行政研究院院士罗伯特·登哈特对于公共组织理论的理解，首先是从公共组织行为这一方面入手的，用理论来源于实践的观点来说明公共组织理论方法的建构脱离不了实践，他指出，建构公共组织的问题并非仅仅在于搜罗一些能应用于特定情况的技巧，而是要研究实际经验的丰富含义以及这些经验对社会价值的影响。同时，不仅应该注意到与复杂系统中的变革管理有关的经验性问题，而且还要注意考察公共组织赖以存在的社会、政治、伦理背景。

由于人们对组织的理解各有差异，因而对公共组织有不同的界定。国内学者陈振明认

---

① Amitai Etzioni：《Modern Organizations》，Englewood Cliffs，New Jersey：Prentice - Hall，1964。

② ［美］赫伯特·西蒙：《管理行为》（第 3 版），杨砾等译，北京：北京经济学院出版社，1988，第 9 页。

③ 彭和平：《公共行政管理》，北京：中国人民大学出版社，1995，第 61 页。

为，公共组织就是以管理社会公共事务、协调社会公共利益关系为目的的组织①。张成福教授在《公共管理学》中也提到，公共组织从广义上而言，是不以营利为目的，以服务社会大众、提高公共利益为宗旨的组织；从狭义上来看，乃是行使行政权，达成公共目的的组织②。笔者倾向于接受对公共组织所作的广义的定义：公共组织是以管理社会公共事务、协调社会公共利益关系为目的的组织。

根据公共组织的定义可知，公共组织是以实现公共利益为目标的组织，它一般拥有公共权力或者经过权力的授权，负有公共责任，以提供公共服务、供给公共产品为基本职能。根据公共组织的相关定义，可以总结出公共组织的以下特征。

1. 公共利益导向

公共组织的核心价值取向在于追求公共利益，其行政和社会管理活动的出发点和落脚点，都是为了社会的整体福祉。在决策和执行过程中，公共组织遵循公平、公正、公开的原则，旨在为全体民众提供优质服务，以赢得民众的信任和支持。公共利益不仅是公共组织合法性的基础，也是公共组织发展的根本动力。

2. 法律框架下的规范运作

公共组织的活动严格受到宪法和其他法律的约束。在履行职能时，公共组织具有一定的强制性，如政府有权要求民众履行纳税等法定义务，并对违法乱纪行为进行依法处罚。这种法律约束和强制性确保了公共组织在维护社会秩序和公共利益方面的权威性和有效性。

3. 广泛的公共监督

由于公共组织的政治性本质，其活动必须接受公众和舆论的广泛监督。公共组织的决策和执行过程必须保持公开透明，以保障民众的知情权和参与权。许多国家通过实施公务人员财产申报、公开招标等制度，加强了对公共组织活动的监督，确保它们始终以民众利益为依归。

4. 政治因素的深刻影响

公共组织的运作和政策制定深受政治文化的影响。无论是文化政策、教育政策还是经济政策，都蕴含着政治意义。即使行政人员以专业标准处理公务问题，其决策和行动也会带来政治影响。因此，在研究公共组织的运作时，必须充分考虑政治因素的作用。

5. 目标模糊且难以量化

公共组织的目标在于创造公共利益，但这一目标是抽象且模糊的。公共利益往往作为行政人员提醒自己负有公共责任和为大多数人服务的象征，由于服务对象差异大、期望多样，公共组织的目标不仅难以量化，还常常伴随着冲突和矛盾。

6. 市场的特殊地位

虽然公共组织可以通过行使政治权威或公共权力提供某些物品或服务，形成市场独占地位，但在民主国家中，政府提供的产品或服务大多具有公共财产性质。由于公共财产的无排他性和无竞争性，私人部门往往不愿涉足这一领域。然而，这并不意味着公共组织可以忽视

---

① 陈振明：《公共管理学》，北京：中国人民大学出版社，2006，第 44 页。

② 张成福等：《公共管理学》，北京：中国人民大学出版社，2001，第 130 页。

市场竞争和效率原则，它们仍需努力提升服务质量和效率，以满足民众的需求和期望。

三、公共组织和私人组织的比较

公共组织和私人组织作为现代社会经济体系中的两大重要组成部分，在推动社会发展、满足民众需求等方面均发挥着不可或缺的作用。对二者进行系统比较，有助于深入理解其运行机制的差异与共性，进而为优化组织管理、促进社会资源合理分配以及构建良好的社会治理结构奠定基础。

（一）公共组织和私人组织关系的论争

正如上面所提到的，公共组织是以管理社会公共事务、协调社会公共利益关系为目的的组织，既包括政府也包括第三部门。而相对于公共组织而言，私人组织就是平常所说的商业企业，即以营利为主要目的，依法从事商品生产、流通或服务等经济活动，为满足社会需要和营利，实行自主经营，独立核算，自负盈亏并具有法人资格的经济组织。

对于公共组织和私人组织之间联系与区别的认识经历了一个漫长的演化发展过程，历史上曾出现过比较对立的观点，也就是“非公即私论”和“无差别论”，后来，这两种观点又逐渐融合，形成了“边界模糊论”。

1. 非公即私论

根据不同的目标和行为，人们习惯于把不同组织区别对待。最初，学者们机械地将组织区别为公共组织和私人组织两种类型，即认为某一个组织如果不是公共组织就一定是私人组织。这里所说的公共组织是极端公共性的政府组织。在对公共官僚机构的研究中，公共组织、私人组织等词汇频繁出现在一些政治学家、经济学家和行政学家的著作中，这说明他们已经不自觉地以公私组织二分法作为他们研究的基础，在这种观点之下，公共组织和私人组织之间泾渭分明，分属于两个不同的阵营。但是，随着社会的进步，社会职能和社会事务日益细化，出现了越来越多难以准确归类的组织。而且，在理论上，许多组织和管理学者也认为二分法既不必要也不现实，于是，在这样的情况下，出现了无差别论。

2. 无差别论

很多学者看到了非公即私论的缺陷，他们认为“这种简单机械的区别有可能造成人们思维混乱的危险，它简化、混淆、误导和阻碍了正确的理论和研究”[①]，于是提出了相反的论点——无差别论，即在理论的适用性上，公共组织、私人组织与第三部门之间几乎不存在什么差别，不管是管理公共机构还是私人团体、公司，管理的基本思想是相同的。这一论点源于不同类型组织中个人行为和组织行为本身都是一致的。这个时期，人们更重视公私组织的相似性，而忽略了它们的差异性。

回顾组织理论的发展史，可以发现，几乎所有管理领域内的重大贡献都被认为是广泛适

① ［美］海尔·G. 瑞尼：《理解和管理公共组织》（第二版），王孙禺，达飞译，北京：清华大学出版社，2002，第60页。

用于各种组织的。从代表性学者的观点中，可以明显看出这种倾向。马克斯·韦伯声称他对官僚组织的分析适用于政府机构和商业公司，即官僚科层组织是适用于一切复杂组织的最有效形式；弗雷德里克·泰勒的“科学管理”也被认为可以在一切类型的组织中通用；赫伯特·西蒙的大部分理论隐约可以被应用于各种组织环境中，不管是公共组织还是私人组织；詹姆斯·汤普森也同意一般性理论的说法——公共组织和私人组织之间的相似之处多于不同之处。到了20世纪80年代，组织理论已经获得了很大的发展，人们对组织关系的认识已经达到了相当程度。无差别论成了这一时期对于组织所开展的研究的流行观点，人们把注意力更多地指向了组织的共性方面。

3. 边界模糊论

随着政府改革浪潮的兴起与第三部门的蓬勃发展，公共领域与私人领域之间的界限日益变得模糊且相互交织。诸多关键的政府组织在结构上仿效商业组织，部分甚至直接扮演起商业组织的角色，通过销售规模扩张等多种方式获取利益。与此同时，众多营利性私人组织也与政府建立起紧密的合作关系，进一步模糊了两者的界限。在此背景下，边界模糊论应运而生。

（1）形态的交融与多样性　首先，众多公共组织在架构上呈现出与商业组织相似的特征；其次，存在大量非营利性组织，它们在功能上与政府组织有着诸多重叠之处；最后，许多追求营利目标的私人组织通过与政府的深入合作，获得了大量资金和政策支持，从而在某些方面与政府机构难以区分，常被视为政府机构的延伸或组成部分。

（2）功能的趋同性　在公共与私人领域中，众多人员和组织实际上从事着相同或相似的工作。无论是公共组织、私人组织还是混合性组织，其内部各职位的专职人员都在执行着类似的任务。

（3）复杂交织的关系网　政府、商业组织以及非营利组织在诸多方面产生了错综复杂的联系。这些相互纠缠的关系使得公共组织与私人领域的界限变得愈发模糊，难以清晰界定。

（4）社会角色与环境的相互影响　政府通过法律、条例及财政政策等手段对私人组织施加影响，在这种影响下，私人组织和非营利组织所处的社会环境发生了显著变化。非营利组织在实施公共政策中扮演着越来越重要的角色，逐渐成为政府不可或缺的一部分，甚至在某些方面成为政府的延伸或替代机构。这种社会角色与环境的相互影响进一步加剧了公共组织与私人领域界限的模糊性。

（二）公共组织和私人组织的相似点

1. 管理职能的共通性

（1）管理目标基本一致　公私组织在基本管理目标上追求的都是效率。私人组织天生就追求效率，即以最小的成本换取最大的收益；而对于公共组织而言，效率则是衡量其运作效能的关键指标。

（2）基本管理职能相同　无论是公共组织还是私人组织，都需要履行一系列基本的管理职能，如计划、组织、领导和控制等，这些职能对于任何组织的正常运作都是至关重要的。

（3）管理工具和管理技术通用　在管理过程中，公共组织和私人组织都可以采用类似的管理工具和管理技术，如项目管理、预算管理、绩效评估等，以提升管理效率和效果。

2. 组织结构的相似性

（1）纵向上都实行科层制　许多公共组织和私人组织都采用科层制的组织结构，即组织内部划分为不同的层级，每个层级有其特定的职责和权限，这种结构有助于实现组织的统一指挥和协调。

（2）横向上基本采用部门化　为了更有效地管理复杂的组织活动，公共组织和私人组织通常都会根据职能或业务领域划分不同的部门。这些部门在各自的领域内承担具体的任务和责任。

（3）决定组织结构的因素都基本相同　这些因素包括组织规模、组织环境、技术、目标以及组织战略。

3. 外部环境的类同性

（1）公私组织都面临着同样的一般社会环境　一般社会环境指的是对一切社会组织起影响和制约作用的宏观社会因素之和，主要包括文化条件、政治条件、经济条件等。公共组织和私人组织都需要在相同的一般社会环境中作出相应的反应，来维持组织的运转。

（2）公私组织面临的环境具有大体相似的特征　这些特征具体表现为环境的容纳力、环境的类似性、环境的稳定性、环境的集中与分散程度、组织范围的一致性与不一致性以及环境的动荡性程度。

（3）公私组织与环境相互作用的方式基本相似　无论是公共组织还是私人组织，它们都被视为开放的自然系统，而组织外部的所有元素共同构成了其生存与发展的环境。在与环境的互动过程中，公私组织不仅需要密切关注外部环境的变化，包括政策环境、市场环境、技术环境等，不断调整自身的战略和策略以适应这些变化并抓住机遇，更要主动地创造或塑造有利于自身的环境条件，旨在降低环境带来的不利影响，并增强对有益环境条件的支持。无论是公共组织还是私人组织，在这些方面，两者的表现是如出一辙的。

（三）公共组织和私人组织的差异

管理学发展历史上，不曾停止对于界定公共组织和私人组织差异的意义的追问和思考。为了着手应对挑战，有理由相当清楚地认识到公共组织和私人组织的差异，同时必须意识到其复杂性。“承认私人组织与公共组织存在的客观差异，并分析这种差异对于准确把握公共组织的性质特征十分关键。”①

1. 目标追求迥异

公共组织和私人组织在目标追求上存在显著差异。公共组织，如政府机构、非营利性社会组织等，其主要目标往往是服务公共利益、增进社会福祉、维护社会稳定与公平。公共组织致力于提供公共服务、解决社会问题，如教育、医疗、环保、公共安全等方面的问题，其决策和行动通常基于公众需求和社会福利最大化。相比之下，私人组织，如企业、公司等，

---

① 陈振明：《公共管理学——种不同于传统行政学的研究途径》（第二版），北京：中国人民大学出版社，2003，第42页。

则更侧重于追求经济效益，实现股东利益最大化或企业盈利增长，其目标直接聚焦市场竞争和盈利状况。

2. 组织体制差异大

在组织体制上，公共组织和私人组织也表现出明显的不同。公共组织通常拥有较为复杂的层级结构和决策流程，以确保政策制定的科学性和民主性，同时受到更严格的监督和制约，其成员往往通过选举、任命等方式产生，并遵循一定的政治原则和行政规范。而私人组织则更倾向于灵活高效的组织架构，能够快速响应市场变化，决策链条相对较短，更加注重市场导向和经济效益。

3. 资金来源不同

资金来源是区分公共组织与私人组织的又一重要方面。公共组织的资金主要来源于税收、政府拨款、社会捐赠等公共渠道，其使用需遵循严格的预算管理和审计制度，确保资金使用的透明度和公共性。而私人组织的资金则主要来自股东投资、产品销售、金融服务等市场渠道，其使用和分配更多考虑的是企业的盈利能力和市场竞争力。

4. 法律依据不一样

公共组织和私人组织在法律地位和法律依据上也存在差异。公共组织通常受到国家宪法、行政法、公共组织法等法律法规的约束，其行为需符合公共利益和法律规定，并接受社会各界的监督。而私人组织则主要遵循公司法、商法、合同法等民事法律法规，其内部管理和运营需遵守市场规则和法律法规要求，同时保护投资者和消费者权益。

5. 管理方式与效率标准差别大

在管理方式上，公共组织注重公平、公正和透明，强调政策制定和执行过程中的公众参与和民主决策；在效率标准上，不仅关注经济效益，更关注社会效益和环境效益。而私人组织则更注重效率和市场反应速度，采用灵活多样的管理手段和方法，以降低成本、提高产品质量和服务水平为主要目标；其效率标准通常更多关注企业利润和市场竞争力。

6. 责任机制不同

在责任机制方面，公共组织和私人组织也存在显著差异。公共组织承担着对公众和社会的广泛责任，包括政治责任、法律责任、道德责任等，其决策和行动需对公众负责，并接受社会监督和问责。一旦出现问题或失误，公共组织需承担相应的政治和法律后果。而私人组织则主要承担经济责任和法律责任，其决策和行动需对股东和消费者负责，并接受市场的监管和法律的约束。在责任追究上，私人组织通常更加注重经济利益和市场竞争力这两方面的考量。

第二节 公共组织的类型

公共组织作为现代社会运行的关键支撑，承担着广泛的公共事务管理与公共服务提供职责。公共组织类型的多样性，反映了社会需求的复杂性与多元性。全面了解公共组织的类型，有助于理解不同组织形式在社会体系中的独特定位与协同作用，进而优化公共资源配置，提升公共服务质量，促进社会的可持续发展并维护社会公平正义。

一、组织的分类

在当代社会，组织形态纷繁复杂，人们依据各式各样的标准对组织进行分类。以组织目标为划分依据，可将组织分为公益型组织、工商业型组织、服务型组织及互益型组织；依据组织的核心职能，又能将其分为政治性组织、军事性组织、经济性组织以及社会性组织；而从组织的构建方式来看，则可划分为正式组织与非正式组织等多种类型。接下来就一些著名学者对组织的分类进行简单的介绍。

（一）依据社会功能差异，将组织划分为经济生产型组织、政治导向型组织、整合型组织以及模式维持型组织

美国著名社会学家帕森斯依据组织所承担的社会功能差异，将组织划分为经济生产型组织、政治导向型组织、整合型组织以及模式维持型组织。

经济生产型组织，顾名思义，其核心在于经济生产，它们致力于最大限度地运用所有资源来提升自身的经济生产能力。这类组织的职能不仅限于产品的制造，还涵盖了劳务的提供，因此经济生产型组织的涵盖范围颇为广泛，诸如工厂、饭店等皆属此类。

政治导向型组织则聚焦于实现特定的政治目标，其工作的重心在于权力的生成与分配。这类组织通常扮演着政策制定与执行的关键角色，政府部门便是其中的典型代表。

整合型组织在社会中发挥着协调各方冲突、引导人们朝着共同目标前进的重要作用。法院、政党等机构通过其独特的运作机制，有效地维护了社会的和谐与稳定。

模式维持型组织则主要承担着维持既定社会模式、确保社会持续发展的任务。学校、教会、社会团体等，通过传承文化、教育民众、提供精神寄托等方式，为社会的稳定与进步贡献了不可或缺的力量。

帕森斯的这一分类方法，因为深刻揭示了不同组织在社会中的独特功能与角色，而得到了广泛的认可与应用。

（二）根据社会普遍认同的权力类型，将组织划分为神秘化组织、传统组织以及法理性组织

德国著名的社会学家与哲学家，被誉为“组织理论之父”的马克斯·韦伯深刻指出，任何组织的稳固运行都离不开某种形式的权力作为其基石。他根据社会普遍认同的权力类型，将其划分为神授权力、传统权力以及法定权力三大类，并据此划分出 3 种不同的组织形态：神秘化组织、传统组织以及法理性组织，每种组织形态均拥有其独特的管理架构或管理体系。

神秘化组织的管理权威主要建立在领导者个人的独特魅力之上，这种权威源自对领导者的个人崇拜与迷信。然而，这种组织形态的内在基础相对脆弱，因为领导者的个人影响力一旦减弱或消失，整个组织的权威与稳定也会随之动摇，呈现出“人存政兴，人亡政衰”的

特点。

传统组织则以其悠久的历史与惯例作为行使命令与权威的基础。这类组织通常包括“世袭制”与“封建制”两种形式，其权威具有鲜明的世袭性、封建性和绝对性。在这种组织形态中，先例与惯例被视为不可动摇的法则，对传统的尊重与维护成为组织稳定并维持权威的重要保障。

而法理性组织则截然不同，其权威的基础是组织内部一系列明确且合法的规则与制度。在这种组织中，人们之所以服从权威，是因为他们认同并遵守依法建立的等级体系与规章制度。这种组织形态注重规则与程序的公正性、合理性和合法性，从而确保了组织的稳定及高效运行。

马克斯·韦伯对于权力的分类以及基于分类所划分的组织形态，为深入理解不同组织的管理架构与运行机制提供了宝贵的理论视角。

（三）根据组织成员的顺从程度，将组织分为强制组织、功利组织和正规组织

美国著名的社会学家艾桑尼依据组织成员顺从程度的不同，将组织划分为强制组织、功利组织和正规组织。

强制组织，顾名思义，是通过高压政策、威胁手段，乃至暴力措施来约束其成员行为的组织类型。这类组织往往采用严格的控制机制，以确保成员的行为符合组织的期望与规范。监狱与精神病院便是强制组织的典型代表，它们通过严格的规章制度与监管措施，来维护内部的秩序与安全。

功利组织则以金钱或物质利益为媒介，来引导和控制下属的行为。在功利组织中，成员的行为往往受到经济利益的驱动，他们通过完成组织分配的任务来获取相应的报酬或奖励。各种工商企业便是功利组织的典型实例，它们通过提供薪资、奖金等经济激励手段，来激发员工的工作积极性与创造力。

而正规组织则是一种更为温和且注重荣誉鼓励的组织类型。在这类组织中，成员的行为主要受到组织内部荣誉体系的引导与激励。正规组织通常通过设立各种荣誉称号、表彰机制等，来肯定与鼓励成员为组织作出的贡献与努力。政党与学校便是正规组织的代表，它们通过构建完善的荣誉体系与激励机制，来增强成员的归属感与忠诚度，从而推动组织的持续发展与进步。

艾桑尼根据组织成员顺从程度的不同划分组织的分类方式为深入理解不同组织的管理机制与运作方式提供了有益的参考。

（四）按照受政府控制与市场支配的差异，若干组织构成复杂的连续统一体模型

1953 年，政治学者达尔与管理学家林德布洛姆按照政府控制与市场支配的差异，共同构想了一个复杂的连续统一体模型，该模型涵盖了社会上存在的各式各样的组织类型。在这个连续统一体框架下，一端是主要由市场力量驱动、以营利为主要目标的企业组织，这些组织依据市场的供需法则来决定其运营策略与资源配置；而另一端，则是公共性质显著且受到政府严格管控的机构，这些机构往往承担着提供公共服务、维护公共利益的重要职责，其运

作逻辑与决策过程深受公共价值与行政规范的影响。

为了更直观地展现这一模型，达尔与林德布洛姆通过直观的形式，清晰地勾勒出不同组织类型在这一连续统一体中的位置与特性（图 1－1）。尽管达尔和林德布洛姆对机构与企业的对比略显简略，但他们指出，随着组织在这一连续统一体中逐渐远离公共性的一端，机构的特点便越难以为该组织所适用，而企业的特性则愈发显著。

私人非营利性组织完全依赖政府合同和补贴金（人力资源开发研究公司）	依靠政府合同获得大部分收益的私人公司（一些国防项目承包商）	受到严格法规管辖的私人公司（受到严格法规管辖的私人所有的公益事业）	通过政府合同获得很大一部分资金，但主要收益来自对私人进行商品、服务销售的私人公司	受到一般性政府规范（如肯定行动、职业安全与健康管理规定等）的私人公司	私人公司

------------------------------- 政府拥有部分所有权的私人企业 -------------------------------

政府机构	国有企业或公共公司（邮政管理局）	由政府赞助支持的企业：由政府建立，但股票上市交易	一些政府工作项目或机构：主要通过从私人卖主或生产商进行购买来运作（医疗保障制度、公共住房计划）

图 1－1　机构、企业以及半官方半私人组织

注：由政府机构和私人企业构成的一个统一连续体：在横线下方排列的组织就是人们通常所说的公共组织、政府机构或国有企业；横线上方排列的组织就是通常所说的私人组织或自由企业；横线上排列的组织就是被人们广泛认为既非公共又非私人的组织。

连续统一体中所处的位置至少取决于两个主要因素：所有权和资金。组织可以是政府所有或者私人所有，它们可以通过政府渠道获取大部分的资金，将这两种要素以不同方式组合，可产生以下 4 种结果：一是公共所有并使用公共资金的组织，如政府；二是公共所有但由私人提供资金支持的组织，如美国邮政管理局和政府经营的公益事业；三是私人所有但由政府资金支持的组织，如某些与国防息息相关的公司，它们主要通过执行政府的采购合同获取资金；四是私人所有并且由私人提供资金的组织，如超级市场①。

达尔与林德布洛姆提出的连续统一体模型为人们提供了一个全新的视角，来审视和理解社会上形形色色的组织类型及其内在特性。通过这一模型，人们可以更加清晰地看到不同组织在公共性与市场性之间的动态变化，以及这些变化对组织运作与社会发展的深远影响。

二、公共组织的分类

公共组织是一个构成复杂的系统，公共组织在数量和质量上多种多样，根据不同的划分标准，公共组织的类型也不尽相同。按照公共组织的体制，可以将公共组织划分为民间组织

① 管仲军：《面向现代公益事业组织的事业单位分类改革研究》，《北京行政学院学报》2014 年第 2 期。

和非民间组织；按照公共组织是否从事营利活动，可以将公共组织划分为营利性组织和非营利性组织；按照公共组织职权范围的大小，可以将公共组织划分为中央型公共组织和地方型公共组织。因此，公共组织的分类有多样化的分类标准，在已有的学术著作中，各位学者对公共组织的分类标准及划分依据也不尽相同。陈振明、孟华以公共组织所拥有公共权力的强制性大小将公共组织划分为强制型公共组织、半强制型公共组织和非强制型公共组织，麻宝斌也采用这种划分方法①②。靳继东依据公共组织所拥有公共权力强制性的大小，将公共组织划分为政府组织和非政府公共组织两种类型③。聂平平、尹利民将公共组织划分为政府组织、非政府组织、事业单位和公共企业等④。苏忠林根据中国公共管理格局的实际，依据与公共管理主体相对应的原则，将公共组织划分为政府组织、政党组织、公共企业和非政府组织⑤。张建东、陆江兵根据管理国家公共事务过程中所处层次和所发挥作用，结合中国基本国情，将公共组织划分为中国共产党组织、人民政协组织、国家机关组织、事业单位组织和非政府公共组织⑥。李传军则将公共组织细分为中国共产党组织、人民政协组织、国家权力机关、国家行政机关、国家司法机关、事业单位和社会中介组织⑦。因此，根据标准的不同可以划分出不同的公共组织类型。本书主要根据公共组织的主要职能，将公共组织划分为政府组织、政党组织、事业单位、非政府组织、公共企业 5 种组织类型。

（一）政府组织

政府组织是负责行使国家立法、司法及行政权力的机构，其核心职责在于组织和管理社会公共事务，并向全体国民提供服务。与西方民主国家普遍采用的“三权分立”政治制度有所不同，中国实行的是“议行合一”的政治体制。在这一体制下，全国人民代表大会及其常务委员会构成了中国的最高权力机关，而中华人民共和国国务院，即中央人民政府，则作为最高国家权力机关的执行机关，同时也是最高国家行政机关。国务院向全国人民代表大会负责并报告工作，在全国人民代表大会闭会期间，则向全国人民代表大会常务委员会负责并报告工作。此处的政府组织概念在狭义上主要指的是行使国家权力的行政组织，而广义上的政府组织则涵盖了行政组织、立法组织与司法组织。

行政组织，通常指的是直接负责执行国家行政权力、管理社会公共事务的政府机构及其内部构成。这些组织依法设立，拥有明确的职责范围、权力边界和运行机制，是国家行政体系中的核心组成部分。行政组织主要包括各级政府机关，如国务院及其下属部委，省级政府及其职能部门，市、县、乡级政府及其所属机构等。这些组织通过制定和执行政策、提供公共服务、维护社会秩序等方式，直接参与国家和社会的管理。行政组织的设立和运行遵循一定的原则，如法治原则、效率原则、民主原则等。它们通过法定的程序和途径，对国家和社

① 陈振明，孟华：《公共组织理论》，上海：上海人民出版社，2006。
② 麻宝斌：《公共组织理论与管理》，北京：科学出版社，2015。
③ 靳继东：《公共组织概论》，北京：中国商业出版社，2008。
④ 聂平平，尹利民：《公共组织理论》，武汉：武汉大学出版社，2009。
⑤ 苏忠林：《公共组织理论》（第 2 版），武汉：武汉大学出版社，2013。
⑥ 张建东，陆江兵：《公共组织学》，北京：高等教育出版社，2020。
⑦ 李传军：《公共组织学》，北京：中国人民大学出版社，2015。

会事务进行决策、执行和监督，确保国家行政权力的正确行使和公共利益的实现。行政组织也强调内部管理和协调的重要性，它们通过建立完善的组织架构、工作流程和规章制度，确保各项行政工作的有序进行和高效运转。此外，行政组织还注重与其他政府部门、社会组织以及公众之间的沟通与协作，以形成合力，共同推动国家和社会的发展。

立法组织在国家机关体系中占据着举足轻重的地位，负责法律的制定、修改及废止工作。在中国，国家立法权主要由全国人民代表大会及其常务委员会行使。全国人民代表大会负责制定《中华人民共和国宪法》《中华人民共和国刑法》等基本法律，而全国人民代表大会常务委员会则负责制定如《中华人民共和国侵权责任法》等基本法律以外的其他法律。此外，国务院还负责制定相应的行政法规，如《公安机关组织管理条例》等；省（自治区、直辖市）的人民代表大会常务委员会则负责制定地方性法规；民族自治地方的人民代表大会则有权根据当地民族、经济、文化的特点，制定自治条例和单行条例等。立法组织不仅具有立法功能，还承担着监督、教育及代表等职责。

司法组织则是行使司法权的国家机关，狭义上仅指法院，而广义上则还包括检察院。人民法院作为国家的审判机关，依法公正地行使国家审判权；人民检察院则作为国家的法律监督机关，依法严格地行使国家的检察权。除了人民法院和人民检察院，公安机关、国家安全机关、监狱侦查部门、军队保卫部门等负有刑事侦查权的机关，在进行刑事诉讼的过程中，也可被视为司法机关的一部分。然而，当这些机关行使行政职能时，则不属于司法机关的范畴。

行政组织、立法组织与司法组织共同构成了政府组织体系。通常而言，立法组织扮演着表达国家意志的角色，行政组织则是国家意志的具体执行者，而司法组织则负责确保法律的公正施行。行政组织在运作过程中，以立法组织的法律框架为基准，对其承担责任，并接受其指导与约束；同时，行政组织也以司法组织的强制执行力为支撑，并接受其监督。不过，行政组织在职能履行上也享有一定程度的自主性。在法律允许的范围内，行政组织可自行决定其行为模式，创新性地开展工作，并对立法组织与司法组织的职能履行情况产生反馈与影响。因此，行政组织、司法组织与立法组织之间既保持着相对的独立性，又相互依存、相互影响，共同构成了中国政治体制的坚实基础。

（二）政党组织

政党组织作为现代民主政治的重要组成部分，其存在与发展深刻地影响着国家治理和社会进步。爱尔兰政治家埃德蒙·伯克曾对政党给出了经典的定义，他认为政党是基于大家一致同意的某种特定主义，为了共同奋斗以促进国家利益而联合起来的团体。这一观点揭示了政党作为政治力量的本质特征，即它们是基于共同的政治理念、目标或信仰而形成的集体行动组织。

在中国，政党制度具有鲜明的中国特色，即中国共产党领导的多党合作和政治协商制度。这一制度不仅体现了中国共产党在国家政治生活中的领导核心地位，也充分保障了各民主党派参与国家事务的权利。8 个民主党派包括中国国民党革命委员会、中国民主同盟、中国民主建国会、中国民主促进会、中国农工民主党、中国致公党、九三学社和台湾民主自治同盟，它们虽然不一定直接掌握公共权力，不直接从事公共管理活动，但它们在政治生活中发挥着举足轻重的作用。通过政治协商、参政议政等方式，民主党派能够就国家重大方针政策、法律法规的制定和执行等提出意见和建议，从而影响公共决策及公共资源的分配，以间接的方式参与公共事务的管理。

对于直接掌握公共权力的执政党而言，其在公共管理中的角色更加直接和关键。执政党不仅是公共管理的直接参与者，负责制定和执行国家政策、法律法规等；同时，执政党也是公共资源的分配者，负责国家财政资源的分配和使用；此外，执政党还是公共政策的直接制定者和执行者，其政策导向和执行力直接影响着国家的发展方向和民众的生活质量。因此，执政党是公共管理的当然主体。

值得注意的是，在中国，无论是执政党还是民主党派，其成员中符合条件的公务员都受到《中华人民共和国公务员法》的规范和保护。该法规定，公务员是指依法履行公职、纳入国家行政编制、由国家财政负担工资福利的工作人员。这一法律适用于中国共产党和民主党派的成员，体现了中国政治制度的公平性和包容性。

政党作为一种合法存在的公共组织，在公共事务管理中扮演着不可或缺的角色。它们通过直接或间接的方式影响着公共决策及公共资源分配等关键环节，是公共管理的主体之一。在中国特色社会主义政治制度下，政党组织的健康发展对于推动国家治理体系和治理能力现代化具有重要意义。

（三）事业单位

事业单位是提供公共产品及服务的重要主体，是中国独有的社会组织形态。1998 年颁布的《事业单位登记管理暂行条例》明确界定了事业单位：它们是由国家机关或利用国有资产的其他组织设立的，旨在服务社会公益，涵盖教育、科技、文化、卫生等领域的社会服务组织。按照国家事业单位分类改革的指导思想，事业单位被细分为公益一类与公益二类。

公益一类事业单位，指的是那些负责提供基本公益服务，且这些服务无法或不宜通过市场机制来配置资源的单位或机构。这类事业单位涵盖了社会行政类及公益类，其运营完全依赖国家财政拨款。这意味着，它们的经费保障主要来源于财政的直接拨款，以满足日常运营和发展的需要，无需自行筹措资金。

相对而言，公益二类事业单位则面向社会提供满足广泛需求的公益服务，这些服务关乎人民群众的基本需求及经济社会发展。这类事业单位，如普通高等教育机构、非营利性医疗机构及非营利性学校等，在遵循国家设定的公益目标及标准的同时，拥有一定的市场资源配置能力。它们可以在确保公益目标实现的基础上，依法开展经营活动，并将经营所得主要用于公益事业的进一步发展。对于这些事业单位，财政会根据其财务状况给予补助，并通过政府购买服务等方式提供支持。补助的具体标准则依据事业单位的职责任务、类别、发展计划、收支状况以及国家财政政策、地方财政状况来确定。公益二类事业单位在完成规定任务的前提下，其服务收入和经营收入（若属于政府非税收入）将纳入财政管理，实行“收支两条线”。对于收入不足部分，财政会根据实际情况给予相应的补助。总体而言，事业单位展现出 3 个显著特征：公益性、国有性和服务性。

（1）公益性　公益性是事业单位存在的根本目的和灵魂所在。这一特征源于事业单位的社会功能以及市场经济体制的内在要求。事业单位的角色定位决定了其首要目标是追求社会整体效益和国家长远利益。然而，公益性并非事业单位的唯一特征，事业单位要在确保社会公益的前提下，实现自身的健康持续发展和社会服务系统的良性循环。为此，事业单位在提供服务时，可以按照国家规定的服务价格标准，向接受服务的单位和个人收取一定的费用，以维持其正常运营。

（2）国有性　国有性则赋予了事业单位坚实的制度保障和资源支持。作为由国家举办或参与投资的社会组织，事业单位在人力、物力、财力等方面得到了国家的倾斜和支持，这为其履行公共服务职责提供了坚实的物质基础。同时，国有性也确保了事业单位在提供服务过程中的公正性和非营利性，有效防止了市场失灵和公共利益受损的情况发生。由于事业单位的主要目的是向社会提供公共物品和公共服务，满足全体公民的公共利益和公共需求，而非追求经济利益，因此政府有责任确保大多数事业单位具备从事公益服务所需的人力和财力。这包括承担义务教育任务的中小学，以及承担公益任务的农业、卫生、文化等领域的公益事业单位。然而，国家和各级政府不可能也没有必要包办一切事业，因此事业单位既要以国家举办或投资为主，又要鼓励和支持多种形式的联合举办或参与投资，如公助民办、公办民助、合资合作等。

（3）服务性　服务性是事业单位最基本、最鲜明的特征，提供公共服务是事业单位实现其社会功能的主要方式和手段。事业单位主要分布在教育、科技、文化、卫生等领域，以专业技术人才为主要人员构成，运用科技文化知识为社会各方面提供服务，不仅满足了公众的基本需求，还推动了社会进步和经济发展。因此，事业单位是保障国家政治、经济、文化生活正常进行的社会服务支持系统。缺乏事业单位的服务支持，生产力发展将受到制约，并可能影响社会稳定。随着经济的不断发展和社会的持续进步，对服务体系的要求标准也在不断提高。服务性这一特征要求事业单位不断提升服务质量和服务效率，创新服务模式和服务手段，以适应社会发展和公众需求的变化。

事业单位的公益性、国有性和服务性特征共同构成了其独特的存在价值和社会功能。这3个特征不仅体现了事业单位作为社会服务机构的核心特质，也为其在推动社会进步、促进经济发展、维护社会稳定等方面发挥了不可替代的作用。事业单位通过提供公共服务成为推动国家治理体系和治理能力现代化的重要组成部分。

（四）非政府组织

非政府组织（non-governmental organization，NGO）这一术语，首次出现于1945年联合国创立之际的一份关键文献中，它最初是用来特指那些在国际事务中保持中立立场，致力于人道主义援助和发展工作的非官方机构，如享有盛誉的红十字国际委员会（International Committee of the Red Cross，ICRC）和救助儿童会（Save the Children）等。这些机构以其独特的身份，在国际舞台上发挥着不可替代的作用，既非政府亦非商业组织，却能够跨越国界，为人道主义事业贡献力量。随着时间的推移，“非政府组织”这一术语逐渐演化为一个被广泛接受和使用的官方表述，非政府组织涵盖了所有独立于政府框架，但承担着教育、卫生、环境保护、人权保护、灾害救援等公共职能的社会团体，这些组织在全球范围内活动，与政府组织和营利性组织（营利性企业）形成鲜明对比。因此，非政府组织也被赋予了多种称谓，如“第三部门”（the third sector）、“非营利组织”（non - profit organization，NPO）或“慈善组织”（charitable organizations）等，这些称谓都从不同角度揭示了非政府组织的特性和价值。

非政府组织的核心特征包括非政府性、非营利性、组织性、民间性、自治性、志愿性和公益性。

非政府性意味着这些团体独立于政府及其附属单位，非由官方出资，不遵循行政层级，也不享有排他性权力。非营利性则表明它们不以追求利润为目标，不存在利润分配机制，且资产不可私有化。组织性体现在其活动为集体行动，而非个人行为，这为规范管理和外部监督提供了基础。民间性强调了非政府组织由民间自发形成，在组织结构、人事安排及财务管理上均与政府保持距离。自治性则指它们在法律框架和公共规范内自主运作，不受外界操控，展现出高度的自我治理。志愿性体现在参与者与支持者之间基于自愿原则，而非强制，参与者与支持者因奉献精神和对社会的无私贡献而聚集，志愿者成为其宝贵的资源。公益性则揭示了非政府组织在资源获取和使用上侧重于社会贡献，它们广泛吸纳公益资源，高度依赖公信力等社会资本，提供社会所需的公共服务或公共产品，并促进公共空间的构建。

非政府组织以其独特的身份和作用，在公共治理领域发挥着不可替代的作用，是推动社会进步和发展的重要力量。

（五）公共企业

公共企业是公共部门的重要组成部分，在发达国家和发展中国家都普遍存在。公共企业是指政府为了解决市场失灵问题，即出于向社会公众提供必不可少的公共产品和服务、解决外部效用问题、增进社会公正、调节和平衡宏观经济发展等目的，而建立和经营的企业。这些企业持续存在以为社会提供具有公共性质的产品和服务为主要经营活动，同时具有一定盈利目标，并受到政府特殊管制措施制约。公共企业是特定的法人组织，向公众提供商品和服务，如电信、电力、邮政、供气、供水、公共交通及社会保险事业等。

公共企业在其运营过程中，鲜明地展现出四大显著的特性：公共性、有偿性、管制性与营利性。这些特性共同塑造了公共企业的独特面貌和运营模式。

（1）公共性　公共性是公共企业最本质的特性，强调的是其生产经营活动必须始终围绕公共利益这一核心展开。这不仅仅是一个口号或理念，而是体现在具体的实践之中。公共性体现在供给的非竞争性上，即公共企业应确保所有公众都能平等地获得所需的公共商品和服务，不因个体差异而受到限制或排斥。同时，消费的非排他性也是公共性的重要体现，意味着任何人都有权享受公共企业提供的服务，且这种享受不会影响到其他人的消费权益。此外，公共性还体现在一定程度的竞争机制上，虽然公共企业不以营利为唯一目标，但仍需在保证公共利益的前提下，通过合理的竞争机制来提高服务质量和效率。

（2）有偿性　有偿性是公共企业作为特殊法人实体，在市场经济环境中运作的必然体现。公共企业通过向公众销售公共商品与服务来获取必要的利润，以维持其正常运营和发展。这一过程中，公共企业遵循市场经济法则，注重效率与效益的双重提升。有偿性不仅要求公共企业在提供服务时确保质量和价格相符，还要求其在运营过程中不断优化资源配置，降低成本，提高盈利能力。

（3）管制性　管制性是确保公共企业健康有序发展的重要保障。公共企业必须接受政府与公众的双重监督，确保其运营活动符合法律法规和社会公共利益。无论是定价策略、存在形态、发展规划还是规模扩张，公共企业都需要广泛征求公众意见，确保决策的科学性和民主性。同时，政府也需对公共企业实施实时监督，确保公共企业的运营过程公开透明，防止权力滥用和腐败现象的发生。

（4）营利性　营利性是公共企业在市场经济环境中实现可持续发展的关键。虽然公共企业不以营利为唯一目标，但实现盈利是其正常运营和提供优质服务的必要条件。除政策性亏损外，公共企业通过提供有偿的公共商品与服务实现盈利，这体现了其作为市场经济主体的本质属性。与政府或非营利组织相比，公共企业的营利性彰显了其独特的运营逻辑和价值追求，即在保障公共利益的前提下，通过合理经营和有效管理实现经济效益和社会效益的双赢。

第三节　公共组织的功能

公共组织作为社会治理的关键主体，在现代社会的复杂体系中承担着多方面的重要职责。其功能能否得到有效发挥直接关系到社会的稳定、公平、发展以及公众的福祉。对公共组织功能的深入了解，有助于清晰地认识其在不同社会领域的角色定位与运作逻辑，从而为优化公共组织的管理与决策、提升公共组织的社会治理效能提供坚实的理论依据。

一、公共组织功能的内涵

功能，又可被称为机能或职能，指人、事物、机构及方法所发挥的功效和作用。公共组织的功能，是指公共组织在履行公共责任，实现公共目标，向社会提供公共物品和服务的过程中所体现出来的功效和作用①。从功能的定义来看，功能又称机能或职能，这说明组织的功能由组织的机能或职能所决定；从功能的解释来看（人、事物、机构及方法所发挥的功效和作用），说明组织的功能由组织向社会提供公共物品和服务过程中所体现的功效和作用所决定。那么，公共组织的功能具体由公共组织的机能或职能、公共组织向社会提供公共物品和服务过程中所体现的功效和作用所决定。

组织功能的定位

组织是人类发挥协作性作用的一种形式体，其宗旨在于克服人类个体体能和智能的极限，

---

① 帅学明：《我国公共组织的性质与功能论析》，《学术探索》2003年第4期。

从而达成群体的某类共同目标。也就是说，组织将分散的个体力量有机地整合起来形成强大的群体力量，共同应对外部的挑战。从不同的角度上来看，组织的功能有不同的阐述①。

1. 从组织发挥的社会作用看，组织具有的社会功能：整合功能、服务功能、凝聚功能、管理功能和激励功能

一是整合功能。此功能为组织的基石。组织通过遵循成员的共同意愿及既定规则，有效地将社会中的人力资源、财务资源、物质资源、信息资源等整合为一个整体，形成一股能够发挥整体优势的力量。二是服务功能。承担特定社会服务功能的组织才能够在社会中立足并发展。相反，若组织未能履行其社会服务功能，该功能将逐渐衰退，最终导致组织的消失。三是凝聚功能。组织通过内部的权力架构、规章制度及组织文化，协调解决各种矛盾关系，将每个成员凝聚在一起，形成一个分工合作、协同工作的整体。四是管理功能。组织内部设有承担特定职责的权责体系。为实现组织目标，组织需对活动进行规划与决策，确保高效达成目标；同时，还需协调内部各要素，避免矛盾与内耗，并对整个组织活动进行监控，以防止出现偏差或纠正偏差。五是激励功能。组织内部建立奖惩制度和优胜劣汰机制，以激发成员的积极性和创造力。

2. 把组织视为一个社会系统，组织具有的系统功能：输入功能、转化功能和输出功能

一是输入功能。为了确保组织这个系统的正常运作和功能的稳定发挥，组织必须从外部环境中获取并整合所需的人力资源、财务资源、物质资源以及信息资源等，这一过程被视为组织的输入功能。通过对这些吸纳进来的资源进行再加工，组织可以生产出能够提供给社会的公共产品和服务，从而完成组织的目标与使命，并维持其生存与发展。二是转化功能。组织这个系统通过输入功能汇聚了社会资源后，会进行“加工”“制作”或“转化”，将这些资源转化为新的功能与能量，这一过程被称为组织的转化功能。借助转化功能，组织能够重新整合社会资源，生产出有益于社会的公共产品和服务。三是输出功能。组织通过输入功能和转化功能所生产出的新的公共产品和服务，必须被输出到社会中，才能实现改造社会、满足社会需求的目标，进而实现组织的自身价值，这一输出过程对于组织来说至关重要，因为它不仅体现了组织的社会贡献，还验证了组织的存在意义。

二、公共组织功能的定位原则

在新时代背景下，政府体制的创新应深刻突破传统科层制的束缚，摒弃由政府单一供给公共物品的旧模式，积极推动政府公共服务职能的部分转移，引入社会与企业力量。这意味着应鼓励社会中的其他公共机构、中介组织、社会团体及企业共同参与公共物品与服务的供给，以构建更加和谐高效的政府、企业（市场）、社会关系。

为打破原有局限，需从传统的政府管理体制入手，即解决政企不分、政社不分及权力高度集中的问题。通过深化体制改革，强化政府公务员的服务意识，确保政府能够更有效地履行其监管与协调职责，同时充分释放社会与企业的活力，共同推动公共服务的优化与升级。

---

① 张建东，陆江兵：《公共组织学》，北京：高等教育出版社，2003。

这一过程中，政府应扮演好引导者、监管者和支持者的角色，为其他公共组织提供必要的政策与资源支持，共同推动公共组织功能定位的精准与高效。

（一）政企分开

要实现政企分开，可从以下几个方面着手。首要任务是明确政府与企业的界限，政府应专注于宏观调控与间接管理，创造有利于企业的市场环境，避免直接干预企业的日常运营。其次，针对政府“错位”的问题，需采取“让位”策略，即对于市场能够自我调节、企业能自主决策及中介机构可提供服务的事项，政府应主动退出，政府职能需从计划管理向市场管理转型。再者，针对政府“缺位”的问题，应迅速“补位”，敏锐识别并填补市场在满足社会需求方面的不足。最后，政府不应“越位”，对于“越位”的现象，要坚决“退位”，特别是要减少审批等行政手段，转而通过经济手段和法律手段来规范市场行为，调节经济运行。

（二）政社分开

实现政社分开，有以下相应的措施。首先，构建政府与社会的伙伴关系，改善两者关系，推动政府职能向社会自治转变，强化社会组织、社区和村级组织的自治功能，推进事业单位和群团组织的社会化进程，将权力归还社会，建立政府与社会的平等关系。其次，大力发展和培育社会组织，加强对社会组织的综合管理，发展有效的社会组织来承接政府转移的职能，推动政府职能转变，增强政府的宏观调控能力，明确社会组织的地位与作用，支持其自主运营。同时，加强公众监督与政府监督，完善社会组织的自我管理机制，促进其规范运行。最后，推进社区管理体制改革，分类实施事业单位改革，打破事业单位由政府举办、部门所有的格局，确立事业单位的独立法人地位，实现政事分开。

（三）顾客导向

秉持“顾客至上”“顾客满意”或“顾客导向”的原则，构建一个以社会公众为服务对象的服务型政府，强化公共组织及其成员的服务意识。将公民视为“顾客”，以有效、激励的方式充分发挥公共组织的服务作用。公共组织的各项管理措施能否顺利实施及服务效果如何，取决于公共组织在“顾客”心目中的形象和地位，以及“顾客”对公共组织的满意度、信赖度和参与度。

三、各类公共组织的功能

不同类型的公共组织具有各自独特的功能，但这些功能并非孤立存在，而是相互交织、相互影响的，共同构成了公共组织体系的有机整体，在社会治理与发展中发挥着各自独特的作用。

（一）政府组织的功能

政府组织是所有组织中公共性最强的组织，是公共组织的主体，其最基础的功能主要包括公共服务功能、调控经济功能、制定和执行政策法规功能、提供社会保障功能。

1. 公共服务功能

政府组织的公共服务功能体现在3个层面。首先，政府作为国家上层建筑的实体，服务于经济基础，确保国民经济的稳定发展，并宏观上为社会提供公共产品和服务。其次，政府致力于为国家利益和社会公共利益服务。最后，政府通过创办各类社会服务事业并有效管理公共服务，彰显其服务本色。

2. 调控经济功能

具体来说，在市场条件下，政府的调控经济功能体现在3个方面。一是建立和维持市场竞争机制。尽管市场竞争机制是市场经济的重要支柱，但“市场失灵”时有发生，政府需负责建立、保持和维护这一机制。二是调节经济运行。政府应该对宏观经济和微观经济活动进行系统化、规范化的调节。三是收入再分配。通过财政收支手段，实现国民收入的合理分配，确保社会公平。

3. 制定和执行政策法规功能

政府通过政策调整社会成员间的利益关系，实现政策导向、调控和分配的作用。在法规层面，政府致力于建立法治社会，通过行政立法、行政司法和行政执法，将国家行政管理纳入法治轨道，确保社会关系的和谐与稳定。

4. 提供社会保障功能

政府通过社会保障功能的发挥，来满足全民的需要，其社会保障功能体现在3个方面。一是保障生存与安全。政府优化资源配置，扶危济困，维护社会秩序，确保公民安居乐业。二是维护社会稳定。政府利用国家权力对社会进行强制性控制，引导和限制个体、群体与组织的行为，维护社会稳定。三是促进社会发展。政府通过组织社会建设，不断满足公民的物质文化需求，化解社会矛盾，促进社会与人的全面发展。

（二）政党组织的功能

政党组织是当然的公共组织，其功能是多元化的，政党组织在国家、社会以及政治生活中扮演着重要的角色，其功能体现在如下方面。

1. 争取群众与教育群众功能

政党组织的首要任务是争取自己所代表的阶级、阶层或集团群众的支持。这包括通过宣传、教育等手段，提高群众的政治觉悟和参与度，使群众了解并支持政党组织的政治理念和政策主张。教育群众也是政党组织的重要功能之一，政党组织通过传播政治知识、培养政治意识、引导政治行为等方式，提高群众的政治素养和参政议政能力。

2. 集中意志功能

政党组织能够将所代表的阶级、阶层或集团的意志集中起来，形成统一的政治诉求和政策主张。这有助于形成稳定的政治力量，推动社会进步和发展。在集中意志的过程中，政党组织还会对群众的意见和建议进行收集、整理和分析，以便更好地反映群众的利益和需求。

3. 掌握政权与行使国家权力功能

政党组织的最终目的是掌握政权，通过参与选举、组织政府、制定法律和政策等方式行使国家权力。这是政党组织实现其政治理念和政策主张的重要手段。在掌握政权后，政党组织会运用其政治影响力，推动国家机器的运行，维护社会秩序和稳定，促进经济发展和社会进步。

4. 利益表达与沟通功能

政党组织是民众利益表达的重要渠道。政党组织能够代表民众的利益和需求，向政府和社会传达民众的声音和诉求。同时，政党组织也是政府与民众之间沟通的桥梁，它们能够协助政府了解民众的需求和意愿，为政府制定政策提供参考和依据。

5. 政治社会化与政治动员功能

政党组织通过政治教育和宣传活动，可以推动政治文化的传播和普及，提高民众的政治觉悟和参与度。在特定时期或面对重大事件时，政党组织还能够动员民众参与政治活动，形成强大的政治力量，推动社会变革和发展。

6. 监督与完善政治运作功能

政党组织在掌握政权后，还会对政府的政治运作进行监督。它们通过监督政府的决策、执行和反馈等环节，确保政府行为的合法性和有效性。同时，政党组织还会对政治体制和政治制度进行完善和创新，以满足社会发展的需要和民众的需求。

（三）事业单位的功能

事业单位是中国特有的公共服务组织，其基本功能主要包括公共服务功能、资源配置功能、社会治理功能和知识支撑功能。

1. 公共服务功能

公共服务功能是事业单位最基本、最鲜明的功能。事业单位是从事教育、科研、文化、卫生等方面公益服务工作的公共组织，其主要职责是提供公共服务，满足社会公共需求。例如，教育事业单位提供学前教育、义务教育、高等教育、职业教育和成人教育等服务；科学研究事业单位从事科学研究、技术开发、成果推广等工作；文化事业单位如图书馆、博物馆、文化馆等提供公共文化服务；医疗卫生事业单位如医院、卫生院、疾控中心等，提供医疗卫生服务。这些服务都是社会生活中不可或缺的，对于提高人民生活水平、促进社会和谐具有重要意义。

2. 资源配置功能

事业单位作为公共服务的提供者，首先需要集中社会资源以形成财政收入。这些资源可能来源于政府拨款、社会捐赠、服务收费等多种渠道。通过财政收入，事业单位能够拥有一定的资源基础，进而通过合理的资源配置机制，将资源投入最需要、最能产生社会效益的领域。这一过程中，事业单位需要不断优化资源配置结构，确保资源在不同部门、不同项目之间的合理分配，实现资源的高效利用。在市场经济条件下，市场机制在资源配置中发挥着基础性作用。然而，由于市场存在信息不对称、外部性、公共物品供给不足等缺陷，单纯依靠市场机制难以实现资源的最优配置。事业单位通过履行资源配置职能，可以在一定程度上弥补市场缺陷。例如，对于具有自然垄断性质的行业（如电力、燃气、电信等），事业单位可以通过政府管制和财政补贴等手段，确保资源得到公平分配和有效利用。

3. 社会治理功能

事业单位具有从业人员多、社会关注度高、辐射影响面广等特点，在参与社会治理方面发挥着独特的作用。事业单位可以充分利用自身的资源、技术和人才优势，与政府、社区组织、非营利组织等协同合作，共同解决社会中出现的问题和矛盾。例如，事业单位可以参与社区治理，通过提供志愿服务、开展公益活动等方式，维护社区的和谐稳定。事业单位还通过传承和弘扬中华优秀传统文化，增强了民族凝聚力和文化自信心，为社会的和谐稳定提供了有力的支撑。

4. 知识支撑功能

事业单位多为以脑力劳动为核心的知识密集型组织，汇聚了大量专业人才。事业单位主要通过运用科技文化知识，为社会各界提供多元化的服务。尽管事业单位不直接从事物质产品的生产，但凭借在科技文化领域的深厚积累与卓越贡献，对社会进步具有显著的推动作用，成为社会生产力不可或缺的一部分。在国家科技创新体系中，事业单位更是占据了举足轻重的核心地位。通过加强科研基础设施建设、优化科研资源配置、推动产学研用深度融合等措施，事业单位不断提升自身的创新能力和服务水平，为国家科技创新和经济社会发展作出了重要贡献。

（四）非政府组织的功能

非政府组织是现代社会的重要标志，是公共部门的重要组成部分，在现代社会中扮演着重要公共角色，其主要功能体现在如下方面。

1. 社会服务与公益促进功能

非政府组织在社会服务和公益事业中发挥着重要作用。它们为弱势群体提供援助，如在教育、医疗、扶贫、环保等领域，通过组织志愿者活动、筹集善款、提供物资等方式，直接改善人们的生活条件。同时，非政府组织还致力于推动社会公益事业的发展，提升公众对社会公益事业的认知度和参与度。

2. 政策倡导与监督功能

非政府组织作为民间力量的代表，积极参与政策制定和执行的监督。它们通过调查研究、政策建议、公众倡导等方式，向政府和社会传达民众的声音和需求，推动政策的优化和完善。同时，非政府组织还监督政府行为，确保政府行为符合法律法规和公共利益，提升政府决策的透明度和公正性。

3. 利益协调与沟通功能

非政府组织在协调不同社会群体之间的利益关系方面发挥着重要作用。它们通过组织活动、搭建平台等方式，促进不同群体之间的交流和沟通，增进相互理解和信任。同时，非政府组织还代表特定群体的利益，向政府和社会表达诉求，推动相关政策的制定和实施。

4. 文化传承与创新功能

非政府组织在文化传承和创新方面也发挥着积极作用。它们通过组织文化活动、推广传统文化、支持艺术创作等方式，保护和传承文化遗产，增强文化的多样性并促进文化繁荣。同时，非政府组织还鼓励创新，推动文化产业的发展和升级。

5. 国际交流与合作功能

非政府组织在国际交流与合作中扮演着重要角色。它们通过参与国际会议、开展跨国项目、建立国际网络等方式，加强与其他国家和地区非政府组织的联系与合作，共同推动全球公益事业的发展。同时，非政府组织还通过国际交流，促进不同文化之间的理解和尊重，推动世界和平与发展。

（五）公共企业的功能

公共企业是公共经济部门的重要组成部分，是政府实现特定政策目标、干预经济的重要载体，是政府纠正市场失灵的一项政策工具①，其主要通过提供公共产品与服务、执行政府宏观调控等来纠正市场失灵。

1. 公共产品与服务供给功能

公共企业在公共产品与服务的领域直接充当投资主体的角色，专注于填补私人企业因各种原因（如不愿或能力不足）无法充分提供的服务空白。这些关键性的公共产品与服务大致可以分为四大类。一是涵盖电力、交通、通信等领域的基础产业以及公共设施的建设与维护；二是国家重大科技项目的理论研究与实践应用；三是退休、工伤、生育、医疗卫生、国民健康保险等一系列社会保障服务；四是公共资源的保护、公共环境的治理及其相关服务②。

2. 宏观调控功能

公共企业通过其政策导向和直接投资策略，有效协调复杂多变的宏观利益关系，引导宏观经济走向，从而为各类微观市场主体营造一个良好的宏观经济环境。此外，公共企业还积极响应政府号召，为具有宏观意义的微观主体利益提供必要的制度设计与协调服务。例如，社会福利、社会救济等公共服务，是维持社会健康运行不可或缺的部分，公共企业有责任、有义务承担起这些公共服务的提供任务，以增进社会的整体福祉并维护社会和谐③。

◎思考题

1. 举例说明公共组织和私人组织在实际运作中的共同点和差异。

2. 公共组织的分类标准有哪些？这些分类如何帮助理解组织的角色和功能？根据不同的组织分类标准（如功能、目的、形成方式等），讨论一个组织可以如何被分类到多个类别中，并举例说明这在实际管理中可能产生的影响。

3. 谈谈你对公共组织功能内涵的理解。了解不同公共组织的功能，并分析这些功能如何满足社会需求？

---

① 刘仁春：《公共企业：政府弥补市场失灵的一项政策工具》，《广西师范大学学报》（哲学社会科学版）2005年第3期。

②③ 叶常林：《公共企业：涵义、特征和功能》，《中国行政管理》2005年第10期。

第二章

公共组织理论

公共组织理论的发展历程，构成了西方公共管理学术界自 19 世纪末至 20 世纪初的一次重大转型，这一转型标志着公共组织理论从最初零散、不成体系的思想火花，逐步演变成一个独立且系统化的学科领域。这一演变过程可以清晰地划分为 4 个关键阶段：第一阶段是古典公共组织理论时期，这一时期公共组织理论初露端倪，主要聚焦组织结构与职能的探讨。第二阶段是行为科学公共组织理论时期，研究重心发生了显著转移，从组织结构转向了组织成员的行为动机与人际关系。第三阶段是系统科学公共组织理论时期，这一阶段以系统论为理论框架，全面审视了公共组织与其外部环境之间的相互作用和动态平衡。第四阶段是当代公共组织理论时期，这一阶段是公共组织理论发展的高峰。本章将详细剖析这四个发展阶段，揭示公共组织理论如何随着时代的变迁而不断演进，以及这一演进过程对当代公共管理实践的深远影响。

第一节　古典公共组织理论

19 世纪末伴随着西方主要资本主义国家向城市化、工业化国家的迈进，很多问题也相继产生，迫切需要新的理论予以指导。现实实践的需要促使人们对管理与组织问题进行深入研究和探讨，古典组织理论在此背景下应运而生。本节将从古典组织理论的 3 个分支——科学管理组织理论、一般管理组织理论和行政组织理论来展开。

一、科学管理组织理论

科学管理组织理论作为现代管理学的基石之一，其诞生标志着管理实践从经验主义向科学理性的重大转变。其主要由弗雷德里克·泰勒在 19 世纪末至 20 世纪初提出并发展完善，对后世管理理论与实践产生了深远影响。

弗雷德里克·泰勒是西方古典管理理论的主要奠基者之一，开创了科学管理运动，并因此被誉为“科学管理之父”。他于 1911 年出版《科学管理原理》，标志着一个管理新时代的到来，他提出的科学管理组织理论主要关注如何通过科学的方法来提高组织的效率。这一理论强调对组织内部各项活动的精确分析和控制，以实现资源的优化配置和最大化利用。科学管理组织理论的基本内容主要包括以下方面。

第一，工作定额原理。泰勒发现，在传统生产模式中，雇主与员工对于每日应完成的工作量往往缺乏清晰的认识，这直接导致了生产效率的低下和工作纠纷的频发。他认为，有必要确立一个既科学又合理的工作标准来解决这一问题。于是，泰勒精心设计方案并通过反复试验，找到了一种有效的方法：他挑选出技能熟练且合适的工人，对他们完成每一项工作任务所需的时间进行详尽的分析和累加，同时充分考虑必要的休息时间和可能的中断时间，从而精确计算出完成特定任务所需的总时间。基于这一精确的计算结果，他提出了合理的日工作量标准，这就是泰勒所倡导的工作定额原理，它为提升生产效率提供了科学的依据。

第二，标准化原理。泰勒强调，组织管理层的首要职责在于确立标准化的工作模式，这包括标准化的作业流程、标准化的劳动工具以及标准化的工作环境等多个维度。他认为，科学管理的本质在于系统总结工人们长期积累的知识与技能，通过深入剖析与对比，抽取其中的共通性与规律性要素，进而将其凝炼为原则与规范，最终形成一套科学的工作方法体系。

第三，管理职能专门化原理。泰勒提出，为了提高劳动生产率，必须打破传统上依赖个人经验的作业模式，明确划分计划职能与执行职能。他主张，计划工作应由管理层统筹负责，而现场工长和工人则应专注于执行任务，严格遵循指示，避免自行其是。这一理念极大地推动了分工理论在管理实践中的深入运用。更进一步地，泰勒对管理职能进行了细致划分，创新性地提出了“职能工长制”。在这一制度下，原本由单一工长承担的多重职责被分解，由多位工长分别承担不同的管理职能，每位工长专注于一个特定领域，工人则同时接受各职能工长的专业指导。尽管“职能工长制”因可能引发指挥混乱而在实际操作中未能广泛推行，但泰勒的这一职能管理构想却为后来职能部门的构建及管理职能的专业化分工提供了重要的思想启迪。

第四，劳资双方密切合作原则。泰勒提出，科学管理的实质在于推动工人与雇主共同经历一场深远的“心理革命”。雇主期望降低成本，工人则渴望提高薪资，而这两者目标的实现，唯有通过提升劳动生产率这一共同路径才能达成和谐，进而满足各自的需求。因此，劳资双方必须摒弃原有的剑拔弩张的对立姿态，从相互指责、猜疑和对抗转向相互信任与紧密协作。这种“心理革命”对于实现科学管理至关重要。当劳资双方能够并肩作战、共同努力时，他们所能够创造的附加价值将是不可估量的。然而，泰勒也清醒地指出，如果没有这种全面的心理转变作为基石，科学管理将无从谈起。在当时的社会背景下，泰勒深刻洞察到了劳动者与管理者之间协同合作对于提升生产效率的重要性，这一见解不仅揭示了当时劳资关系紧张的现实，更展现出了超前的洞察力。遗憾的是，受限于当时的历史条件，这一理想化的状态并未实现。

第五，例外原则。例外原则指的是，组织的高层管理者应当将决策与控制的权力聚焦于“例外情况”，即那些涉及组织重大战略决策、关键人事任命等方面的核心事务上，将日常性、常规性的管理任务委托给中下层管理人员去处理，从而使自己能够集中精力应对最为关键的问题。泰勒所倡导的这一原则，为组织管理中的授权与分权开创了新的范式，并且直至今日，例外原则仍被视为现代管理理论的一块重要基石。

除此之外，泰勒还着重强调，提升劳动生产率的关键在于选拔并培养“第一流的工人”。他坚信，只要为工人分配与其能力相匹配且他们乐于从事的工作，每个人都有潜力成为“顶尖高手”。组织领导与管理层的职责，在于为每位工人找到最适合的岗位，通过系统的培训帮助他们成长为“第一流的工人”，并激发他们发挥出最大的潜能。泰勒的这些独到见解，已经被现代人力资源管理广泛采纳，并成为“人尽其才、才尽其用、各展所长、人岗相宜”这一管理原则的重要理论基础。

二、一般管理组织理论

一般管理组织理论的提出可追溯到20世纪初的工业革命高峰期及国家现代化进程的关键阶段。随着工业化与城市化进程的加速，社会经济结构发生了巨大变化，社会资源的配置与管理面临前所未有的挑战。如何提升组织管理效率、优化资源配置成为时代课题。同时，国家建设和国家现代化进程中对组织管理能力的需求也促使人们开始深入探索更为高效、科学的管理理论。在此背景下，法国管理学家亨利·法约尔于1916年发表了《工业管理和一般管理》，提出了一般管理组织理论，法约尔不仅在该理论中总结了企业管理的实践经验，还将其拓展至更广泛的组织领域，为现代管理理论的发展奠定了重要基础。

（一）组织管理的核心要素与职能

法约尔认为，所有企业都包含着六大核心活动：技术活动、商业活动、财务活动、安全活动、会计活动和管理活动。其中，管理活动因其负责规划企业的整体运营策略、构建组织结构，并协调各种资源和行动，而显得尤为关键。“对于大型企业的负责人来说，首要条件便是成为一名卓越的管理者。”法约尔将管理明确定义为“计划、组织、指挥、协调与控制”的有机结合。他进一步把这5个管理要素细分开来，并强调了它们之间存在的逻辑上的紧密联系和相互依存关系。

计划，作为管理的首要且至关重要的步骤，犹如一座大厦的地基，构成了所有组织活动的起点与坚实基础。它不仅为企业的未来发展绘制了蓝图，更为各项具体工作的展开提供了明确的方向和依据。然而，再完美的计划也需要一个能够支撑其有效实施的组织架构来保驾护航。因此，一个设计精良、运作高效的组织结构，对于计划的成功制定与顺利执行而言，显得尤为关键。这也使得组织自然而然地成为管理框架中的第二大核心要素。组织工作，作为管理的核心要素之一，其内涵丰富且复杂。它主要围绕着企业各种资源的合理配置和结构安排展开。如在物质资源方面，组织需要确保原材料、设备以及资金等关键要素的充足供应与高效利用，为企业的生产运营提供坚实的物质保障。而在人力资源方面，组织则更加注重人才的选拔、培养与激励，通过构建科学合理的岗位体系、薪酬体系以及培训体系，激发员工的潜能与活力，为企业的长远发展注入源源不断的动力。

指挥，作为管理的第三大核心要素，其地位举足轻重。在组织结构稳固建立之后，指挥活动便如同润滑剂一般，确保整个组织机器能够正常且高效地运转起来。通过明确的指令、有效的沟通和及时的反馈，指挥活动将计划转化为具体行动，推动各部门、各岗位按照既定的目标和路径前进。指挥不仅关乎效率，更关乎方向，它确保每一项工作都能够紧密围绕核心目标展开，从而实现计划的精准落地。

然而，指挥活动并非孤立存在，它主要镶嵌在上下级关系之中，构成了组织层级结构的重要组成部分。但值得注意的是，计划往往不是单一部门或个体所能独立达成的，需要多个部门之间的紧密协同与合作。这就意味着，即便在上下级之间，也并非仅仅是单纯的指挥与被指挥的关系，更多的则是一种相互支持、相互协作的伙伴关系。因此，协调便自然而然地成为管理的第四大核心要素，与指挥相辅相成，共同推动组织的和谐发展。协调的本质，在于确保企业内部的各项工作能够和谐一致，各部门的努力方向能够保持高度统一。它像是一只无形的手，调整着组织内部的各种关系，使得各部门在追求各自目标的同时，也能够相互配合、相互补充，共同为组织的整体目标贡献力量。从操作层面来看，协调旨在使各项事务与行动之间保持适当的比例和节奏，既不过于紧张导致资源过度消耗，也不过于松弛导致进度滞后。通过有效的协调，组织能够步调一致地推进工作，确保各项任务都能够按时、按质、按量完成，从而助力组织取得长足的成功。

管理的第五大核心要素——控制，是确保组织稳健运行、实现目标不可或缺的一环。它贯穿整个管理过程，如同一双敏锐的眼睛，时刻监视着组织的各项活动，确保它们始终沿着正确的轨道前行。控制的核心任务，在于全面而细致地检查并验证各项工作是否严格遵循了事先制定的计划、是否准确执行了上级下达的指示，以及是否严格遵守了组织既定的原则和规范。这一核心要素作用的发挥，不仅要求管理者具备高度的责任心和敏锐的洞察力，还需要建立一套科学、完善的监控机制。通过定期或不定期的检查、评估与反馈，控制活动能够及时发现工作中存在的不足和错误。这些不足和错误可能源于计划的不周、执行的偏差，或是外部环境的突变，但无论何种原因，控制都旨在第一时间将其识别出来，以便迅速采取纠正措施，防止问题严重或再次发生。控制的意义，不仅仅在于纠正错误，更在于通过不断地反思与改进，提升组织的整体绩效。控制促使管理者和员工时刻保持警惕，不断审视自身的工作和行为，寻求更优的解决方案，推动组织持续进步。同时，控制也是组织文化塑造的重要手段之一，它强调了规则、纪律和责任感的重要性，为组织营造了一个严谨、有序的工作环境。

（二）14 项管理原则

法约尔基于自身丰富的管理经验，总结并提出了著名的 14 项管理原则，这些原则构成了他一般管理组织理论的核心精髓。

（1）劳动分工　这一原则强调细化工作任务，将复杂的工作任务分解为一系列简单、明确的任务，由专门的人员负责完成。这一做法不仅可以提高工作的熟练度和精确度，还能促进职能的专业化和权力的合理分配，从而显著提升生产效率和工作效能。这一原则普遍适用于组织管理的各个层面。

（2）权力与责任　权力是指挥和要求他人服从的力量，而责任则是权力所附带的义务。权力与责任如同一枚硬币的两面，密不可分。法约尔明确指出，权力所到之处，责任随之而生。这意味着，每当一个人被授予某种权力时，他同时也被赋予了相应的责任，以确保权力的使用符合组织的利益和目标。权力又可细分为两大类别：职务权力与个人权力。职务权力源于个体在组织中所担任的职位及其所拥有的地位，它随着职位的变动而变动，具有一定的法定性和权威性。而个人权力，则深深植根于个人的内在素养与魅力之中，它依赖于个人的智慧积累、学识广度、经验丰富程度、道德品质以及领导才能，这种权力是相对稳定且持久的，能够跨越职位的界限，对他人产生深远的影响。

（3）纪律　法约尔认为，纪律是一个企业兴旺发达的关键。没有良好的纪律，任何一个企业都无法实现长期稳定和繁荣发展。纪律原则认为，纪律是组织与其成员之间通过协议达成的一种共识，这种共识体现在成员对组织的服从、勤勉工作、积极态度、得体举止以及相互尊重等方面。

（4）统一指挥　这一原则直接关联组织内部命令的流畅性与执行效率。法约尔明确指出，为确保工作能够高效且有序地执行，每个下属应当仅接受一个上级的直接命令与指导，从而有效避免由于多重领导或双重指挥所带来的混乱与冲突。统一指挥原则有助于维护组织的稳定与和谐，为组织的长期发展奠定坚实的基础。

（5）统一领导　统一领导原则要求，对于追求同一目标的所有活动，必须有一个明确的领导者来负责协调和指导。这有助于确保所有活动都朝着共同的目标前进，避免偏离方向或组织产生内部冲突。该原则还强调，为了实现目标，所有相关活动必须在统一的计划下进行，以确保行动的一致性和协调性。这有助于整合组织资源，提高工作效率，并减少浪费和冲突。统一领导原则鼓励组织成员之间的协作和共同努力。通过明确的领导者和统一的计划，组织成员可以更加清晰地了解自己的职责和任务，从而更加积极地投入工作。

（6）整体利益优先　整体利益优先原则认为，在任何情况下，组织的整体利益都应置于个体利益之前。这意味着，当个人或小团体的利益与组织整体利益发生冲突时，应优先考虑组织的整体利益。在更宏观的层面，这一原则也强调了国家利益高于公民个体或小团体的利益。这意味着，在面对国家利益和个体利益的选择时，应无条件地服从国家利益。

（7）报酬制度　法约尔认为，报酬制度应确保公平性。这意味着员工的报酬应与其工作贡献、才能以及市场水平相匹配，避免因为不公平的报酬制度而导致员工的不满和流失。同时，报酬制度应能够激发员工的积极性和热情。通过形成合理的报酬制度，员工能够感受到自己的工作得到认可和奖励，从而更加努力地工作，为组织创造更大的价值。报酬制度不应超过合理的限度。这意味着组织在制定报酬制度时，应充分考虑自身的经济状况和员工的实际需求，避免因为过高的报酬制度而给组织带来过重的负担。法约尔提出了多种报酬制度，包括按日计酬、按任务计酬和计件计酬等。这些报酬制度各有利弊，组织应根据实际情况和领导者的灵活运用来选择适合的报酬制度。

（8）集权与分权　集权与分权相对而言的，二者论述的都是有关决策权在组织不同层级的分布情况。集权是指在组织较高层级上集中行使决策权，组织的上级向下级下达指示和命令，下级的一切行动服从上级指挥；分权则指组织在较低层级上分散行使决策权，组织下级部门拥有组织高层授予的一部分决策权，对组织的部分资源进行支配，并根据具体情况，在其职权范围内相继解决问题。法约尔认为，集权与分权并非绝对的对立，而是可以相互补充的。关键在于找到适合组织的平衡点，以适应环境、条件和成员素质的变化。这个平衡点既能够保证组织的统一指挥和协调，又能够激发下级部门和员工的积极性和创造力。集权与分权的最终目的都是实现组织的最高效率。通过合理的集权与分权安排，组织可以更加灵活地应对外部环境的变化，更加高效地利用内部资源，从而提升整体绩效。

（9）等级制度　等级制度原则通过明确的层级结构，展示了从最高权力机构到基层管理人员的领导链条。这一链条不仅明确了各个层级之间的上下级关系，还确保了权力的有序传递和行使。在等级制度中，权力的行使路径是清晰且固定的。每一个层级的管理人员都拥有其特定的权力和职责，他们只能在自己的权限范围内行使权力，并对上级负责。这种明确的权力行使路径有助于避免权力滥用和决策失误。等级制度原则还明确了信息传递的渠道。在组织中，信息通常按照等级制度所规定的路径进行传递，从基层员工逐级向上汇报，或从上级逐层向下传达。这种传递方式确保了信息的准确性和及时性，有助于组织内部的有效沟通和协调。

（10）秩序　秩序包括物品秩序和社会秩序，即每样物品和每个人都有其适当的位置。法约尔认为，每一件物品都应有一个最适合它存放的地方，这就是物品秩序原则。贯彻物品秩序原则，意味着要使每一件物品都在它应该存放的位置上，以便于查找、使用和管理。这不仅有助于提高工作效率，还能减少物品的丢失和损坏。社会秩序原则关注的是组织内部人员的配置和管理。法约尔认为，每个人都有他的长处和短处，贯彻社会秩序原则就是要确定最适合每个人能力发挥的工作岗位，然后使每个人都在最能使自己的能力得到发挥的岗位上工作。这样不仅能提高员工的工作满意度和绩效，还能促进组织的稳定和发展。

（11）公平　公平源于公道和善意，通过遵守已订立的协议和善待成员，激发其全心全意的忠诚执行。公道指遵守已订立的协议，确保规则的一致性和稳定性；而善意则指领导者善意地对待成员，关注成员的需求和感受，以激发其全心全意的忠诚执行。

（12）人员稳定　法约尔认为，一个人要适应他的新职位，并做到能很好地完成他的工作，这需要时间。因此，保持人员在工作岗位上的相对稳定是至关重要的。这种稳定性不仅有助于员工熟悉自己的工作、了解工作环境，并取得他人的信任，还能够提高工作的连续性和效率。法约尔特别强调了领导层稳定的重要性。他认为，适应一个领导岗位并做好工作需要时间，频繁更换领导人员会带来诸多后患。繁荣的企业往往拥有稳定的领导层，而那些运气不佳的企业则常常伴随着领导层的频繁变动。虽然法约尔强调人员的稳定性，但他也认识到人员流动是绝对的。年老、疾病、退休、死亡等都会造成企业中人员的流动。因此，关键在于掌握人员稳定和流动的合适度，以确保组织能够持续、稳定地运行。

（13）首创精神　首创精神是指人们在工作中的主动性、创造性和独立思考能力。它表现为员工能够积极提出新的想法、计划和解决方案，以推动组织的发展和创新。法约尔认为，首创精神是组织力量的源泉，尤其是在组织面临困难时更为重要，它能够激发成员的热情和积极性，增强组织的凝聚力和向心力，帮助组织克服各种挑战和困难。领导者在激发和支持成员的首创精神方面扮演着重要角色。他们需要极有分寸地，并要有某种勇气来激发和支持成员的首创精神。同时，领导者还需要为成员提供一个开放、包容和创新的工作环境，让成员敢于尝试新的想法和方法。

（14）人员团结　法约尔认为，组织集体精神的强弱取决于组织内部成员之间的和谐和团结情况。一个团结一致、和谐共处的组织能够形成强大的凝聚力，推动自身不断向前发展。为了实现团结，组织必须强调统一指挥。这意味着每个成员都应接受且只能接受一个上级的命令和指挥，以避免混乱和分裂。统一指挥有助于确保政令统一、行动一致，是实现团结的基础。法约尔指出，领导者应避免使用可能导致分裂的分而治之的方法。相反，领导者应该努力促进成员之间的合作和沟通，以建立和维护团结。法约尔认为，人员间的思想交流特别是面对面的口头交流有助于增强团结。这种交流方式能够增进彼此之间的了解和信任，促进合作和协调。虽然书面联系在某些情况下是必要的，但法约尔认为滥用书面联系可能会削弱组织的团结。因此，他建议领导者在可能的情况下尽量采用口头交流的方式来传达信息和指令。

法约尔认为，这些原则对于管理至关重要，但并非僵化不变。他强调原则的灵活性，需根据具体情况灵活运用。掌握这一艺术需要智慧、经验、判断力和尺度感，是管理者的重要才能。此外，他主张从具备管理能力的人才中选拔领导者，鼓励公众参与管理理论建设，并呼吁国家建立全面的管理教育体系，通过多种形式普及管理教育。

三、行政组织理论

行政组织理论，亦称科层制组织理论或官僚制组织理论，主要由马克斯·韦伯提出，此后在当代社会的公共行政管理体系中占据了举足轻重的地位。该理论诞生于 19 世纪末至 20 世纪初这一工业化、城市化迅猛发展的时期，当时社会结构的日益复杂和管理规模的急剧扩大，使得传统的管理手段难以适应大规模组织的运作需求。韦伯所提出的官僚制组织理论，正是为了应对这一挑战，旨在为复杂多变的社会环境构建一个高效、有序且具备高度可预测性的管理系统架构。

（一）组织运作的基石：权威

韦伯对组织形态的探索始于对权威本质的深入剖析，他认为任何组织的存续与运作皆以权威为基石。权威与权力虽有关联，却存在本质区别：权力可能无视个体意愿而强制施行，而权威则建立在人们的自愿遵从之上，能有效消除组织内部的混乱，确保组织运作的有序性。韦伯将权威划分为以下 3 种类型。

（1）合理型权威　也称法定权威。合理型权威的基础是组织内部依法设立的规则和制度。这些规则和制度为组织提供了明确的结构和运作框架，确保了组织的稳定性和可预测性。与传统型权威和魅力型权威不同，合理型权威是非人格化的，个体服从的是制度和规则，而非领导者个人。这种权威类型强调客观性和公正性，避免了因领导者个人品质或偏好而导致的主观性和随意性。在合理型权威下，领导者因在组织内部被赋予特定职务而拥有权威。这种权威是有限的，仅限于其“合理职权范围内”，一旦领导者超出其职权范围行事，其权威将受到质疑和挑战。合理型权威强调合理性和合法性，领导者必须按照组织规则和制度行事，确保其决策和行为的合理性和合法性。这种权威类型有助于维护组织的秩序和公正性。

（2）传统型权威　传统型权威主要依赖古老的规则、权力神圣的宣扬与信仰，以及世代相传的习俗和惯例。这种权威形式在世界历史上一直较为流行，中国古代数千年的封建统治就是建立在传统型权威的基础之上的。在此类组织中，统治者被视为“主子”，拥有终身的权力，并通过世袭制度将这种权力传给后代。组织成员则成为“仆从”，他们之间的关系更多基于个人忠诚而非职务职责。这种关系往往带有一种自然的亲缘关系，如父权制或家族统治。传统型权威下的管理结构高度集权，缺乏固定的组织权限和明确的职权范围，没有合理的职务等级制度，往往由统治者或由统治者所委派的人员以个人身份直接对事情作出决定。此外，没有明确的规章制度和聘任、晋升标准，选拔和晋升的主要依据是统治者的主观好恶。由于管理过程中的任意性与专断性较高，传统型权威往往容易导致不良风气如贪污腐败的滋生。行政人员缺乏业务专业培训，不以培训作为基本的任职资格，最重要的任职资格是对“主子”的忠诚。这类组织没有固定的以货币形式支付的薪金。

（3）魅力型权威　魅力型权威（charisma）源自希腊语，原意为“神灵的礼物”，它不是基于传统的或正式的权威，而是下属认为的领导者具有的超凡品质。这种权威建立在人们对领导者超凡能力、英雄壮举及楷模形象的崇拜与信仰之上。领导者具有非凡的、超人的特征，如超凡的能力、独特的个性和强烈的使命感，这些特质使领导者能够吸引和感召追随者。人们对领导者的崇拜与信仰是自愿的，而非强迫的。这种崇拜与信仰源于领导者所展现出的非凡魅力和英雄壮举。魅力型权威并不是固定不变的，而是随着领导者的表现和成就而波动的。一旦领导者长期未能取得成就，尤其是未能为被领导者带来福祉时，其权威便会逐渐丧失，直至组织崩溃。

韦伯同时指出，他所提出的 3 种纯粹的权威类型——合理型权威、传统型权威和魅力型权威，在现实中几乎难以寻觅。韦伯的这一分类更多的是为了构建一种纯粹的、抽象的、标准的组织形态模型，以便深入分析每种权威类型的特点，并与其他社会组织进行对比，从而更准确地判断不同组织的特性与本质。虽然韦伯承认纯粹的权威类型在现实中难以寻觅，但他的理论仍然具有重要的现实应用价值。通过将这些权威类型视为理想的权威类型，研究者可以更加清晰地分析现实社会中复杂的权威结构，揭示不同权威类型在组织运作中的具体表现和相互作用。韦伯的权威类型理论提供了一种深入理解组织和社会结构的新视角，它提醒在现实社会中，权威往往是以混合形式存在的，而不是单一的纯粹类型。因此，在分析组织和社会结构时，需要采取更加灵活和多元的视角，充分考虑不同权威类型的交织和互动。尽管韦伯的权威类型理论具有重要的理论价值和实践意义，但它也存在一定的局限性。首先，韦伯的分类可能过于简化了现实社会中的复杂权威类型。其次，韦伯的理论主要关注权威的类型和特点，而对于权威如何产生、如何维持以及如何变迁等问题则缺乏深入的探讨。

（二）理想的行政组织体制：科层（官僚）制

韦伯指出，在由 3 种权威类型所构建的组织形态中，传统型权威组织在运作效率上展现出较为低下的特点；而魅力型权威组织，则因其深植的神秘主义氛围，被视为一种不够稳定且难以持续的组织模式。相较之下，合理型权威组织依托法律框架设立的公职与职位，实施理性化管理，从而形成了一种科层制（官僚制）的组织架构，这一模式被韦伯誉为“理想型”的行政组织范例。值得注意的是，韦伯所使用的“官僚制”一词，并非带有现代贬义色彩的用语，而是指一种以精确分工、层级清晰、权力集中和行动统一为特征的组织结构类型，其评价维度并不包含对工作效率高低或工作风格的评判。

韦伯提出，理想的科层制（官僚制）组织应具备以下六大核心特征。

（1）职能分工明确且合理　在科层制（官僚制）组织中，各项任务被精细划分，并根据专业能力和技能需求合理分配给相应的部门和个人。这种明确的分工确保了工作效率和专业性。

（2）职务等级序列清晰　科层制（官僚制）组织内部建立起一套清晰的职务等级体系，每个职位的权责范围、晋升路径以及相互间的从属关系都得到明确界定。这有助于维护组织的秩序和稳定性。

（3）规章制度明确可行　科层制（官僚制）组织制定了一套详尽且可行的规章制度，涵盖了组织运作的各个方面。这些规章制度为组织成员提供了明确的行为准则和决策依据，确保了组织的规范化和标准化运作。

（4）书面文件和档案制度正规完善　科层制（官僚制）组织重视书面文件和档案的管理，建立了正规且完善的记录和保存制度。这有助于确保信息的准确性、完整性和可追溯性，为组织的决策和管理提供有力支持。

（5）组织管理非人格化　在科层制（官僚制）组织中，管理行为基于规则和制度，而非个人情感或偏好。这种非人格化的管理方式有助于维护组织的公正性和客观性，避免了个人因素对组织决策和运作的干扰。

（6）设有专业的培训机构　科层制（官僚制）组织重视成员的专业发展和技能提升，因此设有专业的培训机构。这些机构为组织成员提供系统的培训和教育，帮助他们不断提升专业素养和综合能力，以更好地适应组织发展的需要。

基于科层制（官僚制）组织所展现出的特性，韦伯高度评价其严格遵循理性原则，在众多组织类型中显得尤为突出，实现了效率的最大化。因此，他将其誉为“理想型”的行政组织结构，并进一步视其为“合法型统治最为纯粹的表现形式”。然而，他也指出，在实际动作中，科层制（官僚制）组织可能会面临一些挑战和问题，如官僚主义、创新不足等。因此，在构建和管理科层制（官僚制）组织时，需要充分考虑其优缺点，并采取相应的措施来优化和完善组织结构和运作机制。

（三）理想行政组织的结构与管理制度

韦伯设想了一个理想的行政组织架构，这一架构清晰地划分为 3 个层次：顶层是高级管理层，专注于作出各项决策；中间层级为中级管理层，肩负着管理和协调的职责；而最底层则是执行层，负责具体任务的执行与操作。这 3 个层级共同构成了一个完整的组织架构。

韦伯强调，科层制（官僚制）组织的管理精髓在于依靠专业知识（涵盖专业技能与公共事务知识）来实施有效控制。据此，他提出领导者必须具备与其职位相匹配的能力，并且应当基于客观实际而非个人主观判断来引领组织。以下是韦伯关于官员任命与职能履行的核心原则。

（1）个人责任与职务绑定　在享有个人自由的同时，个体仅需对其所承担职务的职责及要求负责。

（2）等级制的职位体系　职位被纳入一个清晰的等级制度中，按照既定的职位等级顺序进行排列。

（3）法定的职权界定　每一个职务都明确规定了其法定的权力范围，确保权责清晰。

（4）职位的自由选择　个人可以通过自由契约的方式，根据自身意愿和能力选择适合的职位。

（5）专业资格任命　任命基于个人的专业能力和业务资格，专业能力和业务资格通常通过考试或相关证书来确认。

（6）固定的薪酬体系　组织实行一套标准化的货币工资制度，涵盖退休金，工资水平根据职位等级、职责大小以及社会地位来确定。

（7）职务的专一性　对于任职者而言，所担任的职务通常是其主要的或唯一的职务。

（8）晋升机制的明确　晋升主要依据年资积累或工作政绩，并由上级进行决策。

（9）职权与所有权的分离　行政人员与管理的物质资料的所有权相分离，他们必须恪尽职守，严禁滥用职权。

（10）严格的纪律约束　行政人员在执行职务时，必须接受严格的纪律约束、有效的控制和全面的监督。

韦伯指出，科层制（官僚制）以其精确性、稳定性、纪律性、严谨性和可靠性等显著特征，在多种任务场景中均展现出广泛的适用性。从纯粹的技术视角出发，科层制（官僚制）能够达到近乎完美的优化状态。因此，他认为科层制（官僚制）是实施统治与管理最为合理的形式，不仅适用于国家机构、大型企业等庞大复杂的组织，也同样适合于教会、学校、军队以及各类社会团体等多种管理实体。

四、古典公共组织理论评析

古典公共组织理论，作为 19 世纪末至 20 世纪初组织管理领域的一次重要理论构建，以其独特的视角和深邃的洞察力，为后世留下了丰富的思想遗产。该理论体系的形成，是应对当时西方国家工业化、城市化进程中所涌现出的复杂管理问题的必然产物。古典公共组织理论不仅关注组织内部结构的优化与职能的明确划分，还致力于探索如何通过科学方法提高管理效率，以实现组织收益的最大化。

科学管理组织理论作为古典公共组织理论的一个重要分支，通过引入泰勒的科学管理原理，将理性主义与效率主义的理念融入组织管理，推动了工作流程的标准化和精细化。这一理论强调通过系统分析和科学规划来减少浪费、提升效率，为组织带来显著的效益提升。然而，它也因过于强调技术理性而忽视了人的主观能动性和组织文化的培育，而遭到了一定的批评。

一般管理组织理论研究了管理的一般性（普遍性），为管理理论的形成构筑了一个科学的理论框架。一般管理组织理论提出的管理五核心要素（计划、组织、指挥、协调、控制）

为管理学提供了基本框架，奠定了管理学的基础。一般管理组织理论还探讨了组织的层级结构，主张保持比较小的管理幅度，这有助于提高管理效率，减少信息传递的失真和延误；提出了具有普遍性的组织管理原则，为管理者提供了实践指导。但是，一般管理组织理论研究的是静止状态下组织的管理与结构的设计，没有从动态发展的角度来研究。这导致一般管理组织理论在某些情况下可能无法完全适应快速变化的环境。其中的一些组织管理原则过于僵硬、教条，在实践中有时会使管理人员无所适从。

行政组织理论则侧重于政府及其他公共组织的管理与运作，主要由马克斯·韦伯提出。这一理论以层级机制、专业分工和规则明确为特点，确保了组织运行的稳定性和高效性。它强调组织的合法性和权威性，为政府治理提供了坚实的理论基础。然而，科层制（官僚制）的僵化与形式主义倾向也引发了广泛的讨论和反思，尤其是在面对快速变化的社会环境时，其灵活性和创新能力的不足成为亟待解决的问题。

综上所述，古典公共组织理论以其独特的贡献和深深的局限性，在组织管理领域的历史长河中留下了深刻的印记。它既是那个时代管理智慧的结晶，也是后世不断反思和创新的重要起点。随着时代的发展和社会的进步，人类需要以更加开放和包容的心态去审视这一理论遗产，取其精华、去其糟粕，让古典公共组织理论为现代组织管理的理论和实践提供有益的借鉴和启示。

第二节　行为科学公共组织理论

行为科学公共组织理论的提出，根植于20世纪中叶社会经济与管理的深刻变革之中。随着科学技术和工业化的迅猛发展，传统管理理论逐渐显露出其局限性，特别是在处理复杂的人际关系和组织行为方面。在此背景下，管理学家和心理学家开始关注组织中人的行为和需求，强调人不仅仅是经济理性的“经济人”，更是具有复杂情感和需求的“社会人”。管理学家和心理学家通过霍桑实验等经典研究，揭示了工人生产效率与工作环境、人际关系等因素之间的紧密联系。这一转变推动了行为科学的兴起，进而催生了行为科学公共组织理论。该理论旨在通过深入研究人的行为、心理和社会关系，为公共组织提供更加人性化和高效的管理策略，以应对日益复杂的社会经济环境。

一、人际关系组织理论

人际关系组织理论的提出，源自20世纪初至20世纪中叶，尤其是第一次世界大战后社会经济与管理领域的深刻变革。随着资本主义社会矛盾的加深和工人运动的兴起，传统管理理论面临着严峻挑战。工人不再仅仅是追求经济利益的“经济人”，他们开始寻求工作中的获得感、幸福感和自我价值的实现，成为具有复杂社会属性的“社会人”。与此同时，西方经济发展的周期性危机加剧，企业迫切需要新的管理理论和方法来提高生产率并应对危机。在此背景下，以埃尔顿·梅奥为代表的学者，通过霍桑实验等研究，揭示了人际关系对生产效率的重要影响，从而提出了人际关系组织理论。该理论强调人是组织中最核心的因素，管理者应关注成员的社会需求和心理状态，通过改善人际关系来激发成员的积极性和创造力，进而提升组织的整体效能。

霍桑实验的研究结果否定了传统管理理论对于人的假设，表明了工人不是被动的、孤立的个体，他们的行为不仅仅受工资的刺激。据此，梅奥提出了自己的观点，其观点如下。

（一）关于"社会人"的观点

传统组织理论把人当作"经济人"来对待，认为金钱是刺激人的积极性的唯一动力。而梅奥则认为，每个人都是独特的社会动物，都是复杂社会系统的成员，任何一个人都只有把自己完全投入集体才能实现彻底的"自由"。因此，人在组织中不仅仅追求金钱收入，还有社会及心理方面的需求，即还要追求友情、安全感、归属感和受人尊重等。这就要求企业管理者在进行组织和管理时，要考虑到人在社会和心理方面的需求，把工人当作不同的个体、当作社会群体中的"社会人"，不能将其视为无差别的机器或机器的一部分。对于"社会人"而言，人与人之间展开协作至关重要，而非在无序群体中展开的个体竞争。个体行动的主要目的并非单纯追求个人利益，更多的是维护自身在群体中的位置与角色。人的行为更多地受到情感的驱动，而非逻辑的指引。

（二）关于"非正式组织"的观点

传统组织理论主要聚焦组织结构、职权分配、规章制度等"正式团体"的要素。然而，梅奥通过霍桑实验提出了一个更为全面的视角：在任何组织中，都并存着两种类型的组织。一种是正式组织，它由明确的职位、权力、责任及其相互关系，以及规章制度构成，以效率逻辑为行动指南；另一种则是非正式组织，这是人们在正式组织的共同工作过程中，基于相似的兴趣、爱好、利益等因素自发形成的群体，它遵循感情逻辑，拥有群体成员自觉遵守的不成文规范和惯例，对成员的情感倾向和工作行为产生深远影响。这两种组织形态相互依存，共同存在于组织之中。

因此，管理者必须正视非正式组织的存在，认识到其对组织成员态度和行为的强大影响力。通过合理利用非正式组织的力量，管理者可以更有效地激发成员的工作积极性，使其更好地服务于正式组织的活动和目标。

（三）关于"新型领导"的观点

传统组织理论曾认为生产效率主要受限于工作方法、工作条件及工资制度等因素，认为只要优化这些因素，生产效率便能得到提升。然而，梅奥的研究揭示了生产效率的升降在很大程度上取决于工人的积极性、主动性和团队协作精神，即工人的"士气"。工人的"士气"则源自他们需求的满足程度，需求的满足程度越高，"士气"越旺，劳动生产率也随之提升。在这些需求中，金钱和物质需求仅占一小部分，更多的是对友谊、尊重、安全与保障等社会需求的渴望。因此，新型领导应致力于全面满足工人的需求，不仅要解决他们在物质或技术层面的问题，更要倾听工人的心声，加强上下级的思想沟通，及时且充分地激励工人。在理解工人合乎逻辑的行为的同时，也需要洞察工人不合逻辑的行为，努力使正式组织的经济需求与非正式组织的社会需求达到平衡，从而最大限度地提升工人的“士气”，从根本上推动生产效率的提高。

梅奥进一步强调，对人际关系的作用和重要性的认识，以及协调、处理人际关系的能力，是衡量一个经理人员是否成熟、一个组织是否有效的重要标志。这凸显了新型领导在关注组织经济目标的同时，也应重视成员的情感和社会需求，以构建更加和谐、高效的工作环境。

二、组织协作系统理论

组织协作系统理论的提出，是管理学理论发展历程中的一个重要里程碑。该理论主要源于 20 世纪中期，随着系统论、信息论、控制论等科学理论的发展与应用，人们开始以更为综合、全面的视角审视组织现象。其中，巴纳德等学者通过深入研究，提出了组织是一个由多个个体为达成共同目标而协作的系统的观点。他们认为，组织不仅仅是一个简单的集合体，而是一个包含信息交流、协作意愿和共同目标等要素的复杂系统。在此基础上，组织协作系统理论强调正式组织与非正式组织之间的相互作用，以及经理人员在维持和推动组织协作中的关键作用。这一理论的提出，为现代组织的管理和协作研究提供了重要的理论框架和思路。巴纳德的组织协作系统理论归纳起来主要表现在以下 5 个方面。

（一）组织本质理论

巴纳德从人与人之间的协作关系来看待组织，把组织界定为“有意识地协调两个以上的人的活动或力量的一个系统”。把组织看作一个协作系统，这指出了组织的本质特征：任何组织都是由人构成的，都存在着人与人之间的互动关系，任何组织要生存下去，都必须有两个或两个以上的人愿意为达到一个确定的目标而协作活动。巴纳德认为这个定义广泛适用于各种形式的组织，如行政、军事、宗教等方面的组织。

（二）组织三要素理论

巴纳德提出，任何一个正式组织都不可或缺地包含三大核心要素：协作的意愿、共同的目标以及信息的沟通。

首先，协作的意愿体现了个体为达成组织目标而贡献自身力量的内在动力，这要求个体须克制自我，让渡个人行为的控制权，从而实现个人行为的去个性化。为了激发并提升成员的协作意愿，组织应采取双重策略：一方面，提供金钱奖励、社会地位、权力等实质性的激励；另一方面，通过说服教育等手段，积极影响成员的主观认知。

其次，共同的目标，即组织所追求的核心目标，是激发组织成员协作意愿的先决条件。成员协作意愿的强烈程度，在很大程度上取决于他们对组织目标的认同与理解程度。鉴于组织目标与成员个人目标之间难免存在偏差，管理者的关键任务之一便是协助成员准确理解组织目标，竭力消除目标理解上的分歧，确保个人目标与组织目标的一致性。

最后，信息的沟通作为协调组织各项活动的基石与核心要素，是连接组织共同目标与成员协作意愿的桥梁。唯有通过及时有效的信息沟通，组织的共同目标与成员的协作意愿才能紧密相连，形成一个动态互动的过程。这样的沟通机制能够确保组织成员的行为既符合逻辑又贴合组织目标，进而促进成员间的协同合作。

（三）组织平衡理论

巴纳德提出，组织作为一个协作系统能否持久存续，其核心在于能否有效维持其内外两方面的均衡状态。内部均衡指的是组织成员对组织的贡献与组织反馈给成员的满足感之间的一种平衡状态。当组织提供的回报与成员付出的努力相匹配时，组织便能蓬勃发展；反之，则可能导致组织的衰退乃至消失。至于外部均衡，它要求组织必须与外部环境保持协调。面对环境的变迁，组织需要灵活调整自身，不懈地适应那些复杂多变的外部条件，力求实现组织与环境的和谐共生。

（四）非正式组织理论

为了保持组织协作的持久与高效，必须充分认识到非正式组织的关键作用。巴纳德指出，正式组织总是与非正式组织相伴相生，两者之间存在密切的相互依赖与互动关系。非正式组织是在工作过程中，个体间通过自然交往与互动而自发形成的团体。这类团体的诞生往往带有偶然性和自发性，它们没有正式的组织结构和明晰的共同目标，但却能够孕育出独特的文化习俗、道德准则、社会规范和共同理想，进而对正式组织产生深刻而持久的影响。

非正式组织对正式组织的影响主要体现在 3 个方面。首先，非正式组织扮演了信息沟通的桥梁这一角色，能够传递那些在正式组织中难以顺畅流通的意见与反馈；其次，非正式组织能够产生显著的激励与凝聚效应，能够激发成员为正式组织贡献力量的热情，同时强化组织内部的团结氛围，提升整体的向心力；最后，非正式组织还具备一种控制机能，通过非正式组织内部的互动与调节，正式组织能够减少对正式控制手段的过度依赖，从而更好地维护个体的尊严与自主性。

对于管理者来说，一方面应当正视非正式组织的存在及其内在的运行规律，巧妙利用非正式组织的积极力量，以促进组织的和谐与进步；另一方面，也需保持警惕，及时识别并有效应对非正式组织可能带来的潜在风险与负面影响，从而确保组织能够持续健康地发展。

（五）权威接受理论

巴纳德颠覆了权威自上而下形成的传统观念，他主张管理者的权威实际上是从组织成员中自下而上构建的。权威的根源不在于发出命令的权威者本身，也不在于命令的发布者，而在于组织成员是否自愿接受另一成员的命令、指导或建议。一旦成员接受了这些命令、指导或建议，权威关系便得以形成；若不接受，则权威不存在。巴纳德认为，权威要获得组织成员的认可，需满足 4 个关键条件：一是命令必须清晰易于理解，无法理解的命令无法树立权威；二是命令必须与组织目标相契合，与组织目标相悖的命令难以被接受；三是命令必须符合接受者的利益，损害成员利益的命令不会得到服从；四是命令必须与接受者的能力相匹配，超出其能力范围的命令视为无效。

巴纳德的组织协作系统理论根植于人性的特点和人类的需求，运用系统分析的方法，深入阐述了人与人、人与组织、组织与组织之间建立相互支持、协作关系的重要性、必要性及其实现途径。其目的在于营造一个良好的工作环境，以充分激发人的主观能动性。因此，巴纳德被视为行为科学管理时期的代表人物。然而，巴纳德的学术思想和在组织协作系统理论上的创新远不止于行为科学的范畴，他对后续的组织理论和管理思想产生了深远的影响，成为西方现代组织理论中社会系统学派的奠基人，并被誉为“现代管理理论之父”。

三、决策组织理论

赫伯特·西蒙，是 20 世纪美国杰出的行政学巨擘，其学术成就横跨管理学、组织行为学、政治学、心理学及计算机科学等多个领域。作为巴纳德的学术衣钵传承者，西蒙基于巴纳德的思想精髓，构筑了一个更为系统化、全面化且成熟的现代组织理论体系。他从行为科学的独特视角深入探讨了决策理论，因而被誉为决策理论学派的开山鼻祖。其两部力作——《管理行为》与《管理决策新科学》，在西方决策理论管理学界被视为圭臬之作。西蒙丰富的管理理论体系中，关于决策组织理论的精髓，可概括为以下 5 个核心方面。

（一）组织决策理论

西蒙提出，组织从根本上讲是由众多决策者个体所构成的一个复杂系统，决策活动贯穿整个管理过程的始终，管理活动其本质就是一系列决策活动的集合。在组织架构内，无论是高层领导者制定宏观的战略目标与指导原则，还是中层管理者具体落实这些决策，抑或是基层组织和普通成员在日常工作中对技术方法的选择与应用，决策的身影无处不在，决策深刻地影响着组织的每一个层级和每一位成员。正是这些遍布组织各个角落的多层次决策活动，将组织紧密地编织成一个协调统一的整体。

组织的本质特征在于其对决策功能的合理分配与高效整合，这一特性深深植根于人类解决问题的固有程序以及理性选择的行为模式之中。因此，在研究组织时，不能简单地将组织成员视作冷冰冰的工具或机器，而应视他们为充满欲望、拥有明确动机并积极进取的鲜活个体。

然而，个体在知识储备、学习能力以及问题解决能力上均存在固有的局限性。为此，组织作为个体能力的延伸与拓展，通过与环境（包括内部环境和外部环境）的持续互动，来进行更为全面和深入的决策。组织不仅能够帮助个体克服自身能力的局限，还能通过集体的智慧和力量，制定出更加科学、合理且符合组织长远发展的决策。

（二）组织目标理论

西蒙强调，组织的核心追求在于决策的合理性，而这种合理性主要体现在为实现既定目标所采取的手段是否恰当与有效。然而，在实际情况中，目标与手段之间往往并非总是那么和谐统一。同一个目标可能通过多种不同的手段来实现，而同样的手段在追求某个特定目标时，也可能会带来其他意想不到的甚至是截然相反的结果。

为了更深入地剖析目标与手段之间的这种复杂关系，西蒙开创性地提出了一种全新的决策方法——构建目标层级体系。这一方法从组织的总体目标出发，逐步探寻实现这一目标所需的具体手段和措施。随后，这些手段和措施又被视为下一层级的目标，继续寻找更为具体、可行的实现路径，如此层层递进，直至找到可以直接实施的解决方案。

此外，西蒙在对传统“经济人”假设进行深刻批判的基础上，提出了“有限理性”的“行政人”假说。他认为，在实际决策过程中，人们会受到各种因素的限制和影响，往往无法找到所谓的最优解，只能寻求一个相对满意的结果。因此，对于组织而言，其决策的目标应该是在给定的条件和约束下，追求一个既符合实际需求又能让各方都感到相对满意的结果。

（三）组织平衡理论

西蒙在巴纳德的组织平衡理论基础上进行了深化与拓展，他强调组织平衡是确保组织能够持续生存与繁荣的关键所在。这种平衡具体指的是，组织所能够提供的诱因（这既包括物质层面的薪酬、福利等，也涵盖精神层面的认可、尊重及职业发展机会等）必须至少等同于甚至超越组织成员对组织的贡献（如他们付出的劳动、投入的资本以及承担的风险等）。一旦这种平衡被打破，即组织成员感知到自己的贡献未换来应有的回报时，他们便可能选择离开，进而影响组织的稳定乃至危及组织的存续。

基于这一认识，西蒙提出了诱因一贡献平衡原理。他指出，组织是由众多参与者共同构成的，这些参与者之所以加入组织，是因为组织能够提供他们所需的诱因。而作为回报，参与者则会向组织贡献自己的力量。只有当组织所提供的诱因能够满足或超越参与者的期望，与他们所作的贡献相匹配时，参与者才会愿意继续留在组织内，为组织的持续发展贡献力量。

此外，西蒙还强调了外部支持对于组织平衡的重要性。他认为，组织在追求自身发展的同时，也需要积极动员外部力量，如合作伙伴、投资者、政府机构等，以协助组织扩张与发展壮大。同时，组织还需与这些支持者保持一种动态的平衡关系，确保双方的利益能够得到有效的协调与满足。只有这样，组织才能在复杂的环境中立于不败之地，实现长期的稳定与发展。

（四）组织影响理论

西蒙指出，个人在成为组织一员后，其决策行为会受到来自组织的多方面影响，这些影响主要体现在5个关键方面：权力结构、沟通机制、培训教育、效率标准和组织认同感。

组织内的权力结构决定了决策权的分配与行使方式，它直接影响着个人在决策过程中的地位与影响力。沟通机制作为信息传递与交流的渠道，不仅关乎个人能否及时获取决策所需的关键信息，还影响着个人意见的表达与反馈机制。培训教育通过提升个人的知识水平、技能及决策能力，间接地塑造着个人的决策行为，在培训过程中，个人与组织的沟通互动频繁，而培训结束后，个人所学知识与技能则内化为个人决策的一部分，形成内在的影响力。

效率标准作为组织追求的目标之一，它设定了决策行为的评价基准，引导个人在决策时考虑成本效益与资源优化配置。而组织认同感则是个人对组织价值观、文化及目标的深度认同与内化，它构成了个人决策行为的内在驱动力，然而，当个人对小单位（如部门或团队）的价值产生强烈认同感时，这种认同感可能会与大单位（如整个组织）的价值产生冲突，进而对组织目标的实现构成挑战。

在这 5 种影响力中，权力结构与沟通机制被视为外在的影响力，它们通过组织结构与信息流动来塑造个人的决策环境。而效率标准与组织认同感则属于内在的影响力，它们通过个人的价值观与认知框架来影响决策过程。培训教育在决策过程中与沟通相似，都涉及信息的传递与接收，但培训结束后，其效果转化为个人的内在知识与能力，从而对决策行为产生持久的影响。

这些力量在组织内部相互交织、相互作用，共同塑造着组织成员的决策理性程度与整体的组织效率。理解并合理利用这些影响力，对于提升组织决策的质量与效率、促进组织长期发展具有重要意义。

（五）组织设计理论

西蒙指出，组织设计的核心目的在于促进高效的决策制定以及信息的顺畅传递与处理。围绕这一目的，他提出了一系列组织设计的核心理念。

首先，组织结构的构建或调整应当从明确或优化目标体系着手。目标体系不仅是设计组织结构的基石，同时也深刻影响着组织成员的决策环境。清晰、具体且富有挑战性的目标能够激发成员的积极性和创造力，引导他们做出更加明智的决策。其次，组织应当在决策职能上进行精细的专业分工。这意味着将组织拆解为多个相对独立且功能明确的子系统，每个子系统专注于处理特定类型的决策任务。这样的分工不仅有助于提升决策的专业性和效率，还能使组织更加灵活地适应不断变化的外部环境。再者，鉴于组织成员的信息处理能力是有限的，组织应当聚焦那些真正重要的决策任务。这要求组织在设计和运行时，能够准确识别并优先处理那些对组织目标实现具有关键影响的决策，避免在琐碎事务上浪费资源和精力。最后，在权力配置方面，西蒙主张采取适度集权与分权的策略。对于重大决策，应当适当分权，让更接近一线、更了解实际情况的部门和成员参与决策，以提高决策的针对性和有效性。同时，为了确保组织各部分的协同运作和组织整体目标的实现，还需要建立有效的协调机制，如跨部门协作小组、定期会议等，以确保信息的共享和决策的一致性。

西蒙的组织设计理论强调了目标导向、专业分工、重点聚焦以及权力的适度集中与分散，这些原则共同构成了促进组织高效决策和信息流畅传递的坚实基础。

以西蒙为代表的决策组织理论学派，以社会系统论为基础，融合了行为科学、系统论的观点，运用电子计算机技术和统筹学方法，将传统管理学对组织的静态研究转变为以人为本的动态研究，将决策引入管理和组织过程，对公共政策研究和组织理论产生了深远影响。当前，以公共政策为主导的公共行政学研究潮流，正是基于这种决策组织理论发展起来的，已成为西方行政学研究的主流之一。

四、行为科学公共组织理论评析

行为科学公共组织理论，作为20世纪中叶兴起的一股重要思潮，为公共组织领域带来了深刻的变革与启迪。该理论的核心突破在于，它超越了传统公共组织理论过度聚焦组织结构、规章制度及效率指标的框架，转而深入探索组织成员的行为模式、内在动机、个人需求以及它们之间的复杂互动。通过融合心理学、社会学、人类学等多学科的理论精髓与实践方法，行为科学公共组织理论为理解和优化公共组织的管理提供了新颖的视角和有效的工具。

行为科学公共组织理论深刻指出，人的行为是多元且动态的，深受个体心理状态、社会环境变迁及文化背景差异等多重因素的交织影响。因此，在公共管理的实践中，必须充分重视人的核心地位，关注人的非物质需求，如情感寄托、价值观认同等。这要求管理者不仅要紧紧把握组织的使命与目标，更要深入洞察组织成员的心灵世界，理解他们的行为逻辑与决策依据，从而实施更加人性化、细腻化的管理策略。行为科学公共组织理论的这一重大转向，不仅显著提升了公共管理的科学性与实效性，也极大地推动了公共组织的民主化进程、增强了成员的参与度，彰显了人本主义精神。

然而，行为科学公共组织理论亦非尽善尽美。它在凸显人的重要性的同时，可能在一定程度上忽视了组织结构稳定性与制度规范性的关键作用。此外，鉴于人类行为的复杂多变与高度不确定性，如何精准把握并有效引导人的行为，成为该理论面临的一项重大考验。

尽管如此，行为科学公共组织理论依然为公共管理领域的发展注入了鲜活的生命力与强大的驱动力。它强调在不懈追求效率与效益的同时，必须同样关注人的全面发展与幸福感，努力实现组织与个体之间的和谐共生。展望未来，随着社会的持续进步与管理的不断创新，行为科学公共组织理论必将得到进一步的深化与拓展，为公共管理领域的革新与发展贡献更为卓越的智慧与力量。

第三节　系统科学公共组织理论

第二次世界大战之后，西方国家进入一个相对和平稳定的发展时期，科学技术获得了极大的发展，以原子能技术、电子计算机技术为主要标志的第三次科技革命揭开了人类生活的新篇章。经济发展提供了物质基础，科技发展提供了技术支持，各种管理思想与理论随之进入快速发展阶段，极大促进了管理的现代化，为公共组织理论注入新的活力，尤其是系统方法，为组织理论与管理知识的汇合、为各种组织流派的统一创造了机会，从而使公共组织理论的研究进入第三阶段——系统科学公共组织理论阶段。

一、系统组织理论

“系统”这一概念，其深刻内涵早已被世人所认知并广泛应用于实践之中。早在20世纪

30 年代，巴纳德便率先以系统视角描绘组织，构建了一套影响深远的理论体系。随后，在三四十年代，随着路德维希·贝塔朗菲对“系统”这一概念的深刻阐述及“系统论”学科的正式创立，系统方法开始逐渐渗透到各个研究领域，其中就包括组织与管理学。贝塔朗菲的工作不仅为人们提供了一个全新的观察角度——从组织与环境之间的动态交互中去理解组织，而且还为深入分析组织内部各个组成部分（或子系统）之间的复杂关系提供了有力的理论工具。更重要的是，系统理论为组织及其管理方式如何适应不断变化的外部环境提供了权变和生态两种重要的观念基础。

在这一背景下，塔尔科特·帕森斯作为将一般系统论引入组织研究的先驱，作出了杰出的贡献。他明确地将组织看作一个由众多相互依赖、相互作用的组成部分所构成的有机整体，这个整体不仅具有特定的功能，而且其内部还嵌套着多个更小规模的社会系统。帕森斯的这一观点强调了组织的系统性和层次性，他认为，作为社会系统的组织，通常可以划分为 3 个基本层级（或子系统），并且每个层级都拥有自己独特的性质和功能。第一个层级（或子系统）往往涉及组织的基本操作和日常活动，是组织运行的基础。这一层级（或子系统）包括那些直接参与生产、服务或具体业务操作的员工和部门，他们负责完成组织的基本任务和目标。第二个层级（或子系统）主要关注组织的管理和协调功能。这一层级（或子系统）由中层管理者和相关部门组成，他们负责监督、指导和协调第一层级（或子系统）的活动，确保组织各部分能够高效、协同地工作。第三个层级（或子系统）则是组织的战略决策层，通常由高层管理者和决策机构构成。这一层级（或子系统）负责制定组织的长期发展规划、战略目标和政策方向，是组织发展的引领者和决策者。帕森斯的这一系统观点为后来的组织理论研究提供了重要的启示和框架，能够让人更加全面、深入地理解组织的本质和运作机制，也为组织的管理和变革提供了有力的理论支持。

帕森斯的系统组织理论在美国学者约翰逊、卡斯特和罗森茨韦克等人的继承与发展下得到了进一步的推广。1963 年，他们共同撰写了《系统理论与管理》一书，书中提出，企业的系统管理是将原本看似无关的人员、机器、资金等资源，整合为一个旨在达成特定目标的综合性系统。采用系统观念来组织企业，并不意味着要摒弃企业的基本管理职能，相反，它能够使企业的各个子系统及相关部门之间的关联网络更加清晰明了。这些基本管理职能并非孤立存在，而是紧密围绕系统及其目标协同发挥作用的。

1970 年，卡斯特与罗森茨韦克再度合作，出版了《组织与管理——系统方法与权变方法》一书，书中他们对组织的系统权变理论进行了更为详尽深入的阐述，为组织的管理与理解提供了新的视角和理论框架。

卡斯特和罗森茨韦克秉持着一种先进的组织观念，他们认为组织并非一个封闭、静态的实体，而是一个开放的、在与周遭环境不断交流互动中持续演进的系统。这一视角的提出，意味着不能再将组织割裂开来，仅从内部去审视其结构和运作，而是必须将其置于一个更广阔的、包含内外部各种因素的开放系统框架之中。只有这样，才能更准确地理解和把握组织内外各个变量之间错综复杂、相互依存的关系。他们进一步指出，由于组织所处的环境是瞬息万变的，且组织内部的各种因素也在不断地相互作用、产生影响，因此，并不存在一套放之四海而皆准的组织原则和管理方法。传统的、一成不变的管理模式已经无法满足现代组织的需求，它们往往过于僵化，无法适应快速变化的环境和组织内部的动态发展。鉴于此，卡斯特和罗森茨韦克提倡采用权变的观点来指导组织的管理实践。权变，顾名思义，就是根据具体情况而灵活变通。在组织管理中，这意味着管理者需要根据组织的任务类型、行为特点、成员构成、管理者的能力和威望，以及外部环境的变化等多种因素，来灵活地选择和调整管理方式和方法。

这种权变的管理方式强调的是灵活性和适应性，它要求管理者具备敏锐的观察力和判断力，能够及时发现并应对组织内外环境的变化，从而及时调整管理策略，确保组织能够持续、稳定地发展。通过这样的方式，组织不仅能够更好地适应环境的变化，还能够在竞争中保持优势，实现长期的可持续发展。在卡斯特和罗森茨韦克眼中，组织系统是由 5 个核心子系统紧密交织而成的。

第一，目标与价值子系统。组织在追求目标的过程中，必须全面考量社会环境、组织自身、组织成员对目标及其背后价值观的深刻影响。这些价值观横跨个人、群体、组织、工作环境和文化五大维度，而组织的存续恰恰依赖于这些价值观之间达成的最低限度的共识与和谐。

第二，技术子系统。这是组织为实现其宏伟目标所必需的技术储备与知识积累，它囊括了各类行政管理技术和现代科技手段，构成了组织日常运作的坚实基石。

第三，社会心理子系统。由众多相互作用、相互影响的个人与群体共同构成，它涵盖了行为动机的激发、角色关系的界定、团体动态的演变以及影响力系统的构建等多个方面。个人价值观、情绪波动、态度倾向及期望等心理因素，均会在这个子系统中留下深刻的烙印，进而塑造出独特的组织氛围。

第四，结构子系统。它清晰地描绘了组织内部各部分之间的关联方式与互动模式，如等级制度的设立、权责的明确划分、指挥监督关系的构建等，这些通常通过直观的组织系统图得以展现。在结构设计的精妙构思中，既要充分考虑活动的差异化需求，又要确保各部分之间的一体化协同，以实现组织整体的高效运作。

第五，管理子系统。它如同一条无形的纽带，贯穿组织的每一个角落，承担着整合、协调、设计与控制的重任。从目标设定的高瞻远瞩，到策略运用的灵活多变，再到结构设计的匠心独运，以及工作分配的细致入微和控制过程的周密安排，管理子系统无不发挥着举足轻重的作用。它进一步细分为作业、协调和战略三大层次，以及决策、计划和控制三大核心职能，共同构成了组织管理的庞大体系。

系统组织理论的提出，不仅极大地深化了人们对行政现象本质的理解与认识，更在全面提升对组织复杂性的认知方面作出了卓越贡献。它为管理方法的创新与组织理论的革新提供了强大的理论支撑和实践指导，堪称组织理论发展史上的一座璀璨里程碑。

二、生态组织理论

既然组织与其外部环境系统之间存在着持续的互动，那么任何组织及其管理都必须考虑与外部环境的适应性，否则组织将无法有效运作。组织不仅是一个权责分配的体系，更是一个能够随着环境和时代的变迁不断调整和重塑其内部结构与工作方式的有机整体。从生态学的视角来审视和研究组织，强调的是组织的环境适应性和变动性，确保组织与其内外部环境之间保持一种健康、积极的互动关系。因此，生态理论是建立在系统理论的基础之上。

生态学原本是自然科学中研究生物之间以及生物与环境之间关系的学科，其目的在于揭示和了解何种自然环境对何种生物的成长最为有利。在 20 世纪 30—40 年代，美国学者高斯率先将生态理论引入行政学领域，他主张将政府的行政组织与行政行为视为生态系统来进行研究和理解。随后，帕森斯提出了组织需要解决的 4 个基本问题：适应环境问题、目标达成问题、统一协调问题和形态维护问题。其中，适应环境问题特指组织如何适应其所在的生态环境，意味着在不同的生态环境中，组织应有不同的目标和形态来应对。

在生态行政组织理论领域，弗雷德·雷格斯作为曾任美国公共行政学会比较行政分会主席的杰出行政学家，以其独特的视角和深远的影响力作出了重大贡献。1961 年，他出版了具有里程碑意义的著作《行政生态学》，在该书中，雷格斯巧妙地借鉴了物理学中的光谱分析方法，提出了以下 3 种行政组织模式，并深入剖析了它们的功能特性。

第一，融合型行政组织模式。此模式根植于传统农业社会的土壤之中，深刻揭示了农业社会背景下行政组织与国家其他机构及社会组织间界限模糊、功能交织的特质。在这种模式下，行政组织的结构与功能混杂不清，导致行政效率相对低下。

第二，衍射型行政组织模式。此模式则是现代工业社会行政组织的鲜明写照，工业社会的行政组织在结构与功能上实现了高度的分化与专业化。它彰显出专家治理、专业分工、科学决策、技术驱动及高效执行的显著特征，成为现代行政组织发展的典范。

第三，棱柱型行政组织模式。这一模式标志着农业社会向工业社会转型过程中的行政组织形态，既保留了农业社会的传统元素，又汲取了工业社会的先进特征。在这种模式下，行政组织呈现出一种半分化的状态，既不完全是融合型的混沌，也不完全是衍射型的高度分化。雷格斯特别强调了棱柱型社会在研究农业社会与工业社会关系及变迁过程中的重要性，并对此过渡性社会的公共行政组织进行了深入细致的剖析，为理解社会转型期的行政组织变迁提供了宝贵的视角。棱柱型行政组织模式具有 3 种特征。一是异质性并存。同一时期社会内并存不同制度、行为与观念，新旧交融，传统与现代并存。二是形式主义。理论与实践脱节，法律与制度虽形式完备，但实际约束力有限，传统影响依然强大。三是重叠性。传统社会结构与现代社会结构重叠，正式行政机构功能形式化，而家族、宗教团体等非正式组织则发挥实际行政功能。

雷格斯根据社会的多元形态进行细致划分，明确提出了行政生态学研究的两大核心领域。其一，深入探索社会文化、历史传承等多元因素如何共同作用于公共行政的塑造与成型；其二，系统分析公共行政在推动社会变迁与促进社会发展中所扮演的角色及其产生的深远影响。他进一步考察了影响公共行政的多种生态要素，其中最为关键的有 5 种。

第一，经济要素。社会经济体制与生产力的发展水平是塑造公共行政面貌的首要驱动力。不同类型的社会，其经济结构各具特色，进而对行政体系产生截然不同的影响。例如，在传统农业社会中，经济结构往往呈现出“互惠—重配”的特点；而在过渡社会，则转变为“集市—有限”的模式；到了工业社会，经济结构则进一步演化为“市场—企业”为主导的体系。这些不同的经济结构类型，无疑对公共行政的运作方式、管理策略以及政策导向产生了深刻而独特的影响。

第二，社会要素。社会要素主要包括基于血缘关系的自然团体和基于利益关系的社团。在农业社会和过渡社会阶段，这两种社会组织形式均发挥着不可忽视的作用。然而，当迈入工业社会后，社团的影响力显得尤为突出，成为影响公共行政不可忽视的一股力量。

第三，沟通网络。沟通网络涵盖了文化水平、语言习惯、社会舆论导向和通信交通的发达程度等多个方面。这些因素共同作用于社会的动员能力与同化过程，从而对行政效率的提升度和社会整体整合度产生深远影响。简而言之，沟通网络的完善与否，直接关系到行政体系能否高效运转，以及社会能否实现和谐统一。

第四，符号系统。符号系统由政治神话、行为准则、典章制度等要素构成，是政治意识与游戏规则的重要载体，深刻地影响着国家与公民的行为模式及思维方式。东西方政治神话的迥异，更是鲜明地折射出两种截然不同的政治观念与价值取向。

第五，政治架构。应实现政治与行政的适度分离，其中政治层面专注于决策制定，而行政层面则负责决策的具体执行，两者之间存在一种功能上的相互依赖与协作关系。

雷格斯认为，这些要素在不同社会形态中的影响程度和形式各异，但均存在并作用于公共行政。同时，它们之间相互作用、相互影响。他强调，行政组织必须与生态环境相适应，并根据环境变化适时调整，才能健康发展。因此，他反对发展中国家盲目模仿西方发达国家的行政组织制度。

三、帕金森定律和彼得原理

在组织行为和人员晋升方面，有两个著名的理论被广泛讨论和应用，分别是帕金森定律和彼得原理。它们分别揭示了组织膨胀和低效的原因以及晋升过程中可能出现的问题，为管理者开展组织设计和人员管理提供了重要的启示和指导。

（一）帕金森定律

英国知名历史学家兼行政学家诺斯古德·帕金森，在其 1957 年所著的《帕金森定律及关于行政的其他研究》（亦译为《官场病》）一书中，首次提出了帕金森定律。这一理论，被誉为 20 世纪西方文化领域的三大重要发现之一，它形象地描绘了官僚主义现象的种种弊病，也被广泛称为“官场病”“组织麻痹症”或“大企业综合症”。帕金森定律因其深刻揭示了行政机构膨胀的内在逻辑，而广受引用与讨论。

帕金森在书中深入剖析了机构人员冗余的根源及后果。他指出，面对能力不足的情况，一个官员可能有三种应对策略：一是主动辞职，让贤于能；二是引入一位得力助手协助；三是提拔两名能力低于自己的下属作为帮手。然而，出于对个人权力与地位的维护，第一种选择往往被视为禁忌，因为它意味着放弃手中的权力；第二种选择同样充满风险，因为得力助手的崛起可能威胁到自己的地位。因此，第三种选择——提拔两名平庸的下属，成了最为“安全”的出路。这样一来，官员得以高高在上，发号施令，而下属则因能力不足，只能继续效仿，再为自己寻找更为无能的助手。如此循环往复，导致机构日益臃肿，人员冗余，效率低下，形成了一个错综复杂、低效运转的领导体系。帕金森据此得出结论：在行政管理中，行政机构会像金字塔般不断扩展，人员数量持续膨胀，尽管每个人都看似忙碌，但整体效率却不断下滑，这便是著名的“金字塔上升”现象。

（二）彼得原理

劳伦斯・彼得，美国杰出的管理组织学家，被誉为现代层级组织学的开创者。他与记者雷蒙德・赫尔合作的《彼得原理》（1969 年出版，亦译为《升官病》）一书，首次提出了彼得原理，这一理论自此被命名，得到广泛引用。

彼得原理揭示了组织内部人员晋升过程中的一种普遍规律：由于组织习惯于提拔在某个层级上表现优异的人员，因此，成员往往会晋升至他们无法胜任的更高层级。这一现象在现实中屡见不鲜，如一位在教学岗位表现出色的教授，被提拔为大学校长后可能力不从心；一名优秀的运动员，在成为体育部门负责人后可能无有建树。

对于组织而言，一旦大量成员被晋升至其不胜任的职位，将导致组织效率低下，人浮于事，平庸者得以晋升，而真正的人才被埋没，组织发展陷入停滞。因此，组织必须改革传统的“以贡献论晋升”的晋升机制，不能仅凭成员在某个职位上的出色表现，就断定其能够胜任更高层级的职位。相反，应建立科学、合理的人员选拔机制，客观评估每位成员的能力，将他们安排在最能发挥所长的岗位上。同时，应探索多元化的激励方式，如加薪、休假等，而非仅依赖将职位晋升作为奖励。有时，将成员晋升至其无法胜任的岗位，不仅无法激发其潜能，反而可能损害组织的利益。

对于个人而言，虽然升职加薪是职场人的普遍追求，但不应将晋升视为唯一目标。与其在一个无法胜任的岗位上勉强维持，不如寻找一个能够充分发挥自己专长的岗位，实现个人价值的同时，也可以为组织创造更大的贡献。

四、新公共行政学组织理论

自 20 世纪 70 年代以来，新公共行政学派在美国学术界异军突起，成为一股不可忽视的力量。这一学派相对于传统公共行政学派而言，提出了更为新颖和深刻的见解。乔治・弗雷德里克森作为新公共行政学派的重要代表人物，其著作如《公共行政与公共政策》（1977 年）、《新公共行政》（1980 年）、《公共行政的精神》（1997 年）及《公共管理改革与创新：研究、理论与应用》（1999 年）等，为新公共行政学的发展奠定了坚实的理论基础。

弗雷德里克森对传统公共行政学的经典目标及其理论根基进行了深入且批判性的审视。他尖锐地指出，传统公共行政学往往过分偏重于公共服务管理的效率性、经济性和协调性，其视野大多局限于高层管理者的决策与基层辅助人员的服务范畴，其理论基础也主要围绕如何优化管理。然而，新公共行政学在此基础之上实现了重大突破，它将“社会公平”这一崇高目标纳入了公共行政的核心价值体系之中，视之为行政活动的根本使命与追求。社会公平不仅深刻影响着组织结构的设计与管理模式的选择，更要求行政管理者在履行职责时，必须肩负起对社会的重大责任，将实现卓越的政府管理与促进社会公平作为新公共行政不可或缺的基本原则与神圣职责。

在新公共行政学的视角下，行政管理人员不再被视为价值中立的执行者，而是应当积极投身于推动社会公平的实现之中。此外，新公共行政学还为自己设定了一项崭新的使命，那就是改革那些阻碍社会公平政策有效实施、影响社会公平目标达成的政府行政管理体制。这标志着新公共行政学不仅仅将管理效率视为核心，更将社会公平的实现提升至同等重要的地位。新公共行政学要求对那些可能削弱社会公平、阻碍卓越管理、影响经济效率和有效性的各种因素及组织结构进行深入的剖析与彻底的变革。

在组织问题的研究上，新公共行政学也展现出了独特的视角。弗雷德里克森批评传统公共行政学过于注重行政组织本身和内部动力，且理论上过于空洞。相较而言，新公共行政学对政府内部行政管理的重视程度有所降低，转而从一个崭新的视角去理解和剖析组织的运行机制以及行政现象的构成要素。弗雷德里克森提出了公共行政组织中的 4 种基本运作过程：分配过程、整合过程、边际交换过程和社会情感过程。

分配过程关注物资和服务的分配问题，依据公共行政项目实施中获得的效益来处理。整合过程则通过权威层级来协调公共行政组织中人的工作，构建一个有内聚力的、能有效实现目标的组织整体。边际交换过程强调公共行政组织与其他相关组织和目标群体之间的共生关系，寻求这些组织的支持。而社会情感过程则是一种社会情感训练的过程，旨在提高行政机构整体适应各种社会环境的能力。

新公共行政学的兴起是公共行政学理论与西方国家行政管理实践进一步发展的必然结果，也是西方国家行政管理体制改革的现实需要。它不仅超越了实证主义的研究模式，更新了行政学的研究方法，更强调运用行政生态学的广阔视野去认识组织的运作和对行政现象的分解。新公共行政学赋予了公共行政组织理论一种规范性的基础，并提出了理论建构的方向，拓宽了行政学的研究视野，丰富和发展了行政学理论。

五、系统科学公共组织理论评析

系统科学公共组织理论，作为现代公共管理理论的一个重要分支，其诞生标志着对公共组织复杂性与动态性的深刻认识与把握。该理论将公共组织描绘成一个由众多相互依存、相互影响的子系统交织而成的复杂系统网络，倡导从整体与系统的维度出发，剖析并解决公共组织所遭遇的种种难题。它不仅聚焦组织内部的结构布局、流程运作及功能实现，还深刻洞察组织与环境间相互作用的微妙关系，从而搭建起一个全面、动态且开放的公共组织管理框架。

系统科学公共组织理论的独特贡献，在于它摒弃了传统组织理论中的线性思维与还原论束缚，将组织视为一个具备自我组织、自我适应及自我学习能力的复杂系统实体。这一转变促使管理者能够更全面地洞察组织的运行机理与发展脉络，更灵活地应对外部环境的瞬息万变与各种挑战。同时，该理论还着重强调组织内部的协同整合，激励不同部门与成员间的紧密合作与深度交流，以期实现组织整体效能的最大化。

在实践层面，系统科学公共组织理论为公共组织的管理与革新提供了坚实的理论支撑。它引导管理者运用系统思维审视组织的现状与困境，通过优化组织架构、革新流程设计以及强化信息共享与沟通协作等手段，提升组织的适应力与创新能力。此外，该理论还积极倡导公共组织拥抱新技术与新方法，如大数据、人工智能、云计算等，以加速组织的智能化转型，提高决策效率与精准度。

然而，系统科学公共组织理论在实践应用中也有其局限性并面临着诸多挑战。一方面，公共组织的复杂性与多样性使得准确识别与分析系统关键要素及相互作用关系变得尤为困难。另一方面，系统科学理论本身尚处于不断演进与完善之中，如何将其与公共管理实践深度融合，提炼出具有可操作性的管理策略与方法，仍需持续探索与实践。

综上所述，系统科学视角下的公共组织理论为公共管理领域带来了革命性的视角与方法论，为公共组织的管理与革新注入了强劲动力。尽管在实践中面临诸多挑战与限制，但其对于推动公共组织向更高效、更智能、更可持续的方向迈进具有不可估量的价值。

第四节　当代公共组织理论

20 世纪 80 年代以来，公共组织理论的发展迎来了一个至关重要的历史时期，其动力源泉主要源自三大方面：第一，以公共选择理论为代表的经济学理论对公共管理的渗透；第二，全球范围内大规模政府改革的浪潮，从实践层面为公共组织理论的发展提供了新的研究议题；第三，企业型政府理念、管理主义思潮和新公共管理理论等多元理论，纷纷从不同维度对传统的公共组织理论、观念及规模提出了深刻的质疑与挑战。

本节将聚焦 20 世纪 80 年代尤其是 90 年代以来公共组织理论的新进展，旨在为重新审视和理解公共组织提供一系列新视角。这些理论进展不仅丰富了对公共组织的认知，也为公共组织的管理与改革实践提供了宝贵的理论参考。

一、公共选择理论

公共选择理论的提出，深刻烙印着詹姆斯·布坎南的学术贡献与远见卓识。在 20 世纪中期，面对凯恩斯主义经济学指导下政府干预过度、经济问题频发的背景，布坎南敏锐地洞察到传统经济学在分析政治决策过程中的局限性。他独辟蹊径，将经济学的理性选择模型应用于政治领域，由此开创了公共选择理论的新纪元。布坎南认为，政治舞台上的参与者同样遵循“经济人”假设，追求个人利益最大化。他通过构建严谨的理论框架，深入剖析了民主政治中个体选择如何汇聚成集体决策，进而影响公共资源的配置与分配。这一理论的提出，不仅挑战了传统政治学的某些基本假设，也为理解政府行为、优化公共政策提供了全新的视角和有力的分析工具。詹姆斯·布坎南因此被誉为公共选择理论的奠基人，其思想影响深远，至今仍对经济学、政治学乃至整个社会科学领域产生着重要影响。

公共选择理论作为公共经济理论领域的一项崭新成就，巧妙地将经济学的分析方法应用于政治问题的探讨之中。从经济学的独特视角出发，该理论一针见血地指出了传统经济学的一个重大不足：即在分析经济问题时，未能充分考量政治过程对其产生的深远影响，尤其是政治过程在公共资源非市场化配置——即公共物品生产中所发挥的决定性作用。而从政治学的角度来看，公共选择理论则借助经济学的原理，对政治过程进行了深入剖析，从而揭示出社会经济问题背后的根源所在——现代国家政治制度存在的种种缺陷。所谓公共选择，实质上是指公共资源的分配并非通过市场机制自发完成，而是通过集体的行动和政治的决策来实现的，这归根结底体现了政府的选择与决策过程。

公共选择理论的基石是“经济人”假说，认为人在本质上追求个人利益最大化，其行为受个人利益的驱动。这一假说同样适用于作为人类组织的国家或政府，其同样受到个人利己主义的影响。因此，由个体组成的国家或政府不应被视为纯粹以公共利益为服务目标的组织，其政治行为也基于对个人利益的考量。

政府失败论是公共选择理论的核心内容。自 20 世纪 30 年代以来，西方国家普遍采纳凯恩斯主义的主张，实行政府干预市场的政策，尽管短期内取得了一定成效，但也引发了诸多问题甚至危机。所谓政府失败，是指在市场经济条件下，政府干预存在很大的局限性，政府活动并不总是如预期或理论上那样有效。布坎南指出，政府失败主要表现为公共政策失误和政府工作机构低效率，这背后的原因复杂多样，包括政府领导者自利本性导致的决策偏离公共利益、缺乏竞争与激励机制导致的低效率、监督信息不足导致的监督失效、政府机构自我膨胀，以及政府官员的寻租行为等。

布坎南因此得出结论：市场的缺陷并非将问题转交给政府处理的充分理由，政府的缺陷同样严重。要减少政府失败情况的发生，除非有严格的程序性规则约束政治过程。为此，公共选择理论家提出了补救措施，包括创立新的政治机制提高社会民主程度、在公共部门恢复自由竞争改善官僚体制效率、实行财政立宪改革赋税制度等。

公共选择理论将经济学与政治学紧密结合，为两者研究提供了新的视角和途径。其提出的“经济人”假设、政府认知和行为有限性、缺乏竞争与激励的政府机制、政府官员寻租现象、运用预算和税收手段限制政府权力、用市场解决方案替代国家干预，以及加强对政府权力的监督等理论和观点，不仅具有理论价值，也对现实政治行为具有重要的指导意义。

二、企业家政府理论

企业家政府理论是戴维·奥斯本与特德·盖布勒在 1992 年合作出版的《改革政府——企业精神如何改革着公营部门》一书中提出来的。

政府企业化理念自 20 世纪 70 年代起在西方国家逐渐盛行，至 80 年代，基于这一理念的商业模式作为管理框架日益受到瞩目，并被广泛采纳于西方国家的行政体制革新实践中。所谓政府企业化，即借鉴企业家在运营中追求的效率至上、质量为先、顾客至上、追求卓越服务的宗旨，以及企业界广泛采用的科学管理策略，来改造政府机构的公共管理部门，从而重塑政府公众形象。

奥斯本和盖布勒是在深切感受到当时政府机制存在的各种弊端的基础上提出他们的改革

方案的。他们首先肯定政府的存在对于文明社会来说是必不可少的，但遗憾的是政府的状态并不令人满意，它并没有像人们所期望的那样有效地运作。政府官僚机构既庞大又集权化，行动迟缓，效率低下，刻板而且无人情味，这既是政府的形象也是政府的本质，即使是最有企业家创新精神的人，在掌管公共服务机构尤其是政府机构半年以后，“其行为也会变得像最糟糕地混日子的官僚和争权夺利的政客一样”。这样的政府在变化迅速、信息丰富、知识密集的20世纪90年代已不能有效地运转。因而，留下的选择只有一个，那就是改造。

奥斯本希望用他们所展示的新思维、新范例，来打开尚未打开的一扇扇大门——美国政府从上到下的各级官僚机构，以彻底发动一个范例的转变。奥斯本和盖布勒认为，至关重要的是政府体制问题，他们批判的矛头所指并不是政府机关的工作人员，而是当时的，在20世纪30年代和40年代设计出的那种中央集权、层次繁多的政府官僚体制。他们认为：“如果一个组织的结构是鼓励企业家精神和行为的，那么几乎人人都可以成为企业家。反之，如果一个组织的结构是鼓励官僚主义行为的，则几乎任何企业家都会成为官僚主义者。”他们的责任，就是通过对政府体制的改革，把那些有才能、立志献身的大多数政府公务员从他们受制的陈旧体制的桎梏中解放出来，释放这些公务员身上的巨大能量，提高其为公众服务的能力。

奥斯本与盖布勒针对传统官僚体制，提出了十项核心原则以推动改革。

第一，起催化作用的政府。掌舵而不是划桨。在多变且需求多元的时代，政府应专注于决策与治理，而非直接提供服务，实现高效的治理而非执行。

第二，社区拥有的政府。授权而不是服务。在民主国家，理论上人民拥有政府，但实际上缺乏控制感。解决之道在于鼓励公众参与，通过参与式民主，让社区拥有管理自身事务的权力。

第三，竞争型政府。把竞争机制引入提供服务全程。政府效率低下，部分源于垄断管理，而竞争能提升效率、响应顾客需求、鼓励创新，并增强成本意识。政府应探索多种途径以引入竞争，从而优化行政管理。

第四，具有使命感的政府。改变照章办事的组织。传统公共组织受规章制度和预算束缚，阻碍创新与提高效率。改革需摆脱规章驱动，建立以使命为驱动的预算结构和组织结构。

第五，讲究效果的政府。按效果而不是按投入拨款。传统官僚体制重视投入而非产出，导致效率低下。企业家型政府依据政策效果而非项目数量分配资源，通过业绩测量、按效果付酬和管理，提升管理水平。

第六，受顾客驱使的政府。满足顾客的需要。政府服务对象即公民，应像企业对待顾客一样，重视公民需求，以公民满意度为服务宗旨。

第七，有事业心的政府。有收益而不浪费。政府需学习企业的投资理念，通过花钱来省钱，为回报而投资，让公共管理者具备企业家思维。

第八，有预见力的政府。预防而不是治疗。官僚体制导致政府缺乏预见力，问题解决滞后且成本高昂。企业家型政府应预见问题，以少量的预防投入避免大额治疗费用，决策时应考虑长远。

第九，分权的政府。从等级制到参与和协作。现代政府需灵活应变，削平层级，下放权力，建立分权机构，以提高灵活性、效率、创新力和士气。

第十，以市场为导向的政府。通过市场力量进行变革。政府工作常受计划和政治驱动，而非顾客和政策。改革应以市场为导向，运用市场机制实现公共目标，克服计划体制的缺陷。

企业家政府理论在西方国家尤其是美国，产生了深远影响，指导了克林顿政府的行政改革，取得了显著成效。尽管该理论存在争议，不过奥斯本与盖布勒认为其提供的原则仅是重塑政府的初步尝试，期待更先进理论的涌现。

三、学习型政府组织理论

彼得·圣吉，作为管理学界的杰出思想家，在 21 世纪初的著作《第五项修炼》中，开创性地提出了学习型组织理论，为公共组织发展开辟了新的视野。面对全球化、信息化和知识经济的浪潮，圣吉深刻认识到传统政府组织在面对复杂多变环境时的局限性，他主张政府应转型为学习型组织，以不断适应、学习和创新为核心动力。圣吉的理论强调，政府组织中的每一个成员都应成为终身学习者，通过个体学习促进组织整体的知识更新和能力提升。同时，他倡导建立共同愿景，加强团队学习与协作，运用系统思考来审视和解决政府面临的复杂问题。学习型政府组织理论的提出，不仅为政府提升治理效能、增强适应能力提供了理论指导，也促进了公共部门内部文化的深刻变革，使得政府能够更加灵活、高效地回应公众需求，推动社会持续进步。

学习型组织理论认为，在当前经济形势下，组织若要实现可持续发展，就必须全面提升组织的整体能力和素质。未来的卓越组织，将是那些能够激励各层级成员全情投入并具备持续学习能力的组织，即学习型组织。彼得·圣吉曾阐述道："学习型组织是一个持续创新、不断进步的实体，它促使成员不断突破自我能力的极限，共同创造出令人向往的成果，培养新颖、前瞻且开放的思维方式，齐心协力实现共同的愿景，并不断学习如何更有效地共同学习。"此类组织具备持续学习的特质，其综合绩效远超个体绩效之和。

构建学习型组织应聚焦以下五大关键要素。

一是明确组织愿景。一个清晰而富有吸引力的组织愿景，能够凝聚全体成员的共识与力量，确保心往一处想、劲往一处使，并有效激发个人为组织愿景作贡献的热情与动力。

二是强化团队学习。团队应致力于汇聚并超越个体智慧，通过集体智慧的碰撞与融合，做出更加明智与高效的决策。在团队学习中，应善于发现并弥补个体能力的不足，从而增强团队的整体凝聚力与战斗力。

三是重塑心智模式。组织发展过程中的诸多障碍，往往源于个体固化的思维模式与本位主义倾向。通过积极参与团队学习并对标先进，可以逐步打破这些思维桎梏，推动组织创新与变革。

四是追求自我超越。组织成员应主动投身工作，不断提升自身的专业技能水平与综合素质。个人愿景与组织愿景之间所形成的"创造性张力"，正是驱动个人不断自我超越、实现更高价值的强大动力。

五是践行系统思考。通过广泛收集信息、深入分析，全面把握事件的全貌与内在联系，避免片面与割裂的视角。培养全局观念与系统思维，能够洞悉问题的本质与根源，明确因果关系，为组织决策提供有力支持。

学习是心灵的正向转变过程。政府部门成功引入学习型组织理论，不仅能提升组织绩效，更能激发组织的生命力。学习型政府组织理论深受学习型组织理论的影响，其开放、学习和系统的理念对传统的官僚制公共组织理论构成了显著挑战。学习型组织所倡导的以人为本、系统思考等理念，已成为当代公共组织变革的重要追求。实际上，创建学习型组织并非终点，更重要的是通过在这一过程中的种种努力，培养一种持续创新、不断进步的新观念，推动组织不断焕发新生，实现持续创新与发展。

四、无缝隙政府组织理论

拉塞尔·林登在杰克·韦尔奇于1990年担任通用电气公司总裁时提出的无界限组织这一概念的基础上，创新性地发展出无缝隙政府组织理论。所谓无缝隙政府，指政府通过整合所有部门、人员及其他资源，形成一个统一的界面，为公众提供既优质又高效的服务。

构建无缝隙政府的核心目的，在于打破传统政府部门间的界限和功能分割，打造一个行动迅速、服务多样化且能满足个性化需求的政府。它强调以整体而非分散的方式提供服务。无缝隙政府的创建主要包括以下3个方面。

第一，顾客导向。这是公共部门服务、制度和管理创新的基础。顾客既包括公共产品和服务的最终使用者，也包括供给过程中的参与者。顾客导向的政府管理聚焦顾客需求，通过提供个性化服务来提升公共产品和服务的价值，并致力于降低顾客成本。

第二，竞争导向。在公共服务领域，实施分权管理，强调质量、效率和创造力。通过引入市场竞争机制，允许与鼓励民间资本参与和提供服务，形成公共机构与民营机构，以及公共机构之间、民营机构之间的竞争格局，不断提升服务品质，为顾客提供更多选择，从而提高满意度。

第三，结果导向。结果导向的政府旨在改变传统官僚体制下以部门和职能为导向、注重程序和规则、对结果不负责任的状况。它强调明确的目标、具体的结果和产出，注重工作的实际效果及预算和绩效并重，应努力提升政府的回应能力，构建开放和负责任的政府形象。

需要强调的是，无缝隙政府并非要彻底推翻现有的行政运作程序，而是基于顾客导向、竞争导向和结果导向，确保政府的每一项资源投入、人员活动，以及公共产品和服务的提供都能真正满足顾客需求。这样，顾客可以在任何时间和地点获得所需公共产品与服务。

五、新公共服务理论

新公共服务理论是由美国著名公共行政学家罗伯特·登哈特在其代表作《新公共服务：服务而不是掌舵》等著作中提出的，这一理论是在对新公共管理理论，尤其是企业家政府理念的深入反思和批判基础上逐渐形成的。新公共服务理论聚焦公共行政在以公民为核心治理体系中的角色定位。

在 20 世纪 70—80 年代，西方国家迎来了资本主义蓬勃发展的鼎盛时期，与此同时，信息技术的迅猛发展也极大地重塑了社会的整体面貌。在这一背景下，政府所面临的公共问题变得日益错综复杂，行政环境也呈现出前所未有的多变态势，这对政府行政管理职能的有效履行造成了严峻的新挑战。为了积极应对这些挑战，西方国家纷纷掀起了政府重塑的浪潮，其中，新公共管理运动应运而生，并迅速崛起为西方公共管理领域改革的主流趋势。新公共服务理论的核心内容主要包括以下 5 个方面。

第一，政府的角色是服务者，而非掌舵人。新公共服务理论着重指出，政府的本质职责在于服务，而非掌控方向。尽管新公共管理理论曾倡导政府应像催化剂一样，侧重于决策而非具体执行，但登哈特却认为，众多行政官员过于执着于掌控全局，即倾向于扮演新政府企业家的角色，大力推动私有化。然而，政府的真正使命应是服务，全心全意满足公民的需求并增进公民福祉。

第二，追求公共利益的最大化。公共利益并非个体利益的简单累积，而是管理者与公民需共同承担的责任与追求的目标。公共行政官员应奋力构建一种集体共享的公共利益观，通过营造开放、坦诚的交流氛围，让公民能够清晰地表达他们的共同利益与价值观，从而确立公共利益的主导地位，并激励公民为公共利益而团结行动。

第三，为公民提供服务，而非仅为顾客服务。新公共服务理论强调，政府与公民之间的关系远不同于企业与顾客之间的关系。政府的服务对象是全体公民，而非某一特定的顾客群体。因此，政府应全面关注公民的需求与利益，以公平、公正为准则来提供服务。同时，政府还应致力于在公民中建立信任与合作的桥梁，倾听公民的声音，满足公民的公共利益诉求。

第四，重视人的价值，而不仅仅是生产率。新公共服务理论家们倡导一种以人为本的管理理念。公共组织及其网络应在充分尊重每个人的基础上运行，通过协作与共享领导权来推动组织的持续发展。公共管理机构的管理者应善待公务员，赋予他们责任感、奉献精神以及公民意识。公务员不仅仅是官僚体系中的雇员或市场中的参与者，他们更渴望得到认可与支持，以实现自身的价值。

第五，公民权和公共服务优于企业家精神。企业家往往注重提升生产率和追求利润最大化，但公共行政官员绝不能采用这种行为和思维方式。政府的真正所有者是公民，因此公共行政官员应扮演好公共资源的管理者、公共组织的监督者、公民权利的捍卫者以及民主对话的推动者等多重角色，全心全意为公民服务。他们应将自己定位为解决和治理公共问题的负责任参与者，而非追求个人或组织私利的企业家。

六、当代公共组织理论评析

当代公共组织理论自 20 世纪 80 年代以来，经历了显著的演变与革新，这一进程主要受三大关键力量的驱动：经济学理论的渗透、广泛的政府改革行动，以及诸如企业型政府、管理主义和新公共管理等一系列新兴理论流派的挑战。这些理论在质疑传统公共组织理论的同时，也为公共组织的实践与理论研究开辟了新视角。

首先，公共选择理论将经济学方法应用于政治分析，凸显了政治决策中个人利益的驱动作用，并对“政府失灵”现象进行了深入探讨。该理论认为，政府的干预并不是万能的，有时反而会导致决策失误和行政效率低下。为解决这些问题，布坎南等学者建议采取限制政府权力、引入市场竞争机制和改革税收制度等策略。

其次，企业家政府理论倡导将企业家精神融入政府管理，通过引入竞争、授权公民参与等手段，提升政府运作效率。该理论提出了十大核心原则以推动改革，旨在重塑传统官僚体制，增强政府的灵活性和创新能力。

再者，学习型政府组织理论则借鉴了企业界学习型组织的理念，强调组织应持续学习、不断创新，以提升整体绩效和生命力。

此外，无缝隙政府组织理论主张打破部门壁垒，整合各类资源，通过统一的界面为公众提供高效的服务。同时，该理论还强调顾客导向竞争导向和结果导向，以提升公共服务的质量和效率。

最后，新公共服务理论则聚焦公共行政在以公民为核心治理体系中的角色定位，强调政府应扮演服务者这一角色，追求公共利益的最大化，重视人的价值。

综合来看，当代公共组织理论的创新之处在于将市场机制、竞争原则和管理科学引入公共领域，从而增强了公共组织的灵活性和响应能力。这些理论不仅扩大了公共组织的研究范畴，也为政府改革实践提供了有力支撑。然而，在实际应用中，这些理论仍面临诸多争议和挑战。如何在不同政治经济环境下，因地制宜地实施这些改革策略，仍是一个亟待深入探索的课题。

◎思考题

1. 公共组织理论的发展可以分为几个阶段？其理论产生的历史背景是什么？

2. 传统科学管理时期公共组织理论的代表人物有哪几位？他们的代表作各是什么？其理论的主要内容是什么？

3. 行为科学管理时期有哪几种公共组织理论？其代表人物和他们的代表作有哪些？这些公共组织理论的内容是什么？

4. 传统科学管理时期和行为科学管理时期公共组织理论的特点和不足表现在哪些方面？

5. 当代公共组织理论主要有哪几种？其代表人物和他们的代表作有哪些？这些公共组织理论的内容是什么？

第三章

公共组织结构

组织结构是公共组织的骨架。在信息快速变化的社会里，公共组织能否随环境调整组织结构，直接影响其服务效率和管理功能的实现。而组织结构的形成与选择，依赖于科学的组织设计工作。本章将依次介绍公共组织结构的内涵、特点与作用，传统与新型的公共组织结构类型，以及影响公共组织结构设计的关键因素，公共组织结构设计的基本原则、基本内容和基本程序。

第一节　公共组织结构概论

公共组织的管理与运行仰仗组织结构的合理性。组织结构是否合理，对于公共组织的运转效率影响深刻。在当代针对公共组织的种种批评中，对其结构的批评占有非常大的比重。以官僚主义现象为例，其衍生的机构臃肿、冗员充斥、互相推诿扯皮等弊端，与公共组织结构密切相关，公共组织结构性均衡问题引发广泛讨论和思考①。

一、公共组织结构的内涵

不同组织拥有各自独特的组织结构，这些结构差异直接影响着组织内部个人与团队的行为及表现。要深入理解组织行为和绩效，必须对组织结构有充分认识。组织结构，简而言之，就是对组织内个人和团队的工作、权力及责任进行的明确划分与协调。公共组织理论家普遍认为，结构是使组织实现其目标的基本管理工具，是组织躯体的骨架，它表现为工作分工的几何图式及其等级上的排列②。换句话说，公共组织结构就是组织内部各部分的排列方式及它们之间的相互关系模式。因此，组织结构不仅对个人和团队的行为与表现有着重要影响，而且是研究组织行为和绩效时不可或缺的一部分。作为基本管理工具，它在组织躯体中发挥着至关重要的作用。

---

① 闫洪芹：《公共组织理论：结构、规则与行为》，北京：北京航空航天大学出版社，2009。

② 陈振明等：《公共管理学原理》（第 2 版），北京：中国人民大学出版社，2017。

（一）结构与组织结构

准确把握结构和组织结构的概念，可以更好地认识事物和组织的本质规律，为实践中的决策和管理提供有力的支持。

1. 结构的概念

结构一词最初源自建筑学，用以描述物质各组成部分的排列与组合方式，例如土木结构、砖木结构和钢混结构等。随后，这一概念被广泛应用，逐渐引申出年龄结构、知识结构等多个名词。在生物学领域，结构指的是生物体内各要素科学、特定的排列组合方式。随着系统论的发展，结构被进一步理解为系统内部各要素间相对稳定的组织或联结方式，它标志着系统的组织化和有序化程度。具体来说，结构体现为要素的组织、整合与集合，是构成系统本质的重要方面。这一概念强调了结构对于系统稳定性和有序性的重要作用，是理解组织内部运作的基础。

2. 组织结构及其意义

组织结构是指组织内部各个有机构成要素相互作用的联系方式或形式，是组织全体成员为实现组织目标，在管理工作中进行分工协作，在职务范围、责任、权利方面所形成的结构体系。这一定义强调了组织结构在实现组织目标、分工协作，以及权力分配等方面发挥的重要作用。

组织结构在组织中的作用和重要性不容忽视，它是组织实现战略目标、提升运营效率、增强创新能力、保证组织稳定、明确权责关系，以及促进沟通协作的基石。

第一，组织结构是实现组织战略目标的基石。一个合理的组织结构能够将组织的战略目标分解为各部门和个人的具体目标，确保每个人都能够明确自己的方向和任务。同时，组织结构还能够为组织提供灵活性和适应性，使组织能够快速响应环境变化，抓住机遇，应对挑战。通过有效的资源整合和配置，组织结构能够支持组织实现其长期发展目标，确保组织在激烈的竞争中立于不败之地。

第二，组织结构通过明确的职责划分和高效的沟通机制，能够避免重复劳动和资源浪费，提高组织的运营效率和产品质量。在组织结构中，每个部门和个人的职责都被清晰地界定，避免了工作重叠和冲突，提高了工作效率。同时，组织结构还规定了组织内部的沟通渠道和协作方式，促进了信息的快速传递和共享，使组织能够迅速作出决策，应对环境变化。这些都有助于组织提高运营效率，降低成本，增强竞争力。

第三，良好的组织结构能够优化资源配置，激发成员的创造力，从而推动组织不断创新，适应变化和挑战。组织结构通过为成员提供创新的环境和机会，鼓励他们提出新的想法和解决方案，推动组织的持续发展。同时，组织结构还能够促进跨部门、跨领域的合作与交流，激发不同背景和专长的成员之间的碰撞与融合，产生更多的创新火花。这些都有助于组织增强创新能力，保持竞争优势。

第四，组织结构为组织提供了一个稳定的框架，确保了组织内部各项工作的有序进行。组织结构规定了组织内部的权力分配、职责划分和决策机制，使组织能够保持稳定的运行状态。同时，组织结构还有助于维护组织的稳定性和连续性，减少因人员变动等因素带来的不确定性。通过明确的职责和权限划分，组织结构能够确保组织在面临外部环境和内部变化时，保持稳定并持续发展。

第五，组织结构清晰地界定了组织内部各成员的权责角色，使得每个人都能够明确自己的职责和权限，从而更好地履行自己的职责。这有助于减少工作中的模糊地带和冲突，提高效率和成员的满意度。同时，明确的权责关系还能够增强成员的责任感和归属感，使他们更加积极地投入工作。

第六，组织结构规定了组织内部的沟通渠道和协作方式，促进了组织内部的信息交流和合作，增强了组织的凝聚力和向心力。通过有效的沟通和协作，组织结构能够打破部门之间的壁垒和隔阂，促进不同部门和员工之间的合作与交流。这有助于组织形成共同的价值观和文化氛围，提高成员的忠诚度，提升组织的整体绩效和竞争力。

（二）公共组织结构的定义与构成

公共组织结构是指公共组织内部各构成要素之间的排列组合形式，它体现了公共组织内部各部分、各要素之间的相互关系。这些关系包括公共组织各部分的排列顺序、空间位置、聚集状态、联系方式以及各要素之间的相互作用和依存关系。它是执行公共管理职能的基本体制，决定了工作任务如何分配，以及如何进行分工协作。

公共组织结构的关键要素是构成公共组织并影响其运作效率和效果的重要因素，主要包括以下方面。

1. 工作专门化

工作专门化，顾名思义，指将原本庞大而复杂的组织任务拆解成一系列相对独立、专门化的工作单元。这些工作单元通常具有明确的任务边界和技能要求，便于成员快速掌握并高效完成。这一概念源于劳动分工原理，旨在通过细化工作任务，提升成员的专业技能和工作效率，从而实现组织效能的显著提升。通过专门化分工，成员能够专注于自己擅长的领域，熟练掌握特定技能，从而在工作中迅速找到最佳解决方案，提高工作效率。专门化的工作单元通常伴随着明确的质量标准和操作规范，成员在重复执行相同任务的过程中，能够不断精进技艺，确保工作质量的稳定提升。工作专门化有助于减少因技能不匹配导致的错误和返工，降低组织在人力、物力等方面的浪费，从而有效控制成本。在专门化领域内，成员更容易发现工作中的问题和改进空间，从而通过持续学习和实践，推动技术创新和流程优化。

2. 部门化

部门化指依据特定标准将组织内部划分为多个相对独立且各司其职的部门。这些部门各自承担特定的任务或业务，并具有相应的权力和责任。部门化的核心在于促进组织的专业化并提升效率，使每个部门都能聚焦其核心业务领域，从而发挥最大效能。在实践中，部门化通常采取以下 3 种方式。

（1）职能部门化　按照组织的各项职能（如人力资源、财务管理、安全保障等）进行划分。这种方式有助于实现专业知识的集中和共享，提高组织在特定领域的管理水平。例如，政府部门中常见的人事局、财政局、公安局等就是按照职能部门化的方式设立的。

（2）服务部门化　根据组织提供的不同服务进行划分。这种方式使组织能够更好地满足社会需求，提高服务质量和效率。例如，公共医疗机构中可能按照不同的医疗服务项目设立相应的部门。

（3）地区部门化　按照地理位置或区域进行划分。这种方式有助于组织更好地适应不同地区的环境和服务对象的需求，提高区域响应速度和服务质量。例如，地方政府机构中常按照行政区划设立相应的部门来负责该地区的公共事务管理。

3. 命令链

命令链是组织内部的一个关键概念，是指组织内部从高层到基层连续不断的权力链条，它规定了每个职位的权力和责任范围，以及员工之间的请示汇报关系。简单来说，命令链明确了谁向谁报告工作，以及每个人在组织中的权力和责任是什么。它确保了每个人都知道自己在组织中的位置，以及应该如何与他人协作。在层级制组织中，命令链是自上而下垂直单线的，就像一条直线，从最高层的管理者一直延伸到最基层的成员。而在扁平组织中，由于管理层级减少，命令链也相应缩短，变得更加灵活和高效。在管理学中，命令链被视为组织控制体系的重要组成部分。它不仅是组织结构设计的基础，还是组织内部沟通和协调的关键机制。通过命令链，组织能够确保资源的合理配置和有效利用，从而提高组织的整体效能和竞争力。

4. 管理幅度与管理层次

管理幅度与管理层次是两个至关重要的组织设计概念，它们对于组织的运行效率和结构形态具有深远的影响。

管理幅度，又称管理跨度或控制幅度，是指一个管理者能够直接有效指挥和监督的下属数量。管理幅度的大小直接决定了组织结构的扁平化或垂直化程度。扁平化结构有助于加快信息传递速度，提高决策效率；而垂直化结构则可能导致信息传递缓慢和决策迟缓。合理的管理幅度有助于激发下属的积极性和创造性，提高组织的整体效能。影响管理幅度的因素主要有 3 个。一是管理者的能力、经验和精力。管理者的个人素质和管理能力是影响管理幅度的关键因素。二是下属的素质和能力。下属的素质和能力越高，管理者能够管理的下属数量通常也越多。三是工作的复杂性和相似性。工作越复杂，管理者需要投入的时间和精力就越多，管理幅度可能相应减小；而工作相似性高，则管理幅度可能增大。四是组织的技术和信息系统。先进的技术和信息系统能够提高管理效率，从而扩大管理幅度。

管理层次是指在组织结构中，从最高层到最底层的各个管理层级。它是组织结构的纵向划分，是组织进行管理和控制的必要手段。管理层次是组织结构的重要组成部分，它决定了组织内部的权力分配和决策流程。合理的管理层次能够确保组织的稳定运行和高效决策。影响管理层次的因素主要有 3 个。一是组织规模。组织规模越大，管理层次通常越多。这是因为随着组织规模的扩大，需要更多的管理层级来协调和控制组织的各项活动。二是组织复杂性。组织业务越复杂，管理层次也可能越多。复杂性的增加需要更多的专业知识和技能来应对，从而需要更多的管理层级来分工和协作。三是管理技术。管理技术的发展水平也会影响管理层次的设置。先进的技术手段能够提高管理效率，从而减少管理层次。

在公共组织中，管理幅度与管理层次之间存在密切的关系。一般来说，管理层次与管理幅度在一定规模的组织内呈反比关系：管理层次越多，管理幅度越小；管理层次越少，管理幅度越大。这是因为随着管理层次的增加，每个管理者需要管理的下属数量会减少，从而减小管理幅度。相反，减少管理层次会扩大每个管理者的管理幅度。在设计公共组织结构时，需要权衡管理幅度和管理层次的关系，以找到最适合组织的平衡点。这需要根据组织的实际情况和需求进行综合考虑，包括组织的规模、复杂性、技术水平和人力资源等因素。通过优化管理幅度和管理层次的关系，可以构建更加高效、灵活和适应性强的组织结构，为公共组织的发展提供有力的支持。

5. 集权与分权

集权与分权是组织决策权力和责任分配的两种不同方式。集权，简而言之，就是将决策的权力与责任紧密集中于组织的高层管理者手中。这种方式确保了决策的统一性和高效性，特别适用于需要快速响应和高度协调的组织情境。相对而言，分权则是将这些权力和责任适度下放至组织的基层管理者及成员，赋予他们更多的自主决策权。分权能够激发基层的积极性和创造力，使组织更加灵活多变，适应不同环境和需求。

集权与分权的选择，并不是随意而定的，需要根据组织的实际情况进行权衡。组织的规模、复杂性和外部环境等因素，都是影响集权与分权程度的关键。例如，大型组织或业务复杂的组织，可能需要更大程度的分权以提高灵活性和响应速度；而小型组织或业务相对简单的组织，则可能更适合集权以确保决策的统一性和效率。

适度的集权与分权，是组织实现灵活性和效率性的关键所在。它不仅能够平衡决策的速度与执行的效果，还能确保组织在应对不同情境时，既能保持高效的决策能力，又能发挥基层的积极性和创造力。因此，在组织决策中，如何合理把握集权与分权的度，成为一个至关重要的问题。

6. 正规化

正规化，简而言之，就是组织内部规章制度和程序的完善与健全。它如同一座稳固的桥梁，确保了公共组织的稳定性和一致性，为公共组织的顺畅运作奠定了坚实的基础。在公共组织中，正规化有助于减少成员行为的不确定性和风险。通过明确的规范和流程，正规化指导着成员的行为和决策，使得组织的运作更加有序、高效。同时，正规化还提高了组织的可控性和可预测性，使得公共组织能够更好地应对各种挑战和变化。但是，在公共组织中，过度的正规化可能导致组织僵化，导致缺乏灵活性和创新能力，这不仅会影响组织的效率，还可能阻碍组织的持续发展。因此，在正规化与灵活性之间找到平衡点显得尤为重要。

二、公共组织结构的特点

公共组织的宗旨是增进公共利益，致力于服务全体社会成员，公共组织是在这一宗旨指引下构建的。公共组织结构，作为公共管理领域一个不可或缺的关键要素，展现了一系列鲜明且独特的特点，这些特点深刻地影响着公共组织的运作方式和管理理念，使之与私营组织在多个维度上呈现出显著的差异。

（1）层级性与权威性　公共组织的层级结构是其稳定运行的基石，从顶层的决策者到基层的执行者，每一层级都承担着特定的职责，并拥有相应的权限。这种清晰的层级划分不仅确保了公共组织内部的有序性，还赋予了上级对下级的指导与监督权力，从而强化了公共组织的权威性。层级性与权威性的结合，使得公共组织能够在复杂多变的环境中保持高效的决策执行能力。

（2）法制性与规范性　公共组织的存在与运作均置于法律的严格框架之内，其组织结构的设计、职责权限的划分，以及运作流程的制定，均需严格遵循法律法规的要求。这种法制性不仅为公共组织提供了合法性基础，也保障了其行为的正当性。同时，公共组织高度重视规范性，通过建立健全的规章制度和工作程序，确保组织内部的所有行为和活动都能遵循既定的规范，从而确保组织的纪律性和效率。

（3）服务性与公益性　公共组织的核心使命是提供公共产品与服务，以满足社会大众多样化的需求。因此，其组织结构必须充分体现服务性，确保能够高效、准确地提供各类公共产品与服务。与此同时，公共组织还承载着强烈的公益性使命，其运行管理的每一个环节都应以公共利益为最高准则，确保资源的合理配置和有效利用，以最大程度地增进社会福利。

（4）复杂性与灵活性　公共组织涉及的领域广泛且多样，包括政府、教育、医疗、文化等多个方面。因此，其组织结构往往呈现出高度的复杂性。不同领域的公共组织在组织结构上可能存在显著的差异，以适应各自领域的特点和需求。此外，公共组织还需具备应对各种突发事件和紧急情况的能力，这就要求其组织结构必须具备一定的灵活性，以便在紧急情况下能够迅速调整策略，有效应对挑战。

（5）开放性与透明性　随着社会的不断发展和进步，公众对公共组织的期望和要求也在不断提高。因此，公共组织越来越重视开放性和透明性。这意味着公共组织的结构、运作和管理都需要向公众敞开大门，接受社会的广泛监督和评价。通过增强开放性和透明性，公共组织不仅能够提升公众的信任度和支持度，还能促进组织内部的民主决策和科学管理。

综上所述，公共组织结构以其独特的层级性与权威性、法制性与规范性、服务性与公益性、复杂性与灵活性，以及开放性与透明性等特点，彰显了其在公共管理领域中的重要地位。这些特点要求公共组织在运作和管理上必须更加注重规范化、法制化、服务化和透明化，以更好地回应社会大众的需求和期望，推动社会的持续进步和发展。

三、公共组织结构的作用

公共组织的核心目标在于提供公共服务、管理公共事务，而这一切都离不开一个合理、高效的组织结构。一个科学合理的组织结构能够确保组织稳定与高效运行、提升决策效率与执行力度、促进资源优化配置与共享、增强组织适应性与创新能力，以及提升公众信任度与满意度。

（1）确保组织稳定与高效运行　公共组织，如政府、教育机构、医疗机构等，作为社会的重要组成部分，承担着维护社会稳定、促进经济发展、提供公共服务等多重职能。为了确保这些职能的有效履行，一个科学合理的组织结构显得尤为重要。它能够明确划分各部门的职责和权限，使得每个部门都能清楚地知道自己的工作内容和责任范围，从而避免工作重叠和推诿扯皮的现象出现。同时，通过层级分明的结构设计，公共组织能够实现权力的合理分配和有效监督，确保上级的决策能够准确无误地传达给下级，下级的执行情况也能够及时反馈给上级，形成闭环管理。这样的组织结构有助于避免权力滥用和决策失误，确保组织的稳定和高效运行，为社会的和谐发展和公众的幸福生活提供有力保障。

（2）提升决策效率与执行力度　在公共组织中，决策的效率和执行力度直接关系到组织的运行效果和所提供公共服务的质量。一个科学合理的组织结构能够确保决策层与基层之间信息畅通无阻，使得决策能够迅速传达至基层，并得到有效执行。同时，基层的反馈也能够及时上传至决策层，为决策的调整和优化提供重要依据。这种上下畅通的沟通机制有助于提升决策效率，确保决策能够迅速转化为实际行动。此外，通过明确各部门的职责和分工，公共组织能够形成协同作战的合力，确保各项政策和任务得到有效执行，从而提升组织的执行力度，实现公共服务的优质高效提供。

（3）促进资源优化配置与共享　公共组织作为社会资源的分配者和管理者，掌握着大量的公共资源，如资金、人才、信息等。如何合理配置和共享这些资源，是公共组织面临的重要课题。一个科学合理的组织结构能够确保资源的优化配置和共享。通过跨部门协作和资源整合，公共组织能够打破部门壁垒，实现资源的共享和互补，提高资源的使用效率。同时，科学合理的组织结构设计还能够促进资源的合理分配，确保资源能够按照公平、公正、公开的原则进行分配，满足社会大众的多样化需求，提升公共服务的质量和效率。

（4）增强组织适应性与创新能力　随着外部环境的不断变化，公共组织需要不断调整自身的战略和策略以适应新的挑战和机遇。一个灵活多样的组织结构能够增强公共组织的适应性，使其能够快速响应外部环境的变化。通过调整组织结构和优化工作流程，公共组织能够迅速适应新的政策和法规要求，提高组织的应变能力和抗风险能力。同时，公共组织通过鼓励内部创新和跨部门合作，能够激发员工的创新精神和创造力，推动组织不断创新和进步，提升自身的创新能力和竞争力。

（5）提升公众信任度与满意度　公共组织的服务对象是社会大众，其服务质量和效率直接影响到公众对公共组织的信任度和满意度。一个公开透明、规范有序的组织结构能够提升公共组织的形象和信誉，增强公众对公共组织的信任和支持。通过公开透明的决策过程和规范的服务流程，公共组织能够赢得公众的信任和认可。同时，通过优化服务流程和提升服务质量，公共组织能够不断提升公众的满意度和获得感，增强公众对公共组织的认同感和归属感。这样的组织结构有助于构建和谐的社会关系，促进社会发展。

综上所述，公共组织结构在公共组织运行管理中发挥着至关重要的作用。公共组织应不断优化自身结构，以适应时代的发展和社会的需求，为公众提供更加优质高效的公共服务。

第二节　公共组织结构类型

在人类组织管理的实践过程中，出现了很多典型的组织结构类型，其中也包括公共组织结构类型。其中，传统公共组织结构类型主要是指 20 世纪 80 年代前出现的公共组织结构的一般类型。20 世纪 80 年代以来，人类社会发生了天翻地覆的深刻变化，科学技术以空前的速度迅猛发展，竞争日趋激烈，世界一体化、经济全球化、政治民主化的趋势加强，各种组织生存和发展的环境发生了显著的变化。各种组织为了适应新的环境、提高组织效率、增强组织竞争力，纷纷进行组织结构的变革，设计了一些新型组织结构类型。本节从传统公共组织结构类型和新型公共组织结构类型两个方面介绍典型的公共组织结构类型。

一、传统公共组织结构类型

在公共组织结构类型的分类上，常见的传统公共组织结构类型主要包括直线型公共组织结构、职能型公共组织结构、直线—职能型公共组织结构、矩阵型公共组织结构等典型的公共组织结构类型。

（一）直线型公共组织结构

在公共组织框架内，直线型组织结构代表着一种初始且基础的组织模式，其核心特征为垂直领导体系。在此组织结构框架内，各级管理人员对其直接下属拥有全面的指挥权限，确保每位成员仅向一位直接上级负责，遵循单一上级原则。直线型组织结构在公共组织中体现为从最高层至最底层的明确层级划分，权力、职位及责任均沿直线垂直分布。组织运作依赖于自上而下的指令传达与自下而上的执行反馈，权力高度集中于顶层。在此架构内，同一层级的部门与成员间不存在直接的领导或指挥关系，而是由各级主管直接领导其下属，确保命令与职权在组织内部纵向贯通。例如，政府组织内厅级单位的组织架构，便是直线型组织结构在实际应用中的一个典型范例。直线型公共组织结构如图 3－1 所示。

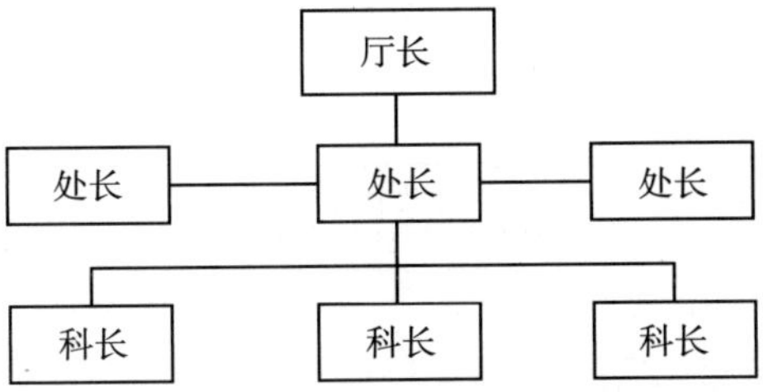

图 3－1　直线型公共组织结构

直线型组织结构的优势显著。它确立了单一的领导体系，实现了权力的集中与指挥命令的统一，确保了领导力的强劲与决策的高效。此结构下，组织层级简洁明了，上下级关系、职权及责任划分清晰，政令畅通无阻，沟通便捷，行动迅速，决策与执行效率均得到提升。每位组织成员都能明确自身权责、使命与目标，这有助于提高组织效率，保障领导控制的有效实施。

然而，直线型组织结构也存在明显不足。它缺乏专业化的管理分工，当组织规模扩大时，所有管理问题均集中于领导者一身。下级遇到问题会频繁向上级请示汇报，而领导者因知识、能力及精力限制，可能难以周全处理，导致指挥与决策失误。同时，信息在组织中沿直线传递，各部门主要关注本部门工作，这可能导致组织内部协调与沟通不畅。当同一层级的部门需要合作时，往往会遇到较大困难。

直线型组织结构的应用范围相对狭窄，通常仅限于那些无需依据组织职能实施专业化管理的小型组织，或是组织规模较小、业务管理简单、活动内容单一、工作流程固定且部门间合作需求较少的系统，以及某些现场作业管理情境。即便是在规模较小、业务简单的组织中采用直线型结构，也对领导者提出了较高要求，他们必须精明强干、经验丰富、学识广泛，并具备出色的领导与决策能力。当前，直线型组织结构正面临越来越多的挑战。随着时代的发展，直线型组织结构已难以应对组织日益增多的复杂性问题，转而需要依赖组织内每位成员的积极参与和创造性贡献来达成组织目标。此外，在信息爆炸的现代社会，直线型组织结构无法促进有效的沟通和持续的信息流通。同时，由于其采用标准化的直线领导模式，对组织内外环境变化的响应迟缓，且在处理各类复杂问题时显得力不从心。

（二）职能型公共组织结构

职能型公共组织结构，亦称参谋型公共组织结构，其特点在于：在上级行政主管的领导下，依据专业化分工的原则，设立多个职能各异的部门。这些职能部门直接向上级行政领导汇报工作，并在各自的专业管理范畴内，对下级部门或员工具备指导、协调、管理和监督的权限。职能型公共组织结构是依据组织职能的细分来设立各部门的，并依此来明确组织内部的领导与指挥体系。该结构通过职能的专门化分工，实现了管理的专业化，取代了直线型公共组织结构中那种全面负责的管理模式。具体而言，它在高层管理者之下，设立了多个职能机构，并赋予这些机构相应的管理权力与职责，使其能在各自的专业领域内直接指导下属，并向下级发出指令。

职能型公共组织结构主要依据管理上的专业化分工需求，对组织成员和部门进行了横向的划分。在典型的职能型公共组织结构中，等级和位次的差异并不显著，更多地体现为专业化分工的不同。职能型公共组织结构如图 3－2 所示。

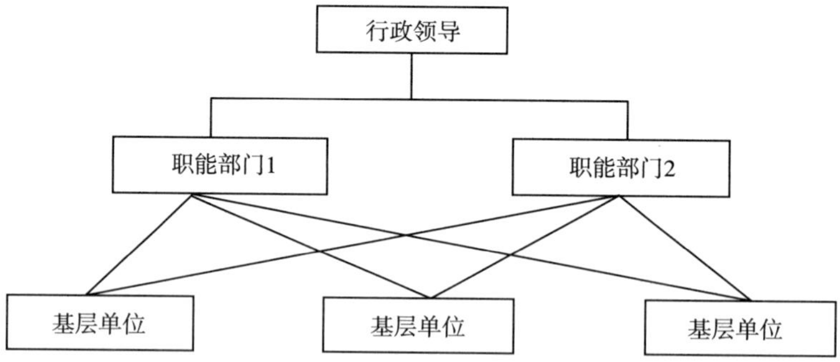

图 3－2　职能型公共组织结构

与直线型公共组织结构相比，职能型公共组织结构的优点主要有两方面。一方面，它所重视的是专业化的分工，专业化分工管理的精神被高度发扬，各级管理者分工明确，各自利用其专业特长和管理技能，集中精力去处理组织中较为复杂的问题，体现出了一定的决策效率和组织效率，可以提高组织和人员的积极性、主动性和创造性。另一方面，在职能型公共组织结构框架下，行政首长的直接干预减少，这一安排有助于减轻上级领导的日常工作压力，使他们能够聚焦公共组织的战略规划与重大事务决策。

其缺点主要表现在两方面。一方面，职能型公共组织结构中各部门需要同时响应多位上级的指示，这往往导致多头管理或领导重叠的问题。在处理复杂且跨领域的任务时，由于专业界限模糊，实际操作中容易出现命令多元、指示相悖和责任推诿的情况，从而破坏了统一指挥的原则，加剧了协调工作的复杂性，并引发管理上的混乱。这种结构的一个主要缺陷体现在管理的分散性上，它削弱了各部门的自主决策能力，降低了组织的整体灵活性。另一方面，各职能机构容易从各自专业和部门利益出发，同级之间不能很好地配合，极易缺乏整体性的团队观念，各自为政，导致组织管理效能的低下。与此同时，职能型公共组织结构对环境变化的适应性较差，反应不够灵敏，过分强调专业化分工，使主管人员忽视了本专业以外的知识，不利于培养领导人才。此外，最高行政首长虽存在于整个组织中，但因管理过程被割裂，协调与合作过程存在一定的困难，这种组织结构只适用于那些专业区分和分工化极为明确的组织。

（三）直线—职能型公共组织结构

在组织管理实践中，纯粹的直线型组织结构与纯粹的职能型组织结构均较为罕见，而融合了直线型与职能型两者特性的直线—职能型组织结构则广泛存在。这种直线—职能型的公共组织结构，将垂直领导与水平领导融为一体，它以直线型组织结构为骨干，在组织的顶层领导者之下，构建相应的职能部门，实现了领导者集中领导与专业管理的双重结合。

直线—职能型组织结构实质上是对直线型与职能型两种组织结构的整合。在此类组织中，既保留了纵向的层级结构，又融入了横向的职能划分与部门协作。直线部门的主管拥有独立的指挥与决策权力，每位直线管理者均直接隶属于其单一的上级，负责对其下属进行指挥、控制，并承担全部责任。而横向的职能机构或部门则设立在较高的管理层级，它们与直线机构或人员之间并不构成直接的领导关系，而是通过共同的上级形成间接的领导联系。这些横向职能机构或部门向最高管理层提交决策方案与行动计划，待得到批准后，再由直线管理者负责具体执行。在横向职能管理体系中，横向职能机构或部门的管理者专注于专业规划与顾问工作，这些机构或部门作为直线主管的智囊团，仅享有建议权而无决策权，仅为下级机构提供咨询与业务指导，并不具备指挥与命令的权力。直线—职能型公共组织结构如图 3-3 所示。

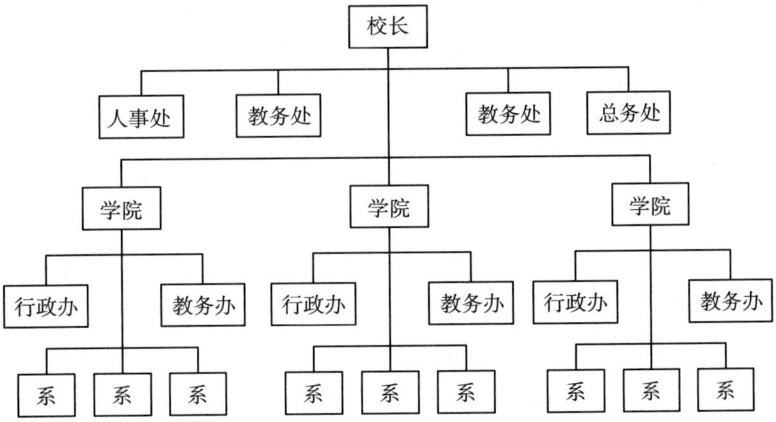

图 3-3　直线—职能型公共组织结构

普遍认为，直线—职能型公共组织结构的设计初衷是弥补直线型公共组织结构与职能型公共组织结构的不足，并融合二者的长处。相较于前两种公共组织结构，直线—职能型公共组织结构展现出更多的优势，因此被世界各国政府广泛采纳。

直线—职能型公共组织结构是一种将直线结构作为主干，将职能结构作为辅助的复合型公共组织模式，其构建相对精细且多元。该结构的精髓在于融合了直线型与职能型两者的优点：不仅承袭了直线型公共组织结构在统一指挥、明确职责、维护秩序、高效运作及组织稳定性方面的强项，还吸纳了职能型公共组织结构在任务专业划分与高度灵活性上的优势。此模式下，权力得以集中，指挥保持统一，同时职能被细致分化，让专业人员的专长得以充分发挥。在此结构框架内，直线管理者的部分职责与任务为参谋机构的管理者所分担，这使得直线管理者能更加聚焦其核心职责范围内的关键任务，并有机会提升自身的专业技能。而职能机构的管理者，尽管不直接掌握指挥权，但通过参与最高层领导的决策过程和接受其监督，能够在全局视角下进行考量。

然而，该结构也有不足之处。各职能部门间的横向协作不够密切，这可能导致信息传递不畅，甚至产生冲突，进而使管理工作变得混乱。由于直线—职能型融合了直线型与职能型两种结构的特点，容易在两者之间产生张力。一方面，如果职能机构或部门的权力过度膨胀，可能会试图将其意志强加于上级管理者之上，干扰或削弱直线管理者的决策与执行力；另一方面，若直线管理者权力过大，则可能忽视职能机构或部门的专业建议与辅助角色，独断专行，对组织造成负面影响。此外，各专业分工明确的职能机构或部门之间缺乏足够的横向沟通与协作，容易出现工作冲突与流程脱节，使得直线管理者陷入两难境地和混乱之中。因此，采用直线一职能型组织结构的公共组织必须谨慎处理这些复杂关系，唯有如此，才能最大化地发挥这一组织结构的潜在优势。

（四）矩阵型公共组织结构

矩阵型组织结构是在直线—职能型组织结构基础上演变而来的一种新型组织结构模式，相较于前 3 种传统的组织结构类型，它的出现时间相对较晚。矩阵这一概念源自数学，指的是将多种元素以纵向与横向的方式排列，从而构成的一个矩形结构。

在公共管理领域，通过将按职能划分的部门与按项目划分的部门相结合，便构成了矩阵的框架。矩阵型公共组织结构，实质上是将按职能划分出职能部门与按项目划分出小组这两个体系融合，形成了一个既重视垂直领导又兼顾水平领导的结构类型。这种结构强化了管理活动的纵向控制与横向联系的整体性，打破了传统的单一命令原则，使得一个成员可能同时属于两个或更多部门。组织成员既要接受职能部门的指导，也要服从项目负责人的领导，从而形成了双重领导的模式。

为了灵活应对临时性任务或满足组织内部特定部门的高度专业化需求，许多组织采用了矩阵型组织结构。这种结构特别适合于那些经常需要应对临时性任务且专业要求较高的组织，因此在实践中得到了广泛应用。举例来说，在大学、医院以及科研院所这类高度专业化的机构中，既设立了财务、人事等传统的职能管理部门，又根据专业领域划分了不同的系部、科室等，这些都是矩阵型组织结构的典型特征。在这类组织中，大多数工作人员，比如教师和医生，往往同时受到两个或更多部门的管理和指导，从而构成了矩阵型的公共组织结构[①]。矩阵型公共组织结构如图 3-4 所示。

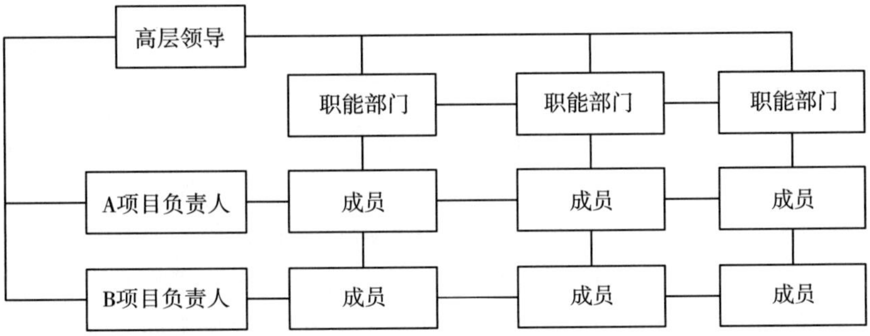

图 3-4　矩阵型公共组织结构

矩阵型公共组织结构的特点体现在两方面。一方面，当公共组织遭遇重大任务时，组织负责人会指定一名临时负责人，并从相关职能部门中抽调人员组成团队，以应对特定任务并解决实际问题，任务一旦完成，这些抽调的人员即返回原部门。另一方面，在工作执行过程中，团队成员在纵向上需遵循职能部门的领导，确保职能工作的顺利进行，在横向上则接受项目小组负责人的指挥，以保障任务的高效完成。这种纵横交织的矩阵型结构，巧妙地将功能型组织与多个专项组织融为一体。

此结构的优势在于，它强化了各部门间的联系与协作，弥补了直线—职能型结构中部门间可能存在的脱节问题，同时展现出高度的灵活性与机动性。由于职能部门直接参与人员调配，这极大地提升了团队成员的责任感与积极性。此外，项目的灵活性使得领导者的工作时间得以有效利用，显著提高了人力资源的开发与利用效率。

矩阵型公共组织结构的优点十分显著。它巧妙地结合了集权与分权，为专业人员提供了广阔的施展空间，有力地促进了人才的培养与成长。同时，该结构增强了各职能部门之间的横向沟通与协作，促进了专业人员之间的知识共享与互补，充分发挥了组织的综合优势。此外，矩阵型结构以其高度的灵活性和适应性，有助于组织的精简与高效，有效减少了冗员，提升了整体运行效率。

然而，其缺点也同样显著。组织成员有时需同时应对来自不同上级的指挥与要求，当这些上级的意见产生分歧时，下属可能会陷入左右为难的境地，给指挥与协调工作带来挑战。同时，由于矩阵型组织结构相对复杂，对项目负责人的综合能力与素质提出了更高要求。此外，这种组织形式的项目性、临时性特点可能导致成员产生不稳定感，进而影响其对组织目标的长期承诺。

二、新型公共组织结构类型

20 世纪 80 年代以来，涌现的新型公共组织结构类型主要有团队式公共组织结构、虚拟

---

① 闫洪芹：《公共组织理论：结构、规则与行为》，北京：北京航空航天大学出版社，2009。

式公共组织结构等数种类型。

（一）团队式公共组织结构

团队式公共组织结构，作为一种以团队为核心协调单元来组织和推动各项工作的组织结构，自20世纪70年代末崭露头角以来，已逐渐成为公共组织运营中备受青睐的选择。简而言之，团队是由一群志同道合、协同合作的个体正式集结而成，旨在共同实现特定目标的集体。随着知识型组织的不断涌现和蓬勃发展，传统的科层制行政组织结构和单一的项目管理结构已难以适应公共组织日益增长的需求。这些传统结构往往采用高度集权的自上而下管理模式，无形中削弱了成员的自主性和创新能力。相较而言，团队管理则展现出了截然不同的优势，它高度重视每位成员在团队中的独特价值，积极倡导成员全面参与管理，努力为成员创造更多实现个人价值和追求发展的机会。这种以人为本的管理理念，极大地激发了成员的内在动力，促使他们更加主动、积极且富有创造性地投身工作。传统组织与团队式组织的结构要素差异主要如表3－1所示。

表3－1　传统组织与团队式组织的结构要素差异

要素	传统组织	团队式组织
员工素质	适合非知识型员工	适合知识型员工
稳定性	比较稳定	灵活，可根据需要随时变更
负责人产生方式	由上级任命	由上级任命或者民主选举
领导与下属间的关系	上下级，负责人一般有特殊待遇	平等，负责人无特殊待遇
沟通方式	自上而下或者自下而上	平行沟通

团队式组织结构是一种为达成特定任务而设计的组织形式，该任务要求融合多种专业技能与丰富经验。为此，组织会从内部选拔具备相关素质与能力的成员，组建一支紧密合作的团队，共同致力于任务的完成。在公共管理领域，若管理者倾向于采用团队作为协调各项活动的核心机制，那么这种组织结构便自然呈现为团队式。

团队式组织结构的核心特征在于它打破了传统上部门之间的壁垒，赋予了团队成员一定的决策自主权。这一变革带来了双重积极效应。第一，促使组织能够更充分地挖掘员工的潜能，通过鼓励员工参与决策过程，不仅增强了组织的民主氛围，还极大地提升了员工的工作热情。第二，这种结构使得组织在运行上更加高效灵活，团队能够迅速组建、调整或解散，以更敏捷的姿态应对外部环境的变化。

一个高效的团队通常具备以下关键要素：明确的目标导向、互补的专业技能、深厚的成员间信任、统一的承诺与行动力，以及畅通无阻的沟通渠道。这样的团队能够凝聚成一股强大的集体力量，为管理层腾出更多时间进行战略规划与深度思考，进而提升决策质量与组织整体效能，同时，也为成员的个人成长与发展提供了广阔的空间。

目前，团队式组织结构已经成为组织工作活动最有效的方式，在规模较大的组织中，既可以把团队式组织结构作为整个组织的结构形式，也可以将团队式组织结构作为典型的科层制结构的补充，使这种组织既能保持科层制结构标准化、规范化的高效率，又可以因团队的存在而增强其灵活性。一般来说，团队的生命周期较短，当任务完成以后，团队即解散，其成员则因新任务和新计划与其他人员重新组成新的团队，团队的成员随着任务的变化或者需求而变动。这种弹性化的人力资源运用方式，可以迅速回应外在环境的变化与服务对象的需求，可以随时针对问题建立弹性化的组合，避免专业化分工造成的僵化和协调困难。同时，由于决策的下放与任务完成的挑战性，还可以激发团队成员的成就感和责任心，为组织带来生机与活力。

团队式组织结构的局限性在于其规模上的约束。当团队保持较小规模时，往往更容易取得佳绩；然而，一旦团队人数增多，成员间的有效沟通就变得相对困难。此外，团队的成功在很大程度上取决于 3 个关键因素：团队领导者能否明确界定任务目标、团队成员是否具备高度的自我管理能力，以及团队内部能否实现顺畅且高效的信息交流。

（二）虚拟式公共组织结构

在公共管理中，虚拟式公共组织结构指一个公共组织通过信息技术和网络平台，将组织内部的部分职能或任务外包给外部的专业机构或个体，而自身仅保留核心的管理和协调功能的结构类型。这种结构类型具有高度的灵活性和适应性，能够根据外部环境的变化迅速调整策略和资源分配（图 3－5）。虚拟式公共组织结构是一种创新且高效的组织模式，它打破了传统公共组织结构的界限，通过信息技术和网络平台实现了资源的优化配置和高效协作。其特点主要包括 4 点。一是高度灵活性。能够迅速适应外部环境的变化，灵活调整公共组织结构和资源分配。二是资源整合。通过信息技术和网络平台，有效整合外部资源，实现资源的优化配置。三是高效协作。打破地域限制，实现跨地区、跨领域的协作，提高工作效率。四是成本效益。降低公共组织运营成本，提高公共服务的质量和效率。

在公共管理中，虚拟式公共组织结构可以应用于多个领域和场景，如政府服务创新、公共项目管理、危机应对等。具体应用方式包括 3 点。

第一，政府服务创新。通过虚拟式公共组织结构，政府可以将部分服务职能外包给专业机构或个体，如在线咨询、在线办理等，提升政府服务的便捷性和效率。

第二，公共项目管理。利用虚拟式公共组织结构，政府可以组建跨地区、跨领域的项目团队，实现资源的优化配置和高效协作，提高项目管理的质量和效率。

第三，危机应对。在应对自然灾害、公共卫生事件等危机时，虚拟式公共组织结构可以迅速组建应急团队，整合各方资源，实现快速响应和有效处置。

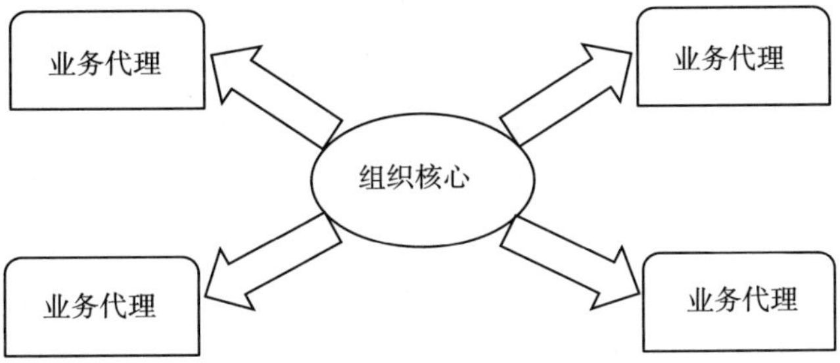

图 3－5　虚拟式公共组织结构

虚拟式公共组织结构在公共管理中具有显著的优势，如提高公共服务效率、降低运行成本、促进资源共享等。然而，此结构也面临着一些挑战，如信息安全风险、沟通协调难度增加、法律合规问题等。为了充分发挥虚拟式公共组织结构的优势并应对挑战，公共组织需要采取一系列措施，如加强信息安全管理、建立高效的沟通协调机制、完善相关法律法规等。

随着信息技术的不断发展和公共管理需求的不断变化，虚拟式公共组织结构在公共管理中将发挥越来越重要的作用。未来，虚拟式公共组织结构将更加注重跨领域、跨行业的协作与创新。

综上所述，虚拟式公共组织结构是公共管理中一种具有创新性且高效的组织模式，具有广阔的应用前景和发展空间。公共组织应积极探索和实践虚拟式公共组织结构的应用，以推动公共管理的现代化和智能化发展。

第三节　公共组织结构设计

公共组织结构设计，是公共组织管理者在深刻把握组织内外部环境因素的基础上，凭借管理智慧与科学方法，对契合公共组织独特属性、结构布局合理、功能全面覆盖且能高效运作的组织架构进行系统规划、慎重选择、科学构建或适时调整的一系列过程及活动。这一过程不仅关系到公共组织当前的运作效率，更对公共组织的未来发展与竞争力产生深远影响。

一、影响公共组织结构设计的关键因素

公共组织结构作为公共组织运作的基石，深受组织内外部多重因素的制约。在构建公共组织这一复杂实体时，制度环境、文化传统、组织规模、组织战略以及技术应用等因素发挥着举足轻重的作用。

（1）制度环境的根本性影响　公共组织置身于特定的社会环境之中，与其他组织保持着密切的互动与合作。环境的变化与复杂性对公共组织结构提出了不同的要求。制度环境，作为公共组织结构设计的首要考量，由各类利益相关者的规范和价值观构成，为公共组织提供了行为准则与框架。在公共组织领域，制度环境主要体现在国家政治与法律层面，它决定了公共组织结构的形式、内容、设置程序、监督机制以及组织行为。不同的制度环境下，公共组织呈现出截然不同的特征。

（2）文化传统的深刻烙印　公共组织结构的设计必须与所处的环境相协调，其中包括了公共组织所处的民族文化环境。文化传统作为公共组织的保护带，具有深厚的底蕴与稳定性。它既维系着原有的公共组织结构，使其得以延续；同时，也阻碍着变革的发生，使得新的公共组织结构难以轻易形成。因此，在公共组织重构的过程中，必须首先实现文化的转型，使文化成为推动变革的强大动力。例如，在美国，个人主义文化盛行，组织更强调个人的责任与权利，因此，正规、分权的组织结构更容易获得成功；而在日本与朝鲜，集体责任被高度重视，因此，低正规、集权的组织结构更为适宜。

（3）组织规模的显著影响　组织规模，即公共组织内成员的数量，对公共组织及其管理产生着深远的影响，规模不同的公共组织，其结构的设计方法也截然不同。公共组织规模的扩大，促进了结构差异化程度的提升，使公共组织能够更好地适应复杂多变的环境。然而，值得注意的是，公共组织初期规模对其结构的影响要大于公共组织规模达到一定程度后再扩大时的影响。此外，公共组织规模还与专业化和规范化呈正相关关系，而与集权成负相关关系。在政府部门，公共组织的规模直接影响着组织结构的复杂化程度。一般来说，公共组织规模越大，其结构的规范化、制度化程度就越高，结构也就越复杂；同时，在公共权力的配置上，也更加注重权力的相对分散，以确保组织的灵活性与高效性。

（4）组织战略的引领作用　公共组织结构是达成组织战略目标的基石与支撑体系。因此，其设计与调整必须紧密围绕并服务于公共组织战略的核心需求。一旦管理者对公共组织战略进行重大革新，就应当同步调整公共组织的结构，以确保其能够有效适应并强有力地支撑这一战略转变。公共组织战略描述了公共组织的长远目标以及实现这些目标的途径与方法，它详细说明了管理者为了实现组织的长期目标，应当如何对资源进行分配与利用。当公共组织的外部环境发生变化时，公共组织的战略可能也需要进行相应的调整。而公共组织结构作为公共组织战略实施的载体，必须服从于公共组织战略的安排。科学的组织结构和设计能够有助于组织战略的有效实施，支撑组织的持续成长与发展。不同的战略要求有不同的组织结构与之相匹配，以确保战略目标的顺利实现。

（5）技术应用的驱动作用　技术及其设备水平是影响公共组织活动效果、内容划分、职位设置和人员素质要求的重要因素。随着信息技术、数字网络的广泛应用，公共组织的工作性质和工作形式正在发生深刻的变化。这不仅影响着公共组织的权力结构，也使得管理者能够将更多的决策权下放到更低的层次上，从而提高了公共组织的灵活性与响应速度。因此，在公共组织结构设计的过程中，必须充分考虑技术因素的影响，以确保所设计的组织结构具有现代的特征和适应能力。技术的复杂性增加会导致公共组织结构的复杂程度增加。对于常规性技术程度高的公共组织来说，应建立严格的机械式结构以确保效率与稳定；而对于非常规性的技术组织来说，则应采用有机式的结构，分权给成员以激发创新能力与活力。

综上所述，在公共组织结构的设计过程中，必须全面、深入地考虑制度环境、文化传统、组织规模、组织战略和技术应用等多重因素的影响。只有在充分了解公共组织发展的历史、当前状态及存在问题的基础上，才能对公共组织进行重新设计，找到解决问题的方法。因此，在公共组织结构的设计过程中，不能盲目地推翻现有的结构，而是应该采取因地制宜、循序渐进的方法，逐步解决结构问题，推动公共组织的持续发展与进步。

二、公共组织结构设计的基本原则

公共组织结构设计的原则，是公共组织构建其复杂而精细的结构体系的基石，是确保公共组织高效运作、目标一致性的关键所在。这些原则不仅仅是理论上的抽象概念，而是源自长期管理实践的智慧结晶，它们在实践中不断被验证、优化，最终形成了被广泛接受的行动纲领。这些原则不仅深刻体现了公共组织管理的精髓，也是评判公共组织效能、指导公共组织工作的重要依据。

（1）统一领导，目标一致　强化组织的向心力与凝聚力。在公共组织的广阔框架内，各个部门与个体虽各司其职，但均需要围绕一个核心目标紧密团结。统一领导不仅是组织稳定的基石，更是确保所有力量汇聚一处的关键。这意味着，从高层到基层，每个人都应明确自己组织的总目标，并将其内化为个人行动的指南。通过将总目标层层分解，细化至每个部门、每个岗位，形成一张紧密相连的目标网络，确保每个人的努力都能为组织目标的实现贡献力量。同时，建立基于目标的责任制，既促进了合理分工，又加强了部门间的协调合作，使组织整体呈现出强大的向心力与凝聚力。

（2）分层管理，适度分权　优化组织的决策与执行效率。公共组织的层级结构是其有效运作的骨架，而分层管理与适度分权则是这一骨架中的灵魂。合理设定管理幅度与管理层次，既能保证管理者对下属的有效监管，又能避免管理层级过多导致的决策迟缓。适度分权，则是在保持组织整体统一性的基础上，赋予下级必要的决策权，激发其主动性与创造性，使组织更加灵活地应对各种挑战。这一原则的实施，要求组织在集权与分权之间找到最佳平衡点，既确保组织的战略方向不偏离，又充分发挥各级管理人员的潜能。

（3）职责明确，权责对等　构建组织的责任体系与激励机制。公共组织的高效运作，离不开清晰的职责划分与合理的权责配置。每个职位都应明确其应承担的职责，以及具有的权力和相应的责任，确保权力与责任相匹配，避免权力滥用或责任推诿。通过细化职务分工，建立明确的责任体系，配合有效的奖惩机制，可以激励成员积极履行职责，提升组织整体的执行力。

（4）以人为本，注重人性管理　激发组织成员的潜能与创造力。在公共组织中，人是最宝贵的资源。以人为本的管理理念，要求组织在设计时充分考虑成员的个性、兴趣与发展需求，创造有利于成员成长的工作环境。通过提供多样化的晋升机会、加强思想交流、实施人性化激励措施，可以极大地激发成员的积极性与创造力，促进组织与成员的共同成长。

（5）追求经济效能，注重效率　优化组织的资源配置与运作流程。效率是公共组织追求的核心目标之一，为了实现这一目标，公共组织必须不断优化其结构、精简人员、提高管理效率。通过简化办事流程、减少不必要的层级与冗余，可以显著提升组织的响应速度与执行效率，降低运营成本，实现资源的最大化利用。

（6）适应环境，保持弹性　增强组织的应变能力与灵活性。公共组织作为社会环境的一部分，必须时刻保持对外部环境的敏锐感知与适应能力。在设计组织结构时应预留足够的弹性空间，无论是单位区分、职掌权责还是人员编制，都应能够根据环境变化与组织需求进行灵活调整。对于特定任务或突发事件，可以采用项目制或临时编组的方式，迅速组建高效团队，以应对各种挑战。

（7）平衡协调，促进发展　构建和谐的组织生态系统。平衡是公共组织持续发展的关键。在设计组织结构时，应注重内外关系的平衡，这种平衡包括部门间的分工与协调、个体与整体利益的平衡、贡献与报酬的公平等。通过构建和谐的组织生态系统，可以促进组织内部各要素的协同发展，实现组织目标与个人目标的双赢，推动组织不断迈向新的高度。

三、公共组织结构设计的基本内容和基本程序

组织设计的必要性常常体现在组织的 3 种情形：第一，新建组织需要设计全部管理系统；第二，变革时期的组织需要对原有管理系统进行重新估计和设计；第三，调整中的组织需要对原有管理系统进行局部增减或完善[①]。

（一）基本内容

公共组织设计是一个系统性过程，它围绕组织目标的实现，精心规划并构建组织的内部结构与管理机制。这一过程涵盖以下 5 个核心方面。

（1）职能设计　在公共组织中，职能设计是首要环节，它基于组织的战略目标，全面规划管理活动，明确各项管理职能及其架构，进而将这些职能细化至各个管理层级、部门、职位及岗位。对于新成立的公共组织，职能设计涉及基本职能的界定、关键职能的突出以及职能的详细分解。而对于已存在的老公共组织，则更侧重于职能的调整与优化，即在深入调研现有管理活动与分工的基础上，识别问题，提出改进策略，以优化职能结构。

（2）部门设计　在公共组织中，部门是承担特定管理职能的基本单元，由紧密相关的管理业务和人员组成。部门设计通常按职能、产品、地域、服务对象或工作流程等方式进行划分。进入新时代，以服务对象为中心的部门设置日益受到重视，同时，跨部门的工作团队也逐渐取代传统的职能部门，以适应更复杂多变的任务需求。在实际操作中，往往综合运用这些部门构建方式，以确保组织内部上下、左右之间的协调一致。

（3）管理幅度和管理层次的设计　管理幅度指的是一位领导者直接管理的下级人员数量，它直接关联到领导者直接控制和协调的业务量。管理层级则是组织纵向结构中的层级数量。公共组织需要根据管理幅度的宽窄与管理层级的多少，合理设计锥形结构（管理层级多、管理幅度小）或扁平结构（管理层级少、管理幅度大），以提高管理效率。

（4）职权设计　在公共组织中，职权是确保各部门、各职位在职责范围内有效行使决策或影响他人的力量。职权设计涉及纵向与横向两个维度。纵向设计关注集权与分权的平衡，根据组织环境、组织规模、人员能力及工作性质等因素，科学划分决策权的层级。横向设计则侧重于明确各部门间的独立职权及相互关系，特别是针对业务交叉部门，需设计有效的职权衔接机制，确保工作流畅无阻。

（5）管理规范设计　管理规范是公共组织内部各类管理条例、章程、制度、标准、办法及守则的集合，通常体现为规章制度。管理规范设计是对组织结构的进一步细化和合法化，它确保每位成员明确自身的权责利，为工作提供明确依据，同时防止执行偏差，维护组织的稳定性和秩序性。

综上所述，公共组织设计是一个综合考量组织目标、组织环境、资源及人员等因素的复杂过程，旨在通过科学合理的规划，构建高效、协调、灵活的组织结构，以支撑公共组织使

---

① 张国庆：《行政管理中的组织、人事与决策》，北京：北京大学出版社，1990。

命的有效实现。

（二）公共组织设计的基本程序

公共组织设计的基本程序是一个系统性且迭代的过程，旨在确保公共组织能够有效地实现其目标并适应外部环境的变化。

（1）明确组织设计原则　首先，需根据公共组织的战略目标、业务特性及外部环境，确立组织设计的指导思想、基本原则和关键参数，为后续的设计工作提供方向性指引。

（2）深化职能分析与设计　在明确组织目标的基础上，对管理职能进行全面梳理和分析，确定各项管理职能及其内在结构，进而将这些职能细致分解到具体的管理任务和日常工作中，形成全面而细致的管理任务设计方案。

（3）构建组织结构框架　依据职能分析与设计的结果，设计公共组织的各个管理层次、部门划分、岗位设置，以及相应的权责分配，最终通过组织结构系统图的形式直观展现组织的整体架构。

（4）设计沟通协调机制　为了确保组织内部的高效运作，需设计合理的控制机制、信息交流机制、综合分析机制和协调机制，包括制定相关的沟通制度、会议制度及协调流程等，以促进信息的顺畅流通和问题的及时解决。

（5）制定管理规范　为了规范管理人员的行为，需设计详细的管理工作程序、工作标准和工作方法，这些规范将作为管理人员日常工作的行为准则，从而确保管理工作的规范性和高效性。

（6）人员培训与配置　根据组织结构设计的需求，对各个管理层级定质、定量地配备管理人员，并通过系统的培训提升管理人员的专业素养和管理能力，以确保他们能够胜任各自的工作岗位。

（7）设计运行与激励制度　为了激发管理人员的积极性和创造性，需设计科学的绩效考核制度、精神鼓励与物质奖励相结合的激励机制，以及持续的管理人员培训制度，以形成良好的组织氛围和持续的发展动力。

（8）反馈与调整机制　在组织运行过程中，需建立有效的反馈机制，及时收集并处理运行过程中出现的问题和信息，定期或不定期地对上述各项设计进行必要的评估和调整，以确保组织设计的持续优化并使组织设计适应外部环境的变化。

（9）实施与监控　将设计好的组织结构和制度付诸实施，并进行密切的监控。对实施过程中出现的问题进行及时处理和调整，确保组织设计的有效性。

这个基本程序为公共组织设计提供了一个全面的指导思路，但实际操作中可能需要根据公共组织的具体情况和外部环境的变化进行灵活调整。

◎思考题

1. 公共组织结构的特点如何影响其整体运作效率？请举例说明。
2. 传统公共组织结构类型有哪些主要优缺点？在当下，它们的实用性如何？

3. 新型公共组织结构类型如何应对现代社会中面临的挑战？请分析其优势。

4. 试阐述影响公共组织结构设计的关键因素，并谈谈它们如何影响公共组织结构的设计。

5. 试阐述公共组织结构设计的基本原则，并谈谈你对这些原则在实际应用中的理解。

第四章

公共组织过程

公共组织过程指的是公共组织在行使其权力、履行职责、管理公共事务的过程中所遵循的一系列程序和方法。它包括了公共组织决策、公共组织执行和公共组织监督 3 个基本阶段，这 3 个阶段相互关联、相互依存，共同构成了公共组织过程的核心内容。本章阐述公共组织决策概述、公共组织决策模型、公共组织决策原则、公共组织决策程序、公共组织决策的影响因素；公共组织执行概述、公共组织执行程序、公共组织执行评估、公共组织执行的影响因素；公共组织监督概述、公共组织监督理论基础、公共组织监督体系、中西方公共组织监督体系的比较。

第一节　公共组织决策

公共组织决策是公共管理活动的核心环节，直接关系到公共资源的配置效率、公共服务的提供质量以及公众利益的实现程度。公共组织决策通过科学、合理、民主的过程，能够确保决策制定符合社会需求和公众期望，实现公共利益的最大化。同时，有效的决策还能够提升公共组织的公信力和执行力，增强公众对公共管理的信任和支持，为社会的和谐稳定和发展进步奠定坚实基础。

一、公共组织决策概述

管理学大师德鲁克认为，一个系统中主管人员最终作出有效的决策比什么都重要。著名管理学家西蒙指出，无论是计划、组织、领导还是控制，其工作过程说到底都是由决策的制定与执行两大部分活动所组成的。西蒙甚至指出“管理就是决策”，充分说明了决策的重要性。公共组织决策的质量和效率直接关系到其他管理环节和运行环节的成效，直接关系到公共组织社会管理和公共服务的绩效。

（一）公共组织决策的内涵

公共组织决策是决策的一种，它与其他组织的决策在本质上是有相同之处的。所以要了解公共组织决策的含义，首先要弄清楚什么是决策，“决策”一词作为现代管理学上的一个术语，意思是作出决定。一般而言，决策就是人们根据社会发展中出现的问题，来确定预期目标，并采用一定的科学理论和方法，制定若干实现目标的行动方案，从中选择最满意的方案去付诸实施的活动过程。

公共组织决策，作为一种独特的决策形式，是指公共组织在遵循既定政策和法律框架的基础上，针对公共管理领域内拟解决的问题，进行方案的设计与选择的过程。除了拥有一般决策的共同特征，公共组织决策还展现出以下特性。

1. 决策主体的特定性

公共组织决策的主体是公共组织，主要是国家机关，这是公共组织决策最为常见的行为主体，而另外一些主体是经过国家机关授权的公共社会组织。由于决策主体的特定性这一特点，决定了以下公共组织决策的特点。

2. 决策内容的广泛性

公共组织决策不像一般决策那样主要集中在某类或某几类问题上，而是涉及人类社会生活的方方面面。尽管现在由于“政府失灵”的消极影响使得“有限政府”的理念愈加突出，但这不是说政府组织“让渡”的决策权力已经根本脱离组织职能的限制，公共组织实际上还在有效地控制着社会生活的各个层面，对于让出的决策内容同样具有规范和制约的力量。

3. 决策效力的权威性

公共组织决策效力的权威性来源于公共权力的强制性和决策合法性。权威性表现在，公共组织一旦形成决策方案，其在社会生活中就起到直接的约束作用，社会中的任何组织和个人都要按照决策指向的目标规范自己的行为，履行决策规定的任务目标。决策的权威性往往与一定的惩罚性措施联系在一起；如若缺乏惩罚性措施，决策就会失去强制力，无法得到贯彻执行。

4. 决策目的的非直接营利性

决策目的的非直接营利性并非指公共组织决策不能追求经济效益，而是说与其他组织尤其是企业组织的决策相比，公共组织决策不能够以直接营利为目的。公共组织要服务于社会公共事务，主要提供公共产品和服务，主要考虑社会效益和大众利益问题，要努力追求社会效益的最大化。

（二）公共组织决策的意义

1. 公共组织决策是公共组织运行的核心环节

决策在公共组织的运行中占据着核心地位，它是公共组织运行的核心环节，影响着公共组织的整体运行方向和行动方式。尽管决策无法取代其他组织活动的价值和功能，但它却起到了引领和规范的作用。公共组织在面对具体行政事务时，决策的结果直接影响着后续的行动路径。如果决策倾向于否定性结果，这通常意味着该项事务的终结，公共组织的相关运行活动也将停止。相反，若决策倾向于肯定性结果，其类型和重要性将进一步规定后续行动的方式和实施程度。因此，决策不仅仅是一个选择过程，更是对公共组织未来行动方向的明确指引。在实际操作中，决策所确立的目标和标准，往往成为公共组织成员行动的依据和评判标准。由于决策具有如此关键的作用，任何疏忽或错误的决策都可能导致公共组织资源的浪费，甚至影响到整个公共组织效率和目标的达成。因此，确保决策的科学性、合理性和前瞻性，成为公共组织管理中必须高度重视的内容。

公共组织的有效运行依赖于决策的正确性和精准性，决策的每一个环节都需要经过深思熟虑，结合多方面的信息与资源，特别是在面临复杂的社会问题或重大行政事务时，决策不仅要考虑短期的可行性，还要评估长期的影响和可持续性。这就要求公共组织在决策过程中，充分发挥集体智慧，综合各种意见与建议，确保决策结果能够切实反映社会需求和公共利益。通过合理的决策流程，公共组织得以在变化多端的环境中促进其功能和使命的有效发挥。因此，决策的质量直接关系到公共组织的运作效率和社会功能的实现程度，它不仅是公共组织运行的起点，也是衡量公共组织管理水平的重要标志。

2. 公共组织决策是公共组织领导者职责与能力的体现

决策不仅是公共组织运行的关键环节，同时也是公共组织领导者的核心职责与管理能力的体现。在公共组织的管理架构中，领导者位居核心位置，肩负着制定方向、统筹资源、协调各方的重任，其中最为重要的职责莫过于决策。一个合格的公共组织领导者，必须具备审时度势、明辨是非、果断决策的能力。面对日益复杂的社会问题和行政事务，公共组织领导者需要在纷繁的现象中抓住本质，作出科学合理的判断与选择。无论是短期的应急措施，还是长期的发展规划，决策的质量直接反映了公共组织领导者的管理水平和应对挑战的能力。

公共组织领导者的决策能力不仅仅体现在日常事务的处理上，更在于其能否在关键时刻作出影响深远的决定。尤其在重大公共事务和政策的制定中，领导者的决策往往会对国家的发展和社会的稳定产生深远影响。正因如此，公共组织领导者需要不断提升自身的决策能力，确保在面对复杂局势时，能够冷静分析，综合考虑多方因素，作出符合国家和人民利益的决策。公共组织领导者的决策能力不仅来自个人的智慧和经验，还依赖科学的管理方法和系统的分析工具。通过不断学习和实践，公共组织领导者可以逐渐提高自己的决策水平，从而更好地履行其在公共组织中的职责。最终，决策的成功与否，不仅影响到公共组织效率和目标的达成，也关系到国家和社会的发展进程。一个具备优秀决策能力的领导者，必然能够带领公共组织在复杂多变的环境中实现更好的发展和进步。

（三）公共组织决策的类型

公共组织决策，作为一个多维度、多层次的过程，因其涉及的问题复杂多变，以及在决策主体、决策条件、决策方式、决策目标等方面的多样性，自然而然地展现出丰富多样的类型。这种多样性不仅体现在决策的具体内容和形式上，还贯穿决策的制定、执行和评估等各个环节。

1. 按决策主体层次划分：国家公共组织决策、地方公共组织决策和基层公共组织决策

（1）国家公共组织决策（宏观决策）　这一层次的决策由国家的最高公共组织制定，其关注点在于解决全国性的、具有战略意义的公共问题。这些决策往往涉及国家的长远发展和整体利益，如国家政策的制定、重大项目的规划等。

（2）地方公共组织决策（中观决策）　地方公共组织，如省、市、县等的公共组织，根据其职能和管辖范围，针对本地区的公共事务制定决策。这些决策更加贴近地方实际，旨在解决地方性问题，促进地方经济社会发展。

（3）基层公共组织决策（微观决策）　乡（镇）一级的公共组织负责处理本地区管辖范围内的公共事务，其决策更加具体和细致，直接关乎基层民众的切身利益。

2. 按决策条件和后果确定性划分：确定型决策、风险型决策和不确定型决策

（1）确定型决策　在条件明确、结果可预测的情况下进行的决策。这种决策相对简单，决策者可以根据已知的信息和条件，选择最佳的行动方案。

（2）风险型决策　涉及不可控因素，决策结果具有一定的概率性，需要决策者承担一定的风险。在这种情况下，决策者需要综合考虑各种可能的结果和概率，作出最优选择。

（3）不确定型决策　决策结果的概率无法预测，决策难度和风险更大。决策者需要在信息不完全、条件不确定的情况下，依靠自己的判断和经验作出决策。

3. 按决策思路划分：经验决策和科学决策

（1）经验决策　基于决策者个人或集体的经验、直觉进行的决策。这种决策方式往往依赖决策者的素质和经验积累，具有一定的主观性和不确定性。

（2）科学决策　在科学理论指导下，遵循科学原则和程序，采用科技手段进行的决策。这种决策方式更加注重客观性和科学性，通过收集和分析数据，运用科学方法和技术手段，制定更加合理和有效的决策方案。

4. 按决策先例划分：常规性决策和非常规性决策

（1）常规性决策　又称例行决策、程序性决策。主要指针对重复出现的问题，遵循已有标准、程序和方法作出的决策。这种决策方式注重规范性和效率性，通过标准化的流程和程序，快速有效地解决问题。

（2）非常规性决策　也称非程序性决策。主要针对首次出现或偶然出现的非重复性问题，需要决策者通过创造性思维和创新方法来作出决策以解决。这种决策方式更加注重灵活性和创新性，需要决策者具备较强的应变能力和创新能力。

此外，公共组织决策还可根据其他标准进一步分类。按决策目标数量划分为单目标决策和多目标决策。单目标决策旨在实现单一目标，而多目标决策则需要综合考虑多个目标之间的平衡和协调。按决策进程划分为一次性决策、渐进性决策和追踪决策。一次性决策是在短时间内作出的决策，渐进性决策则是通过逐步调整和完善作出的，追踪决策则是在决策执行过程中进行动态调整和优化中作出的。按决策涉及问题的规模和影响划分为战略决策和战术决策。战略决策关注公共组织的长期发展和整体利益，而战术决策则更加注重短期目标的实现和具体问题的解决。

这些分类方式共同揭示了公共组织决策的多样性和复杂性，为理解和分析公共组织决策提供了多维度的视角。同时，也提醒在实际决策过程中，需要根据具体情况选择合适的决策方式和策略，以确保决策的科学性、合理性和有效性。

二、公共组织决策模型

本书基于实际需求及公共组织决策模型的影响力，着重探讨了 4 种公共组织决策模型：

理性决策模型、有限理性决策模型、组织决策的政治过程模型和垃圾桶决策模型。

（一）理性决策模型

理性决策模型是理性选择理论在组织决策领域的具体应用，它描绘了一种理想化的决策蓝图，既适用于私人组织，也广泛适用于公共组织。这一模型的核心在于强调决策的理性化，即决策者应基于逻辑、证据和理性分析来作出最佳选择。具体而言，理性决策模型主要包括 4 个基本组成部分。首先，决策者需要确立一套一致且明确的目标体系，这些目标应具体、可衡量、可实现，并与组织的长远发展紧密相连。其次，决策者需要准备一系列可供选择的行动方案，这些方案应经过深思熟虑，并考虑到各种可能性和风险。再次，决策者需要对这些方案可能产生的结果进行客观、全面的评估，包括成本效益分析、风险评估等。最后，在综合比较各方案的基础上，决策者应选择出能够最大化其偏好和价值的方案，以实现组织的最佳利益。

值得注意的是，公共行政学的奠基人威尔逊所提出的政治与行政二分法，与理性决策模型有着密切的联系。威尔逊强调行政的核心目的是追求效率，即通过科学合理的组织和管理，实现资源的优化配置和有效利用。这实质上正是理性决策模型的一种体现和反映，因为理性决策模型同样强调决策的科学性和效率性，致力于通过理性分析来作出最优选择。

理性决策模型为组织提供了一种理想化的决策框架，有助于组织在复杂多变的环境中作出明智、高效的决策。然而，在实际应用中，组织还需要根据具体情况灵活调整决策模型，以应对各种挑战和不确定性。

（二）有限理性决策模型

“有限理性”这一概念，由学者西蒙在 20 世纪 50 年代提出，主要针对的是经济学中的理性决策模型。有限理性的核心理念在于承认人类信息处理能力存在局限性。因此，个体无法完全遵循充分理性的行为模式，既无法同时审视所有选择方案，也无法确保在每次决策中都能够实现效率的最大化[①]。与理性决策模型相较，有限理性决策模型展现出以下显著特点。

首先，在决策过程中，当对目标达成共识后，决策者首先需要设定一个满意的标准，作为决策的基础。这一步骤标志着决策过程的开始，与理性决策模型中追求最优目标有所不同。

其次，一旦这个满意或期望的标准得以确立，决策者会倾向于选择第一个满足或超越其期望与需求的行动方案。这种选择方式体现了有限理性下的务实态度，即不再追求理论上的最优解，而是转向实际可行的满意解。

最后，有限理性决策模型并不要求对所有决策方案同时进行比较和选择。相反，它采用了一种顺序性的决策方法，即按照某种逻辑或标准对方案进行排序，并逐一进行两两比较，直至找到符合满意标准的方案。这种方法降低了决策的复杂性，提高了决策的可操作性。

有限理性决策模型通过引入满意标准和顺序性决策方法，为信息处理能力有限的人类提

---

① 李文钊：《公共组织决策理论：起源、模型与发展趋势》，《管理世界》2006 年第 12 期。

供了一种更为实际和可行的决策框架。

（三）组织决策的政治过程模型

组织决策的政治过程模型深入阐述了一个核心观点：在组织内部环境复杂多变，且不同决策者持有各异偏好与利益诉求的背景下，决策的最终走向实则是由参与者之间错综复杂的权力博弈所决定的。这一模型进一步深化了人们对决策的理解，指出那些在组织内部拥有更为强大权力的利益集团、小团体或子单位，往往能在决策过程中占据更为有利的地位，从而确保自身能够从组织决策中攫取更多的资源与利益。

与理性决策模型所倡导的"基于明确目标进行最优化选择"的理念截然不同，组织决策的政治过程模型并不将预设的明确目标视为决策过程不可或缺的前提。相反，它以一种更为现实且深刻的视角，揭示了组织决策过程的本质——一个充满政治色彩与权力斗争的讨价还价过程。即便在某些情况下，组织确实设定了明确的决策目标，但决策的实际走向却往往并不会严格遵循设定的目标进行最优化的路径。

在组织决策的政治过程模型中，决策的制定不再单纯依赖逻辑分析与效率考量，而是更多地受到了组织内部权力结构与利益分配格局的深刻影响。因此，决策的最终结果往往更多地体现了权力博弈的胜负，而非单纯对既定目标最优化实现路径的不懈追求。这一观点为人们理解组织决策过程的复杂性提供了更为全面的视角，也提醒人们在实际操作中需要更加审慎地权衡各种因素，以确保决策过程能够兼顾公平与效率，实现组织的长远发展。

（四）垃圾桶决策模型

垃圾桶决策模型这一概念，最初由科恩、马奇和奥尔森在 1972 年共同提出，它以一种独特的方式描绘了决策过程的复杂性。与其他决策模型相比，垃圾桶决策模型将决策过程拆解为 4 个相互独立但又相互交织的流程：问题流程、答案流程、参与者流程和决策机会。

在问题流程中，关注的是组织内外人员所广泛重视的各种问题。这些问题涵盖了生活方式、家庭关系、工作挫折、职业发展、团体互动、社会地位、工作与金钱分配、意识形态，以及媒体和公众所聚焦的热点。这些问题如同漂浮在垃圾桶上方的各种杂物，等待着被识别和挑选。

答案流程则聚焦个人或团体提出的各种解决方案。这些解决方案如同垃圾桶中的物品，它们在决策过程中不断出现、流转，甚至在某些情况下消失。值得注意的是，有时候可能只有在看到了某个答案之后，才意识到原来存在与之相关的问题。

参与者流程关注的是参与决策过程的人员。这些人员如同流水般不断地进出决策环境，每个人都在特定的时间段内，带着自己的能量和影响力进入组织，对决策过程产生影响。

而决策机会，则是这 3 个流程交汇的节点。它如同垃圾桶的开口，当问题、答案和参与者都恰到好处地汇聚在一起时，决策的机会便应运而生。

垃圾桶决策模型以一种生动且形象的方式，揭示了决策过程的复杂性和动态性。它提醒人们，在决策过程中，需要综合考虑问题、答案、参与者以及决策机会这 4 个方面，才能作出更为明智和有效的决策。

三、公共组织决策原则

为了使公共组织的决策更具有规范性和科学性，并最大限度地保障社会公共利益，应遵循以下原则。

（一）信息决策原则

科学的公共组织决策的关键在于能够获取全面、精确且时效性强的信息。为了实现这一目标，公共组织决策的制定者必须致力于构建和完善一个高效的信息系统。这一系统要求广泛搜集各类相关信息，进行深入细致的调查研究，并对收集到的信息进行系统性的比较分析、归纳整理以及科学严谨的论证。通过这些步骤，决策者能够确保所依据的信息既全面覆盖决策的各个方面，又准确无误，且能够紧跟时代步伐，反映最新的实际情况。这样才能为公共组织决策的科学性和有效性提供有力保障。

（二）民主决策原则

民主决策的核心在于充分融合多方智慧与共识。它旨在让组织内部成员基于对组织条件与能力的深入了解，来填补决策者可能存在的信息空白。同时，民主决策也强调成员的广泛参与，以此增强组织成员对决策内容的认同感，从而在决策执行阶段能够自发地投入努力与贡献。为了实现这一目标，民主决策通常采用组建委员会、吸纳专家智囊团、设立研究小组等多种形式的集体决策机制，来确保决策的广泛代表性和科学性。

（三）科学决策原则

科学决策要求决策者在作出决策时，必须严格遵循客观事实与客观规律，同时恪守决策的合理流程，并善用科学的方法和工具来辅助决策过程。

具体来说，遵循客观规律意味着决策者必须开展全面深入的调查研究，以确保掌握详尽且准确的客观事实，这一过程对于形成正确的决策基础至关重要。恪守决策的合理流程，则是指决策者在时间允许的情况下，应尽可能细致地完成决策过程中的每一个环节，这包括问题识别、信息收集、方案制定、评估比较、选择实施等多个阶段，每个环节都需要精心准备，以确保决策过程的系统性和完整性。善用科学的方法和工具来辅助决策过程，则要求借助现代技术手段来提升决策效率与质量，这包括利用计算机系统和信息处理技术来整理和分析数据，运用决策支持系统来辅助决策制定，以及采用数学模型、运筹学方法等决策技术来优化决策方案，这些科学方法和工具的应用，能够帮助决策者更加客观、精确地分析问题，形成更加科学合理的决策方案。

（四）法制决策原则

法制决策的核心原则，强调的是公共组织决策主体在行使决策权力、筛选决策方案和执行决策程序时，必须严格遵循国家宪法和法律的明确规定。由于公共组织决策主体的特定性，其决策行为相较于其他组织的决策，受到国家法律的约束更为严格，相关法律规定也更为具体和详尽。

在决策权力的运用上，法制决策要求公共组织必须严格在法律授权的范围内行使权力，既不能超越法律的边界“越位”决策，也不能因畏难情绪或逃避责任而“缺位”不决策，更不能因决策失误或主观臆断导致“错位”决策，而且不能因执行不力或监督缺失造成“不到位”决策。在决策方案的选择上，法制决策强调公共组织必须依据法律规定，对备选方案进行合法性审查，确保所选方案不仅符合组织的利益诉求，而且不与法律法规相抵触。在决策程序的执行上，法制决策要求公共组织必须遵循法定的决策流程，确保决策过程的公开透明、公平公正，以及决策结果的合法合规。

（五）责任决策原则

公共组织及其领导者对决策负起责任，这一要求不仅植根于人民主权的基本原则之中，也是依法治国方略的必然体现，更是对公共组织权力实施有效制约的关键所在。这意味着公共组织在决策过程中，必须勇于并善于承担起三重责任：政治责任、法律责任和道德责任。

政治责任要求公共组织及其领导者在决策时，必须充分考量民众的利益诉求，确保决策能够体现人民的意志和利益，维护社会的公平正义。一旦决策失误或损害了公共利益，相关责任人应勇于承认错误，并承担相应的政治责任。法律责任则强调公共组织及其领导者在决策过程中，必须严格遵守国家法律法规，确保决策内容合法合规、决策程序正当透明，对于违反法律规定或造成法律后果的决策，相关责任人需依法承担法律责任，接受法律的制裁。道德责任则要求公共组织及其领导者在决策时，不仅要考虑决策的合法性和有效性，还要兼顾决策的伦理道德性，决策应体现出对公共利益的尊重和维护、对弱势群体的关爱和扶助，以及对生态环境的保护和改善。对于违背道德准则或造成道德损害的决策，相关责任人应从道德层面进行自我反省和救赎。

四、公共组织决策程序

公共组织决策程序通常涵盖 5 个核心环节：界定决策问题、确立决策目标、处理决策信息与设计方案、预测决策效果，以及选择决策方案。

（一）界定决策问题

决策程序的起点在于明确公共组织需要解决的问题。这些问题通常关联到社会公众的公共利益，且已被政府纳入议程。它们可能涉及广泛的社会问题，如环境污染、人口政策、国企改革、就业保障等，或是当前亟待解决的新问题，如经济犯罪预防、外交关系中的新挑战、突发性事件等，抑或是需要系统性处理的复杂问题。

（二）确立决策目标

确立决策目标是决策过程中的关键环节，它不仅为公共组织指明了努力的方向，也是衡量工作成效的标尺。在明确公共问题的同时，公共组织需确定解决问题的期望程度，是力求将问题缩小到最低限度，还是实现一定程度的改善，或是从根本上解决问题。决策目标的确立对后续方案的选择具有决定性影响。

（三）处理决策信息与设计方案

决策信息的处理需遵循互补法、底线法和重点法等原则。互补法通过归类信息，寻求互补性；底线法设定最低标准，过滤信息；重点法则选取最关键的信息作为决策依据。在此基础上，公共组织需要针对决策问题，依据决策目标，设计实现目标的多种可能性方案。

（四）预测决策效果

决策效果的预测指在方案确定后，对实施后可能产生的正负效应进行预估。这一环节在方案最终选择前，对方案的可行性进行权衡，确保决策的科学性和合理性。

（五）选择决策方案

在决策方案设计出来并经过充分论证后，公共组织需要对各种备选方案进行评价、比较和权衡，从中选出最佳方案。这一环节包括确定最佳方案、考虑实施阶段的有利因素，以及对所选方案进行可行性综合权衡。通过这一流程，公共组织能够确保决策方案的科学性、可行性和有效性，为公共利益的最大化提供有力保障。

五、公共组织决策的影响因素

公共组织决策的形成是一个多维度、多层次的复杂过程，它受到来自不同领域和层面的多种因素的深刻影响，这些关键因素不仅各自独立地发挥作用，而且相互交织、相互影响，共同塑造着公共组织决策的面貌。总体来说，影响公共组织决策的主要因素有如下 6 个方面。

（一）政党角色：政治决策的核心力量

政党在公共组织决策中扮演着举足轻重的角色，其影响力的大小和方式因国家体制、政治架构、选举规则、历史积淀和政治经济发展水平等因素而异。在西方民主国家，政党深度介入公共组织决策的每个阶段，从政策议题的提出到政策的制定、执行和评估，政党都发挥着至关重要的作用。占优势的政党常利用在立法机构中的多数席位，将政党纲领和主张转化为国家法律，从而主导政策导向。同时，少数党或反对党也不遗余力地通过各种策略，如提出修正案、组织抗议示威、利用媒体宣传等，来确保自身立场得到应有的关注和体现。而在中国，中国共产党作为执政党和领导核心，在决策体系中发挥着引领和主导作用，其政策理念和主张往往成为公共组织决策的重要依据。此外，8 个民主党派作为参政议政的重要力量，通过政治协商、参政议政等方式，对公共组织决策产生着不可忽视的影响。

（二）利益集团的力量：政策博弈的重要参与者

利益集团是代表特定社会群体或阶层利益的组织，它们通过向政府施加影响来维护和争取其共同权益。虽然利益集团不具备正式的决策权，但它们在相关领域内对公共政策具有显著的影响力，利益集团与公共组织之间形成了相互依赖的关系。一方面，利益集团通过游说、捐款、提供信息等手段，影响公共组织的决策过程；另一方面，公共组织也需要借助利益集团的力量来推动政策的实施和落地。为了推动政策向有利于自身的方向发展，利益集团常采取多种策略对公共组织施加压力，如组织抗议、发起诉讼、利用媒体曝光等。

（三）思想库的智慧贡献：决策科学化的重要支撑

思想库是汇聚了社会各界的精英，包括专家、学者和学术组织等的智囊机构，思想库为公共组织提供决策咨询、政策建议及可行性研究等智力支持。专家凭借其深厚的专业知识和权威性，在决策过程中扮演着重要角色，他们通过对政策问题的深入研究和分析，为决策者提供科学依据和理性判断，帮助决策者更好地把握政策方向和目标。尽管最终决策权掌握在政治家手中，但专家的意见对决策制定具有不可忽视的参考价值。思想库的智慧贡献有助于提升公共组织决策的科学性和合理性，减少决策失误的风险。

（四）公众的参与和监督：民主决策的重要保障

公众参与是提升公共组织决策科学性和民主性的关键。有效的公众参与机制能够确保公众的意见和诉求在决策过程中得到充分表达和考虑。这包括直接的民意表达渠道，如公民投票、听证会、座谈会等；输入性参与和输出性参与的平衡，即公众不仅要在政策制定过程中发挥作用，还要在政策执行和评估过程中进行监督；公众对行政机构的监督，确保行政机构依法行政、廉洁高效。这种机制促进了政府与公众之间的良性互动，增强了决策的透明度和公信力，为形成共赢的政策环境创造了有利条件。

（五）大众传媒与社会舆论的导向：信息时代的决策影响因素

在信息时代背景下，大众传媒和社会舆论对公共组织决策的影响力日益增强。大众传媒作为信息传播的重要渠道，提高了决策的社会透明度，加强了人际沟通，激发了公众参与公共事务的热情。大众传媒通过报道政策议题、揭示政策问题、传播政策信息等方式，引导公众关注政策动态，形成政策共识。而社会舆论则对公共管理者进行道德审视、评价和督促，对公共组织成员的士气、工作行为及组织运作产生深远影响。新闻自由作为社会舆论发挥作用的基石，其重要性不言而喻。在信息时代，大众传媒和社会舆论的导向作用不容忽视，它们对公共组织决策的制定和执行具有重要影响。

（六）环境因素的制约与推动：公共组织决策的重要考量

公共组织所处的环境，包括物质和精神层面的环境，对其存在和发展具有决定性影响。作为开放系统，公共组织的决策必须充分考虑环境因素，与环境变化保持同步。这里所说的环境包括自然环境、社会环境、经济环境、政治环境等多个方面。在与外部环境的互动中，公共组织不断调整自身策略，以适应环境变化带来的挑战和机遇。例如，在应对自然灾害、环境污染等环境问题时，公共组织需要制定和实施相应的政策措施来保护环境、恢复生态；在推动经济发展时，公共组织需要制定和实施有利于经济发展的政策措施来激发市场活力、促进产业升级等。因此，环境因素的制约与推动是公共组织决策过程中必须认真考虑的重要因素之一。

第二节 公共组织执行

公共组织执行是将公共政策与决策转化为实际行动的关键环节，直接关系到公共服务的提供质量、社会资源的配置有效与否和公共目标的达成度。在现代社会，随着公众对公共服务需求的日益多样化和复杂化，以及社会环境的快速变迁，公共组织执行面临着前所未有的压力与挑战。

一、公共组织执行概述

公共组织执行的首要目标是实现公共利益，服务广大社会公众。与私人组织追求利润最大化不同，公共组织的决策与执行均围绕公共事务展开，旨在解决社会问题、提供公共服务、维护社会公平正义与社会稳定。

（一）公共组织执行的内涵及特点

张建东等认为执行即执行决策，是公共组织把先期确定的决策结果放到实际工作中加以具体实现的阶段，也就是通常所说的“付诸行动”，即把理论放到实践中具体落实，检验决策是否满足对公共组织为公共事务服务的要求①。聂平平等认为执行就是把法律、政策、规定、决定等在实践中贯彻实施的过程，而公共组织执行主要是指公共组织及其工作人员为实现一定的政策目标，充分调动一切资源（包括人力、物力、财力等），采取一系列措施落实已作出或已批准的公共组织决策的过程②。李传军指出公共组织执行是公共组织过程中一个相对独立的环节，是公共组织及公共组织人员依法实施公共组织决策，以实现预期目标的活动的总和③。苏忠林认为，公共组织执行就是公共组织领导者及公共组织成员将公共组织决策付诸实施，从而实现公共组织预期目标的行为，也就是把公共组织决策方案由理想变成现实的活动过程④。

结合以上学者对于公共组织执行的定义，本书将公共组织执行定义为，公共组织及公共

① 张建东，陆江兵：《公共组织学》（第 3 版），北京：高等教育出版社，2020。
② 聂平平，尹利民：《公共组织理论》，武汉：武汉大学出版社，2009。
③ 李传军：《公共组织学》，北京：中国人民大学出版社，2015。
④ 苏忠林：《公共组织理论》（第 2 版），武汉：武汉大学出版社，2013。

组织人员，依照相关的法律法规，充分调动一切人力、物力和财力资源，将公共组织的决策加以实施，以期实现公共组织决策目标的活动过程。

公共组织执行过程不同于公共组织管理，也不同于公共组织决策，它作为公共组织过程中不可或缺的组成部分，有其自身的内在特点，主要表现在以下 6 个方面。

第一，公共组织执行的主体是公共组织及公共组织人员。公共组织及公共组织人员花费大部分时间和精力将公共组织决策付诸实践。

第二，公共组织执行具有目标导向性和服务性。公共组织决策的目的是解决社会中的公共问题，满足公众的需求，为其提供公共物品和公共服务。公共组织执行就是对决策的贯彻和落实、为了实现公共组织的决策目标。因此，公共组织决策的具体执行是服从于公共组织决策指令和服务于社会公众的过程。

第三，公共组织执行具有现实性。公共组织执行是一项高度实践性的活动，要求执行主体秉持务实态度，脚踏实地地采取行动。通过一系列具体步骤和实际行动，执行主体致力于将政策、计划、方案及决策规范转化为切实可见的现实成果，从而推动公共组织目标的实现。

第四，公共组织执行具有规范性和强制性。公共组织的执行活动以国家公共权力作为坚强支撑，具有明确且严格的规范性和强制性特征。此执行过程要求所有被执行的对象必须无条件遵从执行主体发出的指令，并严格遵守相关执行制度和规定。对于任何拒绝履行应尽义务的公民、法人或其他组织，执行机关及其工作人员均拥有在其职权范围内采取强制措施或施以处罚的权力，以此作为确保义务得到履行的必要手段。

第五，公共组织执行具有广泛性和复杂性。随着经济社会发展，社会公共事务更加复杂，社会问题也变得多样化，这就从根本上决定了公共组织执行内容的广泛性和复杂性。而且，公共组织在执行过程中会涉及许多动态性因素，如系统内部人、财、物、时间、信息、技术等的调动和协调，各个部门之间的协作与配合，以及行政手段、法律手段、经济手段和思想政治教育手段的使用等。

第六，公共组织执行具有灵活性。再好的决策也会有不完善的地方，加上环境因素复杂多变，公共组织在执行决策方案过程中出现偏离决策目标的现象在所难免。为此，就要求公共组织执行主体在执行决策方案的过程中拥有灵活变动的权力，做到因时制宜、因事制宜、因地制宜，做到具体问题具体分析，从而保证决策方案得到完美执行。

（二）公共组织执行的原则

公共组织执行不是一个随心所欲的过程，相反，它必须遵循一定的原则。公共组织执行的原则应当包括以下 4 个方面的内容。

第一，合法性原则。公共组织在执行其决策时，承担着维护法律尊严和社会秩序的重任，必须一丝不苟地遵循法律规定和既定程序。这种对法律的严格遵守，不仅体现在对决策内容的忠实执行上，还体现在执行过程中的每一个细节中，如程序的正当性、信息的公开透明、利益相关方的合法权益保护等。严格依法执行决策，首要的好处在于能有效维护决策的权威性和有效性。当公众看到公共组织在执行决策时始终遵循法律、不偏不倚，那么他们对决策的信任度自然会提升，从而更愿意接受并遵守这些决策。这种信任感的建立，对于决策的顺利实施和最终目标的达成至关重要。当公共组织展现出对法律的尊重和对程序正义的坚持时，公众会感到自己的权益得到了保障，从而对公共组织产生更强的认同感和归属感。这种信任和支持，是公共组织长期稳健发展的基石，也是推动社会进步的重要力量。

第二，忠实性与创造性相结合的原则。既要忠实于基本原则，又要结合外界环境和实际情况，灵活地把决策指令“创造”成为具体的实施活动，使公共组织决策目标尽善尽美。一方面，公共组织执行必须符合公共组织的决策目标和决策精神，严格按照决策的内容安排和决策指令来执行，不折不扣地实施。贯彻决策目标不走样，不随心所欲、擅自作为，使目标得以顺利地实现。另一方面，忠实于决策来执行，并不是机械刻板、唯唯诺诺地按决策办事，而是要发挥人的主观能动性，鼓励创造性地执行决策。没有哪一个决策方案是完美的、无任何瑕疵的，因此需要决策执行者，根据现实情况和实际需要，发挥创造性思维执行决策。在这个意义上说，忠实于决策与创造性地执行决策，两者之间并不矛盾。

第三，效益性与公平性相结合的原则。公平与效率问题一直都是现代公共管理所追求的核心价值。管理的直接意义就是追求实效性，没有实效性，再完美的决策和再快捷的执行也是毫无现实意义的。公共组织执行过程中投入了一定的人力、物力、财力资源，为此，公共组织在具体执行过程中要寻求实现目标的最低成本或者实现一定投入资源的效益最大化。另外，公共组织及公共组织人员是公平公正的有力维护者，核心价值在于维护社会公平。在决策的具体执行过程，要将决策的有效实施置于公平制度的建设与发展之中，应当考虑并兼顾多方利益诉求，特别是帮助弱势群体，维护他们的利益、满足他们的需要，实现社会公平，达到效率与公平的双赢。

第四，迅速性与准确性相结合的原则。古人说得好：“谋在于众，行在于断。”执行决策就要迅速和果断，不能耽误了决策执行的好时机。但是，只是强调行动快速显然是不够的，还要求准确及时。坚持行动迅速和准确及时相统一的原则应首先准确理解和把握决策目标的定位和行动计划的指标内容，然后养成行动迅速的工作品格，具备果断行事的精神和勇气，再者努力保持清醒的头脑，具备娴熟驾驭环境变化的能力，抓住机遇、迎接挑战，最后掌握分析问题和解决问题的先进技术和方法，为及时准确而迅速地采取行动提供科学依据。这样，一方面能够保持快捷的行动，提高效率，另一方面能够恰到好处，达到无过、无不及的状态，避免操之过急或行动迟缓带来的消极影响。

（三）公共组织执行的作用

美国学者艾利森曾经指出：“在达到政策目标的过程中，方案确定的功能只占10%，而其余的90%取决于有效的执行。”公共组织决策的制定并不意味着公共问题的解决，公共组织执行的好坏直接影响到公共组织决策的实际效果和公共组织过程的正常运转，公共组织执行在公共组织各项活动中具有重要的作用。

第一，公共组织执行是实现公共组织决策目标的根本途径。公共组织决策在付诸实施之前只是一种观念形态的行动方案，公共组织决策目标的实现与否，关键在于各项决策的具体执行情况。

第二，公共组织执行是检验公共组织决策方案优劣的唯一标准。任何一项公共组织决策的制定，都是决策者人脑的主观意识行动，公共组织决策方案的正确与否、效果优劣，必须通过公共组织执行才能全面、客观地检验出来。

第三，公共组织执行是公共组织后继决策的重要依据。公共组织的后继决策是在原有决策的执行基础上进行的，执行效果的好坏，直接影响后继决策的内容设计和制度选择。

第四，公共组织执行反映公共组织设置的合理程度。通过考察执行的情况和效果，可以检验公共组织的架构设计是否科学、领导者能力是否胜任、资源（人力、物力、财力）配置是否合理、工作制度是否完善、信息系统和监督机制是否有效，以及各部门间的权责划分是否清晰明确等。这些方面的综合表现，直接反映了公共组织在执行任务时的效能与效率。

二、公共组织执行程序

公共组织执行程序是一个逻辑严密的动态过程，通常包括准备阶段、实施阶段和总结阶段等环节。公共组织目标实现的效果，最终取决于这些环节的功能的发挥。

（一）公共组织执行的准备阶段

准备阶段是公共组织执行过程的第一个阶段，是公共组织决策方案实施的前提和基础。准备阶段主要包括以下 3 个方面。

第一，制定执行计划。制定执行计划，是确保公共组织执行活动顺利进行、决策目标实现必不可少的步骤。执行者要根据公共组织决策目标并结合实际情况，制定具体详细的执行计划，以此作为依据，推进执行工作有条不紊地进行。

第二，组织任务分解。任务分解就是将公共组织的决策目标分解成若干个不同的组成部分，但要保持各个部分之间的整体性和协调性，然后再根据具体的任务配置安排相应的部门以及确定的职位、职权和职责等。

第三，合理分配资源。任何一项公共组织决策的执行，都需要一定的人力、物力和财力准备作为执行的物质基础和物质保障。为此，就要将合适的人员安排到合适的岗位上，使财力、物力与任务相适应。只有做好充分的人力、物力、财力准备，才能为公共组织执行工作的顺利开展创造有利的先决条件。

（二）公共组织执行的实施阶段

实施阶段作为公共组织执行的核心环节，涵盖了 5 个至关重要的具体步骤。

第一，强化宣传动员的力度。这一步骤对于实施阶段至关重要，旨在确保公共组织全体成员深刻理解决策的目的与步骤，从而自觉将自身融入决策执行流程，围绕决策要求有序行动。同时，通过充分利用各类传播媒介，广泛宣传公共组织决策的内容与目标，赢得公众的广泛关注与支持，为公共组织决策的有效执行奠定坚实的群众根基，推动决策顺利实施。

第二，构建高效的指挥中心。一个高效、有力的指挥中心对于公共组织执行至关重要。它负责上传下达，贯彻执行上级方针政策，深刻理解执行工作的意义，全面掌握所辖部门的人员与任务情况；同时，向下分配具体任务，指挥下级工作，对突发情况迅速作出决策。指挥中心需坚持统一指挥原则，避免出现政出多门、多头指挥、越级指挥等混乱现象。

第三，完善工作制度框架。公共组织执行涉及多个部门，内容广泛，关系复杂。为确保执行活动顺利进行，需要科学合理地调节各部门工作，明确权责内容，建立健全工作制度，如岗位责任制、考核奖惩制等，确保各部门、各环节工作紧密衔接，协调一致。

第四，加强沟通协调机制。协调是沟通的结果，沟通是协调的基础。公共组织需注重人际关系的协调、组织单位或部门间的分工合作协调、决策目标与资源等方面的协调，以及决策执行时间方面的协调等，化解矛盾纠纷，确保组织、人员在行动上协调统一。

第五，建立信息反馈系统。公共组织执行是一个动态过程，需要通过监督和控制实时发现实际情况与目标是否相符。因此，需要建立信息反馈系统，将决策执行的每一步结果与预期目的进行比较，发现差异及时调整，确保决策目标真正得到实现。

（三）公共组织执行的总结阶段

总结阶段是公共组织执行过程中的最后一个阶段，它是公共组织执行完成后对执行过程进行全面的检查和评价，总结经验，吸取教训的阶段，目的是肯定已有成绩、找出决策不足、积累实践经验等。虽然它是公共组织执行工作的最后一个阶段，但也是不可或缺的。总结的内容主要包括以下 3 点。

一是对执行情况作出公正客观的评价。重点是检验原决策的社会效益和经济效益，看决策实施后是否有利于社会公共事务的发展、是否有利于公众的社会生活、是否有利于国家和民族的发展等。同时，在符合社会效益的前提下考虑经济效益，看其是否有利于促进国民经济的发展。

二是对执行活动的业绩评定和责任追究。依据一定的要求和标准，对公共组织执行过程中，执行部门和执行人员的工作作出评价，对于做得好的方面给予肯定和奖励，做得不好的要依规办事，进行惩处。

三是对执行活动经验和教训的有效吸取。执行过程中既有成功的经验，也有失败的教训，要综观全局，吸取有益经验，继续发扬，同时找出失败原因，加以总结，不断改进工作。

三、公共组织执行评估

公共组织执行评估是一个系统性的过程，旨在全面审视和评判公共组织在执行过程中的进展、成效以及最终结果的达成情况。这一过程涵盖了两个核心维度：一是公共组织执行过程的评估，它关注执行的流程管理、资源调配、团队协作等动态环节；二是公共组织执行效果的评估，它侧重于衡量执行所实现的预期目标、社会影响及效率效益等静态成果。

在多数情境下，当提及“公共组织执行评估”时，人们通常指的是公共组织执行效果的评估，这是因为效果评估能够直观反映执行的实际成效，为公共组织提供关键的反馈信息。

公共组织执行效果评估进一步细分为 3 个紧密相连的阶段：首先是组织准备阶段，这一阶段涉及评估目标的明确、评估标准的设定、评估团队的组建以及评估方法的选择等前期筹备工作；其次是实施评估阶段，通过收集数据、分析情况、对比标准等手段，对执行的效果进行客观、全面的评估；最后是撰写评估报告阶段，将评估结果系统化、条理化呈现，提出改进建议，为公共组织未来的决策提供科学依据。这 3 个阶段相互依存，共同构成了公共组织执行效果评估的完整流程。

四、公共组织执行的影响因素

在公共组织执行其决策的过程中，常会遇到多种障碍，导致执行不力。根据史密斯政策执行理论，政策执行的成功离不开四大关键因素：理想化的政策、高效的执行机构、配合的目标群体以及有利的环境因素。公共组织执行是一个多因素互动的复杂过程，其中理想化的政策只是成功的一部分，必须与高效的执行机构、配合的目标群体和有利的环境因素相结合，才能确保决策的有效落地。综合考量，公共组织执行的影响因素包括以下方面。

首先，公共组织决策自身的质量至关重要。大量实例显示，决策执行中的问题往往源于决策本身的缺陷。决策的科学性、合理性、明确性和稳定性对执行效果具有决定性影响。然而，受现实条件限制，理想化的决策往往难以实现，决策中可能隐含各种问题。

其次，决策资源的配置也是关键一环。执行机构作为核心资源，其强弱和有效性直接影响决策的执行。同时，人力、物力和财力资源的充足与合理配置，以及信息资源的获取和流通，都是决策执行不可或缺的条件。

再者，利益冲突也是影响决策执行的重要因素。执行者的利益和态度，以及决策对象（目标群体）的利益和态度，都会对决策执行产生显著影响。当决策者与执行者利益相冲突时，执行可能受阻；而目标群体的态度则直接影响决策能否达到预期效果。

最后，决策执行环境同样不可忽视。政治、经济、文化等环境因素贯穿公共组织执行的全过程，决策能否与当时的社会环境相契合，是决定其能否有效执行的关键。

因此，要提升公共组织决策的执行效果，必须从上述多方面着手。第一，要制定科学、合理的决策方案；第二，要确保执行资源的充足与合理配置；第三，完善制度，重视激励机制的作用；第四，要加强宣传与教育，提高执行者的执行能力和目标群体的决策认同感，为决策的有效执行创造良好的环境。

通过强化政治社会化过程的教化，可以提升执行者的执行水平和对执行风险的预期能力，同时增加目标群体的政治参与机会和决策认同感，从而推动决策的持续有效执行。

第三节　公共组织监督

公共组织在社会治理中的决策与执行，涉及广泛的公共资源分配和公共利益实现。然而，权力具有天然的扩张性与腐蚀性，若缺乏有效的监督，公共组织可能出现权力滥用、决策失误、效率低下、腐败滋生等问题，严重损害公共利益和社会公平正义。因此，公共组织监督成为现代公共管理不可或缺的重要环节，它对于规范公共组织行为、提高公共服务质量、增强公共组织公信力具有极为关键的意义。

一、公共组织监督概述

公共组织监督可以确保公共组织的运行符合公共利益、遵循法定程序、保持廉洁高效，并对出现的偏差与问题及时予以纠正和处理，是公共组织运行过程不可或缺的重要环节。

（一）公共组织监督的概念界定

公共组织监督是指特定的监督主体依据一定的法律法规、制度规范和公共价值标准，运用各种监督手段与方法，对公共组织及其成员在行使公共权力、履行公共职责、管理公共事务、分配公共资源等一系列活动过程中的行为、决策、绩效等方面进行监察、审查、评估与督促，以确保公共组织的运行符合公共利益、遵循法定程序、保持廉洁高效，并对出现的偏差与问题及时予以纠正和处理的一种综合性管理活动。

在中国，公共组织监督主要指政党、政府、社会团体以及全体公民等对公共组织及其成员在公共管理活动中的行为进行的监察和督导。其核心目的在于及时发现并纠正所有违反公共组织管理规范的行为，同时预防并消除公共组织在处理公共事务过程中可能出现的偏差和错误，从而确保公共组织的管理活动能够平稳、有序且高效地进行。

（二）公共组织监督的基本特征

1. 公共组织监督主体的多样性

公共组织监督的主体是一个多元化的体系，涵盖了政治力量和社会力量等多个方面。这些主体包括但不限于政党、立法机关、司法机关、社会团体和广大公民。政党作为政治力量的代表，对公共组织及其成员的行为进行监督和指导，确保其符合政党的路线、方针和政策。立法机关通过制定和执行法律，对公共组织进行法律监督，保证其行为的合法性。司法机关则通过司法审判，对公共组织及其成员的违法行为进行惩处，维护社会公平正义。社会团体和公民则通过社会舆论、信访举报等方式，对公共组织及其成员的行为进行广泛的社会监督，推动其改进工作作风，提高服务质量。这种多元化的监督主体，使得公共组织监督具有广泛的群众基础和强大的社会影响力。

2. 公共组织监督对象的特定性

公共组织监督的对象具有明确的特定性，即各级、各类公共组织及其工作人员。这些公共组织包括政府机关、事业单位、社会团体等，它们承担着公共管理和公共服务的职能。而公共组织的工作人员则是这些职能的具体执行者，他们的行为直接关系到公共组织的形象和公信力。从内部监督的角度来看，公共组织及其工作人员既是监督对象，又是监督主体。这意味着他们不仅要接受来自外部的监督，还要进行自我监督，确保自身行为的合规性和高效性。这种一身二任的特点，使得公共组织监督在保持独立性和客观性的同时，也增强了其自我完善和自我发展的能力。

3. 公共组织监督内容的广泛性

公共管理活动涉及领域的广度和宽度，直接决定了公共组织监督内容的丰富程度。公共组织监督的主要内容涵盖如下方面：第一，对公共组织管理行为是否符合法律要求进行严格监督，确保每一项决策与决策的执行都在法律框架内有序进行；第二，对公共组织活动的合理性进行审视，评估其是否科学、公正且符合社会公共利益；第三，对各级、各类公共组织成员的遵纪守法情况及职业道德操守进行持续监督，以维护公共组织的良好形象与公信力；第四，对公共组织成员在公共管理活动中是否能有效运用专业技能与策略，以提升工作效率与质量，进行深入的效能监察。

4. 公共组织监督过程的公开性与透明度

公共组织监督的公开性是其运作机制中的一个重要原则，它确保了监督过程的透明度和公众的参与度。具体而言，针对公共组织监督的各种法律规定不仅被制定出来，更重要的是它们都被广泛地公之于众，使得每一个公民都能了解到这些规定的内容，从而知晓自己的权利和义务，以及公共组织的行为规范。

与此同时，公共组织的工作计划、工作程序和工作内容也应当保持一定的透明度。这意味着，公共组织需要公开其办事制度，让公众了解其决策和执行的流程，以及在这个过程中可能涉及的各种因素和考虑。此外，公共组织还需要公开其办事结果，即公共管理和服务活动的最终成效，以便公众能够对公共组织的工作进行评价和监督。

这种公开办事制度、公开办事结果的做法，不仅有助于提升公共组织的公信力和形象，还能增强公众对公共组织的信任感和满意度。更重要的是，它使得公众能够更加方便地参与到公共组织监督的过程中来，通过提出意见、建议或者批评，对公共组织的行为进行监督和指导，从而推动公共组织不断改进工作作风，提高服务质量和效率。因此，公共组织监督过程的公开性和透明度是保障监督效果、提升公共组织公信力的重要手段，也是实现民主监督、促进公共组织健康发展的重要保障。

5. 公共组织监督依据的法定性

公共组织监督的核心在于其依法监督的本质，这意味着监督行为必须严格遵循法律的规定，确保监督的合法性和权威性。有效的公共组织监督不是凭空产生的，而是建立在强有力的法律制度基础之上的。这些法律制度为公共组织监督提供了明确的依据和标准，确保了监督过程的规范性和公正性。

首先，法律制度的存在为公共组织监督提供了明确的法律依据。公共组织监督的每一项行为、每一个程序都需要在法律框架内履行，不能越过法律的界限。这不仅保障了监督行为的合法性，也确保了被监督者的合法权益不受侵犯。

其次，法律制度为公共组织监督提供了规范的操作流程。通过遵守法律制度，公共组织监督得到了明确的指导和约束，避免了监督过程中的随意性和主观性。同时，这也为被监督者提供了明确的预期，使其能够了解并接受监督的流程和结果。

最后，法律制度为公共组织监督提供了有力的保障。在法律制度的支撑下，公共组织监督能够更有效地发挥其作用，对违法违规行为进行查处和纠正。同时，法律制度也为被监督者提供了申诉和救济的渠道，确保了监督过程的公正性和公平性。

公共组织监督依据的法定性是保障监督效果、维护公共利益、推动公共组织健康发展的基础。只有建立在强有力的法律制度基础之上的公共组织监督，才能真正发挥其应有的作用，为社会的和谐稳定和可持续发展作出贡献。

（三）公共组织监督的重要性

1. 确保公共权力的透明性与合法性

公共组织监督的重要性首先体现在确保公共权力的透明性与合法性上。公共组织掌握着大量的公共资源和权力，这些资源和权力直接影响着社会公共利益的分配和实现。如果缺乏有效的监督，公共权力可能会被滥用，导致资源的不公平分配和社会的不公。因此，监督机制的建立和完善，能够有效防止权力的滥用，确保公共组织的每一项决策和行动都符合法律规定和社会道德标准。

通过监督，公众可以对公共组织的行为进行全面了解，监督的透明性要求公共组织在进行重大决策或政策执行时，必须公开其依据、过程和结果，接受社会各界的评判和审查。这种透明性不仅有助于增强公众对公共组织的信任感，还能促使公共组织内部形成自我约束和自我完善的机制，特别是在涉及重大公共利益的事务中，透明的决策过程和执行过程能够有效减少误解和猜疑，避免因信息不对称而产生的社会矛盾。

此外，监督还具备合法性保障的功能。通过法律法规的监督，确保公共组织的每一项行动都在法律框架内进行，防止违法行为的发生。监督机制要求公共组织的管理者和工作人员在履行职责时必须严格遵守法律规定，不能以任何形式侵犯公民的合法权益。这种合法性监督不仅对公共组织形成外部约束，还能够促进公共组织内部的法治意识和责任意识的提升，最终保障公共权力的正当行使和社会的稳定发展。

2. 保障公共资源的合理配置与高效利用

公共组织监督的重要性还表现在保障公共资源的合理配置与高效利用上。公共组织掌控着大量的公共资源，这些资源本质上属于全体社会成员，公共组织的职责是将这些资源进行合理配置，以满足社会的共同需求。如果缺乏有效的监督，公共资源可能会被浪费、挪用或不公平分配，从而损害公共利益，导致社会的不满和信任危机。

监督机制能够确保公共资源的配置过程公平、公正、公开，避免资源分配过程中出现不正之风。通过监督，可以有效遏制公共组织内部可能存在的腐败行为，防止利益集团的渗透和影响。监督不仅要求资源分配的过程必须公开透明，还要求分配的结果能够经得起社会各界的检验。任何不合理的资源配置都可能被揭露和纠正，从而保障公共资源的最大化利用。

此外，监督还促使公共组织提高资源使用的效率。在资源有限的情况下，公共组织的每一项决策和行动都必须考虑如何以最小的投入获得最大的社会效益。监督机制可以通过绩效评估、审计检查等手段，对公共组织的资源使用效率进行严格审查，确保每一笔公共资金都用在刀刃上。这种效率监督不仅能够减少资源浪费，还能推动公共组织不断优化资源配置，提高服务质量和社会满意度。

3. 维护社会公正与公共利益的根本保障

维护社会公正与公共利益是公共组织监督的最终目标，也是其最为重要的意义所在。公共组织的行为和决策直接影响到社会的公正和公共利益的实现，如果缺乏监督，公共组织可能会偏离其应有的社会职责，导致不公正的现象出现和公共利益受损。监督机制的存在，能够有效防止这些情况的发生，确保公共组织始终将社会公正和公共利益放在首位。

通过监督，社会各界可以对公共组织的行为进行全方位的监管，发现和纠正其可能存在的偏差和问题。特别是在涉及社会公平分配和弱势群体权益保护的事务中，监督机制的作用尤为突出。社会各界可以通过法律、舆论和社会组织的多重监督，确保公共组织在决策和执行过程中考虑到社会各阶层的利益，尤其是那些处于弱势地位的群体，避免公共资源分配的不公正现象。

此外，监督还能够增强公共组织的责任意识和服务意识。公共组织是为社会公共利益服务的，它们的存在和运行必须以社会需求为导向，以公共利益为核心。监督机制要求公共组织在处理各项事务时，必须充分考虑其社会影响，不能只追求自身的利益或方便，而忽视公众的需求和社会的反应。通过监督，公众可以及时反馈其需求和意见，公共组织也可以通过这种反馈机制，及时调整和改进其工作方式和决策内容，确保其行为始终符合社会公正和公共利益的要求。

最终，公共组织监督的作用不仅体现在监督具体的行为，更在于它能够从根本上维护社会的公正和稳定，保障公共利益的最大化实现。这种监督机制的有效运行，不仅是对公共组织的约束和规范，更是对整个社会公共秩序的保障。

（四）公共组织监督的作用

（1）预防作用　监督，特别是对公共组织决策刚刚开始实施和执行时候的有效监控，可以起到防患于未然的作用。

（2）补救作用　公共组织所面临的社会公共事务的变动性与复杂性，加上在公共组织管理工作的过程中某些官僚主义因素的干扰，容易导致公共组织在决策或执行时偏离公共组织目标的可能。

（3）改善作用　公共组织通过监督自己运作过程中的所有活动，可以发现原来并没有意识到的、有可能影响组织工作顺利开展的某些不尽如人意的地方，从而及时地调整工作计划和其他各项规章制度，使公共组织所有的活动都能够围绕着目标来进行。

（五）公共组织监督的原则

公共组织监督是一项经常性的工作。因此，不能随心所欲，应当按照一定的原则来进行。其原则如下。

（1）合法性原则　公共组织要保持监督工作的正常进行，合法性原则是其首要的条件。

（2）公正性原则　监督必须依据“公开、公平、公正”的原则，切实保证监督工作具有公正性。

（3）连续性原则　连续性是公共组织监督的特点之一，也是公共组织监督的一个基本原则。

（4）时效性原则　公共组织监督的根本目的是能够使组织工作按照预定的决策方案来执

行。因此，监督命令或指示的下达必须把握时效。

（5）全面性原则　公共组织所面对的是广泛的社会公共事务，它的庞杂性需要监督职能能够渗透到管理工作的各个方面。

（六）公共组织监督的方式

公共组织监督的方式多种多样，每种方式都具有特定的功能与目的，共同构成了全面、有效的监督体系。常见的公共组织监督方式有以下 8 种。

（1）质询　作为立法机关对政府工作实施监督的一种重要手段，质询通过提出疑问并要求政府相关部门作出答复，确保了政府工作的透明度和公众的知情权。

（2）弹劾　针对政府高级官员的严重违法或失职行为，立法机关有权发起弹劾，追究其法律责任甚至罢免其职务。弹劾的触发点通常包括违反宪法和法律、严重失职等。

（3）不信任表决　这是立法机关对政府工作表达极端不满和质疑的一种方式，通过投票决定是否对政府失去信任，是监督体系中较为严厉的措施。

（4）申诉与控告　允许公民、社会团体、政党及检察机关等多元主体，向监察部门和司法机关提出申诉或控告，为公众提供了维护自身权益和监督公共组织的渠道。

（5）报告与汇报　立法机关通过听取并审议政府工作报告，对政府的工作进行全面监督，确保政府工作的合法性和有效性。

（6）预算、决算与审计监督　通过监督财政收支和预算执行情况，确保公共资金的合理使用和公共资源的有效配置，是监督政府经济活动的重要手段。

（7）检查、调查与视察　这些活动旨在通过实地查看、调查取证等方式，对行政机关及其人员的公共管理行为进行全面、深入的检查，确保其公共管理职能履行的合法性和合理性。

（8）工作考核　通过定期对下级机关和工作人员的工作绩效进行考核，既促进了被考核单位和工作人员的自我改进，也通过奖惩机制激发了工作人员的工作热情和积极性，是提升工作效率和公共服务质量的有效手段。

每种监督方式都有其独特的优势和适用范围，共同构成了公共组织监督的完整框架，确保了公共权力的规范运行和公共利益的有效维护。

二、公共组织监督的理论基础

（一）人性假设理论：行为的双重视角

人性假设理论在公共组织监督领域中扮演着至关重要的角色，该理论主要从“经济人”假设和有限理性假设两个方面揭示了公共组织中个体行为的复杂性和多样性，为公共组织监督提供了理论支撑。

（1）“经济人”假设　这一假设源自公共选择理论，由缪勒等学者提出。“经济人”假设指出，在公共决策的制定过程中，个体往往以自身利益为首要考量。然而，这并不意味着个体完全忽视公共利益或社会福祉。相反，通过一套精心设计的政治机制，个体的自利行为可以被引导和转化为对公共利益作出贡献。公共组织中的个体，作为理性的“经济人”，会在追求自身利益的同时，考虑到公共利益的最大化。这种假设揭示了公共组织中个体行为的根本动因，即追求利益的最大化，同时也强调了政治机制在平衡个体利益与公共利益方面的重要作用。这一假设为构建有效的监督机制提供了理论支撑，即监督机制应能够识别和约束那些可能损害公共利益的行为，同时激励个体为公共利益作出贡献。

（2）有限理性假设　这一假设则强调了人的认知能力的局限性。在公共组织活动中，面对纷繁复杂的信息和情境，监督主体往往难以获取详尽且准确的信息。这种信息的局限性不仅增加了监督的难度，还可能导致监督主体作出错误的判断或决策。因此，有限理性假设要求监督主体必须秉持更加审慎、全面的态度，对公共组织的行为和决策进行深入的评估。这意味着监督主体需要不断学习和提升自己的认知能力，以便更好地应对复杂多变的公共组织活动。同时，监督机制也应具备灵活性和适应性，以便在有限信息条件下作出合理的判断和决策。

人性假设理论中的“经济人”假设和有限理性假设共同构成了观察公共组织中个体行为的双重视角。它们不仅揭示了个体行为的根本动因和认知局限性，还为构建有效的监督机制提供了重要的理论支撑和实践指导。在公共组织监督的实践中，应充分考虑这两个假设的影响，以确保监督机制的公正性、有效性和可持续性。

（二）利益相关者理论：多元主体的诉求平衡

利益相关者理论，作为一种深入探讨组织运营中各方利益协调与平衡的理论框架，不仅在企业管理和战略规划领域展现出了广泛的应用价值，而且在公共组织的管理和运作中也同样具有深远的意义。这一理论的核心在于，它不仅仅关注单一主体的利益最大化，而是强调在多元化的主体间寻求一种合理的、可持续的利益平衡。

在公共组织的语境下，利益相关者这一概念得到了更为宽泛的解读。它不再局限于股东、员工等传统的企业利益相关者，而是涵盖了所有与公共组织活动直接或间接相关联，甚至可能受其决策和行为影响的个人或团体。这包括但不限于政府作为公共政策的制定者和执行者、广大民众作为公共服务的受益者和监督者、媒体作为信息传播和舆论监督的重要力量，以及致力于社会公益事业的非政府组织。

利益相关者理论在公共组织中的应用，要求公共组织必须认识到并尊重这些多元化主体的不同诉求和利益关切。公共组织应当致力于缩小社会期望与其实际行为后果之间的差距，这种期望往往体现在公众对公共服务质量、效率、透明度和公平正义等方面的要求上。通过不断优化决策过程、提升服务质量、加强信息公开和公众参与，公共组织可以逐步建立起与社会期望高度契合的行为模式，从而实现公共利益的最大化。

为了实现这一目标，政府管制与社会调控的作用不容忽视。作为公共组织监督的重要组成部分，政府管制可以确保公共组织在行使公共权力的过程中不偏离公共利益的方向，防止权力滥用和腐败现象的出现。而社会调控则通过公众监督、媒体曝光、非政府组织参与等多种方式，对公共组织的行为形成有效的外部约束和制衡，推动其不断向更加开放、透明、负责任的方向发展。

利益相关者理论在公共组织中的应用，不仅有助于平衡多元化主体的利益诉求，实现公共利益的最大化，而且通过政府管制与社会调控的双重保障，可以进一步提升公共组织的公信力和执行力，为构建和谐社会、推动可持续发展奠定坚实的基础。

（三）公共权力理论：权力的委托与监督

公共权力，作为公民共同享有的宝贵权力，在理论上应代表广大民众的共同意愿和利益。然而，在现实的政治与社会结构中，由于人口众多、地域辽阔、专业分工等客观条件的限制，公民往往无法直接参与并行使这一权力，而是需要通过特定的程序和机制，将其委托给经过选举或任命产生的公共组织及其代表来代为行使。这一权力的委托过程，体现了民主制度的核心精神，即人民主权原则，确保了公共权力的来源和最终归属始终是广大民众。

然而，权力的委托并不意味着可以无限制地信任权力的行使者。在实际操作中，公共组织及其工作人员在行使公共权力的过程中，可能会因为种种原因，如个人私利、集团利益、信息不对称等，偏离公共利益的方向，利用公共权力的垄断地位为自己或特定群体牟取不正当利益，从而损害公共利益和社会公正。这种权力的滥用和异化，不仅违背了民主制度的初衷，也破坏了社会的和谐与稳定。

因此，为了防范和纠正公共权力的滥用，建立严密且高效的公共组织监督体系与监督制度显得尤为重要。这一监督体系与监督制度应涵盖多个层面和维度，包括法律监督、行政监督、审计监督、社会监督以及舆论监督等，形成一个全方位、多层次的监督网络。通过这些方面监督手段的综合运用，可以及时发现并纠正公共组织在行使公共权力过程中的偏差和错误，确保其始终在法律的框架内、在民众的监督下，以公共利益为最高准则，公正、公平、公开地行使公共权力。

公共权力的产生源于特定的民主程序，其行使也应受到民众等公共组织外部团体的监督。这种监督不仅是对公共权力行使过程的全面审视，更是对公共权力合法性和合理性的有力保障。通过监督，可以确保公共权力的行使符合宪法和法律的规定，符合民众的意愿和利益，从而维护社会的公平正义和民主制度的权威。同时，监督也是推动公共组织不断自我完善、自我提升的重要动力，有助于提升公共服务的质量和效率，增强民众的信任和支持。

公共权力理论的深化与实践，需要人们在权力的委托、行使与监督机制的构建上不断探索和完善。通过建立健全的监督体系，确保公共权力始终在法治的轨道上运行，为社会的和谐稳定和民主制度的健康发展提供有力保障。

三、公共组织监督体系

公共组织监督体系由 5 个层次构成。

（一）立法机关监督

国家立法机关依据宪法的授权，对公共组织实施监督，这是保障公共组织行为合法合规的基石。根据各国政治体制和法律架构的差异，立法机关的监督模式可划分为三大类型：其一为立法权主导型监督，该模式下立法机关拥有至高权力，监督职能强大，能直接介入并审查行政行为，确保其完全符合法律要求；其二为相对独立且受约束的立法监督模式，立法机关在监督时虽具独立性，但其权力受到其他机构制衡，形成权力平衡；其三为受限立法监督模式，立法机关的监督权相对较弱，受行政机关等限制，但仍通过法律途径对公共组织进行必要监督，以维护公共利益。各类监督模式均体现了各国特定的权力分配与制衡机制，旨在确保公共组织行使权力时保持透明度和责任感。

（二）行政机关内部监督

为强化对公共组织的监督，众多国家在行政机关内部构建了多层次的检查与约束体系。这些内部监督机制旨在通过自我监督与自我纠错，提升公共组织透明度与责任感，预防权力滥用与腐败。具体包括内部审计、纪检监察、绩效评估和廉政制度等方面。

内部审计是确保公共组织财务合规性的关键，通过定期审计及时发现并纠正不当支出与潜在腐败。纪检监察部门则专注于行政行为的合法性与廉洁性，其具备较高独立性，可直接调查并处理违纪行为。绩效评估通过对公共组织及其成员工作成效的全面评估，确保工作效率与服务达标，并对失职人员进行问责。廉政制度旨在预防腐败，通过廉洁规定与行为准则规范公共组织运行。

这些内部机制相互协同，形成对公共组织的全面监督网，确保其职能行使既高效又符合公共利益。通过多层次内部监督，公共组织能提前预防问题，并在问题出现时迅速纠正，从而提升行政管理水平，维护社会公平正义与公共利益。

（三）司法机关监督

司法机关监督是司法机关通过司法手段与程序对公共组织及其成员的行政行为进行审查与约束的重要方式。其核心在于确保行政行为符合宪法和其他法律，防止侵犯公民权益。司法机关作为独立于行政机关与立法机关的第三方，具有高度权威性与独立性，能在行政纠纷中扮演公正裁决的角色。

司法审查对行政决定进行合法性与合理性评估，一旦发现违法行为或滥用职权现象，司法机关有权宣布无效并要求纠正或赔偿。同时，司法机关受理并审判行政诉讼，为公民与组织提供法律救济途径。司法机关全面审查行政行为的合法性，包括程序正当性、事实依据充分性及法律适用正确性。

司法监督不仅为公民提供救济，也对公共组织形成外部制约，促使其谨慎决策，严格守法，避免因法律意识淡薄或故意违法导致纠纷。此外，司法监督具有威慑作用，能够有效预防行政腐败与滥用职权。通过司法手段与程序，司法机关通过事后监督与纠正公共组织错误行为，确保行政权力行使不偏离法治轨道，维护社会公平正义。司法监督的有效实施强化了法治权威，提升了公共行政管理的合法性与公信力，推动了国家治理体系与能力的现代化。

（四）社会力量监督

社会力量监督是公民、法人及其他社会组织依据宪法和其他法律赋予的权利，通过多种途径对公共组织及其员工进行监督的重要机制。此机制体现人民主权原则，即国家权力来源于人民，人民有权监督公共权力的行使。随着公共管理职能扩展与公共组织作用增强，社会力量对公共组织的监督尤为重要，成为现代民主社会不可或缺的部分。

社会力量监督的形式多样，包括媒体监督、公众监督、社会舆论监督及非政府组织监督等。这些方式通过不同渠道反映社会声音，表达公民意愿，制约政府行为。媒体作为“第四权力”，在监督公共组织方面发挥着关键作用，通过报道、揭露与舆论监督，及时揭示腐败、不作为或滥用职权等问题，引导社会关注与讨论，促使公共组织纠正错误并改进工作。公众监督是社会力量监督的重要组成部分，通过参与决策、提供意见及表达意愿，直接影响公共政策的制定与实施。公众参与增加了政府决策透明度与民主性，避免偏离公众利益，确保政府行为反映人民意愿。社会舆论作为无形的监督力量，对公共组织施加广泛压力。互联网与社交媒体的发展增强了社会舆论的影响力，公众通过网络快速传播信息，形成舆论热点，对政府行为进行广泛评价与监督。强大的舆论压力促使公共组织谨慎行使公共权力，避免因失误或不当行为引发不满。非政府组织作为独立于政府的社会力量，在监督公共组织方面发挥着重要作用。这些组织关注特定社会问题，通过调查研究、政策建议及公众动员等方式监督政府行为并推动社会变革。非政府组织监督补充政府监督不足，通过专业性与独立性提出客观公正的批评与建议，推动公共组织提高行政效率与服务质量。

随着公共管理职能的扩展及政府与公民利益关系日益紧密，社会力量对公共组织的监督日益重要。此监督机制不仅是民主政治的体现，也是维护社会公正与保障公共利益的重要手段。通过社会力量积极参与监督，公共组织行使权力时更加透明、合法与负责，有效提升国家治理水平，促进社会和谐与进步。在多元化监督体系中，政府与社会力量形成良性互动关系，共同推动国家和社会发展与繁荣。

（五）政党监督

政党对公共组织及其成员的监督主要通过政治活动与政策制定过程实现，具有政治性与指导性。中国共产党作为执政党，其领导地位与作用由宪法明确规定，确保了党对国家和社会工作的全面领导。这种领导不仅体现在政策制定与国家发展方向指导上，还具体表现为对公共组织及其成员的监督与管理。

中国共产党通过组织体系与纪律检查机制对公共组织的工作进行监督。监督包括对重大决策的审议与指导，确保公共组织决策与行动符合党和国家基本路线、方针与政策。此外，党的监督还体现在干部队伍管理与监督上，通过干部考察、选拔任用、组织评议等机制，确保公共组织领导干部具备坚定的政治立场、高度的责任感与廉洁的工作作风。

中国共产党的监督具有政治引领与方向把控作用，确保公共组织执行政策时与党和国家的战略方向一致。监督包括政策执行过程的检查与指导，以及政策效果的评价与反馈。通过全方位监督，党能及时发现公共组织工作问题并迅速采取措施纠正改进，防止工作偏差与决策失误。

同时，中国共产党的监督依法进行。作为执政党，中国共产党在行使领导与监督职能时严格遵循宪法和其他法律的规定。党的监督与国家法律监督体系相辅相成，既发挥党对公共组织工作的政治领导作用，也维护法治权威。通过依法监督，党不仅确保公共组织廉洁高效运行，也推动国家治理体系完善与治理能力提升。

中国共产党的监督旨在确保公共组织行为与决策始终服务于人民群众根本利益，避免脱离群众与实际。党的各级组织与纪检监察机关密切关注公共组织运作情况，通过定期检查、巡视与专项调查等方式进行全方位监督与评估。特别是在反腐败斗争中，中国共产党的监督发挥关键作用，确保党风廉政建设深入推进，维护党和政府在人民群众中的威信。

通过这种多层次、多方位的监督，中国共产党能有效引导与规范公共组织行为，保障国家政策顺利实施与社会稳定发展。这不仅巩固了中国共产党的执政地位，也推动了社会主义现代化建设持续进步，确保国家在复杂多变的国际和国内形势下始终沿着正确轨道前进。

四、中西方公共组织监督体系的比较

中西方公共组织监督体系在多个维度上均展现出显著的差异，这些差异不仅体现在监督主体的构成、监督内容与监督方式上，还深入监督体系的整体特点与运作机制。

（一）监督主体

西方公共组织监督体系中的监督主体多元化且相互制衡。代议机关，如议会及其机构和议员，作为立法机关，对行政机关和司法机关进行强有力的监督。司法机关则通过审判、检察等职能，确保法律的正确实施和公共权力的合法行使。行政机关内部设立的专门监督机构，如审计署、监察专员等，对行政行为的合规性进行审查。政党监督方面，两党制或多党制下的执政党和反对党相互监督，确保政策制定的合理性和公正性。社会团体，特别是新闻媒体和利益集团，通过舆论监督和利益诉求表达，对公共组织进行监督。

相比之下，中国公共组织监督体系中的监督主体则更加注重集体领导和多元参与。代议机关，即各级人民代表大会及其常务委员会和人大代表，既是权力机关又是立法机关，对政府、法院和检察院的工作进行全面监督。司法机关同样在监督体系中发挥着重要作用。行政机关的监督主体相对集中，如国家监察委员会等，对公职人员的职务行为进行监督。政党监督方面，中国共产党领导的多党合作和政治协商制度确保了监督的广泛性和深入性，民主党派和人民政协等也积极参与监督。社会团体，特别是新闻媒体和社会组织，在监督体系中发挥着日益重要的作用。

（二）监督内容与监督方式

西方公共组织监督体系在监督内容与监督方式上更加细化和多样化。代议机关主要关注人事和财政监督，通过质询、调查、信任投票和弹劾等方式对政府和官员进行监督。司法机关则通过司法审查、违宪审查和检察监督等机制，确保法律的正确实施和公共权力的合法行使。行政机关内部监督则侧重于行政行为的合规性和效率性。政党监督主要通过议会党团、执掌行政权和“影子内阁”等形式进行。社会团体则通过法律诉讼、新闻媒体、非政府组织等渠道进行监督，关注个体和小团体的利益保护。

中国公共组织监督体系在监督内容与监督方式上则更加注重整体性和综合性。代议机关主要关注对政府法制的监督和对政府工作的监督，通过听取和审议政府工作报告、审查和批准预算等方式进行。司法机关的监督同样包括司法审查、违宪审查和检察监督等机制。行政机关的监督则包括一般监督、业务监督和专门监督等多种形式。政党监督则更加广泛和深入，包括民主党派的监督、人民政协的监督、党内监督等。社会团体则通过公众舆论、媒体报道和社会组织的参与进行监督，关注国家的重大决策和方针政策以及社会生活中影响广泛的重大问题或热点问题。

（三）监督特点与差异

西方公共组织监督体系的特点在于其完备性、独立性和法制性。政府审计、内部审计和社会审计组成了全覆盖的审计监督网络，确保了公共资金的合理使用和公共权力的合法行使。监督主体在行使监督权时具有超脱性和权威性，能够产生震撼性效果。

中国公共组织监督体系的特点则在于其逐步完善性、多元性和广泛性。进入新时代，中国不断加强监督体系建设，推动全方位协同监督网络的建设。监督主体多元化，包括代议机关、司法机关、行政机关、政党和社会团体等，形成了多层次的监督体系。同时，监督内容广泛，涵盖了政治、经济、文化和社会等各个领域。

（四）西方公共组织监督体系的借鉴

在借鉴西方公共组织监督体系时，中国应注重以下 4 个方面。

（1）加强监督权力保障　确保监督权行使超脱、权威，产生震撼性效果。这要求中国加强监督体系建设。

（2）构建全方位整体合一的监督网络　构建全面的外部监督网络，内外结合、上行下行结合，形成有效的监督体系。这要求中国政府加强监督主体之间的协作和配合，形成合力。

（3）进一步提高政务公开与透明度　提高政务公开的透明度，确保监督主体获取足够信息进行有效监督。这要求中国政府加强信息公开制度建设，持续提高政府工作的透明度和公开性。

（4）强化法制性监督　健全公务员制度，严格规定打击腐败行为的措施，并注重公共组织监督方面的建章立制。这要求中国政府加强法制建设，完善相关法律法规和制度规范。

综上所述，中西方公共组织监督体系在监督主体、监督内容与监督方式、监督特点与差异等方面均存在显著差异。这些差异反映了中国与西方国家在政治制度、文化传统和社会背景等方面的不同。在借鉴西方国家经验时，中国应充分考虑自身的国情和实际情况，构建符合中国特点的公共组织监督体系。

◎思考题

1. 公共组织决策的分类标准及类型有哪些？
2. 公共组织决策的主要模型有哪些？这些模型分别有何特点？
3. 公共组织执行的影响因素有哪些？
4. 试结合公共组织监督的相关理论基础思考如何完善公共组织监督体系？
5. 中西方公共组织监督体系有何异同？

第五章

公共组织行为

人类社会越发展，公共组织的发展程度也将越高，公共组织是人类社会发展程度的表征之一。无论是对于组织化的个体，还是组织化的社会，公共组织对于人类社会的价值是通过其组织行为来实现的。本章主要论及公共组织行为的概念、特征和类型，影响公共组织行为的因素，公共组织个体行为的概念、特征与类型，影响公共组织个体行为的因素，公共组织个体行为的管理策略，公共组织群体行为的概念、特征与类型，影响公共组织群体行为的因素，公共组织群体行为的管理策略，公共组织行为的发生机制和公共组织的自矫机制。

第一节 公共组织行为概述

公共组织行为直接影响着社会资源的分配、公共政策的实施以及社会公平正义的保障。在现代社会，随着全球化进程的加速、信息技术的飞速发展以及社会多元化趋势的日益显著，需要通过对公共组织行为的有效控制，推动公共组织在复杂多变的社会环境中实现高效、公正、透明地运行。

一、公共组织行为的概念与特征

公共组织行为是公共组织及其成员在履行公共职责、实现公共目标的过程中所表现出的各种活动、决策、互动以及对外部环境的反应等。它涵盖了公共组织从目标设定、政策制定、资源分配到服务提供的一系列活动，既包括组织内部的管理行为，如组织结构设计、人员招聘与培训、绩效考核等，也包括组织与外部环境之间的互动行为。

（一）公共组织行为概念的渊源及其定义

公共组织行为的研究产生于 20 世纪初西方社会科学领域对人群关系、人的行为研究的深入探索。这一时期，随着科学技术的不断进步和工业的巨大发展，传统的组织理论开始显现出它的局限性。传统的组织理论，如泰勒的科学管理理论、法约尔的管理过程理论和韦伯的理想行政组织理论等，都倾向于将组织成员视作仅为获取物质利益而参加组织活动的“经济人”。然而，随着社会的发展和人们认知水平的提升，学者们逐渐意识到，组织成员除了物质需求外，还有安全的需求、受人尊敬的需求、爱的需求、自我价值实现的需求等多种需求。同时，这一时期的社会科学研究也掀起了一股行为主义热潮。行为主义强调对可观察、可测量的行为进行科学研究，这一思潮对组织理论产生了深远影响。学者们开始关注组织内部的人际关系、人的行为规律以及这些因素如何影响组织的运作和绩效。在这种背景下，组织行为学作为一门新的学科应运而生，它综合运用心理学、社会学、管理学、文化人类学等多门学科的知识，研究组织内个人和群体的行为规律，以及这些因素对组织绩效的影响。

20 世纪初至 20 世纪 40 年代末，随着行为主义在社会科学领域的兴起，学者们开始将行为科学的方法应用于组织研究，关注组织内部的人际关系、人的行为规律以及组织氛围等因素对组织绩效的影响。这一时期的研究为公共组织行为学的诞生奠定了基础。

20 世纪 40 年代末至 20 世纪 60 年代，公共组织行为学作为一门独立的学科逐渐形成。学者们开始对公共组织行为进行深入的研究，探讨公共组织内部的管理机制、决策过程、沟通模式和组织变革等问题。这一时期的研究成果为公共组织行为学的发展提供了重要的理论支撑。

20 世纪 60 年代至今，公共组织行为学经历了快速发展。学者们不断引入新的理论和方法，如系统管理理论、权变理论、组织文化理论等，对公共组织行为进行全面而深入的研究。随着全球化、信息化等外部环境的不断变化，公共组织行为研究也面临着新的挑战和机遇，比如如何应对公共组织变革、如何提升公共组织绩效、如何实现可持续发展等问题成为当前研究的热点。

所谓公共组织行为，即在公共管理领域中，公共组织（包括政府机构、非营利组织等具有公共性质的组织）为实现其公共目标，在特定的组织结构、文化氛围和制度规范下，其内部成员及各部门之间相互作用、协同合作，共同应对内外部挑战和机遇的过程中所展现出来的行动模式和规律。这种行动模式不仅涉及组织内部的管理、决策、沟通、协调等方面，还涵盖组织与外界环境的互动关系，如政策执行、服务提供、公众参与等。

（二）公共组织行为的基本特征

（1）公共性　公共组织行为的核心在于处理公共事务，提供公共服务。公共性使得公共组织的行为直接关联公众利益和社会福祉，具有广泛的公共影响力和社会责任感。在公共组织的行为中，无论是政策的制定还是服务的提供，都需要充分考虑公众的需求和利益，确保公共资源得到合理配置和有效利用。公共性特征，使得公共组织在社会发展中扮演着举足轻重的角色，成为推动社会进步的重要力量。

（2）政治性　作为国家治理体系的重要组成部分，公共组织的行为深受国家政治导向和决策框架的制约。政治性使得公共组织在行使职能时，必须遵循国家的政治意志和战略意图，确保公共组织行为与国家整体发展目标步调一致。同时，公共组织也承载着特定的政治使命，如维护国家稳定、促进经济发展等，这些使命的完成对于国家的长治久安具有重要意义。

（3）社会性　公共组织通过管理公共事务，旨在维护社会和谐、增进公共利益。社会性使得公共组织的服务范围覆盖全社会，体现了强烈的社会责任感和服务意识。在公共组织的行为中，无论是教育、医疗、卫生等方面社会服务的提供，还是环境保护、公共安全等方面公共事务的管理，都需充分考虑社会的整体利益和长远发展。社会性特征，使得公共组织成为连接政府与民众的桥梁、推动社会进步的重要力量。

（4）服务性　除了维护公共秩序和社会稳定，公共组织还需要积极促进社会经济全面发展，为民众提供高质量、高效率的服务。服务性使得公共组织在行为上更加注重服务的质量和效率，以满足多样化的社会需求。在公共组织的服务中，无论是行政审批、政策咨询等政务服务，还是教育、医疗等公共服务，都需要以民众的需求为导向，提供便捷、高效的服务体验。服务性特征，使得公共组织在民众心中树立了良好的形象，增强了民众对公共组织的信任和支持。

（5）权威性　作为公共权力的执行者，公共组织在行使职能时具有法律赋予的权威。权威性使得公共组织在行为上具有强制性和约束力，能够确保政策的有效实施和资源的合理配置。在公共组织的行为中，无论是政策的制定还是执行，都应遵守法律法规，确保行为的合法性和正当性。同时，公共组织也应通过加强内部管理、提高人员素质等方式，不断提升自身的权威性和公信力。

（6）法制性　公共组织的所有行为都必须遵守法律法规，受到严格的法律监督和制约。法制性使得公共组织在行为上更加注重法制精神和法律原则，确保行为的合法性和正当性。在公共组织的行为中，无论是决策的制定还是执行，都应处在法律法规的框架内，确保行为的合法合规。同时，公共组织也应通过加强法制宣传教育、完善内部监督机制等方式，不断提升组织成员的法制意识和法律素养，确保组织行为的合法性和正当性得到有效保障。

综上所述，公共组织行为作为公共领域内各组成部门及人员相互作用、协同运作的综合展现，具有鲜明的公共性、政治性、社会性、服务性、权威性和法制性特征。这些特征不仅体现了公共组织在社会发展中的重要地位和作用，也为深入理解和研究公共组织行为提供了重要的理论依据和实践指导。

二、公共组织行为的类型

公共组织行为是一个多维度、多层次的复杂体系，它基于不同的标准可以划分为多种类型。本书将从主体类别、发生范围和影响力以及主体构成 3 个维度，对公共组织行为进行分类。

（一）基于主体类别的分类，公共组织行为包括政府组织行为、公营部门组织行为和非政府组织行为（第三部门行为）

（1）政府组织行为　政府组织行为，即国家行政机关的运作，是公共组织行为中最为核心和显著的部分。政府组织作为国家权力的执行机构，其行为具有高度的权威性和强制性。政府组织行为涵盖了政策制定、行政决策、执法监管、公共服务提供等多个方面，旨在实现国家的政治、经济和社会目标。这些行为往往受到严格的法律法规约束，并需要接受社会公众的监督和评价。政府组织行为的效率和效果，直接关系到国家治理的水平和公众对政府的信任度。

（2）公营部门组织行为　公营部门组织行为，主要涉及国有企事业单位的管理。这些组织虽然不像政府组织那样具有直接的行政权力，但它们在提供公共服务、管理国有资产、促进经济发展等方面发挥着重要作用。公营部门组织行为的特点在于其既具有公共性，又具有一定的市场性。它们需要遵循市场规律，提高经营效率，同时又必须保证公共服务的公平性和可及性。因此，公营部门组织行为需要在公共利益和市场利益之间找到平衡点。

（3）非政府组织行为（第三部门行为）　非政府组织行为，或称第三部门组织行为，主要包括慈善机构、行业协会、社会团体等非营利组织的活动。这些组织以公共利益为宗旨，独立于政府和市场之外，通过自愿参与、自主管理的方式开展活动。非政府组织行为（第三部门行为）的特点在于其灵活性、创新性和民间性。非政府组织（第三部门）能够迅速响应社会需求，提供多样化的公共服务，同时又能够激发社会公众的参与热情，促进社会的自我管理和自我发展。

（二）基于发生范围和影响力的分类，公共组织行为包括内部行为和外部行为

（1）内部行为　内部行为主要关注公共组织内部的运作管理、人员关系等。它涉及公共组织的结构设计、流程设置、人员配置、绩效考核等多个方面。内部行为是公共组织行为的基础和保障，它直接关系到公共组织的稳定性和效率。因此，公共组织需要重视内部行为的管理和优化，确保公共组织的正常运转和高效运作。

（2）外部行为　外部行为是指公共组织与外界环境的互动，如政策执行、公共服务提供等。这些行为对外部环境产生直接或间接的影响，是公共组织实现其社会功能和价值的重要途径。外部行为需要考虑社会公众的需求和期望，以及政策法规的约束和要求。公共组织需要通过有效的外部沟通和合作机制，确保外部行为的合法性和正当性，同时提高公众对公共组织的信任度和满意度。

（三）基于主体构成的分类，公共组织行为包括个体行为、群体行为和组织整体行为

（1）个体行为　个体行为是公共组织行为的基础，它指的是公共组织成员的个人行动。个体行为受到个人性格、价值观、能力等因素的影响，同时也受到组织文化、规章制度等方面的制约。个体行为在公共组织中的作用不可忽视，它直接关系到公共组织的效率和效果。因此，公共组织需要关注个体行为的管理和激励，激发个体的积极性和创造力。

（2）群体行为　群体行为是指公共组织内部团队协作、部门间互动等集体行动。群体行为在公共组织中占据着重要地位，它关系到公共组织的协调性和整体效能。群体行为受到群体规模、群体结构、群体氛围等多种因素的影响。公共组织需要通过有效的沟通和协作机制，促进群体行为的协调和整合，提高公共组织的整体绩效。

（3）组织整体行为　组织整体行为是公共组织行为的最高层次，它体现组织的整体战略和决策。组织整体行为涉及公共组织的愿景、使命、价值观等核心要素，以及公共组织的战略规划、资源配置、绩效评估等关键环节。组织整体行为需要综合考虑公共组织内部和外部

的各种因素，确保公共组织的长期发展和可持续发展。

综上所述，对公共组织行为的分类是一个复杂而多维的过程。通过不同的分类标准，可以更深入地理解公共组织行为的本质和规律，为优化公共组织管理和提高公共服务水平提供有益的指导。在实际应用中，需要根据具体情况选择合适的分类标准和方法，以便更好地分析和解决公共组织行为中的问题。

三、影响公共组织行为的因素

公共组织行为的多维性和层次性使其成为一个复杂而重要的研究领域，而组织领导者、组织成员之间的共性、组织文化和价值观以及外部环境，则是影响公共组织行为的四大关键因素。

组织领导者在公共组织行为中扮演着举足轻重的角色。领导者的领导风格、决策能力、个人魅力、公正性以及对员工的关怀程度，都是塑造组织氛围、团队凝聚力和组织行为的关键因素。一个优秀的领导者能够以身作则，通过自己的言行举止为组织成员树立榜样，激发成员的积极性和创造力。同时，领导者还需要具备高超的决策能力，能够在复杂多变的环境中迅速作出正确的判断，引领组织走向成功。此外，领导者的公正性和对员工的关怀程度也是影响组织行为的重要因素。公正性能够确保组织内部的公平和正义，增强成员的信任感和归属感；而对成员的关怀则能够激发成员的忠诚度和工作热情，提高组织的整体效能。

组织成员之间的共性也是影响公共组织行为的重要因素。共同的目标、价值观、文化背景等因素能够增强组织内部的凝聚力，促进成员间的合作与协调。当组织成员拥有共同的目标时，他们会更加团结一致，共同为实现目标而努力。同时，共同的价值观和文化背景也能够促进成员间的相互理解和沟通，减少冲突和矛盾，从而形成强大的集体行动力。这种共性不仅能够提高组织的效率，还能够增强组织的稳定性和可持续性。

组织文化和价值观作为组织的灵魂，对公共组织行为产生着深远的影响。文化和价值观不仅塑造了组织成员的思维方式和行为习惯，还指引着组织的发展方向。一个积极向上的组织文化能够激发成员的积极性和创造力，促进组织的创新和发展；而明确的价值观则能够为组织成员提供清晰的行为准则和道德标准，引导他们做出正确的决策和行动。因此，建立和维护健康、积极的组织文化和价值观对于提高公共组织行为的效能至关重要。

外部环境也是影响公共组织行为的重要因素之一。政治环境的变化、经济政策的调整、社会需求的变迁等外部因素都会对公共组织的战略选择、资源配置和行为模式产生深刻影响。这就要求公共组织必须具备高度的灵活性和适应性，能够迅速应对外部环境的变化，调整自身的战略和策略，以确保组织的稳定和发展。同时，公共组织还需要积极与外部环境进行互动和沟通，了解社会公众的需求和期望，以便更好地提供公共服务和满足社会需求。

第二节 公共组织个体行为

组织是一个由众多个体构成的社会实体，其中，个体构成了研究这一社会实体运作机制的基础单元。个体如同构成组织的微小细胞，组织的健康运行和高效能，从根本上依赖于这些“细胞”的健全与活力。这种活力源自组织成员对组织所提供的激励措施所作出的积极反应，即组织诱因的有效激励。因此，组织内个体的行为表现成为影响整个组织行为模式的关键因素。

一、公共组织个体行为的概念、特征与类型

公共组织运行成效在很大程度上取决于组织内个体成员的行为表现。因此，公共组织个体行为不仅关乎个体自身的职业发展，更与公共组织的目标达成、公共资源的合理配置以及社会公共利益的实现密切相关。

（一）公共组织个体行为的概念

公共组织个体行为，是指公共组织中的个体成员根据自身的心理特质、动机需求以及外部环境因素，展现出的多样化行为反应。这些行为反应，无论是显性的工作表现还是隐性的心理活动，都是构成公共组织整体行为的基础单元，它们直接映射出个体对于公共组织的认同度、工作投入度以及行为模式的选择。公共组织作为社会公共利益的维护者和实现者，其内部个体的行为不仅关乎组织效能的发挥，更直接影响公共服务的质量和公众对公共组织的信任度。

个体行为在公共组织中并不是孤立存在的，而是与公共组织的战略目标、制度规范、文化氛围紧密相连的。个体在遵循公共组织规则的同时，也会根据自身的价值观、职业追求和个性特点，对公共组织面临的环境进行主动适应和塑造，形成独特的个体行为模式。这种相互作用的过程，既体现了个体对公共组织的贡献，也反映了公共组织对个体行为的引导和约束。

（二）公共组织个体行为的特征

（1）自发性　个体行为的首要特征是其自发性，即行为是源于个体内在的动机和需求，而非外部力量的强制。在公共组织中，个体的自发性表现为对工作的主动投入、对创新的积极追求以及对组织目标的自觉认同。这种自发性是公共组织活力和创新力的源泉，也是个体实现自我价值和职业发展的内在动力。

（2）因果性　个体行为的产生并非无因之果，而是内外因素综合作用的结果。在公共组织中，个体的行为可能受到个人能力、工作态度、组织环境、领导风格等多种因素的影响。这些因素相互交织，共同塑造了个体的行为模式。理解个体行为的因果性，有助于公共组织管理者识别影响个体行为的关键因素，从而采取有针对性的管理措施。

（3）目的性　个体行为总指向一定的目标，无论是个人目标的实现还是公共组织目标的达成。在公共组织中，个体的目的性表现为对工作效率的追求、对职业发展的规划以及对公共利益的维护。这种目的性使个体行为具有明确的方向性和动力性，也是公共组织激励和引导个体行为的重要依据。

（4）持久性　个体行为一旦启动，往往会持续进行，直至达到预定目标或受到外部干预。在公共组织中，这种持久性表现为个体对工作的持续投入、对项目的长期跟踪以及对组织文化的长期认同。持久性是组织稳定性和连续性的基础，也是个体实现长期目标和公共组织持续发展的关键。

（5）可变性　个体行为并不是一成不变的，会随着内外环境的变化而调整。在公共组织中，个体的可变性表现为对新技术的学习、对新角色的适应以及对新政策的响应。这种可变性要求公共组织管理者具备灵活性和前瞻性，能够及时调整管理策略，以适应个体行为的变化和公共组织发展的需要。

（三）公共组织个体行为的类型

根据公共组织个体行为的表现形式和目的，可以将其划分为以下类型。

（1）工作行为　这是个体在公共组织中执行工作任务时所表现出的行为。它直接关系到公共组织目标的实现和工作效率的提高。工作行为包括个体的工作态度、工作方法、工作效率以及工作成果等。优秀的工作行为能够提升公共组织的整体效能，促进公共组织目标的实现。

（2）学习行为　在知识爆炸和快速变化的时代，学习行为成为个体在公共组织中不可或缺的一部分。个体通过参加培训、阅读文献、交流经验等方式，不断提升自己的专业知识和技能水平，以适应公共组织发展的需要。学习行为不仅有助于个体职业能力的提升，还有助于公共组织创新能力和竞争力的增强。

（3）交往行为　公共组织是一个由多个个体组成的集体，个体之间良好的交往行为对于公共组织的和谐与效率提升至关重要。交往行为包括个体与同级、上级或下属之间的沟通、协作、冲突解决等。良好的交往行为能够建立信任、增进理解、促进合作，从而提升公共组织的凝聚力和战斗力。

（4）决策行为　在公共组织中，个体经常需要参与决策过程，为公共组织的战略规划和运营管理提供意见和建议。决策行为要求个体具备较高的判断能力、决策能力和风险意识。优秀的决策行为能够确保决策的科学性和合理性，为公共组织的稳健发展提供有力支持。

（5）领导行为　领导行为指个体在公共组织中担任领导角色时所展现出的行为。这种行为涉及目标设定、决策制定、团队激励、冲突解决等多个方面。优秀的领导行为能够激发团队成员的积极性和创造力，促进团队合作并增强协同效应，从而推动公共组织目标的实现。在公共组织中，领导行为不仅关乎公共组织的效率和效能，还直接影响到公共组织文化的塑造和传承。

（6）服从行为　服从行为是指个体在公共组织中遵守组织规则、服从上级指令和安排的行为。这种行为是公共组织秩序和纪律的基石，确保公共组织活动的顺利进行和目标的顺利实现。在公共组织中，服从行为并不意味着盲目遵从或缺乏自主性，而是在尊重组织权威和规则的前提下，个体根据自身职责和角色要求所作出的合理行为选择。适度的服从行为有助于维护公共组织的稳定和统一，但过度的服从也可能导致创新和变革的受阻。

（7）创新行为　创新行为是指个体在公共组织中主动寻求并实施新思想、新方法、新技术或新流程的行为。这种行为不仅体现在产品或服务的创新上，还包括管理模式的革新、工作流程的优化以及组织文化的重塑等方面。创新行为是公共组织持续发展和适应外部环境变化的关键驱动力。在公共组织中，鼓励和支持创新行为能够激发个体的创造力和想象力，推动组织不断向前发展。

公共组织个体行为相互交织，共同塑造了个体在公共组织中的角色与表现。工作行为是个体履行职责、完成任务的基础，它受到学习行为的不断滋养，通过学习新知识、新技能来提升工作效率和质量。交往行为则促进了个体之间的沟通与协作，为工作和学习提供了必要的支持和反馈。在决策过程中，个体需综合考虑各种信息，权衡利弊，这一行为受到其工作经验、学习能力和交往关系的影响。领导行为通过设定目标、激励团队、解决冲突等方式，引导着整个团队的方向和氛围，同时也受到个体工作绩效、人际交往能力和决策水平的影响。服从行为确保了组织的秩序和稳定，使个体能够在统一的规范下协同工作，但它并非盲目遵从，而是基于对工作要求、组织文化和领导决策的理解与认同而作出的。创新行为则是推动组织持续发展的动力，它鼓励个体挑战现状、探索未知，这一行为往往在工作实践、学习积累、交往互动和决策过程中得到激发和培育。这些个体行为之间相互影响，共同作用于个体的成长与组织的发展，形成了一个既充满活力又协调有序的整体。

二、影响公共组织个体行为的因素

影响公共组织个体行为的因素不仅涉及个体自身的特质与需求，还深受公共组织特性和外部环境的制约或推动。

（一）个人因素

（1）生理因素　在公共组织中，个体的生理特征，如年龄、性别、健康状况等，是塑造其行为模式的基础。年龄差异可能导致对待工作的态度、接受新技术的能力以及对变革的适应程度有所不同。性别则可能影响个体的职业选择、沟通方式及团队中的角色定位。健康状况直接关系到个体的工作效率与持久性，良好的身体状态是高效工作的前提。

（2）心理因素　心理因素，包括态度、价值观、个性、能力等，是驱动个体行为的内在动力。态度决定了个体对工作的积极或消极倾向，价值观则指导着行为的方向和选择。个性特征，如外向性、责任感、开放性等，影响着个体的合作意愿、决策风格及应对压力的方式。能力水平则直接关联到个体完成任务的效率与质量，进而影响其在公共组织中的地位和满意度。

（3）文化因素　个体所处的文化背景和受教育程度，深刻影响着其行为模式和思维方式。文化背景决定了个体对权威、等级、时间管理等观念的理解，进而影响其在公共组织中的行为表现。受教育程度高则具有较丰富的知识和技能，能够增强个体的自信心和适应能力，使其能更有效地参与公共组织活动。

（4）经济因素　经济因素，如收入水平、经济压力等，对个体的工作态度和行为选择具有显著影响。较高的收入水平可能提升个体的工作满意度和忠诚度，而经济压力则可能促使个体更加关注短期收益，甚至不惜牺牲长期职业发展机会。

（二）组织因素

（1）组织目标　清晰且与个人目标相一致的组织目标，能够提升个体的积极性和努力程度。当个体感知到自己的工作对于实现组织愿景的重要性时，他们更有可能投入更多精力，表现出更高的工作热情和创新精神。

（2）组织规范　组织规范，包括规章制度、文化氛围等，为个体行为提供了框架和导向。规章制度确保了组织的秩序和效率，而文化氛围则通过共享的价值观和信念，促进团队成员之间的默契和协作。

（3）组织规模　组织规模的大小，影响着个体间的交往和信息流通。在大型组织中，个体可能面临更多的层级关系和沟通障碍，而在小型组织中，个体间的互动更为直接，决策过程更为灵活。

（4）组织领导者　领导者的风格、能力和决策方式，对个体行为产生深远影响。有效的领导方式能够激发团队的潜能，促进成员间的信任与合作；而不良的领导方式则可能导致士气低落，甚至引发冲突和离职。

（5）组织压力　来自组织内部的竞争、评价等压力，可能促使个体改变其行为模式，以适应组织的期望和要求。适度的压力可以激发个体的潜能，但过度的压力则可能导致工作效率下降，甚至影响个体身心健康。

（三）环境因素

（1）内部环境　内部环境，如工作环境、人际关系等，对个体的工作满意度和行为效率有着直接的影响。一个舒适、安全的工作环境，以及和谐、有支持力的人际关系，能够提升个体的幸福感和工作效率。

（2）外部环境　外部环境，包括政策法规、市场环境、技术进步等，是公共组织无法忽视的重要影响因素。政策法规的变化可能要求组织调整战略和业务模式，进而影响个体的工作任务和责任。市场环境的竞争态势和技术进步的速度，则要求个体不断学习新知识、新技能，以适应不断变化的工作需求。

三、公共组织个体行为的管理策略

优化公共组织个体行为的管理，是确保公共组织高效运作、成员积极投入的核心要素。在复杂多变的公共组织环境中，个体行为的管理不仅直接关系到公共组织的短期绩效，更深远地影响着公共组织的长期发展和整体竞争力。因此，探索并实施有效的管理策略，对于提升公共组织的效能和活力具有重要意义。

第一，建立清晰的组织目标和愿景。在公共组织中，明确而富有吸引力的组织目标和愿景，是激发个体积极性和责任感的基石。这要求管理层不仅要从宏观角度制定战略规划，更要将这些规划细化为具体、可操作的短期和长期目标。这样，每个成员都能清晰地认识到自己的工作如何与整体目标相契合，从而增强工作的方向性和目的性。因此，管理层应定期召开沟通会议，确保信息的畅通传递。同时，建立绩效反馈机制，让个体及时了解自己的工作表现，以便及时调整行为。此外，通过目标导向的激励机制，如奖励制度、晋升机会等，可以进一步增强个体对组织目标的认同感和参与度。同时，鼓励个体设定与组织目标相契合的个人发展目标，使个体在追求个人成长的同时，也为组织的发展贡献力量，从而形成组织与个人双赢的局面。

第二，完善组织规范和文化。组织规范和文化是引导个体行为的重要框架，它们为个体提供了明确的行为准则和价值取向。制定合理的规章制度，可以确保组织运作的有序性和公平性，同时为个体提供清晰的行为指导。这些规章制度应既体现刚性约束，确保组织的稳定性和效率；又蕴含人文关怀，避免过度僵化导致的创新抑制和士气低落。文化氛围的塑造则更为微妙而深远，它通过共享的价值观、信仰和行为模式，润物无声地影响着个体的行为选择和思维方式。因此，建立开放、包容、创新的文化氛围，鼓励正向竞争和团队合作，可以有效提升组织的凝聚力和创造力，使个体在积极向上的环境中不断成长和进步。

第三，优化组织结构和流程。组织结构和流程的优化是提高组织效率和响应速度的关键所在。扁平化管理可以减少管理层级，加速决策过程，使信息流通更加顺畅，从而提高组织的灵活性和反应速度。流程再造则旨在消除冗余步骤，提高工作效率，减少不必要的内部消耗和浪费。通过引入先进的项目管理工具和技术，如敏捷管理、数字化转型等，可以进一步提升组织的运营效率和竞争力。同时，鼓励跨部门合作，打破信息孤岛，促进知识和资源的共享，为个体创造更多协同工作的机会和平台。这样不仅可以提高个体的工作满意度和归属感，还能促进组织的整体发展和创新。

第四，提升领导者的素质和能力。领导者是组织行为的引领者和示范者，其素质和能力直接影响着团队的风气和绩效。因此，选拔具有高尚品德、深厚专业知识和卓越领导力的领导者，是组织成功的关键所在。领导者应不断学习，提升自身的决策能力、沟通能力和变革管理能力，以便更好地应对复杂多变的组织环境。通过以身作则，领导者可以激发团队成员的积极性和创造力，形成积极向上的团队氛围。同时，建立领导者培养体系，为潜力人才提供成长路径和晋升机会，可以确保组织的领导力持续发展，为组织的长期稳定和繁荣奠定坚实基础。

第五，关注个体的成长和发展。个体是组织最基本的构成单元，其成长和发展是组织持续进步的源泉和动力。因此，关注个体的成长和发展，为个体提供个性化的培训和职业发展规划，是优化公共组织个体行为管理的重要策略。通过设立学习基金、提供在线学习资源、举办工作坊和研讨会等方式，可以鼓励个体持续学习，不断提升自己的专业技能、领导力和综合素质。这样不仅可以满足个体自我实现的需求，还能为组织培养更多高素质的人才，为组织的长期发展提供有力支持。同时，建立公平、透明的晋升机制，让个体看到努力与回报之间的正向关联，可以增强其归属感和忠诚度，使个体更加愿意为组织的发展贡献力量。

综上所述，优化公共组织个体行为的管理需要从多个方面入手，包括建立清晰的组织目标和愿景、完善组织规范和文化、优化组织结构和流程、提升领导者的素质和能力以及关注个体的成长和发展。通过综合施策，可以构建一个高效、和谐、富有创造力的组织环境，激发个体的潜能和积极性，推动组织的持续发展和创新。

第三节　公共组织群体行为

当个体与所处环境完美融合，便构筑了独特的心理场域；而当群体与其周遭环境相互交织，则孕育出广阔的社会场域。心理学家库尔特·莱温的群体动力理论指出：人群汇聚而成的集体，绝非静止的画卷，而是一幅动态交织、相互适应的生动图景。群体，远非个体数量的简单堆砌，它蕴含着超越个体总和的力量与特质，对置身其中的个体施加着深远的影响，促使个体在群体中的行为表现迥异于独处之时。本节重点考察群体的演化过程和典型的群体行为。

一、公共组织群体行为的概念、特征与类型

公共组织群体行为在公共管理领域中占据着核心地位。公共组织由众多群体构成，这些群体的行为方式、互动模式和决策过程直接影响着公共组织的运行效率、服务质量和社会形象。在当今复杂多变的社会环境下，深入了解公共组织群体行为有助于理解公共组织的运作机制，发现其中存在的问题，并提出有效的改进策略，从而增强公共组织的适应性和有效性，更好地应对各种公共事务和社会挑战。

（一）公共组织群体行为的概念

群体是人们通过某种社会关系联结起来进行共同活动和感情交流的集体。它通常包含一定数量的社会成员，这些成员拥有共同目标，并有着明确的成员关系，从而具有归属感。同时，群体还有一定的行为准则，并在时间上具有一定的连续性。

群体行为，指的是为了实现某个特定的目标，由两个或更多的相互影响、相互作用、相互依赖的个体组成的人群集合体所展现出的行为模式。这种行为模式往往具有规范化、程序化和协调化的特点。群体行为是群体中某些成员出于对共同目标的欲望与情绪高涨并达到一致的情况下，再加上其他某些成员的暗示和情绪感染而形成的。

公共组织群体行为，特指在公共组织内部发生的群体行为。它涉及公共组织内部的互动、决策、执行等多个层面，是公共组织运作和效能实现的重要基础。公共组织群体行为既受到组织规章制度、法律法规的约束，也受到群体内部规范的引导。同时，它还具有目标导向性、规范性、互动性、集体性和动态性等特征。

（二）公共组织群体行为的特征

（1）目标导向性　公共组织群体行为的核心在于其明确且具体的目标导向。这些目标通常与公共利益紧密相连，如提高公共服务质量、优化资源配置、促进社会公平等。群体成员在共同目标的指引下，形成合力、协同工作，以确保目标的实现。这种目标导向性不仅为公

共组织群体行为提供了明确的方向，也激发了成员们的积极性和创造力。

（2）规范性　公共组织群体行为受到多重规范的制约和引导。一方面，公共组织内部的规章制度、工作流程等为公共组织群体行为提供了明确的框架和约束；另一方面，法律法规以及社会道德规范也对公共组织群体行为产生了深远的影响。这些规范共同塑造了群体行为的模式和风格，确保了其合法性和合规性。同时，群体内部也会形成一些隐性的规范，如行为准则、价值观念等，这些规范为群体成员所接受，进一步增强了公共组织群体行为的规范性。

（3）互动性　公共组织群体行为的产生和发展离不开群体成员之间的相互影响和相互作用。这种互动不仅体现在言语沟通上，更包括情感交流、行为示范、角色扮演等多个层面。成员们通过互动来传递信息、分享知识、协调行动，从而形成了紧密的合作关系。这种互动性不仅增强了群体内部的凝聚力，也提升了公共组织群体行为的效率和效果。

（4）集体性　公共组织群体行为是群体成员共同行动的结果，它体现了集体决策和集体行动的特点。在公共组织群体行为中，每个成员都扮演着特定的角色，承担着相应的责任和义务。成员们通过协作和配合，共同完成任务、实现目标。这种集体性不仅增强了群体的整体实力，也提高了其应对复杂环境和挑战的能力。

（5）动态性　公共组织群体行为并不是静态不变的，而是随着公共组织内外环境的变化而不断变化。这种动态性表现在多个方面，如目标调整、策略转变、成员变动等。群体成员需要不断适应环境的变化，调整自己的行为模式和策略，以确保群体行为的持续有效。这种动态性为公共组织群体行为注入了新的活力和动力，也为公共组织应对未来挑战提供了更多的可能性和选择。

（三）公共组织群体行为的类型

1. 按组织行为的性质，将公共组织群体行为分为建设性群体行为和冲突性群体行为

（1）建设性群体行为　建设性群体行为是公共组织发展的基石，它对公共组织目标的实现起着至关重要的积极作用。这类行为体现在成员们的积极参与中，他们不仅乐于贡献自己的智慧和力量，还勇于提出创新性的建议，以优化工作流程、提升服务质量。高效执行决策是建设性群体行为的又一显著特征，成员们能够迅速响应组织号召，将决策转化为实际行动，共同推动组织向前发展。此外，建设性群体行为还促进了成员间的合作与信任，形成了良好的团队氛围，为组织的持续进步奠定了坚实的基础。

（2）冲突性群体行为　与建设性群体行为相反，冲突性群体行为往往对公共组织的运作构成威胁。当群体内部或群体之间存在意见分歧、利益冲突时，便可能引发对立和斗争。这种对立和斗争不仅消耗了公共组织的资源，还可能破坏成员间的和谐关系，导致公共组织效能下降。因此，及时管理和化解冲突成为公共组织面临的一项重要任务。通过建立有效的沟通机制、培养成员的冲突解决能力，可以最大限度地减少冲突性群体行为对公共组织的负面影响，确保公共组织的稳定和持续发展。

2. 按组织行为模式，将公共组织群体行为分为正式群体行为和非正式群体行为

（1）正式群体行为　正式群体行为是公共组织运作的骨架，它遵循公共组织的正式结构和规章制度。会议决策、正式沟通等是正式群体行为的典型代表。这类行为具有明确的规范性和程序性，确保了组织决策的科学性和合理性。正式群体行为有助于维护组织的权威性和稳定性，为成员提供清晰的行为准则和预期。然而，过于依赖正式群体行为也可能导致组织僵化、缺乏灵活性，因此需要在保持规范性的同时，注重激发成员的创造力和创新精神。

（2）非正式群体行为 非正式群体行为是正式群体行为的有益补充，它在正式组织结构之外自发形成。非正式交流、私下协商等非正式群体行为往往基于成员间的个人关系和信任，具有较大的灵活性和自主性。这些行为有助于增强成员间的联系和沟通，促进信息的流通和共享。在非正式群体中，成员们可以更加自由地表达自己的想法和意见，为组织决策提供更多的参考和依据。同时，非正式群体行为还有助于缓解工作压力、增强团队凝聚力，为组织的健康发展注入活力。

3. 按行为影响，将公共组织群体行为分为积极群体行为和消极群体行为

（1）积极群体行为 积极群体行为对公共组织的运作和目标实现具有显著的积极影响。团队协作、资源共享等积极群体行为能够提升组织的整体效能和竞争力。在团队协作中，成员们相互支持、共同努力，形成了强大的团队合力；资源共享则促进了组织资源的优化配置和高效利用。积极群体行为还能够激发成员的积极性和创造力，推动组织的持续发展和创新。通过鼓励和引导积极群体行为，可以构建积极向上的组织文化，为组织的长期发展奠定坚实的基础。

（2）消极群体行为 消极群体行为对公共组织的运作和目标实现构成威胁。工作懈怠、内部斗争等消极群体行为会破坏组织的正常运作和成员间的和谐关系。工作懈怠导致组织效能下降、服务质量降低；内部斗争则消耗了组织的精力和资源，影响了组织的稳定和发展。因此，需要及时纠正消极群体行为，通过建立有效的激励机制、加强组织文化建设等措施，激发成员的积极性和责任感，确保组织的健康和稳定发展。

4. 按行为目的，将公共组织群体行为分为任务导向型群体行为和关系导向型群体行为

（1）任务导向型群体行为 任务导向型群体行为主要围绕完成特定的工作任务或项目而展开。在这类行为中，成员们共同协作、明确分工，以确保任务的顺利完成。任务导向型群体行为有助于提升组织的执行力和效率，为组织目标的实现提供有力保障。通过加强任务导向型群体行为的培养和引导，可以营造高效、协同的工作氛围，推动组织的持续发展和进步。

（2）关系导向型群体行为 关系导向型群体行为侧重于维护群体内部人际关系和谐。在这类行为中，成员们注重情感交流、互相支持和理解，以建立稳固的人际关系。关系导向型群体行为有助于增强组织的凝聚力和向心力，提升成员的归属感和满意度。通过加强关系导向型群体行为的培育和发展，可以构建温馨、和谐的团队氛围，为组织的长期发展提供有力支撑。同时，关系导向型群体行为还能够增进成员间的相互理解和信任，为组织的决策和执行提供更加坚实的基础。

二、影响公共组织群体行为的因素

公共组织中的群体行为是一个复杂的现象，受到多种因素的综合影响。了解这些因素及其相互关系，能够帮助管理者更好地引导和控制群体行为，提高公共组织的工作效率和服务质量，实现公共利益的最大化。

（一）个体因素

（1）成员态度、知识、技能和能力　成员的个人特质和能力是影响群体行为的重要因素。成员的态度决定其参与群体活动的积极性和合作意愿；而成员的知识、技能和能力则直接影响群体任务的完成效率和质量。

（2）成员需求　根据马斯洛需求层次理论，个体有生理、安全、社交、尊重和自我实现等需求。在公共组织中，成员的需求得到满足的程度会影响公共组织群体行为。例如，当成员感到被尊重和自我价值得以实现时，他们更可能会推动公共组织作出积极的建设性群体行为。

（二）群体因素

（1）群体规模　群体规模对群体行为有显著影响。一般来说，小型群体成员之间互动频繁、沟通顺畅，容易形成共识和统一行动；而大型群体则可能因成员众多、意见分歧而导致决策缓慢或行动不一致。

（2）群体结构　群体的组织结构、权力分布、角色分配等都会影响群体行为。例如，在权力集中的群体中，决策可能更为迅速但缺乏民主性；而在权力分散的群体中，决策过程可能更为复杂但更能体现成员意志。

（3）群体规范　群体规范是群体成员共同接受和遵循的行为规则，它对群体行为具有约束和指导作用。群体规范的形成有助于维护群体秩序、促进成员合作，但也可能抑制成员的个性和创新精神。

（4）群体凝聚力　群体凝聚力是群体成员之间相互吸引、相互依赖的程度。高凝聚力的群体，其成员间关系紧密、合作意愿强烈，更容易形成统一行动；而低凝聚力的群体则可能因成员间缺乏信任和合作而导致群体行为效率低下。

（三）组织因素

（1）组织战略和目标　组织的战略和目标对群体行为具有导向作用。当群体行为与组织战略和目标相一致时，群体成员会更容易形成共识和统一行动；反之，则可能导致群体行为与组织目标相悖。

（2）组织文化和氛围　组织文化和氛围是群体行为的重要背景因素。开放、包容、创新的组织文化有助于激发成员的积极性和创造力，促进建设性群体行为的产生；而封闭、保守、压抑的组织文化和氛围则可能抑制成员的个性发展，导致冲突性群体行为的出现。

（3）组织资源和支持　组织提供的资源（如资金、技术、信息等）和支持（如培训、激励、沟通等）对群体行为具有重要影响。充足的资源和支持有助于群体更好地完成任务、实现目标；而资源匮乏或支持不足则可能导致群体行为受阻或失败。

（四）环境因素

（1）社会环境和政治因素　社会环境的变化和政治因素的波动都可能对公共组织群体行为产生影响。例如，社会舆论的导向、政治政策的调整等都可能改变群体成员的认知和行为。

（2）经济因素　经济因素也是影响公共组织群体行为的重要因素。经济发展状况、物质财富的分配、社会经济系统的运作等都可能对群体行为产生直接或间接的影响。例如，经济逆境下的失业、工资不变等可能会催生社会群体的不满和抵抗行为。

（3）技术进步　现代互联网和社交媒体的普及对公共组织群体行为产生了深远影响。它们迅速传达和发酵热点问题，加速了群体行为的发生和传播。同时，技术的进步也为群体行为提供了新的表达渠道和表达方式。

综上所述，公共组织群体行为的影响因素是多方面的，包括个体因素、群体因素、组织因素和环境因素等。这些因素相互交织、共同作用，对公共组织群体行为的产生、发展和结果产生深远影响。因此，在管理和引导公共组织群体行为时，需要综合考虑这些因素，形成具有针对性的策略。

三、公共组织群体行为的管理策略

鉴于公共组织群体行为的复杂性和多样性，有必要构建一套全面而灵活的管理体系，需要优化公共组织群体行为的管理策略，确保公共组织群体行为的正向发展，以促进公共组织目标的实现和成员间的和谐协作。

（一）明确组织目标和角色定位

在公共组织中，明确目标和角色定位是公共组织群体行为管理的基石。公共组织需要为群体设定清晰、可衡量的目标，确保群体中每个成员都了解并认同这些目标。这有助于增强群体的凝聚力并提高协作效率。例如，一个环保部门为了推动城市垃圾分类工作，首先会设定一个清晰、可衡量的目标，比如“在接下来的一年内，实现城市居民垃圾分类参与率达到80%，分类准确率提升至90%”。这一目标不仅具体明确，而且具有挑战性，能够激发群体成员的积极性和创造力。为了实现这一目标，环保部门会进一步明确每个成员的角色和职责。比如，有的成员负责宣传教育，通过举办讲座、发放宣传册等方式增强居民的垃圾分类意识；有的成员负责监督指导，定期巡查小区垃圾分类情况，提供必要的指导和帮助；还有的成员负责数据分析，对垃圾分类的进展和效果进行量化评估，为决策提供依据。通过这样明确的角色分工，每个成员都能清楚自己的职责所在，从而避免工作重叠和责任不清，提高群体绩效。

（二）促进团队合作和交流

在公共组织中，促进团队合作和交流是提升群体凝聚力和协作效率的关键。应形成良好的工作氛围，鼓励群体成员之间的合作和交流。以某市政府部门为例，为了加强部门内部的团队合作和交流，该部门定期组织团队建设活动，如开展户外拓展等活动，让成员在轻松愉快的氛围中增进了解、加深友谊。同时，该部门还建立了有效的沟通机制，包括定期召开团队会议、设立意见箱等，确保信息在群体内部畅通无阻。每当有重要决策或政策出台时，都会及时传达给每个成员，并征求他们的意见和建议，这样不仅减少了误解和冲突，还提高了群体决策的效率和质量。

（三）建立激励机制

在公共组织中，建立激励机制是激发成员积极性和工作动力的有效手段。应结合个人绩效和团队贡献，建立公平合理的奖励制度。这可以激发成员的积极性和工作动力，促进群体目标的实现。应及时对表现优秀的成员或团队进行认可和表彰，增强成员的成就感和归属感。这有助于提升群体的士气和凝聚力。以某公共卫生机构为例，该机构为了激励成员积极参与疾病预防工作，建立了个人与团队奖励制度。对于表现突出的个人，会给予物质奖励或晋升机会；对于表现优秀的团队，则会颁发荣誉证书或提供团队建设基金。此外，该机构还注重认可和表彰，每当有成员或团队取得显著成绩时，都会及时在内部通报表扬，甚至邀请他们分享经验，这样大大增强了成员的成就感和归属感，提升了群体的士气和凝聚力。

（四）管理冲突和分歧

在公共组织中，冲突和分歧是难免的，管理者需要及时发现、处理和解决冲突，避免冲突对团队的工作效率和凝聚力产生负面影响。以某城市规划部门为例，在规划一个新建项目时，不同成员之间可能会因为设计理念、利益分配等问题产生分歧。此时，管理者会及时介入，通过调解、协商等方式化解冲突。同时，该部门还会定期组织培训，提高成员的沟通能力和解决问题的能力，帮助他们更好地理解彼此的观点和需求，找到共同的解决方案。这样不仅维护了群体的和谐稳定，还促进了项目的顺利进行。

（五）培养群体规范和价值观

在公共组织中，培养群体规范和价值观是增强群体凝聚力和稳定性的重要途径。应明确群体内部的行为规范和价值观，引导成员尊重和遵守这些规范。这有助于增强群体的凝聚力和稳定性。以某教育部门为例，该部门为了提升教师的职业素养和道德水平，制定了严格的群体规范，包括教学规范、师德规范等，并要求每个教师严格遵守。同时，该部门还通过培训、宣传等方式强化教师的价值观教育，让他们深刻认识到教育的重要性和使命感。这样，教师在共同遵守规范和价值观的基础上，形成了强大的凝聚力，提高了协作效率，为提升教育质量奠定了坚实基础。

（六）关注成员需求和发展

在公共组织中，关注成员需求和发展是提升成员归属感和忠诚度的关键。以某社会福利机构为例，该机构为了留住优秀的人才，不仅提供了具有竞争力的薪酬福利，还关注成员的职业发展和个人成长。该机构会定期为成员提供培训和学习机会，帮助他们提升专业技能和综合素质；同时，还会根据成员的兴趣和特长，为他们提供晋升和转岗的机会，让他们在工作中不断成长和进步。这样，成员们感受到了组织的关怀和支持，从而更加忠诚于组织，为组织的发展贡献自己的力量。

（七）适应环境变化和创新管理

在公共组织中，适应环境变化和创新管理是提升群体行为管理效率和效果的重要途径。以某应急管理部门为例，面对日益复杂的自然灾害和突发事件，该部门及时关注社会、政治、经济等外部环境的变化，评估这些变化对群体行为的影响。在此基础上，该部门不断创新管理方法和技术，如引入数字化转型、智能化管理等手段，提高应急响应的速度和准确性。同时，该部门还注重与其他部门的协同合作，形成应急管理的合力。这样，不仅提升了群体行为的管理效率和效果，还为保障人民群众的生命财产安全提供了有力保障。

第四节　公共组织行为的发生机制与自矫机制

公共组织行为在社会治理中的合理性、有效性，直接关系到公共资源的配置效率、公共服务的质量以及社会公平正义的实现程度。探讨公共组织行为的发生机制与自矫机制，有助于揭示公共组织运行的内在逻辑，发现潜在问题并及时进行调整和优化，从而更好地履行公共职责，满足社会公众的需求，增强公共组织的公信力与合法性。

一、公共组织行为的发生机制

在公共组织中，领导与服从、决策与参与，以及竞争、冲突、合作是最为普遍的组织行为模式，研究这些组织行为的发生机制，对理解公共组织至关重要。本节将聚焦这些行为如何在公共组织内部及其活动领域中发挥作用。

（一）领导与服从行为的发生机制

1. 领导行为的合法性基础

领导行为的合法性，是领导者权威和影响力的源泉。它不仅仅是指领导者及其行为在法律层面的合规性，更是指领导者在组织内部及外部利益相关者中得到广泛接受和认可。这种合法性基础主要来源于以下 3 个方面。

（1）制度合法性　领导者必须严格遵守国家法律法规、政策规定以及组织内部的规章制度。这是领导者行为具有合法性的最基本要求，也是领导者获得制度支持和保障的前提。在公共组织中，领导者的行为往往需要经过严格的法律审查和监督，以确保其符合公共利益和社会福祉的要求。

（2）魅力合法性　领导者的个人魅力、道德品质、专业能力和领导风格等因素，对于吸引和影响组织成员具有重要作用。一个具有高尚品德、卓越才能和独特魅力的领导者，往往能够赢得组织成员的信任和崇拜，从而赋予其非正式的合法性。这种合法性基础虽然不如制度合法性那样具有强制性，但它在激发组织成员积极性和创造力方面却具有不可替代的作用。

（3）绩效合法性　领导者的绩效表现是其合法性的重要来源。通过实现组织目标、提升组织效能、解决公共问题等实际行动，领导者能够展示自己的能力和价值，从而赢得组织成员的认可和支持。这种合法性基础是最直接和有效的，因为它直接关联组织成员的切身利益和组织的长远发展。

2. 领导行为模型

领导行为模型是对领导者如何影响组织成员行为的系统描述和解释。在公共组织环境中，由于组织目标的公共性和组织成员的多样性，领导行为模型的选择和运用显得尤为重要。以下是一些常见的领导行为模型。

（1）领导特质论　领导特质论，作为领导学中的一个经典理论，其核心观点在于强调领导者个人所具备的特定特质对于领导效能的至关重要性。这里所说的特质，诸如高度的智力、坚定的自信、不屈不挠的决心等，被视为领导者成功的关键要素。领导特质论认为，正是这些内在的品质，使得某些人在领导岗位上能够脱颖而出，引领团队迈向成功。然而，领导特质论并非没有瑕疵。其最显著的局限性在于，它过于简化了领导行为的复杂性，忽视了情境因素对领导效果的影响。领导行为并非孤立存在，而是与特定的组织环境、任务特性和下属特点紧密相连。领导特质论未能充分考虑到这些因素如何与领导者的特质相互作用，从而影响领导效果。此外，领导特质论还忽略了领导者与组织成员之间的互动关系，这种互动是领导过程中不可或缺的一部分，对于激发团队成员的积极性和创造力至关重要。

（2）领导行为论　领导行为论，尤其是以俄亥俄州立大学的研究为代表的二维模型，为理解领导行为提供了更为细致的视角。该模型将领导行为划分为关怀和定规两个维度，分别代表了领导者对成员的关心程度以及对任务和工作程序的重视程度。关怀维度强调领导者应关注成员的需求和感受，建立信任和支持的氛围；而定规维度则要求领导者明确任务目标，设定清晰的工作程序和标准。这一模型的重要意义在于，它强调了领导者应根据具体情境调整其行为方式。不同的情境可能需要领导者在关怀和定规两个维度上作出不同的权衡和取舍，以实现最佳的领导效果。这种灵活性使得领导行为论比领导特质论更能适应复杂多变的组织环境。

（3）领导权变论　领导权变论进一步扩展了领导行为研究的视野，它认为有效的领导行为并非一成不变，而是取决于领导者与被领导者之间的关系、任务结构以及组织环境等多种因素的相互作用。菲德勒的权变模型、赫塞和布兰查德的情境领导理论等，都在这一领域具有代表性。这些理论和模型为领导者提供了在不同情境下选择最佳领导行为的指导原则。例如，权变模型指出，领导者行为的有效性取决于领导者的领导风格与情境因素的匹配程度；情境领导理论则强调，领导者应根据下属的成熟度和能力水平，灵活调整自己的领导方式。这些理论都强调了领导行为的情境适应性，为领导者提供了更为全面和动态的领导策略。

（4）变革型领导与交易型领导　在领导学的众多理论中，变革型领导与交易型领导是两种截然不同的领导风格。变革型领导强调通过激发下属的高层次需求，如成就感和归属感，来促进下属的个人成长和组织变革。这种领导风格注重激发团队成员的内在动力，鼓励他们超越自我，追求更高的目标。在公共组织中，变革型领导对于推动组织创新、提高服务质量等方面具有重要意义，它能够激发团队成员的积极性和创造力，推动组织不断向前发展。而交易型领导则更注重通过奖励和惩罚来管理下属行为。这种领导风格强调领导者与下属之间的交换关系，即下属通过完成任务获得奖励，而未能完成任务则可能受到惩罚。交易型领导在一定程度上能够维护组织的秩序和稳定，确保任务的顺利完成。然而，与变革型领导相比，它可能更侧重于短期目标的实现，而忽视了团队成员的个人成长和长期发展。

3. 公共组织中的领导与服从

在公共组织内部，领导与服从行为的发生机制具有其独特性。由于公共组织的使命和职责往往涉及公共利益和社会福祉，因此领导者的行为需更加注重公开、透明和公正。这不仅要求领导者在决策过程中充分考虑公众的意见和需求，还要求领导者在行为上做到廉洁奉公、勤政为民。

同时，公共组织成员的服从行为也受到多重因素的制约。除了领导者个人魅力的影响外，组织文化、制度规范和职业伦理等因素也对成员的服从行为产生重要影响。在公共组织中，成员往往更加注重组织的使命和价值观，以及自己在组织中的角色和责任。因此，他们在服从领导者决策的同时，也会积极提出自己的意见和建议，以促进组织实现更好的发展。

在领导与服从的互动过程中，公共组织需要构建一种基于共同价值观和目标的领导关系。这种关系强调领导者的示范作用和影响力，同时鼓励组织成员积极参与决策、提出建设性意见。通过形成上下联动、协同合作的良好氛围，公共组织能够更好地实现其使命和目标。

此外，公共组织还应建立健全的监督机制，以确保领导者的行为符合法律法规和组织规范的要求。这不仅可以防止权力滥用和腐败现象的产生，还可以增强组织成员的信任感和归属感，从而提高组织的凝聚力和战斗力。

（二）决策与参与行为的发生机制

1. 决策行为的发生机制

决策行为是一个复杂而系统的活动，它通常包括问题识别、目标设定、方案制定、评估选择、实施控制和反馈调整等多个阶段。在这一连贯的流程中，每一步都环环相扣，共同构成了决策的整体框架。

（1）问题识别　决策者需要敏锐地捕捉到组织面临的关键问题，这要求他们具备高度的洞察力和敏锐性。

（2）目标设定　在目标设定阶段，决策者需要明确决策所要达成的具体目标，这有助于为后续的决策活动提供清晰的方向。

（3）方案制定　方案制定是决策过程中的核心环节，决策者需要集思广益，制定出多种可能的解决方案。这一过程中，创新思维和开放心态尤为重要，因为新颖独特的方案往往能实现意想不到的突破。

（4）评估选择　评估选择阶段指对制定出的方案进行全面评估，从中选出最优方案。在这一阶段，决策者需要充分考虑内外部环境因素、利益相关者的诉求及资源的有效配置，以确保所选方案具有可行性和有效性。

（5）实施控制　实施控制阶段是将决策转化为实际行动的关键环节，决策者需要密切关注实施过程中的进展和问题，及时调整策略以确保决策目标的实现。

（6）反馈调整　反馈调整阶段是对整个决策过程进行总结和反思的重要步骤，通过收集和分析反馈信息，决策者可以不断优化决策流程，提高决策质量。

2. 参与行为的发生机制

公众参与是民主决策的重要组成部分，通过参与行为，公众能够表达意见，提供更多元、更全面的信息，有助于决策者减少决策失误，增强决策的科学性。同时，通过参与决策的过程，公众能够感受到自己的声音被重视，从而增强对公共组织的信任和支持。公众参与还有助于平衡不同利益群体的诉求，减少社会矛盾和冲突。常见的公众参与的方式有如下 4 种。

（1）信息公开　公共组织应及时、全面、准确地公开决策相关信息，为公众参与提供条件。

（2）问询和意见征集　公共组织通过问卷调查、座谈会、听证会等形式征求公众意见，确保决策过程的透明度和公正性。

（3）多元利益协商　在决策过程中，公共组织应与公众和相关利益方进行充分协商，找到各方利益的平衡点。

（4）参与性决策　在特定领域和事项上，公共组织可尝试采用公众投票或决策的方式，将公众置于决策的核心位置。

不过，在当前公共组织的公众参与过程中，仍面临着一些挑战，如如何确保公众参与机制能够覆盖更广泛的群体和议题是一个难题；公众参与程度的提高可能会提升决策的难度和复杂度；如何找到平衡点以确保决策结果具有有效性和可控性；在参与机制中，不同利益方之间可能存在冲突，需要管理者和政策制定者具备高超的协调能力和智慧。

（三）竞争、冲突、合作行为的发生机制

1. 竞争行为的发生机制

竞争，作为自然界和社会生活中普遍存在的一种现象，同样深深植根于公共组织之中。在资源有限的前提下，无论是不同公共组织之间为了争取更多的政策支持、资金拨款，还是组织内部成员为了职位晋升、项目主导权而展开的竞争，都是推动组织向前发展的重要动力。合理的竞争能够激发成员的积极性和创造力，促进知识和技能的交流与共享，加速组织的创新进程。例如，通过设立绩效考核体系，公共组织可以激励成员提高工作效率和服务质量，从而提升整体效能。

然而，无序或过度的竞争也可能带来一系列负面影响，包括资源浪费、团队协作受阻、

组织氛围紧张等。为了避免这些问题，公共组织需要构建一套公平、透明、合理的竞争机制。这包括明确竞争的目标、范围和规则，确保所有参与者都能在相同的起跑线上公平竞争；同时，建立有效的监督机制，防止不正当竞争行为的发生，如暗箱操作、恶意诋毁等。此外，组织还应注重培养成员之间的合作意识，通过团队建设、文化交流等活动，促进竞争与合作的良性互动，实现个人与组织的共同发展。

2. 冲突行为的发生机制

冲突，作为组织生活中不可避免的一部分，其本质为不同利益、观念或行为方式之间的碰撞。在公共组织中，冲突可能源于部门间的职能重叠、资源分配不均、政策执行中的意见分歧等。有效的冲突管理不仅关乎组织的稳定与和谐，更是推动组织变革与创新的关键。

面对冲突，公共组织首先需要形成开放、包容的组织文化，鼓励成员表达不同意见，尊重多样性。其次，应采用多样化的冲突解决策略，如直接沟通、第三方调解、共识构建等，根据冲突的性质和严重程度灵活选择。例如，对于轻微的意见不合，可以通过面对面的讨论达成共识；而对于深层次的利益冲突，则可能需要引入中立的第三方进行调解。

然而，冲突并不总是负面的。适度的冲突可以激发组织成员的创造力和创新精神，推动组织的变革和发展。因此，公共组织需要建立有效的冲突管理机制，既要避免冲突的过度激化，又要充分利用冲突的积极因素，推动组织的持续改进和发展。

3. 合作行为的发生机制

在日益复杂多变的社会环境中，合作成为公共组织实现目标、应对挑战的重要途径。无论是跨部门协作、政府与社会组织的合作，还是国际交流与合作，都体现了合作的巨大价值。合作不仅能够实现资源的共享和优势互补，还能增强组织的整体抗风险能力，促进社会的共同进步。

为了建立有效的合作机制，公共组织需要做到 4 点。第一，明确合作的目标和原则，确保各方对合作的方向和期望有共同的认识。第二，建立信任机制，通过定期沟通、信息共享、共同决策等方式，增进各方的理解和信任。第三，设计合理的合作框架和分工机制，明确各方的责任、权利和义务，确保合作的顺利进行。第四，注重合作成果的评估与反馈，及时调整合作策略，持续优化合作过程。

在实践中，公共组织还应积极探索多元化的合作模式，如项目合作、战略联盟、网络合作等，以适应不同情境下的合作需求，推动社会的可持续发展。

二、公共组织行为的自矫机制

公共组织行为的自矫机制是指公共组织为了确保其行为符合公共利益、遵循法律法规、适应社会环境变化，而建立的一套能够自我监测、自我评估、自我修正的制度安排与运行程序。

（一）自矫机制与公共组织更新

自矫机制是公共组织内部的一种自我调节和修正机制，旨在通过识别、分析和纠正偏离组织目标或规范的行为，确保组织能够持续、稳定地朝着既定目标前进。这一机制的目的在于提升组织的环境适应能力、组织绩效，改进工作动机，促进成员整合，同时减少人员缺勤和离职、降低冲突及减轻成本。它贯穿公共组织决策、执行、监督等各个环节，通过内部与外部多种监督力量的协同作用、科学合理的绩效评估与反馈机制以及持续的组织学习与变革能力，及时发现公共组织行为中存在的问题，如决策失误、执行不力、资源浪费、权力滥用等，并采取有效的措施加以纠正和改进，从而使公共组织行为始终保持在正确的轨道上，实现公共组织的目标与价值追求。

公共组织的更新，则是自矫机制在实践中的具体体现与深化。随着时代的变迁与社会的进步，公共组织所面临的挑战与机遇也在不断变化。为了保持组织的活力与竞争力，公共组织必须不断进行更新与变革。这种更新不仅体现在组织结构的调整上，如优化部门设置、明确职责分工等，更深入组织文化的重塑与流程的优化。通过塑造积极向上的组织文化，激发成员的归属感与创造力；通过优化组织流程，提高工作效率与服务质量，从而全面提升组织的整体效能。

自矫机制与公共组织的更新之间存在着密切的相互关联与相互促进的关系。一方面，自矫机制为组织的更新提供了内在的动力与保障。通过自我反思与自我修正，组织能够及时发现并解决存在的问题与不足，为组织的更新提供明确的方向与目标。另一方面，组织的更新则为自矫机制的实现提供了更好的环境与条件。通过不断的更新与变革，组织能够不断适应外部环境的变化与内部发展的需求，为自矫机制的有效运行创造更加有利的条件。

（二）自矫机制的基础

公共组织行为的自矫机制要想对公共组织行为发挥作用就必须基于一定的基础。这种基础可以来自组织的内部，也可以来自组织的外部。这里主要就制度基础、组织文化基础和环境基础展开讨论。

1. 制度基础

制度是公共组织自矫机制的重要保障。完善的制度体系能够为公共组织提供明确的行为规范和约束，确保公共组织行为在合法、合规的轨道上运行。制度基础包括国家法律法规、组织内部规章制度等多个层面。公共组织需要建立健全的制度体系，确保各项制度之间相互衔接、相互支撑，形成有机统一的整体。同时，还需要加强对制度执行情况的监督和检查，确保制度得到有效落实和执行。

2. 组织文化基础

组织文化是公共组织自矫机制的内在驱动力。积极向上的组织文化能够激发组织成员的认同感和归属感，引导他们自觉遵守组织规范和行为准则。公共组织需要注重组织文化的培育和建设，通过弘扬组织精神、树立先进典型、强化价值观教育等方式，营造良好的组织文化氛围。在组织文化建设过程中，还需要注重与组织目标的紧密结合，确保组织文化成为推动组织发展的有力支撑。

3. 环境基础

环境是公共组织自矫机制的重要外部条件。公共组织所处的环境包括政治环境、经济环境、社会环境等多个方面。环境因素的变化会对公共组织的行为产生深远的影响。因此，公共组织需要密切关注环境的变化趋势和变化规律，及时调整自身的行为策略和行为方式，以适应环境的变化和挑战。同时，还需要加强与外部环境的沟通和协调，建立良好的外部关系网络，为组织自矫机制的良性运行和组织发展创造有利的外部条件。

（三）自矫机制良性运行的途径与方法

为了实现自矫机制的良性运行，公共组织需发挥自身内在能动性，探索实现该机制良性运行的有效途径与方法，以确保对组织行为的有效调控。诚然，鉴于公共组织行为发生机制的不确定性、公共组织领域的快速变迁与跨国界环境差异、公共组织文化的多元性、公共组织结构功能体系的复杂性，以及公共组织目标往往模糊且难以量化等多重挑战，全面而精确地勾勒公共组织自矫机制显得尤为困难。因此，接下来将着重探讨几种具体的自矫机制良性运行的路径与方法。

1. 学习塑模：用知识的力量推动自我革新

学习塑模作为自矫机制的基石，强调通过学习来塑造和提升组织的整体能力。在公共组织中，这意味着不仅要学习先进的管理理念，如精益管理、六西格玛等，还要将这些理念与组织的实际情况相结合，形成具有自身特色的管理模式。例如，某市政府部门通过学习国内外先进的电子政务系统，不仅提升了办公效率，还增强了与市民的互动，实现了服务的数字化转型。此外，建立定期的学习分享会、在线学习平台等，鼓励成员持续学习，将所学知识转化为实践能力，是塑造学习型组织、实现自矫机制良性运行的关键。

2. 目标调整：灵活应变，确保方向正确

目标调整是自矫机制中不可或缺的一环，它要求公共组织在面对外部环境变化或内部问题时，能够迅速调整策略和目标。以应对突发公共卫生事件为例，卫生部门需根据突发疫情的发展情况来动态调整防控策略，从初期的严格封锁到后期的精准防控，每一步都需要基于数据分析和科学决策。目标调整的过程应包含充分的讨论和沟通，确保所有成员对新目标有清晰的认识，并配套相应的资源分配和执行计划，以保证调整后的目标能够顺利实现。

3. 规制监督：构建全面的监督体系，确保行为合规

规制监督是自矫机制的重要保障，它要求公共组织建立一套完善的内外部监督体系，确保公共组织行为符合法律法规和社会期望。内部监督方面，可以设立独立的内部审计部门，定期对财务、项目执行等进行审查；外部监督则包括接受政府监管、媒体监督和社会公众的评价。例如，环保部门在推进项目时，需接受环保法规的严格监督，确保项目不对环境造成负面影响。通过内外结合的监督机制，及时发现并纠正偏差，维护公共组织的公信力和合法性。

4. 制度创新：打破常规，激发公共组织活力

制度创新是自矫机制的核心驱动力，它要求公共组织勇于打破传统框架，探索适应新时代要求的制度设计。这包括优化决策机制、提高行政效率、推动数字化转型等多个方面。例如，一些地方政府通过引入“最多跑一次”改革，大幅简化了行政审批流程，提高了服务效率，赢得了民众的好评。制度创新需要基于深入的调研和科学的评估，确保新制度既能解决实际问题，又能被组织成员广泛接受，从而推动组织持续健康发展。

◎思考题

1. 什么是公共组织行为？试述公共组织行为的基本特征。
2. 试从不同的角度划分公共组织行为的类型，并说明划分方式的现实意义。
3. 试述影响公共组织行为的因素。
4. 影响公共组织个体行为的因素有哪些？试述公共组织个体行为的管理策略。
5. 影响公共组织群体行为的因素有哪些？试述公共组织群体行为的管理策略。
6. 试述公共组织自矫机制对组织更新的意义。
7. 试述公共组织自矫机制良性运行的途径与方法。

第六章

公共组织文化

公共组织文化作为公共组织的灵魂与精神支柱，深刻影响着组织成员的价值观、行为方式和组织的整体效能。在当今复杂多变的社会环境下，深入理解公共组织文化对于提升公共组织的适应性、竞争力和社会公信力具有极为重要的意义。公共组织文化不仅是公共组织内部凝聚力与向心力的源泉，更是连接公共组织与社会公众的重要桥梁，在很大程度上决定了公共组织在社会治理中的角色定位与作用发挥。本章主要讨论公共组织文化的概念、结构和功能、建设与发展等相关内容。

第一节　公共组织文化概述

组织文化是组织在其发展历程中逐渐积淀形成的一套价值观念和信仰体系，是组织的灵魂。它渗透于组织的每一项活动中，以一种无形的方式深刻影响着组织成员的心理状态与行为模式，从而对组织的整体绩效产生深远影响。

一、文化与组织文化

（一）文化

文化是一个复杂而多元的概念，涵盖了人类社会生活的各个方面。从广义上来说，文化是人类在社会历史发展过程中所创造的物质财富和精神财富的总和，包括语言、宗教、价值观、道德观念、风俗习惯、科学技术、文学艺术等诸多要素。这些要素相互交织，共同构成了一个社会或群体的文化体系。

1. 文化的定义

在国外，文化（culture）一词源于拉丁语（cultura），原意为“对土地的耕耘、加工和改良”。英国人类学家泰勒在《原始文化》中指出：“文化或文明是一个复杂的整体，它包括知识、信仰、艺术、伦理道德、法律、风俗和作为一个社会成员的人通过学习而获得的任何其他能力和习惯。"[①] 英国人类学家拉德克利夫·布朗却认为，文化是人们在相互交往中获得知识、技能、体验、观念、信仰和情操的过程[②]。德国学者李凯尔特认为，"文化"是一个用来区别于"自然"的概念，他进一步解释，"自然产物是自然而然地从土地里生长出来的东西，文化产物是人们播种之后从土地里生长出来的"[③]。美国人类学家阿尔弗雷德·克洛依伯与克莱德·克拉克洪在《文化：概念和定义批判分析》中，对"文化"作了迄今为止欧美学界比较公认的定义："文化是各种外显的或内隐的行为模式；它通过符号的运用使人们习得及传授，并构成人类群体的显著成就，它包括发现于人工制品中的成就；文化的基本核心包括由历史衍生及选择而成的传统观念，尤其是价值观念。文化体系虽可被认为是人类活动的产物，但也可被视为限制人类作进一步活动的因素。"[④]

国内学者也从不同角度对文化进行了定义。梁启超认为，文化是"人类通过自身心智的积累所创造的有价值的集体成果"[⑤]。这个定义涵盖了文化的广度和深度，包括物质层面和精神层面的内容，并且表明了文化是人类为了满足自身基本需求而不断追求进步的过程。梁漱溟对文化的定义更加具体和全面，他认为文化是一个民族生活的各个方面，包括精神生活、社会生活和物质生活。他强调文化是人类为了满足自身需求而不断追求进步的过程，同时也是一个民族在长期历史演进中积累起来的集体成果[⑥]。张岱年和程宜山主张文化综合创造论，他们认为文化是一个不断创造的过程，是人类在处理人和世界关系中所采取的精神活动与实践活动的方式及其所创造出来的物质和精神成果的总和[⑦]。肖前教授在《马克思主义哲学原理》一书中，给出了一个体现马克思主义中国化风格的简要表述："文化即人化"[⑧]。这个表述总结了历史上中西文化观中最重要的核心和实质内容。

由上可知，文化所蕴含的意义极为广泛且深邃，它囊括了人类生活的各个层面与细节。从宽泛的角度来看，文化可以被视为人类在社会实践活动中所累积的物质与精神层面的生产能力，以及由此产生的物质与精神财富的总和。这涵盖了语言、文学、艺术、宗教、哲学思考、科学技术探索、风俗习惯、道德规范等一系列丰富多彩的内容。更具体地说，文化可从3个方面进行解读。

（1）文化是人类活动的综合体现　文化既是物质世界中的一部分，又超越了物质层面，它蕴含于国家与民族的思维方式、价值体系、生活方式、行为准则以及科学技术的发展之中，并得以代代相传。

（2）文化是意识形态的展现　文化作为一种普遍认可的交流工具，它传递着人类对于客观世界的感性认知与经验积累，是一种能够跨越时空传承的意识形态。

---

① ［英］爱德华·伯纳特·泰勒：《原始文化》，上海：上海文艺出版社，1992。

② ［英］拉德克利夫·布朗：《原始社会的结构与功能》，北京：中央民族大学出版社，1999。

③ ［德］亨里希·李凯尔特：《文化科学和自然科学》，北京：商务印书馆，2020。

④ Kroeber A. L.，Kluckhohn C.：《Culture：A Critical Review of Concepts and Definitions》，Peabody Museum，Cambridge，MA，1952，第181页。

⑤ 梁启超：《梁启超论中国文化史》，北京：商务印书馆，2012。

⑥ 梁漱溟：《东西文化及其哲学》，北京：商务印书馆，2010。

⑦ 张岱年，程宜山：《中国文化与文化论争》，北京：中国人民大学出版社，1990。

⑧ 肖前：《马克思主义哲学原理》，北京：中国人民大学出版社，1994。

（3）文化的形成有一个动态演变的过程　文化并非静止不变，而是随着历史的洪流与社会的进步而不断演变，展现出其动态发展的特性。

2. 文化的特征

文化展现出了多样性与共同性并存、社会遗产与动态过程交织、群体共享、后天习得以及创造性凸显等多重特征。

（1）多样性与共同性并存　不同地域、民族及社会群体间的文化各具特色，但同时，这些文化之间也存在着共通之处，共同构成了人类文化的普遍性基础。

（2）社会遗产与动态过程交织　文化不仅是历史的积淀，更是一个持续不断的动态过程，它承载着过去的记忆，同时也在社会的变迁中不断进化。

（3）群体共享　文化是群体或社会全体成员的共同财富，只有被社会广泛承认的文化元素，才能成为该社会的文化标识。

（4）后天习得　文化并非天生具备，而是个体通过社会学习与实践逐渐获得的。

（5）创造性凸显　文化是人类在社会共同生活中创造出来的，它体现了人类的创造力与想象力，是人类智慧的结晶。

3. 文化的内容

文化的内容极为丰富，主要包括以下 5 个方面。

（1）语言文字　语言是文化的核心载体，通过语言，人类能够传递思想、交流经验、传承知识。而文字作为语言的书面形式，更是人类文化成果的重要记录工具。

（2）艺术形式　音乐、舞蹈、戏剧、电影、电视、书籍、绘画、雕塑、摄影等多种艺术形式，是人类表达情感、展现创造力与想象力的重要途径。

（3）意识形态　哲学、宗教、道德观、伦理学、政治思想、经济理论等意识形态，构成了人类社会的精神支柱与价值导向。

（4）科学技术　科学技术是人类认识世界、改造世界的重要工具，从古代的发明创造到现代的高科技革新，科学技术的发展不断推动着人类社会的进步。

（5）风俗习惯与道德规范　这些是社会生活中约定俗成的行为准则，它们规范着人们的日常行为，维护着社会的秩序与和谐。

（二）组织文化

1. 组织文化的定义

关于组织文化的定义，专家们众说纷纭，至今仍未形成一个定论。国外关于组织文化的定义就有 160 多种，其中美国学者迪尔和阿伦·肯尼迪在《企业文化》一书中，将组织文化描述为："我们在这种环境中做事的方式。"荷兰学者霍夫斯泰德提出组织文化的四层次模型理论，认为由外向内，组织文化包括摊号系统、英雄人物、礼仪活动、价值观。爱德加·斯恩认为，组织文化是"在一定的社会经济条件下，通过社会实践所形成的并为全体成员遵循的共同意识、价值观念、职业道德、行为规范和准则的总和"，是一个企业或一个组织在自身发展过程中形成的以价值为核心的独特的文化管理模式。可见，关于组织文化有着许多不同的定义。

在综合各种观点的基础上，可以认为组织文化是指一个组织在长期的生存和发展过程中，所形成的具有独特个性的价值观、信仰、行为准则、道德规范、传统习俗以及在此基础上形成的组织内部成员共同的精神追求和行为习惯的总和。它体现了组织的灵魂和精神支柱，是一个组织区别于其他组织的显著标志。组织文化通过塑造成员的行为和思维方式，引导成员为实现组织的共同目标而努力。

2. 组织文化的特征

（1）独特性　每个组织都根植于特定的文化背景与历史传承之中，这种深厚的底蕴赋予了组织文化鲜明的个性色彩。不同的组织，其历史沿革、行业特性、地域环境乃至领导风格的不同，都会在价值观、信仰体系、行为准则以及沟通方式上留下独特的印记。例如，科技创新型企业可能更强调创新、开放和包容的文化氛围，而传统制造业企业则可能更加注重严谨、规范和团队协作的文化导向。这些差异不仅反映了组织的独特性，也体现了组织文化的多样性，使得每个组织都能在激烈的竞争中保持自身的特色和优势。

（2）共享性　组织文化并非孤立存在，它是组织内部成员在长期互动与协作中共同创造并广泛认同的产物。这种共享性超越了职位高低，不仅体现了领导者或管理者的愿景与期望，更体现了全体成员对于组织使命、愿景及核心价值观的深刻理解和积极践行。通过文化认同，成员之间能够形成强烈的归属感和团队精神，这种凝聚力和向心力是组织稳定发展和持续创新的重要源泉，促使成员在日常工作中自觉遵循组织规范，积极贡献智慧与力量，共同推动组织目标的实现。

（3）稳定性与动态性　组织文化一旦形成，其核心价值观和基本信念往往具有相当的稳定性，能够成为指导员工行为和组织决策的长期准则。这种稳定性为组织提供了连续性和一致性，确保了组织在面临外部挑战时能够保持战略定力和方向感。然而，稳定性并不意味着僵化不变。随着环境、技术、各类需求和组织内部结构的不断变化，组织文化也需要适时调整和优化，以适应新的发展机遇和挑战。这种动态性使得组织文化能够保持活力，促进组织的持续学习和创新，确保组织在快速变化的环境中保持竞争优势。

（4）隐含性与外显性　组织文化既包含深层次的隐含要素，如价值观、信仰、使命等精神层面的内容，也体现在外显的行为规范、组织形象、工作环境等物质层面。隐含要素是组织文化的核心，它们虽然不易被直接观察，却深刻影响着成员的思维方式和行为模式。而外显要素则是组织文化的直观体现，它们通过组织的标识、制度、仪式、工作环境等具体形式，向成员和外部世界展示着组织的独特魅力和文化特色。这种隐含性与外显性的结合，使得组织文化能够在潜移默化中影响成员，同时也在更广泛的层面上塑造组织的形象。

（5）系统性　组织文化是一个复杂而有序的系统，它涵盖了价值观、行为规范、组织形象、组织氛围、沟通机制、奖励制度等多个方面。这些要素相互关联、相互支撑，共同构成了组织文化的整体框架。在这个系统中，每一个要素都不是孤立存在的，它们通过相互作用和反馈机制，共同影响着组织文化的形成和发展。这种系统性使得组织文化在塑造成员行为、引导组织变革、推动组织发展等方面能够发挥更加全面和深入的作用。同时，组织文化的系统性也要求组织在文化建设过程中注重整体规划和系统推进，确保各项文化要素之间的协调一致和相互促进。

3. 组织文化的内容

一般来说，组织文化的内容包括：组织理想、组织价值观、组织哲学、组织态度、组织情感、组织道德规范、组织行为规范、组织传统习惯、组织形象等。

（1）组织理想　组织理想代表了组织的长远目标和共同愿景，它通过塑造组织成员的价值观、行为准则和信仰，确保所有成员在行动中保持一致，朝着共同的目标迈进。

（2）组织价值观　组织价值观是组织文化的灵魂，深刻影响着组织的行为方式、决策模式以及成员的日常行动。组织有什么样的价值观，就会形成什么样的组织文化。通过价值观的内化，组织能够在成员中建立起共同的心理期望，规范成员的行为，增强成员之间的凝聚力，使组织在面对外部环境变化时保持一致性和稳定性。组织文化的稳固性源于组织价值观的稳定性和持续性，这种稳定性使得组织文化能够在长期发展过程中持续发挥引导作用。

（3）组织哲学　组织哲学是组织文化和战略选择的理论基础，它总结了组织在长期发展过程中形成的基本理念。组织文化在组织哲学指导下，具体表现为组织成员的行为模式、价值观和日常实践。组织哲学通过组织文化得以在成员中普及和内化，进而影响和引导成员的行为，使组织按照既定的战略目标和价值观方向发展。例如，鼓励创新的组织哲学会通过组织文化体现在日常工作中，激发成员的创新动机，推动组织的创新发展。

（4）组织态度和组织情感　从组织态度和组织情感的角度看，组织文化是组织成员对组织环境、成员关系以及组织活动的态度和情感的集体反映。积极的态度和情感有助于形成和谐的组织文化，增进成员之间的信任和合作，提升组织的凝聚力和整体效能。然而，负面的态度和情感则可能引发文化冲突，削弱成员之间的协作和信任，阻碍组织的健康发展。因此，良好的组织态度和积极的组织情感是形成健康、和谐的组织文化的重要基础。

（5）组织道德规范　道德规范是组织文化中不可或缺的一部分，它体现了组织成员在日常工作中应遵循的道德准则和行为规范。组织通过加强道德建设，建立起一种健康、正直的文化氛围，促使成员在工作中自觉遵守道德规范，进而提升组织的整体形象和社会信任度。道德规范不仅关系到组织的名誉，还对其长期生存与发展有着深远影响。

（6）组织行为规范　行为规范是组织文化具体化的另一重要方面，它包括正式的规章制度以及非程序化的制度和潜规则。组织行为规范规定了组织成员应如何行动，反映了组织对成员行为的期望和要求。通过行为规范，组织将其核心价值观和管理理念具体化为成员必须遵守的标准和规则，确保成员的行为与组织目标一致。这种规范性文化有助于维持组织内部的秩序和效率，塑造组织的整体形象和外部声誉。

（7）组织传统习惯　传统习惯作为组织文化的历史积淀，反映了组织在长期发展过程中积累并延续下来的观念、思想、习惯和行为方式。这些传统习惯不仅塑造了组织成员的行为模式，还对外界展示了组织的独特性和连续性，它们润物无声地影响着成员的价值观和行动方式，使组织在面对新挑战时能够依靠这些传统习惯维持稳定性和一致性。

（8）组织形象　从组织形象的角度看，组织文化是形成和维持良好组织形象的关键。组织文化通过传播组织的核心价值观、使命和愿景，向社会公众传递出组织的独特性和优越性。当组织成员在工作中内化并践行这些文化要素时，外界会对组织形成积极的印象，并对其产生信任感和认同感。这种文化与形象的互动关系增强了组织的社会影响力和竞争力，推动了组织的持续发展。

二、公共组织文化

公共组织文化在塑造组织形象、引导组织行为、凝聚组织成员以及影响公共政策制定与执行等方面具有深远意义。厘清公共组织文化的概念与特征对于深入理解公共组织的行为模式、提升公共组织效能、促进公共服务的优化以及增强公众对公共组织的信任和支持等方面都具有重要作用。

（一）公共组织文化的定义

公共组织文化是一种在公共组织运作中展现的独特文化形态，它通过公共组织的成员、活动及服务对象来彰显其特有的品质与特征。它体现了公共组织成员在特定社会背景下所形成的对公共组织体系及其活动的态度、情感、信仰和价值观，以及所遵循的公共组织原则、传统和习惯等。

关于公共组织文化的定义，存在广义与狭义两种理解。广义的公共组织文化不仅包括公共组织成员所共享的价值观念、行为规范和精神活动状态，还涵盖了组织制度、组织品牌等更广泛的内容，它涉及公共组织的一切外在表现和内在机制，是公共组织精神面貌和综合素质的全面体现。狭义的公共组织文化则主要指在公共组织长期实践活动中形成的、并为组织成员普遍认可和遵循的具有本组织特色的价值观念、行为规范和精神活动状态，它侧重于公共组织内部的精神层面，是公共组织文化的核心和灵魂。

（二）公共组织文化的特征

公共组织文化以社会文化为背景，以公共组织成员为主体，以公共组织对象为客体，以公共组织活动为载体，在向全体社会成员提供公共物品或公共服务的过程中体现出来。一方面，不可避免地受到社会文化的影响与制约，带有社会文化的各种因素和成分；另一方面，公共组织文化又有以下特征。

（1）法制性　公共组织文化的法制性源于公共组织本身的法制性特征，这体现在两个方面。第一，公共组织的产生和管理功能的确立具有法律合法性地位，这是公共组织得以运作的基础，确保其管理活动具备法律认可的正当性。第二，公共组织在实施公共管理活动时，必须严格以法律为依据，遵守法律规定，确保其所有行为都在法律框架内履行。法制性要求公共组织成员具备较强的法律观念，自觉将法律作为行动指南，确保公共管理活动的合法性和规范性，从而维护公共组织的法制形象和社会信任度。通过这一法制性文化，公共组织能够在复杂的社会环境中保持稳定性和公信力，推动公共事务的有效管理和社会的有序发展。

（2）整合性　从微观角度来看，公共组织文化的整合性体现在对内对外两个方面。对外，公共组织文化在文化交融中的整合性表现为渗透性和防御性，即在吸收和接受其他文化影响的同时，保持自身文化的整体性和独特性，确保自身文化的持续发展。通过这种方式，公共组织在开放的环境中既能适应外部变化，又能维护其核心文化特质。对内，整合性体现在公共组织内部不同成员的价值观和文化意识的融合。通过整合，组织成员能够认同并接受组织的文化，形成一致的文化意识，从而增强凝聚力和协作精神，以实现组织目标。这种内外结合的文化整合，使公共组织在多元化的环境中既能保持稳定，又能不断发展和创新。

（3）服务性　与企业等营利性组织相比，公共组织的最大特征在于不以营利为目的，其核心使命是为社会提供公共产品、做好公共服务。这一特征决定了公共组织的根本目标与使命，即满足公众需求、增进公共福祉。在现代服务型政府的建设过程中，服务性成为现代公共组织文化建设的核心目标与要求。公共组织文化必须围绕服务公众这一中心任务展开，通过塑造服务导向的文化氛围，强化组织成员的服务意识和责任感，从而有效提升公共服务的质量和效率，实现公共组织的公共使命。

（4）普遍性　公共组织文化的普遍性主要体现在其广泛的面向对象和影响范围上。作为一种在组织内部全体成员中形成的共享价值认同体系，公共组织文化具有强大的认同力和凝聚力，能够在组织内部形成一致的价值观。同时，由于公共组织在社会组织体系中的特殊地位和影响力，其文化不仅影响组织内部成员，还可能扩展至整个社会，成为主流社会文化的价值观和评价标准。公共组织文化因此具有其他文化类型无法比拟的广泛影响力，其文化价值观和标准可能引领社会的整体文化趋势和价值导向。

（5）软约束力　公共组织文化之所以能够对组织管理产生深远影响，不是依靠规章制度等硬性约束，而是通过其核心价值观对公共组织成员的熏陶、感染和引导。这种文化力量使组织成员对组织的目标、行为准则和思维创新产生深刻的认同感，进而自觉按照组织的共同思维和行为准则开展工作。成员的行为如果符合组织文化的要求，会得到群体的认可和赞扬，心理上获得满足感和平衡感；反之，则会受到群体的谴责和排斥。这种文化的影响力具有相对的稳定性和连续性，确保组织在发展过程中保持一致性和内部和谐。

（6）相对稳定性与连续性　首先，任何具体的公共组织文化都是以往文化的延续、继承和扬弃，同时也具有随着时间和空间推移而渗透、转移和演变的可能性。这意味着公共组织文化不仅保持其历史根基，还在不断发展和变化。其次，从整体上看，公共组织文化只要有公共组织活动存在，其延续性是无限的，发展是不可间断的。质的延续性主要体现在对优秀公共组织文化遗产的继承与发扬，确保文化在传承中不断优化和进步。

第二节　公共组织文化的结构和功能

公共组织文化作为公共组织的灵魂与核心竞争力，深刻影响着组织成员的行为方式、价值观念以及组织的整体效能。只有不断优化公共组织文化的结构与功能，才能更好地为公共组织营造积极健康的文化氛围，从而提升组织的适应性与有效性。

一、公共组织文化的结构

公共组织文化的结构是一个复杂而多维的体系，它涵盖了构成组织文化的各个基本要素以及这些要素之间的相互关系和层次性。

（一）公共组织文化的基本要素

公共组织文化的基本要素是塑造组织独特性和特色的关键所在，它们共同构成了组织文化的基石。

（1）组织宗旨或最高目标　这是组织存在的根本目的和追求，是组织文化的核心和灵魂。它反映了组织对于自身使命和价值的深刻认识，为组织成员提供了共同奋斗的方向和动力源泉。组织宗旨或最高目标通常具有长远性和战略性，能够激励组织成员为实现组织的长远发展而努力奋斗。

（2）组织精神　组织精神是组织成员共同信念、追求和理想的集中体现，是组织文化的精髓。它代表了组织的凝聚力和向心力，是组织成员在面对困难和挑战时坚持不懈、勇往直前的精神支柱。组织精神通常具有鲜明的个性和特色，能够激发组织成员的归属感和自豪感。

（3）组织价值观　组织价值观是组织内部所推崇的基本信念和价值取向，是指导组织行为和决策的重要准则。它反映了组织的道德标准和行为规范，是组织成员共同遵守的价值观体系。组织价值观通常具有稳定性和持久性，能够引导组织成员在复杂多变的环境中保持正确的行为方向。

（4）组织理念　组织理念是组织在经营管理过程中形成的独特思想和观念，体现组织的特色和风格。它代表了组织的经营哲学和管理理念，是组织区别于其他组织的显著标志。组织理念通常具有创新性和前瞻性，能够引领组织在激烈的竞争中保持领先地位。

（5）组织道德规范　组织道德规范是组织内部成员应遵循的行为准则和道德规范，是维护组织秩序和形象的基石。它规定了组织成员在工作和生活中应遵循的行为标准，是组织文化的重要组成部分。组织道德规范通常具有普遍性和约束性，能够确保组织成员在履行职责、处理事务时保持公正、诚信和负责任的态度。

（6）组织行为准则　组织行为准则是对组织成员行为的具体要求和规范，确保组织活动的有序进行。它规定了组织成员在履行职责、处理事务时应遵循的行为准则，是组织文化得以落实的重要保障。组织行为准则通常具有明确性和可操作性，能够引导组织成员在日常工作中保持高效、规范和协作的态度。

（7）组织制度　组织制度是为规范组织行为而制定的各种规章制度和程序，是组织文化的重要组成部分。它规定了组织的运行机制和管理模式，是组织文化得以传承和发展的重要保障。组织制度通常具有系统性和完整性，能够确保组织在复杂多变的环境中保持稳定的运行和发展。

（8）组织素质　组织素质是组织成员的整体素质和能力水平，是组织文化建设的重要基础。它反映了组织成员的知识结构、技能水平和综合素质，是组织文化得以提升的关键因素。组织素质通常具有多样性和互补性，能够确保组织在面对各种挑战时具备足够的应对能力和创新能力。

（9）组织形象　组织形象是组织在公众心目中的印象和评价，是组织文化对外传播的重要载体。它代表了组织的声誉和影响力，是组织文化得以传播和扩散的重要途径。组织形象通常具有独特性和吸引力，能够增强组织在公众心目中的信任度和好感度。

公共组织文化的基本要素相互关联、相互作用，共同构成了组织文化的完整体系。这些要素在塑造组织独特性和特色的同时，也为组织的持续发展和进步提供了强大的精神动力和文化支撑。

（二）公共组织文化的层次结构

公共组织文化的层次结构是一个复杂而多维的体系，它通常可以划分为三个紧密相连、相互作用的层次，这些层次共同构建了组织文化的完整框架。

（1）物质层（表层文化）　物质层是组织文化的最外层，也是最为直观和易于感知的部分。它主要通过组织成员所创造和使用的各种物质设施和产品来体现组织文化的特质。这些物质形态不仅承载着组织的价值观和精神风貌，更是组织文化的重要传播媒介和表现形式。例如，组织的办公环境设计、建筑风格的选择、标识系统的打造、工作区和生活区的绿化美化等，都无一不体现出组织文化的独特韵味。这些物质元素不仅为组织成员提供了舒适、便捷的工作和生活环境，同时也向外界传递了组织的品牌形象和文化内涵。

（2）制度层（中层文化）　制度层位于组织文化的中间层次，它主要包括组织的各种规章制度、管理程序和行为规范等。这些制度规范不仅规定了组织成员的行为准则和决策方式，更是组织文化得以传承和发展的重要保障。制度层文化体现了组织的运行机制和管理模式，是组织文化的重要组成部分。例如，组织的考勤制度、奖惩制度、工作流程、团队协作规则等，都是制度层文化的重要体现。这些制度规范不仅确保了组织内部的有序运行，同时也为组织成员提供了明确的行为指导和价值导向。

（3）精神层（深层文化）　精神层是组织文化的核心和灵魂，它主要包括组织的管理哲学、敬业精神、人本主义价值观、道德观念等精神层面的内容。这些精神层面的内容是组织文化的精髓和内在动力，它们决定了组织文化的性质和方向。精神层文化体现了组织成员的共同信仰和追求，是组织成员在面对困难和挑战时坚持不懈、勇往直前的精神支柱。例如，组织的使命、愿景、核心价值观、企业精神等，都是精神层文化的重要体现。这些精神层面的内容不仅为组织成员提供了强大的精神动力和价值支撑，同时也为组织的持续发展和进步提供了坚实的文化基础。

这三个层次相互关联、相互作用，共同构成了公共组织文化的完整结构。物质层作为组织文化的外在表现，它通过直观的物质形态向外界传递组织的外在形象和文化内涵；制度层作为组织文化的内在支撑，它通过规范的组织制度和行为准则确保组织的有序运行和成员的行为导向；精神层作为组织文化的核心和灵魂，它通过深刻的精神内涵和价值观念为组织提供强大的精神动力和文化支撑。只有这三个层次相互协调、相互促进，才能形成具有强大凝聚力和向心力的组织文化，为组织的持续发展和进步提供源源不断的动力源泉。

二、公共组织文化的功能

公共组织文化的功能和作用的发挥主要是在公共组织管理的活动过程中。由于公共组织管理是在特定的公共组织文化环境中建立和发展起来的，因此它在很大程度上受到公共组织文化的影响和制约。而一旦公共组织管理形成以后，在其活动过程中又会形成带有本组织特色的公共组织文化。因此，在公共组织管理的活动过程中，作为环境因素的公共组织管理与体现了这一环境特点的公共组织文化互相交错，互相贯通，共同影响着公共组织文化功能的总体发挥。从公共组织文化对公共组织管理活动的作用范围与程度不同来区别，可将公共组织文化的基本功能划分为宏观功能与微观功能①。

（一）公共组织文化的宏观功能

公共组织文化的宏观效能，主要是从其对整个组织管理流程的广泛影响角度进行深入探讨的。基于其在公共组织运作中产生的积极与消极后果，可以将其划分为正面功能与负面功能两大方面。

1. 公共组织文化的正面功能

在公共组织的构建与运作过程中，公共组织文化展现出了以下几种关键的正面功能。

（1）目标引领功能　在公共组织的实际运作中，组织文化展现出了强大的目标引领功能，它如同一座灯塔，为组织的管理活动以及每位成员的价值取向和行为选择提供了清晰而坚定的方向。这种文化不仅引导着组织整体的战略规划和日常运营，还深刻影响着每一位组织成员的职业道路和个人追求，确保这些追求与组织的长远愿景紧密相连、相辅相成。具体来说，公共组织文化通过其蕴含的核心价值观、使命和愿景，为组织成员描绘了一幅共同奋斗的蓝图。这些文化要素像一股无形的力量，激发着成员对组织目标的认同和追求。例如，一个以“服务社会、造福人民”为宗旨的公共机构，其文化会鼓励成员将个人职业发展与提升公共服务质量紧密结合起来，促使他们在工作中不断追求卓越，努力为社会作出更大贡献。同时，组织文化还通过一系列制度、规范和仪式等载体，将组织的整体目标转化为成员的具体行动指南。这些文化和制度的融合，使得组织成员在面临选择时，能够自觉地将个人行为与组织目标相对照，从而做出符合组织利益和价值观的决策。这种导向作用不仅增强了组织的凝聚力和执行力，还确保了组织在复杂多变的环境中始终保持着正确的航向。

（2）团结凝聚功能　当组织的核心理念被广泛认同并形成共识时，它将汇聚成一股强大的向心力，从多维度紧密联结组织成员，为组织注入显著的凝聚力和团结力。这种力量植根于成员共同塑造的精神文化土壤之中，核心要素包括组织价值观、团队精神、集体认知、道德标准及行为规范等。以某公益慈善组织为例，该组织的“携手奉献爱心，共建和谐社会”组织文化理念不仅激发了成员对公益事业的热情，更在组织内部催生了一种强烈的归属感和

① 张建东，陆江兵：《公共组织学》，北京：高等教育出版社，2003。

团队精神。大家深知，每个人的努力都是组织愿景实现不可或缺的一环。组织价值观——“爱心、责任、奉献”成为成员行动的指南针，引导他们在每一次志愿服务中全力以赴，不计回报。团队精神在这里得到了极致的体现。无论是筹备大型公益活动，还是日常的爱心援助，成员们总是能够迅速集结，分工合作，相互支持。这种默契与协作，源于他们共同塑造的精神文化土壤，即对于公益事业的热爱和对组织目标的坚定信念。

（3）激励鼓舞功能　组织文化作为精神支柱与奋斗方向，能够点燃全体成员的自我提升与团结协作之火。例如，在抗击新冠疫情的过程中，许多政府部门都展现出了强大的团结协作精神。卫生、交通、公安、社区等多个部门和岗位的工作人员紧密配合，共同开展疫情防控、人员排查、隔离观察、物资保障等工作。他们不分昼夜、不辞辛劳地工作，为抗击疫情作出了巨大的贡献。这种团结协作的精神正是组织文化激励鼓舞功能的生动体现。

（4）规范约束功能　公共组织文化借助非正式的、广泛认同的群体准则或共享的价值尺度，对成员的思想举止施加约束与规范力量。这种柔性约束通过集体意识、公众评价、传统习俗等精神文化要素，激发个体的从众心理与动力，促使成员实现自我管理与控制，从而高效达成既定目标。

（5）形象塑造与辐射功能　在公共组织的实际运作中，组织文化发挥着形象塑造与广泛影响的功能，它不仅是组织外在形象的塑造者，也是组织内在精神的体现者，成为衡量组织成功与否的关键标志。这一功能具体体现在两个方面：一方面，组织文化精心雕琢着组织的内部形象，它在成员心中树立起一面鲜明的旗帜。通过弘扬积极向上的价值观、职业精神和工作态度，组织文化激发了成员内心深处的自豪感、责任感以及对组织的深切归属感。例如，一个注重社会责任和公民参与的政府机构，其文化会鼓励成员积极参与社区服务，这种文化不仅提升了成员的工作满意度，还增强了他们对组织使命的认同，使得内部形象更加正面、积极。另一方面，组织文化向外辐射，塑造着组织的外部形象，成为外界了解组织的一扇窗口。良好的外部形象深刻反映了组织文化的独特魅力与深厚内涵，它不仅提升了组织在社会上的知名度和美誉度，还极大地增强了组织的影响力。比如，一个以透明、公正为核心价值的公共部门，其文化会促使该部门在决策过程中更加开放、民主，这种文化特质通过媒体报道、公众参与等渠道传播开来，为组织赢得了广泛的赞誉和信任，从而树立了良好的外部形象。

2. 公共组织文化的负面功能

公共组织文化的负面功能主要体现在以下两方面。

（1）阻碍抑制功能　公共组织文化中蕴含的传统思想和思维定式容易在管理活动中被成员接受，并在组织行为和活动中体现出来，如独裁专断、集权管理、官僚主义等不良行为和作风。以某政府部门为例，在该政府部门中，长期形成的组织文化强调等级制度和权威崇拜，导致了一种“上级说什么就是什么，下级只需服从”的氛围。这种文化中的传统思想和思维定式，如独裁专断和集权管理，严重阻碍了创新思维的涌现和成员的积极参与。例如，当部门需要推进一项新的政策或项目时，由于文化中的保守倾向，成员往往不敢提出自己的见解或建议，担心会被视为对上级的不尊重或挑战。这种氛围导致决策过程缺乏多元视角和充分讨论，容易做出片面或错误的决策。同时，成员在工作中也缺乏主动性和创造性，只是机械地执行上级的指示，难以产生真正的工作热情和动力。

（2）发展障碍功能　虽然公共组织文化的统一性或同质性有助于维持组织的凝聚力，但多样性与异质性的文化特质才是组织发展的必要条件。如果组织的核心价值观削弱了不同背景成员带来的生机与活力，阻碍了异质文化的优势互补，那么这种文化就可能成为组织发展的绊脚石。上文所提及的政府部门的组织文化还表现出过度的统一性和同质性，忽视了多样性与异质性的价值。在这种文化中，不同背景、经验和观点的成员难以得到充分的认可和尊重。部门领导更倾向于选拔那些与自己观念相近、行为一致的人来担任重要职务，而排斥那些具有不同想法和做法的人。这种文化不仅削弱了组织的创新能力，还阻碍了异质文化的优势互补。例如，当部门需要解决一个复杂问题时，由于缺乏多样化的思维方式和解决方案，往往难以找到有效的解决办法。同时，这种文化也限制了成员的个人发展和职业成长，使得他们难以在组织中获得更广阔的发展空间和机会。

在公共管理实践中，应该积极发扬公共组织文化的正面功能，同时警惕并避免其负面功能的影响。

（二）公共组织文化的微观功能

公共组织文化在公共组织管理的微观层面扮演着至关重要的角色，它深刻影响着公共组织的目标设定、内部结构以及领导行为。

1. 公共组织文化对公共组织管理的多维度影响

公共组织文化作为公共组织管理的核心要素，其影响力首先体现在公共组织的目标上。目标是公共组织存在与活动的基石，是组织在特定时间内通过成员共同努力所期望达成的结果。公共组织文化通过塑造公共组织的信念、价值、理想和道德等要素，对组织目标的性质产生深远影响。例如，一个强调社会责任和公众利益的公共组织，其目标往往更加注重长期的社会效益和公众福祉。同时，它还影响组织目标体系的构建，帮助组织确定目标的多样性和层次性，确保目标之间既相互关联又各有侧重；在资源有限的情况下，公共组织文化有助于组织确定目标的优先次序，确保关键和紧急目标得到优先处理；公共组织文化还能指导组织如何处理不同目标之间的关系，避免目标冲突，实现目标之间的协同和平衡。

2. 公共组织文化对公共组织内部结构的塑造

公共组织文化同样对公共组织的内部结构产生显著影响。组织结构是公共组织内部各部分或层级之间相互关系的模式，它体现了组织内部的权力分配、责任划分、人事安排和工作协调。公共组织文化通过不同的价值标准塑造出不同的组织结构模式，如集权型或分权型。此外，现代公共组织哲学的发展也为公共组织结构的设计与发展提供了有益的指导。公共组织传统作为文化的重要组成部分，虽然其影响通常是间接的、潜在的，但它通过人们的传统思维、心理习惯和行为方式，对组织结构产生深远影响。

3. 公共组织文化对领导行为的深刻影响

公共组织文化还深刻影响着领导行为。领导行为是在一定观念和思想的指导下，对公共组织的活动作出判断、抉择与设计的过程。公共组织文化中的价值、信念、知识和传统等因素，对领导行为产生着全面而深刻的影响。它们不仅影响着领导对组织体制、权力、责任、伦理、目的、方法和原则等基本看法的形成，还直接指导着领导的能力和素质的提升。同时，公共组织文化传统中的道德观念、价值标准、思维方式和行为方式等，也在当前领导活动中发挥着重要作用，对领导的观念、目标、责任、作风和方式产生直接影响。

第三节　公共组织文化的建设与发展

在现代化不断推进背景下，加强公共组织文化建设与发展可提升公共组织的适应性、凝聚力和公信力，不仅有助于公共组织更好地履行公共服务职能，满足社会公众的需求，还能在推动社会文明进步、尽快向社会现代化转型中发挥关键作用。

一、公共组织文化的形成

公共组织文化的形成是一个复杂而多元的过程，它受到多种因素的影响，主要有以下方面。

1. 历史文化背景

公共组织文化的形成往往深受历史文化背景的影响。不同的国家和地区由于其历史发展轨迹、文化传统和社会价值观的不同，会形成各具特色的公共组织文化。这些历史文化背景包括国家的历史传统、民族精神、宗教信仰、道德观念等，它们共同构成了公共组织文化的重要基石。

2. 组织发展历史

公共组织的发展历史是其文化形成的重要基础。组织在长期的实践活动中，会逐渐积累形成独特的文化传统和习惯，这些都会成为组织文化的重要组成部分。组织的发展过程中，所经历的重大事件、重要决策、成功经验和失败教训等，都会对组织文化的形成产生深远影响。

3. 社会环境因素

社会环境因素也是影响公共组织文化形成的重要因素之一。社会环境包括政治环境、经济环境、文化环境和社会心理环境等。这些因素都会对公共组织文化的产生和发展产生直接或间接的影响。例如，政治环境的稳定与否会影响组织文化的开放性和包容性；经济环境的繁荣与否会影响组织文化的创新性和竞争力；文化环境的多元性会影响组织文化的多样性和包容性；社会心理环境的积极向上则会激发组织成员的归属感和责任感。

4. 管理实践与创新

管理实践与创新是推动公共组织文化不断发展的重要动力。随着管理理论和管理实践的不断发展，新的管理理念和管理方法不断涌现，这些都会对公共组织文化的建设产生积极影响。例如，现代管理理论强调以人为本、注重团队合作和沟通、强调创新和变革等，这些理念都融入了公共组织文化的建设中，推动了组织文化的不断发展和完善。

5. 国际化与跨文化交流

在全球化背景下，国际化与跨文化交流也成为影响公共组织文化形成的重要因素。随着国际交流的日益频繁和深入，不同国家和地区的文化在相互碰撞和融合中形成了新的文化形态。这种跨文化的交流不仅丰富了公共组织文化的内涵和外延，也提高了组织文化的国际竞争力和影响力。

二、公共组织文化的发展

随着社会的现代化进程加速，尤其是在新公共管理运动的推动下，现代公共组织文化开始兴起。现代公共组织文化强调以顾客为导向、追求效率与效能、注重创新与变革。公共组织开始关注公众的需求和满意度，将提高公共服务质量作为重要目标。

（一）公共组织文化的演进

进入当代社会，公共组织文化呈现出多元融合的发展态势。一方面，全球化浪潮使得不同国家和地区的公共组织文化相互交流与借鉴，一些国际通行的公共管理理念和文化元素被广泛吸收。另一方面，信息技术的飞速发展催生了数字化、网络化的公共组织文化特征。

1. 公共组织文化演进的趋势

公共组织文化演进的趋势呈现出一种多元化、动态化和人性化的特征，具体表现在以下几个方面。

（1）功能分化与重塑背景下公共组织文化的多样化和丰富化　随着公共组织规模的不断扩大和职责的日益复杂，其功能逐渐呈现出分化和重塑的趋势。一方面，组织内部的各个部门或团队会根据自身的专业特点和任务需求，发展出各具特色的功能和服务。这种功能的分化有助于提升组织的效率和专业性，使得每个部门或团队都能在自己的领域内发挥最大的效能。另一方面，随着跨部门合作和协调的需求日益增加，不同部门或团队之间的功能重塑，形成共同的服务或管理领域。这种功能的重塑有助于增强组织的协调性和整体性，促进资源的共享和信息的交流。这种功能的变化不仅体现在组织的运行管理上，也会深刻地反映在组织文化中，形成更加复杂和多元的文化元素，使得公共组织文化更加丰富多彩。

（2）组织结构扁平化下公共组织文化的推进　传统的层级制结构在公共组织中已经存在了很长时间，但随着信息化和互联网技术的发展，以及成员对自主性和参与性的需求增加，传统的层级制结构逐渐显露出弊端。因此，公共组织的结构正在向扁平化方向发展。扁平化结构减少了管理层次，使得决策更加迅速和灵活，同时也为成员提供了更多的自主权和参与机会。这种结构的变化不仅提高了组织的决策效率和执行力，也促进了组织文化的演进。扁平化结构下的组织文化更加开放、灵活和包容，能够容纳更多的创新思想和多元观点，为组织的持续发展提供了有力的文化支撑。

（3）团队化公共组织文化的加强　未来的公共组织将更加注重团队合作和团队精神的培养。工作单元的团队化将成为一种趋势，这不仅是提高组织效率和专业性的需要，也是增强组织凝聚力和向心力的有效途径。在团队化的工作模式下，成员之间的合作和沟通更加紧密，共同的目标和价值观使得团队成员能够相互支持、共同进步。这种团队化的工作模式不仅有助于提升组织的整体效能，也促进了组织文化的演进。团队文化强调协作、共享和尊重，使得组织文化更加紧密和协作，形成了独特的团队精神和组织氛围。

（4）公共组织文化人性化的深化　人性化的管理取向也是公共组织文化演进的一个重要趋势。随着成员对工作环境和福利待遇的期望不断提高，组织需要更加注重成员的个人发展和需求。人性化的管理方式不仅关注成员的物质需求，还关注成员的心理和精神需求。通过提供更加人性化和个性化的管理方式和工作环境，组织能够激发成员的积极性和创造力，提升成员的满意度和忠诚度。这种人性化的管理方式将促进组织文化的演进，使其更加关注成员的成长和幸福。人性化的组织文化能够营造一种积极向上、和谐融洽的工作氛围，使得成员能够在工作中感受到归属感和成就感。

综上所述，公共组织文化演进的趋势呈现出多元化、动态化和人性化的特征。这些趋势不仅反映了组织内部和外部环境的变化，也体现了组织对成员、社会和未来的关注和追求。在演进的过程中，公共组织需要不断适应时代的变化和内部管理的需要，推动组织文化的不断创新和发展。

2. 公共组织文化演进的具体表现

公共组织文化演进的具体表现是公共组织文化动态发展的直观反映，它不仅涵盖了价值观念、行为规范等核心要素的转变，还体现在精神活动状态的丰富与提升上。

（1）价值观念的变化　公共组织的价值观念是其文化的灵魂，随着社会的进步和时代的发展，这些价值观念会发生深刻的变化。例如，传统的公共组织往往强调“效率优先”，追求以最少的投入获得最大的产出。然而，在现代社会中，随着公众对公共服务质量和满意度要求的提升，公共组织的价值观念逐渐转变为“服务至上”，将公众的需求和满意度放在首位，努力提供高质量、高效率的公共服务。此外，从“权力导向”向“责任导向”的转变也是价值观念变化的重要体现。公共组织开始更加重视自身的社会责任和使命，强调在行使权力的同时，必须承担相应的责任和义务，确保权力的合法、公正和透明行使。这些价值观念的变化不仅体现在组织的决策、行为和服务中，更深刻地影响着组织的文化氛围和成员的价值取向，成为推动组织文化演进的重要动力。

（2）行为规范的更新　行为规范是公共组织文化的重要组成部分，它规定了成员在组织内部的行为准则和职业操守。随着组织环境的变化和内部管理的需要，公共组织的行为规范也会不断更新和完善。例如，为了提升工作效率和团队协作能力，公共组织会制定更加严格的工作纪律，明确成员的职责和任务分工，确保工作的高效运转。同时，为了加强职业道德教育，公共组织会定期组织培训和学习活动，提高成员的职业素养和道德水平。此外，推行绩效管理也是行为规范更新的重要举措之一。通过设立明确的绩效指标和考核标准，公共组织能够激励成员积极工作、追求卓越，从而提升组织的整体效能和竞争力。这些行为规范的更新不仅有助于规范成员的行为、提高组织的效率和形象，更能够营造一种积极向上、团结协作的组织氛围。

（3）精神活动状态的丰富　精神活动状态是公共组织文化演进的重要表现之一，它反映了成员在组织内部的精神面貌和心理状态。为了增强成员的归属感和认同感，公共组织会通过各种形式的活动和仪式来丰富组织的精神文化内涵。例如，团队建设活动能够增强成员之间的信任和协作能力，促进团队内部的沟通和交流；成员表彰大会能够激励成员积极进取、追求卓越，提高成员的工作积极性和满意度；文化沙龙等文化活动则能够拓宽成员的视野和知识面，提升成员的文化素养和审美能力。这些活动不仅有助于丰富成员的精神生活、提升成员的凝聚力和向心力，更能够营造一种积极向上、和谐融洽的组织氛围，为组织的持续发展提供有力的文化支撑。

公共组织文化演进的具体表现是多方面的、深层次的，它涵盖了价值观念、行为规范和精神活动状态等多个方面。这些变化不仅反映了组织内部和外部环境的变化，更体现了组织对成员、社会和未来的关注和追求。

（二）公共组织文化体系的建设过程

公共组织文化体系的建设是一个循序渐进、分阶段推进的过程，这一过程大致可以分为奠基期（早期建设）、改革与调整期（中期建设）以及深度调整与重组期（晚期建设）三个阶段，每个阶段承载着特定的任务和重心。

在奠基期，公共组织文化体系的建设主要依赖于四种核心机制。首先是自然进化机制，它伴随着组织的初创与逐步成长，文化在这一过程中自然而然地积累与演变，形成独特的组织氛围。其次是自我设计机制，组织在这一阶段会主动出击，通过精心策划与引导，确保文化的形成与组织的长远目标和核心价值观紧密相连。再次，文化杂交机制则强调对不同文化元素的吸收与融合，以此丰富组织文化的多样性和包容性。最后，外力变革机制在外部环境发生重大变化时显得尤为重要，它促使组织文化适时调整，以适应新的发展需求。

进入改革与调整期，公共组织文化建设的重心转向了对现有文化的优化与革新。这一阶段，组织需明确改革目标，精准把握文化变革的方向，以灵活应对内部管理和外部环境的变化。改革的动力源自多方面，包括领导层的坚定决心、成员的积极参与以及外部环境的压力等。然而，改革之路并非坦途，固有的文化惯性、成员的抵触情绪以及外部环境的制约都可能成为改革的阻力。因此，如何在推动改革的同时有效平衡各种阻力，成为这一阶段的关键挑战。

到了深度调整与重组期，公共组织文化体系的建设进入了一个更为复杂和关键的阶段。当现有文化已难以支撑组织的持续发展时，组织可能需要采取根本性的变革措施，即强力调头，对文化进行彻底的革新。此外，文化改组也是这一阶段的核心任务，通过调整和优化组织内部的文化结构，使其更加契合新的组织需求和发展方向。对于某些需要彻底重生的组织而言，破产重组机制可能成为一种有效的选择，它允许组织在文化层面实现全面更新，为未来的长远发展奠定坚实的文化基础。

公共组织文化体系的建设过程是一个贯穿组织发展始终的动态过程，它随着组织的成长而不断演进，为组织的长期可持续发展提供坚实的文化支撑和保障。

三、中国公共组织文化发展

中国公共组织文化经历了从古代的礼制和民间习俗到现代新型公共文化空间建设的漫长发展历程。在这个过程中，公共组织文化呈现出丰富多样的类型和特点。

（一）中国公共组织文化发展的影响因素

中国公共组织文化的发展主要受到了传统文化因素、制度文化因素、民族文化因素和外来文化因素的影响。

1. 传统文化是影响中国公共组织文化发展的历史因素

首先，长期存在的自然经济和小农生产方式是影响中国传统公共组织文化发展的社会经济因素。中国数千年的社会生产以自给自足的农业经济和以家庭经济为主的小农生产方式为显著特征。这种经济模式不仅塑造了人们对土地、农业、家庭和家族的深厚依赖，还催生了封闭保守、安土重迁的心理特征，以及对经验和权威的依附顺从态度。自然经济的长期存在，加之中国相对隔绝的自然地理环境和封建政权的政策导向，如重农抑商、限制土地自由买卖和城市对农村的控制，共同阻碍了商品经济和市民社会的成长。这种经济模式与传统文化相互强化，共同维系了自然经济和小农生产方式。

其次，宗法社会下家国同构形态是影响中国传统公共组织文化发展的重要历史因素。从氏族社会延续下来的宗法制，以血缘关系为基础，构建了传统中国社会的组织结构。宗法制与封建政权的融合，创造了家国同构的独特现象。家国同构是中国传统社会结构的突出特征，指的是家庭、家族与国家在组织结构上的高度相似性。在这一框架下，血亲—宗法关系成为贯穿三者的核心纽带，严格遵循父权家长制的原则。这种结构不仅体现了血缘关系在政治领域中的渗透与融合，还彰显了家庭伦理与国家治理之间的紧密联系，是血缘关系与政治关系相互交织、共同作用于社会结构的一种体现。这种结构在初期表现为分封制，但随后被封建君主集权与官僚政治的结合体所取代，后者更加稳固地支撑了传统政治体系。宗法制不仅在社会结构、社会心理和文化精神上实现了和谐统一，还在国家政权面临危机时成为修复旧体制的重要力量。公共组织文化直接源于宗法制与君权制的结合，体现了家国一体的文化特质。

再次，儒家学说作为主导意识形态对中国传统公共组织文化的发展产生了深远影响。儒家学说之所以能成为封建社会的主导意识形态，并非偶然。它紧密契合自然经济和宗法血缘因素，具有强大的生命力。同时，儒家学说以其包容性吸纳了诸子百家中的精华，形成了内在逻辑严密、体系完整的学说。在封建君主专制政权寻求合法性的过程中，儒家学说实现了伦理权力化，从民间学说转变为官方意识形态。随着科举制度的推行和封建王朝的思想专制，儒家学说中的三纲五常、四维八德等核心观念成为传统文化，包括传统公共组织文化的重要组成部分。中国现代公共组织文化也深受传统文化的影响，其中蕴含传统文化精髓，对公共组织的价值观、行为准则等产生了深远影响。这些传统文化的积极元素在公共组织文化中得到了很好的传承，使得公共组织在发展过程中能够保持其独特的文化底蕴。

2. 中国特色社会主义制度文化是影响中国现代公共组织文化发展的重要现实因素

中国特色社会主义制度文化确实是中国公共组织文化发展中的重要现实因素，其影响深远且显著。这种制度文化不仅源于中华民族五千多年的文明史，更植根于中国特色社会主义的伟大实践，具有鲜明的时代特点。它反映了中国特色社会主义经济和政治的基本特征，同时对经济和政治的发展起着巨大的促进作用。

在中国特色社会主义制度下，公共组织文化呈现出独特的特质。首先，它强调集体主义精神，注重组织的目标和整体利益，这与中国特色社会主义的价值观相呼应。其次，公共组织文化倡导公正、公平、公开的原则，确保公众在公共资源分配和社会服务中享有平等的权利和机会。此外，公共组织还承担着传承和弘扬中华优秀传统文化的重要责任，这有助于增强民族认同感和文化自信。

中国特色社会主义制度文化对公共组织的影响还体现在其组织结构和管理方式上。公共组织在中国特色社会主义制度的框架下运行，必须遵循一定的规则和原则，以确保组织的稳定、高效和公正。同时，这种制度文化也激励着公共组织不断创新和改进工作方式，以更好地服务于人民群众的需求。

总的来说，中国特色社会主义制度文化是中国现代公共组织文化发展的重要影响因素，它不仅塑造了公共组织的核心价值观和行为准则，还为公共组织的运行和发展提供了坚实的制度保障。在这种制度文化的熏陶下，中国公共组织不断向着更加成熟、稳定和高效的方向发展。

3. 民族文化因素是影响中国公共组织文化建设的重要因素

在中国这样一个拥有悠久历史和丰富民族文化传统的国家，民族文化不仅塑造了民众的价值观念、行为方式和思维方式，也深刻地影响着公共组织文化的构建与发展。

首先，民族文化为公共组织文化提供了丰富的精神资源。中国各民族在长期的历史发展过程中，形成了各具特色的文化传统、宗教信仰、价值观念和行为规范。这些文化元素不仅丰富了公共组织文化的内涵，还为其提供了独特的视角和思维方式，有助于公共组织在应对复杂问题时，能够从多元文化的角度进行思考和决策。

其次，民族文化有助于增强公共组织的凝聚力和归属感。在公共组织文化建设中融入民族文化元素，能够激发成员对组织的认同感和归属感，增强组织的凝聚力和向心力。这种认同感不仅源于对组织目标的共同追求，更源于对民族文化的深刻理解和认同。通过民族文化的传承和弘扬，公共组织能够形成独特的组织氛围和团队精神，提升组织的整体效能。

再者，民族文化为公共组织文化的创新提供了不竭的动力。在全球化日益加深的今天，中国公共组织面临着来自国内外的各种挑战和机遇。将民族文化元素融入公共组织文化，不仅能够激发组织的创新意识和创造力，还能够为组织在应对挑战、把握机遇时提供独特的竞争优势。通过民族文化的创新运用，公共组织能够打造出具有鲜明特色和独特魅力的组织文化，提升组织的品牌形象和影响力。

然而，需要注意的是，在将民族文化融入公共组织文化建设的过程中，应尊重各民族的文化差异和多样性，避免文化冲突和误解。同时，还应注重文化的传承与创新相结合，既要保持民族文化的传统精髓，又要适应时代发展的需要，进行必要的文化创新和发展。

在公共组织文化建设中融入民族文化元素，不仅能够丰富组织文化的内涵和特色，还能够增强组织的凝聚力和归属感，为组织的创新和发展提供不竭的动力。因此，中国公共组织应高度重视民族文化在文化建设中的重要作用，积极挖掘和利用民族文化资源，推动公共组织文化的繁荣发展。

4. 全球化背景下外来文化是影响中国公共组织文化发展的重要因素

随着全球化浪潮的不断推进以及中外交流的日益频繁，外来文化对中国公共组织文化的发展产生了显著且深远的影响。这种影响不仅局限于文化元素的简单引进和融合，更在于对公共组织文化核心价值观的深刻更新与重塑。

在全球化背景下，各种思想观念、管理理念和制度模式纷纷涌入中国，为公共组织文化带来了全新的视角和启示。外来文化中的先进管理思想、创新思维和开放态度，促使中国公共组织开始反思自身的文化体系，寻求与时代发展相适应的文化变革。这种变革不仅体现在对传统文化元素的重新诠释和融合上，更在于对公共组织核心价值观的重新审视和定位。

外来文化的引入为公共组织文化注入了新的活力和创新元素。通过借鉴和学习外来文化中的优秀成分，中国公共组织在组织结构、管理方式、沟通机制等方面进行了积极的改革和创新。这些改革和创新不仅提高了公共组织的运行效率和服务质量，还增强了组织的凝聚力和向心力，为公共组织文化的现代化和国际化进程提供了有力支撑。

同时，外来文化的融入也推动了公共组织文化的开放性和包容性。在全球化背景下，中国公共组织开始更加注重与国际社会的交流与合作，积极吸收和借鉴国际先进经验，不断提升自身的国际竞争力和影响力。这种开放性和包容性的文化氛围，不仅有助于公共组织更好地适应全球化发展的要求，还为组织的创新和发展提供了更加广阔的空间和机遇。

外来文化对中国公共组织文化的发展产生了深远的影响。这种影响不仅体现在文化元素的引进和融合上，更在于对公共组织文化价值观的更新和重塑上。通过借鉴和学习外来文化中的优秀成分，中国公共组织在现代化和国际化进程中不断迈出新的步伐，为构建更加开放、包容、创新和高效的公共组织文化奠定了坚实基础。

（二）中国公共组织文化建设现状

1. 中国公共组织文化建设的主要内容

目前中国的公共组织文化，在中国化的马克思主义指导下，实现了前所未有的升华和发展，形成了具有鲜明时代特征和中国特色的文化体系。这一文化体系不仅继承了中华优秀传统文化的精髓，还融入了马克思主义的基本原理和时代精神，为中国的公共组织建设注入了新的活力和动力。在中国化的马克思主义指导下，公共组织文化的主要内容得到了全新的诠释和发展。

（1）解放思想、实事求是、与时俱进是公共组织文化的重要思想基础　这一思想要求公共组织在文化建设中，要敢于打破陈规陋习，勇于探索创新，不断适应时代发展的需要。同时，理论联系实际也是公共组织文化的重要原则，它强调公共组织在文化建设中，要注重理论与实践的结合，将理论知识转化为实际行动，推动公共组织文化的落地生根。

（2）群众路线是公共组织文化的核心价值观之一　它要求公共组织在文化建设中，要始终坚持人民至上的原则，关心人、理解人、尊重人，全心全意为人民服务。这一价值观体现了公共组织的根本宗旨和使命，也是公共组织文化得以深入人心的关键所在。

（3）廉洁自律是公共组织文化的重要道德规范　它要求公共组织在文化建设中，要始终保持清正廉洁的作风，自觉遵守法律法规和职业道德规范，做到公正无私、廉洁奉公。这一道德规范不仅有助于提升公共组织的公信力和形象，也有助于营造风清气正的社会氛围。

(4) 法治是公共组织文化的重要保障　在坚持行政改革、优化行政组织的过程中，公共组织文化开始注重法治、效率，并逐步走向开放。公共组织法治文化要求公共组织在文化建设中，要始终坚持依法治理的原则，加强法治建设和法治宣传，提高公共组织的法治化水平。

(5) 效率是公共组织文化的重要追求　它要求公共组织在文化建设中，要注重提高工作效率和服务质量，为公众提供更加优质、高效的服务。

(6) 开放则是公共组织文化的发展趋势　它要求公共组织在文化建设中，要始终保持开放包容的心态，积极借鉴国内外的先进经验和做法，推动公共组织文化的不断创新和发展。

中国的公共组织文化体系不仅具有鲜明的时代特征和中国特色，还为公共组织的发展提供了强大的精神动力和智力支持。未来，随着时代的不断发展和进步，中国的公共组织文化将继续在传承中创新、在创新中发展，为构建更加和谐、美好的社会作出更大的贡献。

2. 中国公共组织文化建设存在的问题

中国当代公共组织文化建设在取得诸多积极成果的同时，亦不可避免地暴露出一些亟待解决的不足之处，这些短板不仅阻碍了公共组织文化的健康成长，更对公共组织的运作效能与社会公信力构成了负面影响。

(1) 部分公共组织存在“文化真空”现象　这主要体现在对组织文化建设的忽视上，导致组织内部缺乏明确的文化导向和核心价值观的引领。文化真空不仅使员工感到归属感与认同感的缺失，难以形成统一的思想共识与行动合力，还削弱了公共组织的内部凝聚力与向心力，进而影响了组织的整体运行效率。

(2) 封闭性与排他性在不同程度的公共组织文化建设中有所体现　一些组织过于强调内部文化的传承与弘扬，却忽视了与外部文化的交流互鉴，这种封闭心态不仅限制了公共组织文化的多样性与包容性，也阻碍了其与外界的沟通合作，长此以往，可能导致公共组织在社会发展中的边缘化趋势加剧。

(3)“官本位”思想在一些公共组织文化中根深蒂固　官僚主义等问题依旧存在，这不仅削弱了公共组织的服务意识与创新能力，更损害了组织的公众形象与信任基础。同时，“官本位”文化还可能滋生权力寻租、腐败等违法违纪行为，严重侵蚀公共利益。

(4) 形式主义在一些公共组织文化建设中同样不容忽视　部分组织过于注重形式上的华丽与热闹，而忽视了文化活动的实质内容与价值，这种形式主义不仅造成了资源的极大浪费，也降低了公共组织文化的吸引力与影响力，甚至可能引发员工的反感与抵触情绪，进一步削弱组织文化的凝聚力。

(5)“重人治，轻法治”的思想观念在一些公共组织中依然盛行　这种观念导致组织内部法律制度建设滞后，监督机制不健全，不仅削弱了公共组织的法治意识与规范意识，还增加了组织内部的腐败风险与不稳定因素。同时，“人治”思维还可能导致公共组织在决策与执行过程中缺乏科学性与公正性，从而损害公共利益。

(6) 在与西方公共组织文化的融合过程中，一些负面效应逐渐显现　过度追求西方化可能导致公共组织文化失去本土特色与民族韵味；盲目模仿西方公共组织文化则可能引发组织内部的文化冲突与矛盾；过度依赖西方公共组织文化则可能制约公共组织在自主创新与自主发展方面的能力。

（三）中国公共组织文化创新的途径

1. 中国公共组织文化创新的方向

（1）强化服务导向型组织文化创新，着力提升公众满意度　推动组织文化由管制型向服务型转变。公共组织应更加注重服务公众的需求，从传统的管制型文化转变为服务型文化。这意味着公共组织需要更加关注公众的需求和反馈，提供更加个性化、便捷的服务。强化服务导向型组织文化，优化公共服务质量。通过优化服务流程、提高服务效率、加强服务监督等措施，不断提升服务质量，满足公众对高效、便捷、优质公共服务的需求。

（2）推动民主参与组织文化创新，努力增强组织活力　推动组织文化由集权型向参与型转变。鼓励员工和公众积极参与公共组织的决策和管理过程，增强组织的民主性和透明度。这可以通过建立成员代表大会、公众咨询委员会等机构来实现。建立有效的内部沟通机制，促进组织成员之间的交流和合作，提高组织的凝聚力和向心力。

（3）注重专业发展型组织文化创新，大力提升组织效能　推动组织文化由一般型向专业型转变。加强公共组织的专业化建设，提高成员的专业素养和技能水平。这可以通过加强成员培训、引进专业人才、建立专业团队等措施来实现。积极应用新技术、新方法，提高公共组织的工作效率和服务质量。例如，利用大数据、人工智能等技术手段，优化服务流程、提高决策效率。

（4）加强法理型组织文化建设，保障组织规范运行　推动组织文化由人治型向法理型转变。加强公共组织的法治建设，确保组织的决策和管理过程符合法律法规的要求。这可以通过完善法律法规、加强执法监督、推行法治教育等措施来实现。建立健全的监督机制，对公共组织的决策和管理过程进行监督和评估，确保组织的规范运行和公众的合法权益得到保障。

（5）推动多元文化融合，增强组织凝聚力　注重公共组织文化的培育和发展，形成具有特色的组织文化。这可以通过开展文化活动、加强文化宣传等措施来实现。加强公共组织与其他组织之间的文化交流与合作，推动文化的融合与创新。这有助于增强组织的凝聚力和向心力，提高组织的整体效能。

（6）注重开放合作，提升国际影响力　推动组织文化由封闭保守型向开放进取型转变。公共组织应更加开放和包容，积极与国际组织和其他国家开展交流与合作。这有助于提升公共组织的国际影响力和竞争力。积极参与国际事务和国际合作项目，学习借鉴国际先进经验和技术手段，推动公共组织的国际化发展。

2. 公共组织文化创新的具体策略

公共组织文化创新旨在构建一个充满活力、开放包容、富有创新精神且高度协同的组织文化体系。这一体系不仅要求组织内部形成积极向上的创新氛围，还需要在外部环境中寻找新的灵感和动力。

（1）强化公共组织文化创新意识　一方面要明确创新目标。公共组织在进行文化创新时，需要明确自身的创新目标。这些目标可能包括提升组织效能，即通过创新手段提高行政效率和服务质量；增强员工凝聚力，通过共同的文化认同和价值观来增强团队间的合作与默契；塑造独特的品牌形象，使组织在公众中树立起独特的文化标识；促进组织的可持续发展，确保组织能够在不断变化的社会环境中保持竞争力。明确这些目标，可以为文化创新提供明确的方向和动力。另一方面要培养创新氛围。创新氛围是文化创新的重要基础。公共组织需要通过内部培训、文化活动、创新研讨会等多种方式，培养成员的创新意识和创新精神。鼓励成员敢于尝试新方法、提出新想法，并对失败持开放态度。同时，组织应建立一种包容失败的文化，让成员在创新过程中即使遇到挫折也能得到支持和理解，从而形成一个鼓励创新、包容失败的良好氛围。

（2）推动公共组织文化创新实践　一是设立创新项目。公共组织可以设立专门的文化创新项目，如创新竞赛、创意征集、创新实验室等。这些项目不仅可以为组织成员提供展示才华的平台，还可以激发成员的创新潜能，推动文化创新的具体实践。通过项目实践，成员可以亲身体验创新的乐趣和挑战，从而更加深入地理解创新的价值和意义。二是引入外部资源。与高校、研究机构、创意产业机构等建立合作关系，引入外部的创新资源和理念。这些外部资源可以为公共组织提供新的视角和思路，推动文化创新的深入发展。通过跨界合作、产学研结合等方式，公共组织可以借鉴其他领域的创新经验和方法，为自身的文化创新注入新的活力。

（3）优化公共组织文化创新环境　一是营造开放包容氛围。公共组织应鼓励成员之间的交流和合作，尊重不同意见和观点。通过设立创新建议箱、开展成员座谈会等方式，收集成员的创新想法和建议。这些措施可以营造一种开放包容的创新环境，让成员敢于表达自己的想法和观点，从而激发更多的创新灵感和动力。二是加强内部沟通。有效的内部沟通机制是文化创新的重要保障。公共组织应建立定期召开创新工作会议、发布创新简报等制度，让成员及时了解组织的创新动态和成果。同时，组织还应鼓励成员之间的非正式交流，通过分享经验、交流心得等方式，促进信息的传递和共享，为文化创新提供必要的信息支持。

（4）完善公共组织文化创新制度　一方面，积极制定创新激励政策。公共组织应制定一系列创新激励政策，如设立创新奖励、提供创新资源、给予创新项目资金支持等。这些政策可以激励成员积极参与文化创新活动，提高他们的创新积极性和创造力。同时，组织还应建立创新成果保护机制，确保成员的创新成果得到应有的认可和保护，从而激发更多的创新动力。另一方面，建立创新评估机制。对组织文化创新项目进行定期评估是确保创新活动有效性和可持续性的重要手段。公共组织应建立一套完善的评估体系，对创新项目的进度、效果、影响等方面进行全面评估。通过评估及时发现问题并进行调整，确保创新活动能够按照既定的目标和方向顺利推进。

（5）加强公共组织文化品牌塑造　一是提炼组织文化精髓。公共组织应深入挖掘自身的文化精髓和特色，如组织的历史、使命、愿景等。通过提炼这些文化元素，形成独特的文化品牌理念。这些理念可以成为组织的核心价值观和行为准则，指导成员的日常工作和行为。同时，通过品牌故事、品牌口号等方式向成员和社会传递组织的文化价值，增强组织的文化认同感和归属感。二要强化组织文化品牌传播。在提炼组织文化精髓的基础上，公共组织还应加强组织文化品牌的传播和推广。通过媒体宣传、活动策划、社交媒体等方式，提高组织的知名度和影响力。同时，组织还可以开展文化交流活动，如文化展览、文化讲座等，向公众展示组织的文化特色和魅力。这些活动不仅可以增强组织的文化软实力，还可以促进与社会各界的交流与合作。

（6）注重组织文化创新与组织业务融合　公共组织应将文化创新融入业务发展中，通过创新服务方式、提升服务质量、优化业务流程等方式推动业务的发展和提升。同时，组织还应关注市场动态和客户需求，及时调整业务策略和创新方向。这种融合不仅可以提高组织的业务水平和竞争力，还可以增强组织的文化认同感和凝聚力。与其他行业或领域进行跨界合作也是公共组织文化创新的重要途径之一。通过跨界合作，公共组织可以引入新的技术、理念和方法，拓展自身的发展空间和市场竞争力。同时，跨界合作还可以促进不同行业之间的交流与融合，为文化创新提供更多的灵感和动力。

（7）借鉴国际先进经验　公共组织应关注国际公共组织文化创新的最新动态和趋势，学习借鉴其先进的文化理念和管理经验。通过参加国际会议、访问考察等方式，了解国际公共组织的创新实践和发展模式。这些经验可以为公共组织提供新的思路和启示，推动自身的文化创新向更高层次发展。积极参与国际公共组织文化创新的交流与合作活动，如国际创新论坛、国际创新项目合作等。通过国际交流与合作，公共组织可以了解国际前沿的创新技术和方法，引入国际先进的创新资源和技术。同时，这些活动还可以增强组织的国际影响力和竞争力，为组织的国际化发展提供有力支持。

公共组织文化创新需要公共组织根据自身特点和实际情况进行选择和实施。通过这些途径的实施，可以推动公共组织文化的创新发展，提升公共组织的整体效能和竞争力。同时，文化创新还可以促进组织的可持续发展和社会责任的履行，为构建更加和谐、美好的社会贡献力量。在未来的发展中，公共组织应继续加强文化创新实践，不断完善文化创新体系，为组织的长期发展奠定坚实的基础。

◎思考题

1. 公共组织文化的基本特征有哪些?
2. 论述公共组织文化的功能及其对组织的影响。
3. 探讨公共组织文化结构的层次及其相互关系。
4. 中国公共组织文化建设的影响因素有哪些?
5. 结合实际，思考某类具体公共组织文化建设的途径。

第七章

公共组织环境

公共组织是一个开放的系统，它必定要与周围各种环境相互影响。任何组织都是特定环境中的组织，都离不开环境所提供的各种条件和机会。任何与组织有联系的环境都会对组织产生这样或那样的影响和作用，甚至决定着组织的兴衰存亡。公共组织所处的环境由许多不同的因素所构成，它们对公共组织及其运作产生了不同程度的影响。本章具体包括公共组织环境概述、公共组织环境的基本要素以及公共组织与环境的关系。

第一节　组织环境概述

所有组织的活动，都是发生在一定的政治、经济、文化、科技以及自然环境之中。环境是组织存续与发展的基石。一个稳定、有利的环境能够为组织提供必要的资源、信息和支持，确保组织的各项活动能够顺利进行，从而实现既定的目标和使命。深刻理解并把握环境特性，对任何组织而言均至关重要，唯有如此，方能制定切实有效的策略，确保组织在复杂环境中稳步发展。

一、组织环境的含义

一般来说，组织环境是指影响组织运作、发展及其成效的所有外部和内部条件的总和。广义的定义既包括组织所处的宏观社会环境，如政治、经济、文化、科技、法律及自然环境等，这些因素构成了组织运营的外部大背景，也包括组织内部的微观环境，如组织结构、文化、资源、技术、人员及内部政策等，它们直接作用于组织的日常运营和决策过程。狭义的组织环境，仅指组织所处的外部环境。

二、组织环境的特点

组织作为一个开放的系统，其生存和发展离不开所处的环境。组织环境的特点，深刻影响着组织的决策、结构、运营以及战略方向。理解组织环境的特点有助于更加精准地厘清组织环境的丰富内涵。

1. 客观性

组织环境是一种客观的存在，它不以人的意志为转移，有着自己的运行规律和发展趋势。组织管理者必须尊重并适应这种客观性，不能仅凭主观臆断来制定策略。例如，全球气候变化已成为一个不争的事实，无论企业是否愿意，都必须面对这一客观环境。极端天气事件的增加导致供应链中断和运营成本上升，迫使企业采取措施减少碳足迹和增强供应链的韧性。

2. 复杂性

组织环境的复杂性体现在环境因素的数量和多样化上。组织面临着众多来自不同领域和层面的影响因素，这些因素相互作用、相互影响，使得组织环境变得异常复杂。例如，一家跨国企业在运营过程中，不仅要考虑本国的政治、经济、法律环境，还要应对不同国家的文化差异、市场准入条件、货币汇率波动等复杂因素。

3. 关联性

构成组织环境的各种因素和力量是相互联系、相互依赖的。一个因素的变化往往会引起其他因素的连锁反应，因此管理者必须把所有环境因素作为一个整体来考虑其综合影响。例如，在科技行业，一项新技术的出现往往能够带动整个产业链的发展。具体来说，如人工智能技术的突破不仅影响了科技企业的研发方向，还带动了云计算、大数据、物联网等相关产业的快速发展。这些产业之间的关联性使得任何一个环节的变化都可能对整个生态系统产生影响。

4. 不确定性

组织环境充满了不确定性和不可预测性。外部环境的变化可能迅速且剧烈，给组织的生存和发展带来挑战。组织需要具备一定的灵活性和应变能力，以应对这种不确定性。例如，2020 年新冠疫情的暴发给全球经济带来了巨大的冲击，许多企业面临市场需求萎缩、供应链中断等前所未有的挑战。这种突发事件的不确定性使得企业难以提前预测和准备，必须迅速调整策略以应对危机。新冠疫情的暴发也给公共管理带来了巨大的不确定性。

5. 层次性

组织环境因素是个多层次的集合。从空间上看，组织环境可以分为内部环境和外部环境。从时间上看，组织环境可以分为过去环境、现在环境和未来环境。每个层次的环境因素都对组织产生不同的影响。从层次上看，组织环境可分为宏观环境、中观环境和微观环境。例如，一家零售企业在制定发展策略时，需要考虑多个层次的环境因素。从宏观层面看，经济周期、消费者趋势、政策变化等都会影响企业的战略规划；从中观层面看，行业竞争格局、供应链稳定性、渠道变化等会影响企业的市场定位和运营模式；从微观层面看，企业内部的管理效率、员工士气，客户关系等也会影响企业的日常运营和绩效表现。

三、组织环境的分类

所有组织均存活于特定的环境之中，并依赖于环境赋予的诸多条件与机遇。任何与组织相关联的环境，都会以不同方式对组织施加影响，乃至决定其兴衰更替。理论上而言，研究组织时全面考量所有环境因素至关重要，然而在实际操作中，这往往难以实现。因此，对组织环境进行合理分类显得尤为必要。

（一）一般环境和任务环境

根据环境因素对组织的作用方式及其重要性差异，组织环境可细分为一般环境与任务环境两大类别。

一般环境，指的是那些不直接干预组织运营，而是通过间接方式产生影响的多种因素的总和；而任务环境，也称为组织的具体环境，是指那些直接影响组织目标实现能力，且组织需直接与其互动的因素集合。一般环境与具体环境之间的界限并非总是清晰可辨，且这一界限处于不断变化之中，因为一般环境中的要素会持续“渗透”至特定组织的具体环境内，这表明环境是一个连续且统一的整体。

组织的任务环境，它主要涵盖那些与组织目标设定、达成及完成直接相关的外部环境，以及可能产生直接影响的潜在外部环境。这一环境构成了组织与一般环境之间的桥梁。尽管任务环境的变化不像一般环境那样广泛而全面，但其影响却更为迅速且直接。例如，组织的业务发展与顾客、供应商、竞争对手及政府监管机构等直接相关，这些方面的任何变动都可能给组织带来即时的冲击。这些与组织生存和发展紧密相连的环境因素，共同构成了组织的任务环境。值得注意的是，每个组织都有其独特的任务环境，而一般环境则是一定区域内所有组织共同面对的环境。

（二）内部环境与外部环境

依据环境要素作用于组织的运作维度，可将环境划分为外部环境与内部环境两大类。外部环境，指的是那些位于组织界限之外，对组织的目标设定、结构构建及日常活动施加影响的各类条件与现象；而内部环境，则涉及组织内部那些能够影响其目标实现、结构调整及活动开展的相关要素。

通常情况下，人们倾向于聚焦外部环境如何与组织的目标、结构及活动相互作用，却往往忽视了组织内部同样存在且至关重要的影响因素。美国学者帕森斯提出，每个组织本质上都是一个复杂系统，内含多个子系统。这些子系统均可分为三个层次：首先是战略层次，例如企业的董事会或政府机构的领导层，它们位于组织的前沿，直接与外部环境对接。由于这一层次涉及众多难以预知的因素，因此具有开放性特点。战略层的成员需积极搜集并分析外部信息，以制定和调整组织目标、设计组织结构，并指导关键部门的活动，同时保持与外部社会团体的良好联系。其次是中间层次，该层次主要负责执行战略层次所制定的规划，以实现组织的既定目标和任务，其性质为半开放半封闭。最后是技术层次，如企业的生产部门，其主要职责是利用技术和生产工具进行生产，并不直接与社会环境互动，因此这一层次主要关注的是生产目标的达成，处于相对封闭的状态。

显然，这三个层次的子系统均对组织的整体目标、结构及运作产生着重大影响，因此，每一个层次都不应被忽视。

（三）良性环境与恶性环境

按照环境对组织的作用效果，可以分为良性环境（有利环境）和恶性环境（不利环境）。良性环境，也就是通常所说的有利环境，它涵盖了所有能够促进组织生存、发展以及提升竞争力的积极外部条件。比如，一个稳定的经济环境能够为组织提供广阔的市场和充足的资源；一个支持创新的政策环境可以激发组织的研发活力，推动其技术升级；而一个和谐的社会文化环境则有助于塑造组织的正面形象，增强其品牌吸引力。这些良性环境因素共同作用，为组织的成长铺设了坚实的基石。

相反，恶性环境，或被称为不利环境，是指那些对组织的存在基础、运营效率和长远发展构成威胁的外部条件。例如，经济衰退可能导致市场需求萎缩，影响组织的销售业绩；政策变动可能增加组织的运营成本，削弱其营利能力；社会动荡则可能破坏组织的正常运营秩序，损害其声誉。恶性环境不仅限制了组织的发展空间，还可能对其造成直接的损害，甚至威胁到组织的生存。

组织在制定发展战略时，必须充分考虑环境因素的影响，积极寻求和利用良性环境，同时有效应对和规避恶性环境带来的风险。

（四）国内环境与国外环境

根据环境所依托的地理区位，可以将其明确划分为国内环境与国际环境两大组成部分。

国内环境，顾名思义，是指在一国国界之内，对组织的构建、日常运营、功能实现、成效展现以及公众形象等多方面产生深远影响的各类环境因素的总和。这一环境范畴既涵盖了国内的自然条件，如地形地貌、气候条件、自然资源分布等，也包括了社会环境，比如政治制度、法律法规、文化传统、经济发展水平、社会结构、教育水平以及民众的价值观念等。国内环境的稳定性、开放性和支持性，对于组织的健康成长和有效运作至关重要。

国际环境主要聚焦于国家与国家之间，以及跨国组织间的相互关系和国际大势，这些因素对一国公共组织的存续、发展壮大及其在全球舞台上的角色和功能发挥产生着重要影响。国际环境的内容广泛，涉及国际政治格局、全球经济体系、国际贸易规则、国际法律框架、跨国文化交流、地缘政治竞争、全球性问题（如气候变化、疫情防控）等多个维度。国际环境的动态变化，特别是国际贸易政策、外交关系、国际安全局势的变动，往往会对国内组织的战略决策、市场布局、资源配置产生直接或间接的影响。

通常情况下，由于国内环境直接关联着公共组织的日常运行，其影响更为直接和具体。例如，国内的政策导向、公共需求、技术革新等因素，往往能迅速反馈到公共组织的发展策略和服务项目调整上。而国际环境虽然影响深远，但其作用往往通过国际贸易、资本流动、技术转移等渠道间接体现，且受到国际政治经济格局、文化差异等多种因素的制约，其影响相对更为复杂和难以预测。因此，公共组织在制定战略规划时，虽需兼顾国内外环境，但通常会更加侧重于分析和应对国内环境的变化，以确保公共组织的稳健发展和持续竞争力。

（五）有形环境与无形环境

根据人体感官对环境信息的接收与处理能力，创新性地将组织所处的环境划分为有形环境与无形环境两大类。

有形环境，顾名思义，是指那些能够直接通过人体的五大感觉器官——眼（视觉）、耳（听觉）、鼻（嗅觉）、舌（味觉）、身（触觉）——来感知其存在与变化的环境因素。这一类别广泛涵盖了自然环境，如蓝天白云、山川河流、四季变换等，它们以直观的形式展现给世人，无需额外解读即可被感知。同时，有形环境也包括了一部分社会环境，比如组织的物理结构、制度的外在表现（如规章制度、办公设施）、政党的标识与活动、战争留下的痕迹（如废墟、纪念碑）等，这些都是可以通过观察与体验来直接认识的社会现象。

相比之下，无形环境则显得更为抽象与深邃。它指的是那些虽然无法被肉眼看见、无法被直接触摸，但却实实在在地存在着，并且以一种潜移默化的方式影响着公共组织及个人行为的各种环境因素。无形环境的构成要素多样，包括但不限于群体心理（如社会风气、集体情绪）、思维方式（如逻辑思维、创造性思维）、文化价值观念（如宗教信仰、道德观念、审美取向）等。这些因素虽然无形，却能在人们的意识深处留下深刻的烙印，引导或制约着人们的行为选择，进而对公共组织的运作与发展产生深远的影响。

综上所述，有形环境与无形环境共同构成了组织所处的复杂多维的环境体系。有形环境以其直观性、可感知性为人们提供了丰富的信息来源，而无形环境则以其深邃性、潜在性对人们的行为与组织的运作施加了更为持久且深刻的影响。两者相辅相成，共同塑造着组织的生存与发展空间。

第二节　公共组织环境的基本要素

公共组织环境是指公共组织赖以存在和发展的外部条件的总和，具体指法律法规、政策制度、社会需求、资源分配、组织架构、人力资源、信息技术、经济状况、文化背景、地理区位、自然资源等因素的综合影响。这些因素在公共组织中相互作用，共同塑造着组织的运行与发展。公共组织只有不断地与环境因素取得和谐一致，才能实现自身的目标，实现自身的生存和发展。

公共组织置身于一个由多元因素交织而成的环境之中，这些因素对公共组织运行施加着多维度的影响。深入探究公共组织与环境之间的相互作用，其核心目的在于更好地理解并服务于作为研究焦点的公共组织。构成环境的一般性因素涉及政治、法律、经济和社会等维度，这些因素寄予着公民的希望和需求[①]。这种分类基本上概括了公共组织的环境要素。本节从政治法律因素、经济因素、社会文化因素、自然因素和技术因素五个方面展开论述。

---

① ［美］雅米尔·E. 吉瑞赛特：《公共组织管理——理论和实践的演进》，李丹译，上海：上海译文出版社，2003。

一、政治法律因素

公共组织运行和发展深受外部环境的影响。在众多环境因素中，政治法律因素尤为关键，不仅为公共组织的存在和活动提供了合法性基础，还在很大程度上决定了公共组织的目标、职能、行为方式以及资源获取等诸多方面。

（一）政治因素

政治因素在广泛意义上对公共组织及其活动产生了深远且多维度的影响，渗透到了公共领域的各个层面。尽管不同政治体制下政治权力的运作方式和影响范围存在差异，但其对公共组织的核心影响可归纳为以下几个关键方面：首先，特定的政治体制下的宏观战略和政策，为公共组织设定了长远的发展目标和核心使命。这些目标和使命不仅指导着公共组织的日常运作，还为其提供了明确的方向和动力，确保公共组织与国家的整体发展战略保持一致。其次，公共组织的具体活动，如资源配置、机构设置、项目审批及人事安排等，接受着全面的政治审查和监督。这种监督不仅体现在行政层面的直接干预，还通过立法和司法机制来确保公共组织的活动符合法律法规，维护公共利益和社会公正。再者，政治环境还通过塑造社会舆论和公众期望，间接影响着公共组织的决策和行为。政治议程的设置、公众关注点的变化以及政治事件的发展，都可能引发社会对公共组织的新要求和新期待，从而推动公共组织不断调整和优化其服务内容和方式。此外，政治还通过构建制度框架和规则体系，为公共组织的存在和发展提供了法律基础。公共组织的设立、职权范围、运作机制等，往往都是政治决策和法律规范的结果。政治体制的稳定性和成熟度，直接影响着公共组织的运行效率和效果。

鉴于政治环境对公共组织的深远影响，公共组织必须密切关注政治动态，加强政治敏锐性和分析能力，以便及时调整战略和策略，适应政治环境的变化。同时，公共组织也应积极寻求与政治体系的良性互动，通过合法途径参与政治过程，表达自身诉求，争取更多的政策支持和资源保障。公共管理者在这样的政治环境中面临着巨大的挑战。他们不仅需要具备专业的管理知识和技能，还需要具备深厚的政治素养和战略眼光。他们必须学会在动荡和不确定的政治环境中保持定力，坚守公共服务的职业伦理，确保公共组织的活动既有效、高效又公平。同时，他们还需要灵活运用各种管理手段和方法，以应对政治环境带来的各种挑战和机遇，推动公共组织不断向前发展。

（二）法律因素

法律因素在当代公共组织运作中扮演着举足轻重的角色。法律不仅界定了公共组织的任务范畴、组织结构、资源配置及其普遍权限，还深刻影响着组织内部管理事务的诸多方面。它设定了操作标准，并规定了干预和纠正政府实践、决策的具体方法与程序，确保了公共行为的规范性和正当性。

以政府组织为例，这类公共组织享有独特的法律地位，被赋予了区别于其他国家机关的特殊权利与功能，并据此构建了庞大的内部组织结构。在现代社会，政府组织的地位、权限、功能及机构设置均受到法律的明确规定和有力保障，体现了法治原则对公共组织构建和运行的基础性作用。不同的法律制度对政府组织的塑造作用各异，它们通过具体的法律条款和规定，影响着政府组织的结构设计、运作机制及功能实现。同时，法律的完善程度与科学化水平，也对公共组织的运转构成了相应的制约，推动着政府组织向更加协调化、法制化和科学化的方向发展。政府组织要实现其既定目标，关键在于公务人员的行为是否正当合理，各部门之间是否协同一致，以及行政行为的运作程序是否规范化和制度化。而这些目标的实现，离不开法律的固定和保障作用。通过法律形式，将公务人员的行为准则、部门间的协调机制及行政程序的规范化要求固定下来，为政府组织的稳定运转提供了坚实的法律基础。此外，司法审查作为法律监督的重要手段，对行政权力的实践提供了关键的检验和制约。它要求各机构必须保持对滥用个人权利、违反正当程序等行为的警觉，并能够证明和解释其决策的合理性和合法性。这体现了法律因素在保护公民权益、防止管理权威被滥用方面的重要作用。

法律因素通过处理公民生活、提供更多保护以免受管理权威侵害等问题，对当代公共组织的活动产生了深远影响。它不仅规范了公共组织的行为，还推动了其向更加法制化、科学化和协调化的方向发展。

二、经济因素

经济因素对公共组织而言，既是挑战与约束的源泉，也是机遇与动力的所在。从需求层面看，随着经济的持续发展与运作，公共组织被赋予了提供各类公共产品和服务的重要职责。例如，它们须制定并维护经济规则，对违规行为实施惩罚，同时运用公共管理工具来引导资源的有效配置，确保就业、工资及价格等方面的稳定，从而为经济发展提供有力支持。

在约束方面，经济生活本身对公共组织及其管理活动提出了明确的界限。公共组织必须恪守其角色定位，避免不当干预经济领域的正常运作，如过度征税、设置不必要的限制等，以确保市场经济的自主性和活力。

然而，经济的发展也为公共管理和公共组织带来了前所未有的机遇。它为公共组织提供了更为丰富的组织资源和管理基础，使得公共组织能够更好地履行职责，提升服务效能。

公共组织的职能与经济因素紧密相连，公共组织在制定和执行政策时，无法脱离对经济环境的深入考量。公共组织，尤其是公共行政部门，通过税收征收、费用收取、消费与借贷活动、商品与服务生产，以及对追求经济利益的个体和团体的监管等方式，既对经济因素产生了深远影响，同时也受到经济因素的深刻影响。这种相互作用的关系，凸显了公共组织在经济发展中的关键角色，以及经济环境对公共组织行为的塑造作用。

三、社会文化因素

社会文化因素，作为塑造社会整体行为模式的基石，深刻地影响着公共组织的行动指南、基本价值观及行为规范。文化，这一复杂而多维的概念，可以识别特定社会及其民众独特规范、特质与生活方式。每个社会都有其独一无二的文化维度，这些维度如同隐形的纽带，将社会成员紧密相连，并引导着他们的思维与行动。

对于公共组织而言，社会文化因素构成了其运行环境的基本条件之一，无时无刻不在润物无声地影响着组织的决策与行为。当社会事件波及民众时，人们的价值观和价值标准也会随之发生变迁。这种变迁不仅反映了社会文化的动态性，也要求公共组织必须敏锐地捕捉这些变化，并适时调整自身的策略与行动，以更好地服务于社会。在此背景下，组织文化作为公共组织内部的一种重要力量，体现了组织在应对员工、顾客及日常运营时所秉持的价值观和规范。这些价值观和规范，往往深受社会文化因素的影响，并随着外部环境的变化而不断调整。当它们与组织相关的条件发生关联时，这些变化对组织而言就显得尤为重要。

因此，组织文化既可以是公共组织主动创造的结果，也可以是社会文化熏陶下的自然产物。它既是组织内部的一种精神纽带，也是连接组织与社会文化的重要桥梁。公共组织要想在复杂多变的社会环境中立足并发展，就必须深刻理解并适应社会文化因素的变化，同时积极塑造和培育符合自身特色的组织文化。

四、自然因素

公共组织环境的自然因素主要包括资源因素、地理因素、地质因素、气候因素和生态因素等。这些因素直接或间接地影响公共组织的设立、运营和发展。

1. 资源因素

资源因素是公共组织环境中最直接且显著的自然因素之一。不同地区的自然资源禀赋不同，对公共组织的需求和设立也产生了重要影响。例如，石油资源丰富的国家会设立与石油勘探、开采、加工和销售相关的公共组织，以确保资源的合理开发和利用。这些组织不仅负责监管资源的使用，还负责协调相关利益方的关系，促进资源的可持续发展。

2. 地理因素

地理因素主要影响公共组织的空间布局和运营方式。不同地区的地理位置、地形地貌和交通条件等都会影响公共组织的设立和运营。例如，在山区或偏远地区，由于交通不便、基础设施薄弱，公共组织的设立和运营成本较高，需要更多的投入和支持。而在平原或沿海地区，由于交通便利、经济发达，公共组织的设立和运营相对容易，也更容易吸引资源和人才。

3. 地质因素

地质因素主要涉及地质结构、地质稳定性和地质灾害等方面。这些因素对公共组织的安全和运营具有重要影响。例如，在地震频发地区，公共组织需要更加注重建筑结构的抗震性能和安全防护措施，以确保人员和财产的安全。同时，地质灾害的发生也可能对公共组织的运营造成严重影响，需要制定应急预案和采取必要的措施来减少损失。

4. 气候因素

气候因素主要影响公共组织的运营效率和成本。不同地区的气候条件不同，对公共组织的运营方式和管理要求也不同。例如，在寒冷地区，公共组织需要采取防寒保暖措施来保障成员的身体健康和工作效率；在炎热地区，则需要采取防暑降温措施来保障成员的劳动安全和生产效率。此外，气候变化还可能对公共组织的运营产生间接影响，如影响水资源供应、农业生产等，进而影响公共组织的服务对象和范围。

5. 生态因素

生态因素是指公共组织所处环境的生态平衡和环境保护状况。随着环境保护意识的提高和可持续发展理念的普及，生态因素已经成为公共组织决策和运营中不可忽视的重要因素之一。公共组织需要积极履行生态环保职责，采取必要的措施来减少对环境的影响和破坏。例如，加强生态环境保护、推广绿色能源和节能减排技术等都是公共组织在生态环保方面的重要任务。

五、技术因素

公共组织的运作与管理离不开从外部环境中汲取关键资源，其中包括信息、技术以及相应的能力。从技术维度审视，公共组织的运行实质上是一个将各类投入高效转化为产出的过程，而技术正是实现这一转化不可或缺的工具。所谓公共组织的技术环境，是指该组织所处的社会环境中，科技要素及其直接相关联的各种社会现象的综合体现，它涵盖了以下五个核心方面。

首先，科技水平是技术环境的基石，它不仅涵盖了那些引领时代变革的科学发现和技术突破，还涉及与组织日常活动紧密相关的产品和工艺流程的技术进步与革新。

其次，科技力量代表了社会在科技研发方面的整体实力，即科技发展的潜在能力，它预示着未来科学技术的可能高度。

再次，科技体制是科技发展的制度框架，它涉及国家科学技术系统的结构布局、运行机制以及该系统与国民经济其他部门的互动关系，为科技发展提供了坚实的制度支撑。

此外，科技政策与科技立法作为国家层面的战略导向和管理手段，明确了科技发展的战略方向、政策扶持重点及国家对科技事业的管理原则。这些政策与立法不仅是对公共组织技术活动的一种反馈，同时也深刻影响着公共组织所面临的技术环境状况。

最后，信息技术环境在当今时代占据主导地位，它是公共组织必须重点关注和适应的技术环境。信息技术的飞速发展不仅改变了公共组织的工作方式，还对其服务效率和质量提出了更高要求。

综上所述，公共组织在运行和管理过程中，必须充分考虑技术环境的各个要素，不断优化技术配置，提升技术应用能力，以适应快速变化的技术环境，实现组织的持续发展。

第三节　公共组织与环境的关系

公共组织置身于一个错综复杂的外部环境之中，并不断与这一环境发生相互作用。所有组织均存在于特定的环境背景下，彼此间进行着交流与协作。各个组织均会受到环境变化及其复杂性的深刻影响，而不同的环境则要求组织构建与之相匹配的结构。为了维持自身与环境的动态平衡状态，公共组织必须持续与周边环境进行物质与能量的摄取、转换及释放活动。在与环境互动的过程中，公共组织不仅通过适应外部环境来获取所需信息和资源以满足外部需求，同时还积极创造或改造周边环境，减轻环境带来的不利影响或增强有利支持。

一、环境对公共组织的制约

任何公共组织都存在于一定的环境之中，环境不仅是公共组织建立的客观基础，而且是它生存和发展的必要条件。组织持续地与外部环境进行着物质、能量和信息的交换，这种交换不仅塑造了组织本身，还进一步引发了管理行为的调整与变化。值得注意的是，环境并非直接对管理行为产生作用，而是通过其对组织整体的影响，间接地引导管理行为的变革。简而言之，环境是通过改变组织来间接影响管理行为的。具体地说，表现为以下几个方面。

（一）稳定的环境是公共组织发挥正常功能的前提

稳定的环境是公共组织发挥正常功能、实现既定目标的前提与基石。以某市政府为例，该市政府作为典型的公共组织，其日常运营、政策制定与执行、公共服务提供等所有活动，都处于一个相对稳定的外部环境之中。这个环境包括经济状况的稳定、政治局势的平和、社会文化的和谐以及自然环境的可持续性等。

当外部环境保持相对稳定时，市政府能够有条不紊地推进各项管理活动，如城市规划、教育资源配置、医疗卫生服务改善等，从而确保公共服务的连续性和有效性。稳定的环境为政府决策提供了可预测的基础，使得政策制定者能够基于较为确定的信息来规划长远发展，而不必频繁应对突发状况或重大变革带来的挑战。

然而，外部环境的强烈动荡，如经济危机的爆发、社会矛盾的激化或自然灾害的频发，都会迫使市政府不得不紧急调整策略，将大量资源和精力投入到应对危机上，这无疑会干扰到原有管理活动的正常进行，甚至可能导致某些长期规划的中断或延期。因此，环境的稳定对于公共组织而言，是保障其能够持续、高效地履行职能的关键。

尽管管理者深知环境稳定的重要性，并努力通过政策调控、社会协作等方式来维护和促进这一稳定，但现实是，环境因素无时无刻不在发生变化，且在现代社会，这种变化的速度和幅度往往超乎预期。技术的革新、全球化的深入、气候变化的加剧等，都使得环境的不稳定性成为常态。

面对这一现实，公共组织必须具备一定的弹性和可塑性，即能够灵活调整自身结构、策略和行为，以适应不断变化的外部环境。这意味着，公共组织不仅要学会在稳定环境中高效运作，更要掌握在不稳定环境中求生存、谋发展的能力。通过增强对环境的敏感度和适应能力，公共组织才能在复杂多变的现代社会中保持竞争力，实现可持续发展。

（二）环境是公共组织生存和发展的基础

环境是公共组织赖以生存和发展的基础，它如同土壤对于植物的作用，为公共组织的成长和发展提供必要的养分和条件。公共组织作为一个复杂的结构体，其内部的运作和功能的实现都离不开外部环境的支持和影响。比如，政治稳定、政策连续性和法律法规的完善为公共组织提供了良好的制度保障。政治环境的不稳定或政策频繁变动，可能导致公共组织面临法律风险和不确定性，影响其正常运作和长期发展。经济环境同样对公共组织的生存和发展起着至关重要的作用。经济的繁荣与稳定为公共组织提供了充足的财政资源和良好的市场环境。公共组织的许多项目和服务都需要资金的支持，而经济的稳健增长可以确保这些资金的持续供给。同时，市场环境的变化也会影响公共组织的运营策略和服务方向。例如，随着经济的发展和人民生活水平的提高，公众对公共服务的需求也会不断变化，公共组织需要密切关注市场动态，及时调整服务内容和方式，以满足公众的需求。

公共组织需要密切关注外部环境的变化，加强环境监测和预警机制建设，灵活调整战略规划和运营策略，以适应外部环境的变化和挑战。同时，公共组织还需要加强内部管理，提高服务质量和效率，以满足社会期望和公众需求。只有这样，公共组织才能在不断变化的环境中保持稳健发展，为社会提供更加优质、高效的服务。

（三）环境制约公共组织系统活动的方向和内容

在公共组织的运营与发展中，组织系统的性质、特点、结构和功能虽然主要由其既定目的所决定，但环境的影响同样不容忽视。在某些关键时刻，环境甚至对组织系统的这些核心要素起着决定性的作用。这是因为环境作为人们活动的必要条件，无时无刻不在塑造和影响着组织的行为和选择。

公共组织作为社会系统的一部分，其活动必然受到外部环境的制约。无论是政府机构的改革、公共服务项目的设立，还是政策的制定与执行，都必须充分考虑环境的因素。例如，在环境保护日益受到重视的今天，公共组织在推进经济建设的同时，必须兼顾环境保护的要求，确保活动方向和内容与环保政策相协调。

环境对公共组织活动方向和内容的制约体现在多个方面。首先，组织必须根据环境的实际情况来确定自己的战略目标和发展方向。例如，在贫困地区，公共组织可能更需要关注基础设施建设、教育扶贫和医疗卫生服务等方面的工作，以改善当地民众的生活条件。而在经济发达地区，组织则可能更注重科技创新、产业升级和公共服务质量的提升。

其次，环境还影响着公共组织的结构和功能设计。在不同的环境条件下，公共组织需要构建与之相适应的组织结构，以确保管理活动的有效进行。例如，在信息化时代，公共组织需要加强信息化建设，提升数据处理和分析能力，以更好地应对复杂多变的社会需求。

此外，环境还制约着公共组织的管理活动内容和方式。公共组织必须根据环境的实际情况来选择合适的管理方法和手段，以确保活动的有效性和高效性。例如，在面对突发事件时，公共组织需要迅速启动应急预案，调动各方资源，以最短的时间、最小的代价解决问题。

因此，公共组织在运营过程中，必须时刻关注环境的变化，并根据环境的实际情况来调整自己的活动方向和内容。只有这样，才能确保组织的管理活动与环境的状况相协调，从而实现组织的长期发展和社会的持续进步。同时，公共组织管理者也需要具备敏锐的环境洞察力和灵活的应变能力，以应对环境带来的挑战和机遇。

（四）环境对管理过程具有巨大的影响作用

在构建组织时，管理者不仅要关注公共组织的架构与整体效能，还需对环境因素进行全面而深入的评估与考量。环境既能成为推动公共组织管理过程前行的助力，加速管理进程，也可能成为阻碍，导致管理活动进展缓慢，甚至全面停滞。以中国沿海地区与内陆地区的经济发展差异为例，自然条件、社会背景、市场观念、成员态度及开放程度等，均对管理过程产生着显著影响，左右着组织目标的设定与达成。特别是在跨区域的民间工程项目中，即便资金、技术、组织架构及资源配置相同，不同地区的管理成效却大相径庭，这充分彰显了环境对管理过程的重要影响。因此，那些处于优越环境中的组织，其管理过程往往更为顺畅，管理效益也更为显著。

环境对公共组织管理过程的影响，是一个复杂而多维的过程，其核心体现在环境的正向功能与反向功能上。

1. 环境对公共组织管理过程的正向功能

正向功能，亦称积极功能，主要体现在以下三个方面。

（1）引导功能　有利的外部环境有助于公共组织管理理念的传播与接纳，促进决策、规章及制度的顺利实施，推动组织结构体系的优化，加速科技手段的推广与应用，进而提升公共组织的整体水平，助力组织目标的实现。以引导功能为例，一个经济繁荣、文化底蕴深厚的城市，如上海，其政府能够更有效地推广现代管理理念，如电子政务、智慧城市等，这些理念的广泛接纳促进了政府决策的科学化与民主化，使得规章制度的执行更为顺畅，组织结构得以优化，科技手段的应用也更加广泛。在此基础上，上海通过下放部分管理权力至街道和社区，实现了“社区政府”的治理模式，极大地提升了社区管理的效率和居民的满意度。

（2）激励与调节功能　外部环境对公共组织的活动及目标实现具有激励作用。组织计划与目标的制定及实现，不仅依赖于内部机制，还受外部条件的影响。当外部环境出现有利于计划与目标实现的条件时，会激发组织成员的斗志，加速目标的实现，并促使组织根据环境变化及时调整目标与行动。如国家出台支持新能源发展的政策，地方环保部门便会受到激励，加大力度推动绿色能源项目的实施。同时，外部环境的变化也会促使组织及时调整战略方向。例如，面对全球气候变化的挑战，许多城市的公共交通系统开始转向低碳、环保的运营方式，这不仅是对环境变化的积极响应，也是组织内部机制优化的重要推动力。

（3）促进功能　根据唯物辩证法，外因虽为事物变化的条件，但往往对事物的发展产生重要影响。对于公共组织而言，良好的外部环境有助于组织目标的顺利实现，促使组织成员根据变化调整行动步伐，并推动组织内部机制的完善。以北京市为例，为了迎接 2008 年奥运会，北京市政府提出了“人文奥运、科技奥运、绿色奥运”的理念，这一理念不仅提升了城市的基础设施建设，还促进了市民外语水平的提升和文化素质的提高。这一成就的取得，与北京市良好的文化氛围、高度的开放程度以及市民较高的知识水平密不可分，这些因素共同构成了有利于组织目标实现的外部环境。

2. 环境对公共组织管理过程的反向功能

反向功能，亦称消极功能或负功能，主要体现在以下两点。

（1）阻碍功能　不利的外部环境会阻碍公共组织职能的实现。如在贫困地区，由于自然条件恶劣、经济基础薄弱，公共组织在提供基本公共服务时往往面临巨大挑战，如教育资源匮乏、医疗卫生条件落后等，这些问题严重制约了组织职能的发挥和目标的实现。

（2）误导功能　某些环境因素不仅不利于公共组织职能的实现，还可能产生误导。在组织选择环境的过程中，大量存在的环境因素可能以各种形式表现出来，如在某些地区，由于封建迷信思想盛行，公共组织在制定政策时可能会受到这些错误观念的影响，导致决策失误。再如，在疫情防控期间，一些地方因盲目相信偏方或谣言，而忽视了科学防疫措施的重要性，从而加剧了疫情的扩散。

值得注意的是，环境的正向功能与反向功能并非一成不变。在一定条件下，它们可能相互转化。例如，一个曾经经济落后的地区，通过政策扶持和自身努力，逐渐改善了经济发展环境，那么原本制约组织发展的反向功能就可能转变为推动组织成长的正向功能。因此，公共组织在发展过程中，必须时刻关注环境的变化，灵活调整战略和策略，以最大限度地利用环境的正向功能，同时有效应对反向功能带来的挑战。

二、公共组织对环境的改造

如前所述，环境对公共组织具有重大乃至决定性的影响，但这并不等同于说公共组织只能消极或被动地接受影响。相反，公共组织在顺应环境的同时，也在积极地利用并改造着环境。公共组织的全部价值和意义，体现在它不仅能够基于适应环境而存续发展，更在于其主动促进所依赖的经济基础与国家政权的稳固与进步，以及它对环境所进行的积极能动的改造。

公共组织对环境的影响可分为积极与消极两大基本类型，这两者的核心区别体现在公共组织对环境的响应态度及主动作为的程度上，而这种差异主要根源于公共组织内部结构的差异。对于封闭式公共组织体系，由于其体系与环境相对割裂，其运作主要依赖自身垄断地位及国家权力的运用，强行将组织行为施加于环境，而对环境的反馈则往往置之不理。相反，开放式公共组织体系则与环境维持着一种持续的、动态的互动关系，二者间信息交流充分。此类组织体系对环境反馈极为敏感，其运作方式在于充分吸纳环境信息，经由内部转化后，以满足环境的多元需求，从而维持与环境之间的动态均衡。由于开放式公共组织体系密切关注环境的各种变化，因此能够有效引领社会的整体和谐发展。而封闭式公共组织体系，由于对环境需求与变化的忽视或轻视，在调节与控制环境的过程中，往往措施不当，有时甚至可能引发环境的混乱状态。

（一）公共组织对政治环境的影响和反作用

1. 公共组织的状况会影响统治阶级意志的贯彻执行

在任何一个社会中，公共组织作为国家机器的重要组成部分，其状况直接关联到统治阶级意志的贯彻执行效果。这一过程不仅体现在法律政策的制定上，更贯穿于政策执行与反馈的每一个环节。

首先，公共组织，特别是政府组织，是统治阶级利益的代表，其职能之一就是贯彻执行统治阶级的意志。统治阶级通过制定法律、政策等，将统治阶级对于国家管理和社会事务管理的具体要求转化为法律条文，使之成为全社会必须遵守的行为准则。这一过程是统治阶级意志合法化、制度化的关键。例如，在教育领域，政府教育部门提出的关于教育改革与发展的议案，一旦获得代议机构通过，便成为指导全国教育工作的法律依据，确保了统治阶级关于教育发展的理念和目标得以在全国范围内推行。

然而，仅仅有法律还不够，公共组织的自身建设同样至关重要。一个目标明确、职能清晰、结构合理、组织健全、人员精干、运转高效的公共组织，能够确保政策的有效执行，减少执行过程中的偏差和阻力。反之，如果公共组织内部管理混乱，职能重叠，人员冗余，不仅会降低工作效率，还可能导致政策执行过程中的“上有政策，下有对策”现象，即下级部门或个人出于自身利益考虑，采取各种手段规避或扭曲上级政策，从而削弱统治阶级意志的贯彻执行力度。例如，环保政策在执行过程中，若地方环保部门能力不足或受到地方经济利益集团的干扰，可能会出现监管不力，导致环境污染问题得不到有效解决。

2. 公共组织对于社会秩序的稳定有一定的促进作用

公共组织在国家政治体系中的特殊地位，使其成为维护国家政治稳定的重要力量。一个健全且运转良好的公共组织体系，能够倾听民众声音，集中民众智慧，从而缓解社会矛盾，增强政府与民众之间的信任与合作。例如，在社区治理中，社区居委会作为基层公共组织，通过组织居民会议、开展志愿服务活动等方式，不仅解决了居民的实际问题，还增强了居民的归属感和责任感，促进了社区的和谐稳定。

此外，公共组织在应对突发事件、维护社会秩序方面发挥着不可替代的作用。在自然灾害、公共卫生事件等紧急情况下，公共组织能够迅速响应，调动资源，组织救援，有效减轻灾害损失，恢复社会秩序。如疫情防控期间，卫生健康部门、民政部门等公共组织协同作战，确保了医疗资源的合理分配，保障了民众的基本生活需求，为疫情防控和社会稳定作出了巨大贡献。

3. 公共组织能够有效地进行对外政治沟通，缓和并化解矛盾和冲突

在全球化的今天，公共组织在对外政治沟通、缓和国际冲突方面的作用日益凸显。与国家层面的正式外交相比，公共组织间的交流与合作往往更加灵活多样，能够触及更深层次的民间情感和文化交流，为化解国际矛盾提供新的路径。

以体育组织为例，乒乓外交是中国外交史上的一段佳话。20 世纪 70 年代初，中美两国通过乒乓球比赛这一非正式渠道，打破了长期以来的政治僵局，为后来的正式建交奠定了基础。这种以体育为媒介的交流方式，不仅展示了体育精神的超越性，也体现了公共组织在促进国际理解和合作方面的独特价值。

同样，在海峡两岸关系中，海峡两岸关系协会和海峡交流基金会作为两岸民间交流的重要平台，通过定期会谈、文化交流、经济合作等多种方式，增进了两岸同胞的相互了解和信任，为推动两岸关系和平发展、实现祖国统一大业创造了有利条件。

综上所述，公共组织在统治阶级意志的贯彻执行、社会秩序的稳定以及对外政治沟通中发挥着不可替代的作用。一个高效、透明、负责任的公共组织体系，是现代社会治理不可或缺的基础，也是推动国家发展、维护国际和平与稳定的重要力量。因此，加强公共组织建设，提升其治理能力和服务水平，对于促进国家长治久安、实现可持续发展具有重要意义。

（二）公共组织对经济环境的影响和反作用

经济环境对公共组织的决定性影响，并不意味着公共组织在经济发展中的角色是被动且消极的。特别是在当代社会背景下，随着政府职能的不断演变，各类公共组织在国家经济活动中扮演着愈发显著且关键的角色，它们对经济发展的促进或制约效果尤为突出。正如恩格斯所深刻指出的那样："所有政府，哪怕是最独裁的政府，归根结底，也仅仅是其本国经济条件所孕育出的经济必然性的执行工具。它们可以通过多样手段——无论是积极的、消极的还是中性的——来执行这一任务；它们有能力加速或减慢经济发展的步伐及其所带来的政治与法律后果，但归根结底，它们仍须顺应这一发展的根本趋势。"公共组织作为国家治理的重要组成部分，其组织机制、运行程序、政策法令以及生产关系的调整，均对经济发展产生深远影响。

1. 公共组织机制与运行程序的调整对经济发展的影响

公共组织的组织机制和运行程序是其内部管理和外部交互的基础框架，它们的设立与调整直接关乎经济活动的效率与活力。解放初期，中国为了迅速恢复国民经济，建立了高度集中的政府组织体制和经济管理模式。这一模式在短期内有效集中了资源，快速医治了战争创伤，实现了经济的初步恢复。然而，随着社会主义建设时期的到来，这种高度计划性的体制逐渐暴露出弊端，忽视了市场经济的规律，抑制了经济主体的积极性和创造性，从而阻碍了经济的持续发展。

改革开放以来，中国政府深刻认识到这一问题，开始推进政府职能的根本性转变，实施政企分开、政社分开、政事分开的改革，旨在构建一个功能齐全、结构合理、运转协调、灵活高效的行政管理体制。这一转变不仅释放了市场活力，促进了经济成分的多元化，还极大地提高了政府服务经济的能力和效率，为中国的经济腾飞奠定了坚实的制度基础。例如，通过简化行政审批流程、优化营商环境等措施，公共组织有效降低了企业运营成本，激发了市场主体的创新活力，推动了经济的快速增长。

2. 公共组织制定政策与法令对经济发展的引导作用

政策与法令是公共组织影响经济发展的重要工具，它们为经济活动提供了明确的规则框架和发展方向。政府组织通过制定和实施一系列经济政策，如产业政策、财政政策、货币政策等，对国家经济体制的构建、经济结构的调整、经济组织的运作以及经济发展的方向进行宏观指导和调控。例如，中国通过制定高新技术产业政策，鼓励科技创新，促进了新兴产业的快速发展；通过实施减税降费政策，减轻了企业负担，增强了市场活力。

此外，公共组织还通过法律手段保护市场公平竞争，维护消费者权益，为经济发展创造良好的法治环境。如反垄断法、反不正当竞争法等法律法规的出台，有效遏制了市场垄断和不正当竞争行为，保障了市场经济的健康发展。

3. 公共组织调整生产关系对经济发展的推动作用

生产关系作为经济基础的核心，其合理与否直接关系到经济发展的质量和效率。公共组织通过调整生产关系，包括所有制形式、经济主体地位及相互关系、分配方式等，来适应生产力的发展要求，促进经济的持续增长。例如，中国从单一的公有制经济向以公有制为主体、多种所有制经济共同发展的基本经济制度转变，极大地激发了非公有制经济的活力，促进了经济的多元化和快速增长。

同时，公共组织还通过调整收入分配政策，努力缩小收入差距，促进社会公平正义，为经济的可持续发展提供稳定的社会环境。如中国在现代化进程中不断提高最低工资标准，完善社会保障体系，既保障了劳动者的基本权益，又促进了消费需求的增长，为经济发展注入了新的动力。

综上所述，公共组织在经济发展中扮演着至关重要的角色。它不能自主选择所处的生产力状态，也不能超越现有的生产力条件，但可以根据经济发展的客观规律，建立健全符合本国国情的组织体制和经济管理体制，改革不适应生产力发展状况的生产关系，通过经济的、法律的、行政的多种手段，创造有利于经济发展的良好环境。这样不仅能推动公共组织自身的健康发展，更能促进经济的全面、协调、可持续发展。改革开放以来的实践充分证明了这一点，未来，随着改革的不断深入和公共组织治理能力的不断提升，中国经济必将迎来更加繁荣发展的明天。

（三）公共组织对文化环境的影响和反作用

公共组织，作为社会这一广阔且充满活力的开放系统中的关键子系统，其角色和功能远超单一的服务提供者或规则制定者。它既是文化的接收站，吸收并融合外部环境的多元文化元素；又是文化的发射台，不断向外界输出其独特的组织文化和价值观。这种双重身份使得公共组织与其所处的文化环境之间建立起了一种既相互依存又相互促进的复杂关系，共同塑造着社会的文化风貌。

首先，作为社会中文化水平领先的群体代表，公共组织不仅承载着传承与发展先进文化的重任，更以其高尚的价值取向和道德标准引领着社会文化的主流趋势。例如，在教育领域，公立学校作为公共组织的重要组成部分，通过制定科学合理的教学大纲，引入先进的教育理念和方法，不仅传授知识，更注重培养学生的批判性思维、创新能力和社会责任感，从而为社会培养出具有高尚品德和全面能力的人才。这些人才进入社会后，又成为推动社会文化进步的重要力量，形成良性循环。

其次，公共组织依托其在国家公共生活中的核心地位，勇于担当起文化守护者的角色。面对封建的文化糟粕和资产阶级腐朽文化的侵蚀，公共组织通过立法、监管和教育等多种手段，坚决予以抵制和批判。比如，文化部门会定期审查出版物和网络内容，清理含有暴力、色情或歪曲历史等不良信息的文化产品，同时推广优秀传统文化和社会主义核心价值观，以此净化文化市场，提升公众的文化素养和审美能力，确保社会文化环境的健康向上。

最后，公共组织深知教育是改变文化环境、促进社会进步的根本途径。因此，公共组织不遗余力地发展教育科学文化事业，加强思想道德建设。通过设立公共图书馆、博物馆、文化中心等设施，为公众提供丰富的文化资源和学习机会；通过举办讲座、展览、文艺演出等活动，普及科学知识，弘扬正能量，激发人民对美好生活的向往和追求。同时，公共组织还注重用科学的理论武装民众，引导他们理性思考，用正确的舆论引导大众，避免盲目跟风；用高尚的精神塑造人格，鼓励人们追求真善美；用优秀的作品鼓舞人心，激发社会正能量，从而深刻改变周围的文化氛围，促进社会的整体文明进步。

综上所述，公共组织作为社会文化发展的重要推手，不仅在接受外部环境文化影响的同时，也在不断地通过自身的努力，影响和塑造着周围的文化环境。正是这种双向的互动，使得社会文化得以在传承与创新中不断前行，推动社会向着更加文明、和谐、进步的方向发展。

（四）公共组织对自然环境的影响和反作用

公共组织作为社会管理和服务的重要主体，其活动范围广泛，对自然环境的影响无疑是深远且复杂的。这种影响不仅局限于对自然资源的直接开发利用，更深入到自然环境的保护与治理之中，形成了一系列正面与潜在负面的反作用。

1. 正面反作用：保护与治理

公共组织在环境保护方面发挥着举足轻重的作用。它们通过制定和实施一系列环境保护政策，为自然环境的可持续发展奠定了坚实基础。例如，限制污染排放的政策有效减少了工业废水、废气和固体废物的排放，保护了水源和空气质量；保护生态红线的政策则确保了生态敏感区域不受破坏，维护了生物多样性和生态平衡。

此外，公共组织还积极参与环境治理项目，致力于恢复和改善受损的自然环境。河流清淤项目清除了河道中的垃圾和淤积物，恢复了水流的畅通和河床的生态功能；湿地恢复项目则通过补水、植草等措施，重建了湿地的生态系统，为水生生物提供了栖息地，也增强了湿地的蓄水和净化水质能力。植树造林项目更是公共组织推动绿化工作的重要举措，它不仅增加了绿色植被覆盖，还改善了气候条件和空气质量。

环保教育与宣传也是公共组织不可或缺的一部分。它们通过举办各种环保教育活动，如讲座、展览和实地考察，以及制作和分发环保宣传材料，提高了公众对环境保护的认识和意识。这些活动激发了公众对自然环境的关爱之情，促进了全社会共同保护环境的良好氛围的形成。

2. 潜在负面反作用：过度开发与利用

然而，公共组织在追求经济发展和社会进步的过程中，也可能对自然环境产生潜在的负面反作用。资源过度开发就是一个突出的问题。在某些情况下，为了满足经济增长的需求，公共组织可能过度开采矿产、过度捕捞海洋生物等，导致自然资源的枯竭和生态平衡的破坏。这种短视的行为不仅损害了自然环境的可持续性，也威胁到了人类自身的生存和发展。

环境污染也是公共组织活动中不可忽视的问题。在基础设施建设、工业生产等活动中，如果公共组织不注重环保措施的实施，可能会产生大量的污染物，如废水、废气和固体废物等。这些污染物不仅对人类健康构成威胁，还可能破坏生态系统的结构和功能，影响生物多样性和生态平衡。

此外，一些公共组织在规划和实施项目时，可能忽视了对生态环境的保护。例如，不合理的城市规划可能破坏绿地和水系，导致城市生态环境质量的下降。这种忽视生态环境保护的行为不仅损害了自然环境的完整性，也降低了城市居民的生活质量。

综上所述，公共组织对自然环境的反作用是多方面的、复杂的。为了实现自然环境的可持续发展和人与自然的和谐共生，公共组织需要在制定政策、实施项目和开展活动时充分考虑其对自然环境的影响，采取科学合理的措施来减少潜在负面反作用，并发挥其在环境保护与治理方面的积极作用。

（五）公共组织对技术环境的影响和反作用

公共组织对技术环境的影响和反作用是相互关联、相互促进的。公共组织通过推动技术创新与应用、塑造技术发展方向、改善技术使用环境等方式反作用于技术环境，不断推动技术环境的进步和社会的发展。

1. 推动技术创新与发展

公共组织作为社会管理和服务的重要主体，对技术有着巨大的需求。这种需求不仅推动了相关技术的研发和创新，还促进了技术的普及和应用。例如，政府机构在推动电子政务、智慧城市等项目建设过程中，对信息技术、物联网技术、大数据技术等提出了更高要求，从而推动了这些技术的不断创新和发展。这种反作用使得技术环境更加活跃和先进，为社会的进步和发展提供了有力支持。

2. 制定技术标准与规范

公共组织在技术应用过程中，为了保障系统的兼容性和安全性，往往会制定一系列的技术标准和规范。这些标准和规范不仅为技术应用提供了明确的指导和约束，还促进了技术环境的规范化和标准化。例如，政府机构在推动电子政务建设过程中，会制定电子文件格式标准、数据交换标准等，以确保不同系统之间的互联互通和数据共享。这种反作用有助于提升技术环境的整体质量和水平，促进技术的健康发展。

3. 促进技术普及与应用

公共组织通过自身的示范和引领作用，可以促进技术的普及和应用。例如，政府机构在推动电子政务、智慧城市等项目建设过程中，会积极采用先进的技术手段，提高行政效率和服务质量。这种示范效应会激发社会各界对技术的兴趣和热情，从而促进技术的普及和应用。此外，公共组织还可以通过培训、宣传等方式，提高公众对技术的认知和应用能力，进一步推动技术环境的改善和发展。

4. 优化资源配置与提升效率

公共组织通过技术应用，可以实现对资源的优化配置和高效利用。例如，在智慧城市建设中，政府机构可以通过大数据、物联网等技术手段，实现对城市基础设施、公共服务资源的实时监控和智能调度，从而提高资源利用效率和服务质量。这种反作用有助于提升技术环境的整体效能和水平，为社会的进步和发展创造更多价值。

5. 应对技术挑战与风险

随着技术的不断发展，公共组织也面临着越来越多的技术挑战和风险。例如，网络安全问题、数据泄露问题等都给公共组织的技术应用带来了巨大压力。为了应对这些挑战和风险，公共组织需要不断加强技术研发和创新，提升技术防范和应对能力。这种反作用有助于提升技术环境的整体安全性和稳定性，保障公共组织的技术应用不受威胁和干扰。

三、公共组织与环境的动态平衡

系统理论视角下，世界宛如一幅错综复杂的宏大画卷，无论是浩瀚的海洋、广袤的森林，还是繁忙的城市、宁静的乡村，都构成了这个庞大系统中的独立而又相互依存的微型系统。这些系统，不论其规模大小，都通过无形的物质与能量的交流，紧密地编织在一起，共同维系着整个世界的运行与平衡。公共组织系统，作为这一宏大系统中不可或缺的一部分，同样与环境系统保持着千丝万缕的联系，它们之间的相互作用与影响，构成了社会发展的重要动力。

公共组织系统，作为环境系统的一个子集，其存在与发展离不开与环境的持续交流与互动。环境系统，包括自然环境、社会环境、经济环境等多个层面，向公共组织系统源源不断地提供着必要的资源、能量与信息。这些输入，既有来自自然界的原材料、能源等物质基础，也有来自社会各界的期待、需求、反馈及挑战等非物质因素。例如，在全球气候变化日益严峻的背景下，环境系统对公共组织提出了减少碳排放、推广绿色能源、保护生态环境等迫切要求。这些要求，作为环境对公共组织的直接输入，促使公共组织必须采取行动，以应对环境挑战。

面对环境的输入，公共组织并非被动接受，而是通过多样化的方式对这些输入进行转化，以产出符合环境需求的法律法规、政策策略、实施举措等。这一转化过程，是公共组织与环境系统相互作用的关键环节。在转化过程中，公共组织需要更新思维模式，从传统的、单一的管理方式转向更加开放、多元、协同的治理模式；需要转变职能，从过去的“管理者”转变为“服务者”，更加注重公众的需求与利益；需要改革组织架构，打破部门壁垒，促进信息共享与资源整合；需要下放权力，激发基层活力，提高决策效率与执行力；需要调整人力资源，培养具备跨学科知识、创新能力与团队协作精神的复合型人才。通过这些手段，公共组织力求实现与环境的和谐共生，确保自身行动与环境需求相契合。

输出环节，作为公共组织对环境输入的直接回应与成效体现，直接展示了公共组织所制定的政策法规及实施措施对环境需求的满足程度。例如，针对环境污染问题，公共组织可能出台一系列严格的环保法规，并配以相应的执法力度与监管措施。这些输出，不仅体现了公共组织对环境保护的重视与决心，也直接影响了环境质量的改善与公众生活质量的提升。如果输出环节能够有效回应环境需求，促进环境问题的解决，那么公共组织与环境系统之间的动态平衡就能得到维持；反之，如果输出环节存在缺失或偏差，就可能导致环境问题的加剧与公众不满的累积。

然而，要保持公共组织与环境系统之间的动态平衡并非易事。在实践中，输入、转换与输出各环节往往受到多种因素的影响与制约。例如，在输入环节，环境需求的多样性与复杂性可能使得公共组织难以准确把握；在转换环节，公共组织内部的利益冲突、观念差异及制度障碍可能阻碍转化的顺利进行；在输出环节，政策执行不力、监管缺失及公众参与度低等问题可能影响输出的效果与公信力。因此，要维持公共组织与环境系统之间的动态平衡，必须高度重视并优化输入、转换与输出这三个关键环节。

具体而言，公共组织需要建立更加灵敏的感知机制，及时捕捉环境需求的变化与趋势；需要加强内部沟通与协作，促进思维模式的更新与职能的转变；需要完善组织架构与决策机制，提高政策制定与执行的效率与质量；需要加强与社会各界的互动与合作，增强政策的透明度与公众参与度。通过这些措施，公共组织可以更好地适应环境的变化、满足环境的需求、促进环境的改善，从而实现与环境的和谐共生与共同发展。

总而言之，公共组织与环境之间存在着一种相互作用、相互平衡的辩证关系。在系统理论的视角下，这种关系更加凸显了公共组织作为环境系统子集的独特地位与作用。公共组织系统应当保持开放与有序，积极与环境进行物质、能量与信息的交流；在顺应环境的同时，也应主动利用并改造环境。它既不应过分被动地受制于环境，也不应完全无视环境的变化。唯有建立与环境相协调的动态关系，公共组织方能与环境相辅相成，共同促进社会的和谐与进步。在未来的发展中，公共组织需要不断探索与创新，以更加高效、灵活、协同的方式应对环境的挑战与机遇，为构建更加美好的社会环境贡献自己的力量。

◎思考题

1. 从组织环境的定义出发，分析公共组织在不同类型环境中面临的主要挑战。并就如何根据这些环境特点调整公共组织的战略和管理策略谈谈自己的看法。

2. 政治因素对公共组织的影响主要包括哪些方面？请结合实际，简要说明这些方面如何影响公共组织的运作。

3. 环境因素如何制约公共组织的决策和行为？请结合实际，说明环境制约的表现和影响。

4. 公共组织在环境改造方面可以采取哪些措施？请举例说明这些措施的实施效果及其对环境的长远影响。

第八章

公共组织绩效

提高公共组织的绩效水平是公共组织管理活动的主要目标。系统有效的公共组织绩效管理对于改善公共组织绩效水平、确立公共组织价值理念、推动行政管理体制改革具有理论引导与实践检验的双重价值。本章介绍了公共组织绩效和公共组织绩效管理的基础理论，展示国外相关国家公共组织绩效管理的实践经验，在此基础上分析中国公共组织绩效管理的现实情境和发展趋势。

第一节　公共组织绩效概述

在 20 世纪 80 年代，伴随着新公共管理运动的蓬勃发展，西方发达国家广泛实施了公共组织管理改革，这些改革着重强调成果导向与顾客满意度。其中，公共组织绩效管理作为改革的核心组成部分，对于提升公共组织的效率与效能、优化公共服务质量起到了关键作用。无论是学术界的理论研究还是实践领域的探索尝试，公共组织绩效管理始终都是理论工作者与实践者密切关注的焦点议题。本节内容将从公共组织绩效与管理的基本概念出发，阐述其理论根基及影响因素，为后续章节深入探讨其发展历程与管理流程奠定基础。

一、绩效与公共组织绩效

在现代社会，无论是企业组织还是公共组织，绩效都是衡量组织成功与否的关键因素。对于公共组织而言，其绩效不仅关系到自身的运作效率和资源利用效果，更直接影响到社会公共服务的质量、社会公平正义的维护以及公众的满意度。

（一）绩效的概念

相较于“业绩”“实绩”“效绩”等相近术语，“绩效”一词更为全面且精确地捕捉了“performance”的丰富内涵，并赢得了国内学术界与管理实践界的广泛认同，因此，本书统一采用“绩效”作为核心概念。绩效是绩效管理理论框架的基石，对其精准界定与深刻理解显得尤为关键。

随着管理实践的持续扩展与深化，人们对绩效概念的理解在不断演变。不同学科、组织类型以及社会发展阶段，均赋予了绩效以独特的诠释。从个体绩效的视角出发，学界涌现出多种观点，大致可归纳为三种主流看法：一是视绩效为最终结果；二是将其视为行为过程；三则主张绩效是行为与结果的综合体现。

随着管理研究与实践探索的不断深入，绩效的内涵得到了新的拓展。组织内部的行为主体可按层次划分为组织、群体（包括部门与团队）和个人三个层级，各层级产生不同的绩效。因此，根据被衡量主体的多样性，绩效可从组织架构层次细分为组织绩效、群体绩效和个人绩效。组织绩效关注的是组织整体在任务数量、质量及效率上的完成情况；群体绩效则聚焦于团队或部门层面任务的完成情况；个人绩效则是指个体展现出的、可评价且与组织及群体目标相关的工作行为及其结果。

尽管组织绩效、群体绩效与个人绩效存在差异，但它们之间紧密相连。这三个层次构成了自上而下的层层分解关系。组织绩效具有最高的战略价值，是绩效管理系统的终极目标。组织绩效与群体绩效的实现依赖于个人绩效，没有个人绩效的支撑，二者便无从谈起。个人绩效是绩效管理系统的基石，也是组织绩效的保障。然而，脱离组织绩效与群体绩效的个人绩效毫无意义，其价值唯有通过群体绩效与组织绩效方能得以体现。

综合多位学者的研究成果，本书认为绩效是组织及个人履行职责的表现与工作任务的完成情况，它体现了组织为实现其目标而在不同层面上展现的工作行为及其结果，是组织使命、核心价值观、愿景与战略的重要载体。绩效本身是一个多层次、多因素的有机整体，其性质构成复杂多样。

（二）公共组织绩效的概念

1. 公共组织绩效的定义

公共组织绩效，又常被称作公共部门绩效或公共组织成效。关于公共组织绩效的理解，存在三种主流观点：首先是“产出观”，强调绩效为管理过程中的实际成果；其次是“能力观”，将绩效等同于公共管理的能力；最后是“综合观”，从更全面的角度审视绩效。本书采纳综合视角，认为公共组织绩效是其在履行职能与提供服务过程中，基于使命、核心价值观、愿景及战略，所展现出的行为及成果的总和。它全面反映了公共组织在履行其职能、实施管理目标过程中所展现的业绩、效果、效益以及管理工作效率和效能。这一绩效不仅关乎公共组织在经济性、效率、效益等核心管理领域的表现，更是衡量公共组织运作成功与否、能否有效满足公众需求与期望的关键指标。它要求公共组织在资源有限的情况下，通过高效、透明的管理手段，实现公共利益的最大化。

2. 公共组织绩效的内容

公共组织绩效的内容丰富多样，主要涵盖内部绩效和外部绩效两大方面。

（1）内部绩效　公共组织的内部绩效指公共组织在管理过程中所实现的公共组织内部经济性、效率和效益。经济性不仅仅是指公共组织在资源使用上的节约程度，更强调在保证服务质量的前提下，如何以最小的成本实现既定的目标，体现了公共组织对资源优化配置的重视。效率是公共组织绩效的核心要素之一，它关注的是投入与产出之间的比值关系。这包括生产效率，即生产或提供服务的平均成本，以及配置效率，即组织所提供的产品或服务是否能够精准满足利害关系人的不同偏好，实现资源的最大化利用。效益是公共组织绩效的最终体现，它关注的是组织在达成目标过程中所产生的实际效果和社会效益。这包括提升公共服务质量、增进社会福祉、促进公平正义等多个方面，体现了公共组织对社会责任的担当。

（2）外部绩效　主要指公共组织在管理过程中所实现的公共组织外部社会效益。可从社会效益和公众满意度两方面来衡量。社会效益是公共组织绩效的重要组成部分，它关注的是组织在管理过程中对社会整体产生的积极影响。这包括维护公共安全、提升人口素质、促进经济发展等多个方面，体现了公共组织对社会发展进步的贡献。公众满意度是衡量公共组织外部绩效的重要指标之一，它反映了公众对公共组织提供的服务或产品的满意程度。高满意度意味着公共组织能够更好地满足公众的需求和期望，从而赢得公众的信任和支持。

3. 高绩效公共组织的显著特点

高绩效公共组织通常展现出以下六大显著特征。

（1）明确的目标导向体系　这些组织拥有清晰、具体且可量化的目标，这些目标与组织的使命和长远愿景紧密相连，为组织成员指出了明确的工作方向，并促进了共同价值观和使命感的形成。

（2）优化的权责架构　高绩效公共组织内部权责分明，分工合理，各层级与部门间协作无间。这种结构有助于减少内部矛盾，提升组织的整体运营效率。

（3）以人为本的管理模式　这些组织高度重视员工的个人成长与职业规划，提供优越的工作环境和丰富的培训资源。这种做法极大地激发了员工的工作热情和创新能力，进而提升了组织的整体绩效。

（4）高度的灵活性与创新能力　高绩效公共组织能够迅速适应外部环境的变化，灵活调整战略和管理模式。同时，它们积极鼓励创新思维和实践，推动组织不断进步，保持其在竞争中的领先地位。

（5）基于绩效评估的内部竞争机制　通过科学的绩效评估体系，这些组织激发了员工之间的竞争意识，促进了工作效率和服务质量的双重提升，营造了一种积极向上的工作氛围。

（6）充分的外部竞争环境　在提供公共服务的过程中，高绩效公共组织始终保持着与其他公共组织或私营部门的竞争态势。这种竞争不仅提高了服务质量和效率，还更好地满足了公众的多样化需求，进一步增强了组织的公信力和社会影响力。

二、公共组织绩效的生成过程

不论是中央层级还是地方层级的公共组织，也不论是地处东方国家还是西方国家的公共组织，它们的绩效形成均遵循一个客观存在的过程，它包括从需求→投入→生产→结果→效果 5 个基本环节，同时这些环节又镶嵌在特定的管理情境之中[①]。

第一，“需求”是公共组织绩效生成的起始点。与私营企业通过满足顾客需求来获取利

① 尚虎平，杨娟：《我国政府绩效中的潜绩：生成、类型与主要评估维度》，《南京社会科学》2016 年第 11 期。

润不同，公共组织的“顾客”是人民，人民的需求构成了政府行动的根本驱动力。公共组织绩效的生成，正是源自对服务区域内人民期望的回应，旨在维护社会秩序并促进社会和谐。这一理念深植于政治科学的基本原理中，如卢梭的“人民主权学说”所述，政府的权力源自人民的委托与让渡，旨在实现个人难以达成的期望。中国的社会主义人民民主专政体制，正是为了更有效地回应人民期望而设立的制度框架。邓小平同志也曾强调，人民的满意度应成为衡量政府行为的标准。因此，人民的诉求构成了公共组织绩效生成的“市场需求”，是激发绩效生产的首要环节。

第二，“投入”是公共组织绩效生成的第二个关键阶段。为了满足人民的期望并实现社会和谐稳定，公共组织必须采取行动，包括推进公共管理、提供公共服务、制定并执行公共政策等。这些行政活动的实施，需要充足的人力资源、财政资源和物质资源作为支撑。同时，由于公共组织的层级结构，投入因素还涵盖了上级的要求，这些要求可能以法律、制度、规定的形式存在，也可能以口头指示的形式传达。此外，投入因素中还包含一个特殊要素，即经过法定程序筛选出的、公共组织应在特定时段内优先满足的人民期望。投入环节是公共组织绩效生成的物质基础，但在实践中，它往往因涉及资金筹集、人事安排、物资调配等“实质性”利益而备受重视。

第三，“生产”是公共组织绩效生成的核心。公共组织通过开展各种公共管理活动，形成各种“工作表现”，这些表现构成了绩效的主体。需求与投入环节实际上是为绩效生产过程做准备的，而后续的结果与效果环节则是生产过程的必然结果。在资源投入后，公共组织需要按照任务和需求进行分配，确定工作流程，包括专业职能流程和跨职能协同的整体流程。这些流程的实施，产生了公共组织工作的绩效，即公共管理活动的实际表现。由于绩效生产过程主要发生在公共组织内部，外部难以直接观察，因此被管理学称为“黑箱”。然而，新公共管理潮流兴起后，人们试图仅从结果环节来洞察公共组织整体绩效，这忽视了生产过程中大量潜在的绩效。

第四，“结果”阶段是公共组织绩效生成中较为显性的环节。随着新公共管理的兴起，以结果为导向的绩效评价逐渐成为主流。然而，实践中存在一些误区，即将结果阶段视为绩效管理与评价的唯一环节，忽视了其他环节生成的潜在绩效。实际上，结果阶段只是需求、投入、生产后的必然输出，且输出不仅包括各种增长，还包括降低、变好和变坏等多种情况。

第五，“效果”是公共组织绩效管理的终点。与结果不同，效果更强调公共组织活动是否达到了预期的目的和价值诉求。没有效果的公共管理，只是公共组织的自我表演。因此，效果是评价公共组织绩效的最终标准。亚里士多德和卢梭等思想家都强调公共管理的效果而非结果。在现代化进程中，一些发展中国家和地区虽然实现了 GDP 等结果的快速增长，但却带来了环境污染、文化低俗化等问题，这些并非人民所期望的，是典型的“有结果无效果”的公共管理。

此外，需要指出的是，公共组织绩效的生成是嵌入在特定的社会、经济、文化、生态、民族、人口等管理情境中的。不同的情境下，相同的绩效生成环节可能会产生截然不同的绩效。因此，在推进绩效评价实践时，必须首先确定绩效生成的特殊管理情境，确保绩效生成与情境具有适应性和匹配性，这是绩效嵌入性规律的体现。

三、公共组织绩效的影响因素

从“绩效”一词的语义演变及其广泛应用历程中看，绩效实为一个多层次、多维度的有机系统，其影响因素广泛而多样，性质构成既丰富又复杂。当聚焦于公共组织这一特定背景时，其内部“个体—群体—组织”三层结构的相互交织，以及外部与内部环境因素的紧密互动，共同构建了一个错综复杂的绩效生态，进一步增添了该议题的探讨难度。因此，对公共组织绩效影响因素的全面梳理与深入思考，成为把握公共组织绩效管理关键环节、深化对其理解的重要基石。

（一）外部因素

1. 政治因素

公共组织的管理体制与政治因素紧密相连，这体现在多个层面。例如，政府的行政架构、政策制定与执行，以及公共资源的分配等，都深受政治因素的影响。因此，国家的政治稳定是公共管理活动得以顺利进行的基石。当政治环境稳定时，公共组织能够更有效地规划和实施各项政策，从而提高管理效率。同时，政治生活的民主化与法制化也是公共组织管理实现高效运转的必要前提。在民主法制社会中，公共组织的决策过程更加透明、公正，能够更好地回应民众的需求，从而提升绩效。

2. 经济因素

国家的经济发展状况为公共组织绩效的提升提供了物质基础。这一点在公共组织的管理体系与经济发展的契合度上体现得尤为明显。例如，在计划经济体制下，政府对经济进行全面但往往低效的管控，导致政府机构重叠、人员冗余，效率低下。这种体制下的公共组织往往缺乏灵活性和创新性，难以适应快速变化的经济环境。而今，中国已进入社会主义市场经济时期，倡导“小政府，大社会”的理念。这就要求公共组织管理体系必须及时适应这一变革，通过精简机构、提高效率等方式来优化资源配置，从而提升绩效。否则，其绩效将大打折扣，难以满足社会主义市场经济体制的需求。

3. 社会因素

社会环境对公共组织绩效的影响不容忽视。一方面，社会团体，如利益集团，对公共组织绩效产生显著影响。这些团体往往通过游说、施压等方式来影响公共组织的决策过程，从而左右其绩效。另一方面，社会风气，包括党风、政风以及公共整体效率意识，都是影响公共组织绩效的重要因素。一个拥有良好社会风气和优良文化传统的国家，能够营造出健康的公共组织环境，使公共组织成员更加注重效率、诚信和责任感，从而有助于公共组织绩效的提升。

4. 地理因素

地理环境对公共组织绩效同样产生重要影响。一个地区的地理环境决定了其交通、邮政、电信等事业的发展条件，这些条件直接影响公共组织的信息传递、物资运输和人员流动等方面。例如，在山区或偏远地区，由于交通不便、通信不畅，公共组织在进行救援、扶贫等工作时可能会面临诸多困难，从而影响其绩效。因此，公共组织在制定和实施各项政策时，必须充分考虑地理因素的影响，以确保政策的有效性和可行性。

5. 科学技术因素

在当今社会，科学技术迅猛发展，为公共组织绩效的提升提供了强大的技术支持。在现代化的公共组织管理中，能否显著提升公共组织绩效，很大程度上取决于现代科学技术在公共管理活动中的应用情况。例如，在决策阶段，运用科学的决策技术方法，如决策树法、模拟仿真等，可以提高决策水平，帮助决策者更快、更准确地选出最优方案。同时，以电子计算机为中心的信息处理技术的运用，如云计算、大数据等，可以逐步实现办公自动化和智能化，从而大幅提升公共组织绩效。此外，即使是最普通的办公设备的更新与改进，如采用更高效的打印机、扫描仪等，也对提高公共组织绩效具有积极作用。因此，公共组织应积极推动科学技术的应用和创新，以不断提升自身的绩效水平。

（二）内部因素

1. 组织结构与管理

（1）机构设置状况　公共部门的机构设置是否合理，直接影响到其职能的发挥和绩效的提升。机构设置过于臃肿或职能重叠，会导致工作效率低下和资源浪费；而机构设置过于精简或职能不清，又可能导致工作推诿和责任不明。

（2）职位设置与管理情况　职位的设置是否科学、合理，直接影响到公共组织内部人员的工作积极性和效率。同时，管理各环节的衔接是否顺畅，也是影响公共组织绩效的重要因素。如果管理环节存在脱节或矛盾，会导致工作效率低下和决策失误。

2. 组织人力资源因素

（1）人员素质与能力　公共组织内部人员的素质和能力直接影响到其工作绩效。包括领导者的素质和一般工作人员的素质两个方面。领导者需要具备战略眼光、决策能力和领导力，能够带领团队高效地完成工作任务；而一般工作人员则需要具备专业技能、沟通能力和团队合作精神，能够胜任自己的工作岗位。

（2）工作士气与满足感　员工的工作士气和工作满足感也是影响公共组织绩效的重要因素。当员工对工作充满热情、对组织有归属感时，他们更愿意为组织付出努力，从而提高工作绩效。反之，如果员工士气低落、对组织缺乏信任感，那么他们的工作效率和工作质量也会受到影响。

3. 组织资源利用水平

公共组织在提供公共服务和产品时，需要合理利用各种资源，包括人力资源、物力资源和财力资源等。资源利用水平的高低直接影响到公共组织绩效的提升。如果资源利用不充分或存在浪费现象，那么公共组织的工作效率和效果也会受到影响。

4. 组织文化与价值观

（1）组织文化　组织文化对公共组织绩效的影响是深远而持久的。一个积极向上、团结协作的组织文化能够激发成员的工作热情和创造力，提高组织的工作效率和效果。反之，一个消极颓废、内部矛盾重重的组织文化则会对公共组织绩效产生负面影响。

（2）核心价值观　公共组织的核心价值观是其行为的准则和导向。一个清晰明确、符合社会主流价值观的核心价值观能够引导公共组织朝着正确的方向前进，提高其社会公信力和影响力。反之，如果公共组织的核心价值观模糊不清或与社会主流价值观相悖，那么其绩效也会受到影响。

第二节　公共组织绩效管理

公共组织绩效管理作为一种有效的管理工具，对于提高公共组织的运行效率、服务质量以及资源利用效率，发挥着极为关键的作用，不仅有助于公共组织自身的发展与完善，更能增强社会公众对公共组织的信任与支持，推动社会的和谐稳定发展。本节对公共组织绩效管理的定义、公共组织绩效管理与企业绩效管理的区别及公共组织绩效管理主要环节进行系统介绍，并重点介绍了公共组织绩效评价的相关内容。

一、公共组织绩效管理的概念界定

公共组织绩效管理是公共管理领域的一个关键概念，它对于提升公共组织的运行效率、服务质量和公共资源利用效益等诸多方面有着极为重要的作用。准确地界定公共组织绩效管理的概念，是深入研究其理论和应用的基础，有助于更好地理解公共组织如何通过有效的管理手段实现公共价值和公共目标。

（一）公共组织绩效管理的定义

公共组织绩效管理是一个在公共组织及其管理层的引领下，紧密围绕组织使命与核心价值观展开的持续循环活动。这一过程涵盖绩效计划的精心制定、有效监控、全面评价与及时反馈，旨在确保每一位组织成员的工作行为与所取得的成果均能与组织的宏伟目标保持高度一致。通过持续优化个体、部门乃至整个组织的绩效表现，此管理体系有力地推动公共组织逐步实现其既定的战略目标。要准确理解公共组织绩效管理的内涵，需关注以下 3 点。

第一，公共组织绩效管理是一个系统性的运作框架，旨在达成组织设定的绩效目标，并提升整体工作绩效。它涉及组织管理的各个环节与领域，如工作、人事、财务、采购等制度，并整合多种管理方法（如标杆管理、质量管理）于一体，形成完整的运作系统，以支撑高效能的公共组织。

第二，公共组织绩效管理是一个具体的管理流程，包含明确组织战略与目标、制定年度工作计划、实施绩效评价等步骤。这些环节紧密相连，相互影响，任何一环的成功或失败都会直接影响到下一环节的实施，且各环节相互依赖，缺一不可，否则将导致整个管理链条的断裂，削弱或丧失绩效管理的效果。

第三，公共组织绩效管理是一种推动改革的工具，它旨在改变公共组织的传统管理模式、组织文化、领导风格，消除影响绩效的障碍，为组织发展提供动力，并挖掘其发展潜力。绩效管理不仅是管理制度上的变革，更是观念上的革新，是改善公共组织精神风貌的有效途径。作为一种综合的改革手段，绩效管理已成为世界各国行政改革的重要组成部分，如美国、英国、新西兰等国的行政改革均涉及绩效管理的内容。

（二）公共组织绩效管理与企业绩效管理的区别

公共组织与企业在组织性质、价值取向等方面存在的差异性，决定了公共组织绩效管理与企业绩效管理自然也存在着很多的不同之处。

首要的不同在于两者的价值取向。价值取向，即行为主体在做出价值选择和决策时所展现的倾向。它指导着行为主体决定何为重要以及如何行动。企业绩效管理的价值取向聚焦于利润最大化，即便企业战略随时间调整，其终极追求仍保持一致。相反，公共组织的绩效管理则因其公共性和公益性，不能单纯追求自身利益最大化，而必须将公众与国家的利益置于首位。公共组织的绩效管理目标深受特定历史时期和组织价值取向的影响，因此会随着历史条件和管理环境的变化而调整，展现出不同的价值取向。

其次，两者在绩效管理的动力上也有所区别。组织性质的差异是这一区别的根源。企业作为经济组织，具有强烈的“趋利性”，其绩效管理的动力主要源自对利润的渴望。而公共组织，在提供公共服务时虽也追求效率，但公共责任始终占据首位。效率仅在满足公众需求和实现公共利益时才有其价值。同时，公共组织面临的生存压力相对较小，因此缺乏为追求高质量产出和服务而主动提升绩效的强大动力。公共组织的绩效管理动力更多来自外部的政治压力、社会需求及公众舆论。

再者，两者的绩效管理目标也不相同。绩效管理目标是组织为自己设定的，在特定时间内利用资源所要达成的成果。它是组织行动的基础和依据，也是绩效管理的标准。企业和政府作为性质不同的社会组织，其目标自然也有所差异。企业的趋利性决定了其绩效管理目标主要围绕经济效益设定。尽管企业也会考虑社会效益目标，但最终还是为了经济目标的实现。而公共组织作为社会的管理者和服务者，其工作须符合社会多数人的利益和需求。社会的多样性和复杂性，以及公共组织的价值取向和职责特点，决定了其绩效管理目标的多元性和多重性。公共组织在进行绩效管理时，需根据自身特点，针对不同社会群体和工作任务设定多重绩效目标，这是企业绩效管理中无需考虑的问题。

绩效是组织使命、核心价值观、愿景和战略的重要体现，也是决定组织竞争成败和可持续发展的关键因素。系统有效的公共组织绩效管理对于提升公共组织绩效水平、确立价值理念以及推动行政管理体制改革具有理论和实践的双重价值。在梳理本节的概念和原理过程中，发现我国公共组织绩效管理的重点已从经济和效率逐渐转向对效益、公平、责任和回应性的综合考量，其绩效管理过程日益规范，为其他国家公共组织绩效管理的实践探索提供了思想启示和行动参考。

二、公共组织绩效管理流程

公共组织绩效管理是一个由各级公共组织围绕其使命、核心价值观、愿景及战略构建的综合性流程，该流程由绩效计划、绩效监控、绩效评价与绩效反馈四大核心环节紧密衔接而成。为确保公共组织绩效管理的实效性，各级公共组织的管理者作为实施主体，必须严格遵循这一流程进行绩效管理。

（一）绩效计划的制定

在当今快速变化的环境中，公共组织面临着复杂多变的宏观与微观挑战。为了塑造良好形象并有效实现战略规划，公共组织首要任务是进行前瞻性的系统思考与周密的行动方案设计。绩效计划，作为新绩效周期的开端，要求公共组织与员工根据战略规划及年度工作计划，通过面对面的绩效计划讨论，共同明确组织、部门及个人的工作任务，并签订绩效目标协议。这一过程涵盖绩效计划的内涵、类型、制定方法，以及绩效目标与指标的设计。绩效指标作为衡量目标达成度的标尺，其设计需综合考虑内部管理、绩效审计、项目逻辑及战略管理等多重视角。绩效计划强调上下级间的互动沟通与全员参与，确保双方对预期绩效达成共识，同时，计划需具备灵活性以应对环境变化。

（二）绩效监控的实施

绩效监控，作为连接绩效计划与绩效评价的关键环节，不仅不可或缺，且贯穿整个绩效周期，对计划的执行与公平评价至关重要。它涉及对公共组织、部门及员工绩效的全面监督与控制，以及绩效沟通、领导风格、绩效辅导与信息的收集利用。绩效监控通过实时监控工作过程，及时发现问题并指导改进，培养员工能力，同时，选择合适的领导风格与沟通方式对于提升监控效果至关重要。绩效信息的有效收集与使用，是保障绩效管理决策科学性与有效性的基础。

（三）绩效评价的执行

绩效评价，作为提升公共组织绩效的关键手段，不仅促进机构职能重新定位，还强化了效率、责任与服务意识。构建符合中国国情的绩效评价理论框架、体系及操作流程，对推动公共组织绩效评价的发展具有重要意义。绩效评价需明确评价主体、方法、程序与周期，针对不同评价对象采用相应评价策略。绩效评价不仅是对过去绩效的总结，更是通过反馈促进未来绩效提升的过程，因此，绩效评价应融入绩效管理全过程，与绩效监控紧密结合。

（四）绩效反馈的应用

绩效反馈，作为绩效管理的收尾环节，通过书面报告与面谈方式，将评价结果传达给员工，共同分析绩效不足及原因，并制定改进计划。绩效面谈是转化评价结果为改进动力的关键，它促进了上下级之间的沟通与理解。绩效申诉机制的建立，则保障了评价的公平性，鼓励员工对评价结果进行质疑与申诉，从而进一步提高绩效管理的公正性。

总之，构建一个高效的公共组织绩效管理系统，需将员工活动与组织战略紧密相连，通过精细的绩效计划、严密的监控、客观的评价与有效的反馈，不断优化资源配置，提升员工绩效与组织管理水平，最终实现公共组织的整体战略目标。

三、公共组织绩效评价

绩效评价作为公共组织绩效管理过程中的核心环节，也是技术性最强的一个环节，需要管理者对其给予特别的关注。本部分重点围绕公共组织绩效评价的内涵，对公共组织绩效评价的类型、方法和程序等进行详细介绍和阐述。

（一）绩效评价与绩效管理概念辨析

绩效评价是一个与绩效管理紧密相连且常被混淆的术语。在中文及英文文献资料中，这两个术语均频繁出现。绩效评价（performance appraisal，PA），具体指的是在绩效周期结束时，通过选取恰当的评价手段，由多元评价主体对组织、团队及个人的绩效表现进行评判的过程。相较于绩效管理，绩效评价更为人们所熟悉；而绩效管理则是在绩效评价的基础上发展起来的，是对其的延伸与拓展。二者既相互关联，又存在明显区别。

绩效评价是绩效管理的一个重要组成部分，但绝不能将二者等同视之。只有将绩效评价融入绩效管理的全流程之中，才能有效达成绩效管理的目标。倘若一个组织仅关注绩效评价，而忽视了绩效管理的其他关键环节，那么其绩效目标将难以实现。绩效评价的成功不仅取决于评价活动本身，更在很大程度上依赖于与之紧密相连的整个绩效管理流程。有效的绩效评价有赖于绩效管理活动的全面成功实施，而成功的绩效管理也离不开有效绩效评价的支持。

绩效评价的结果揭示了组织战略选择及其实施效果，而绩效管理则为绩效评价提供了评价的具体内容和对象，并依据评价结果进行决策与改进。只有通过绩效评价这一环节，才能将客观的绩效水平以全面的绩效信息形式呈现出来，为个人及组织绩效的改进提供决策基础。同时，绩效管理的核心决策均围绕绩效评价展开，包括评价类型、评价指标及评价程序的选择与应用，这些决策贯穿于绩效管理的各个环节，且均基于绩效评价进行。

因此，不能简单地把绩效评价等同于绩效管理，必须将绩效评价纳入绩效管理制度，以确保对绩效进行有效的监控与管理，从而最终实现绩效管理的目标。

（二）公共组织绩效评价类型

在构建公共组织绩效评价体系的过程中，一个至关重要的原则是确保所选评价类型与实施主体的恰当匹配，这需紧密依据待评估的绩效目标及具体评价指标来裁定。

1. 内部评价与外部评价

（1）内部评价　此类评价由公共组织内部人员执行。其优势在于，评价者作为组织内部的决策者、管理者及成员，对组织有深入的理解，在持续性及长期性项目评价上展现出更强优势。然而，其局限性在于可能缺乏专业的绩效评价专家。

（2）外部评价　该评价由公共组织以外的实体执行，包括研究机构、学术组织、专业咨询公司、高校学者、投资或立法机构，乃至媒体和民间团体。外部评价应用广泛，如英国的审计委员会和美国的审计总署即为例证。

2. 定量评价与定性评价

（1）定量评价　此评价基于量化指标，亦称数值分析指标。其优点在于提供了明确的数值与参照标准，使评价结论直接且明确。但局限在于，许多公共组织绩效难以通过量化指标来衡量。

（2）定性评价　此方式运用基本概念、属性特征及通信管理等手段，对被评价项目进行语言描述与判断，以阐释公共组织绩效的优劣。尽管它能涵盖难以量化的因素，提供综合评价，但其缺点在于指标范围广泛，易受主观意识影响。

3. 正式评价与非正式评价

（1）正式评价　此类型评价遵循预先制定的完整方案，严格按照既定程序与内容执行，由指定的评价者进行。其优势在于标准化流程、科学化方案及客观化结论，但实施条件较为严苛。

（2）非正式评价　此评价在评价者、形式及内容上无严格规定，对最终结论也不作严格要求，人们基于自身掌握的信息对公共管理绩效进行评价。其灵活性高、简便易行，但评价者信息有限，缺乏科学程序与方式，导致结果粗糙，结论难以整合。

尽管公共组织绩效评价存在多种类型，但随着其实践的普及，一系列操作性问题逐渐显现，其中最为社会所诟病的是“自评自说”“自己评自己”现象①。即公共组织及政府绩效评价在实际操作中往往由政府自行发起，自行设定评价指标与权重，自行决定采用何种绩效数据，而最终的评价结果也仅在政府内部流通②。

（三）公共组织绩效评价标准和指标

为了确保公共组织战略目标的顺利达成，需在绩效管理流程中，将组织的宏观战略目标细化为可量化的绩效评价指标，以此确保每个部门及每位成员都能明确自身对战略目标实现的贡献。绩效评价标准构成了评价活动的基准框架，而绩效评价指标则是具体衡量绩效表现的依据，它们必须精确反映评价内容与结果之间的直接因果关系。

1. 绩效评价标准的“4E”标准

（1）经济/成本标准　在公共组织中，经济标准不仅关注资金的支出总额，更重视资金使用的合规性与透明度。通过对比预算规划与实际支出，可以清晰地识别出资金使用的效率与节约空间，从而优化资源配置。

（2）效率/生产力标准　公共组织的效率体现在其服务产出与所投入资源的比例上，包括人力、物力及财力的有效利用。这就要求不仅要关注服务的直接成果，还要评估资源使用的合理性，区分并提升生产效率和配置效率，确保每一份投入都能产生最大的社会效益。

（3）效益/质量标准　在公共服务领域，效益的评估涵盖了对现状的积极改变，如提升公众健康水平、改善环境质量、增强基础设施耐用性等，同时也关注行为模式的正面转变，比如通过教育政策减少犯罪率，或通过社会援助项目改善弱势群体的生活状况。

---

① 周志忍：《论政府绩效评估中主观客观指标的合理平衡》，《行政论坛》2015 年第 3 期。

② 周志忍：《公共组织绩效评估：中国实践的回顾与反思》，《兰州大学学报》（社会科学版）2007 年第 1 期。

（4）公平标准　公共组织必须确保服务对象的公平待遇，特别是对那些需要特殊关照的弱势群体。公平不仅体现在服务机会的均等上，还意味着在服务过程中应尊重每个人的权利，避免任何形式的歧视，确保公共服务的公正性与包容性。

2. 依据评价标准设立的衡量指标

（1）工作量指标　公共组织的工作量评估需综合考虑决策过程的复杂性、中间管理层的协调效率以及具体执行任务的完成情况。这包括评估决策的科学性与时效性，管理部门的覆盖范围、信息处理能力及应急响应速度，以及执行任务的工作效率与质量。

（2）时间指标　在公共组织中，时间效率至关重要。这既包括快速响应民众需求的能力，也涉及在规定时限内完成任务的准确性。通过设定明确的时间框架，可以促使组织更加高效地运作。

（3）费用指标　公共组织的费用管理需精细化，既要考虑人力成本的合理投入，也要精确计算物力与财力的消耗。每项开支都应尽可能量化，对于难以直接量化的部分，则需建立合理的等级评价体系，以确保资金使用的透明与合理。

（4）目标实现程度指标　公共组织的绩效评价需紧密围绕其战略目标展开，包括政策的有效执行、社会秩序的维护、经济的持续健康发展、资源的合理配置等。同时，具体执行工作的质量也是不可忽视的一环，如服务态度、工作流程的严谨性、执行效果与计划的一致性等。

（5）社会公众满意程度指标　公共组织的最终目标是服务于民，因此，社会公众的满意度是衡量其绩效的重要标尺。这包括公众对服务公平性、及时性、准确性的感知，以及对政府政策、法规的支持度，以及生活质量的实际改善情况。通过持续收集并分析公众反馈，公共组织可以不断调整优化服务，更好地满足民众需求。

（四）公共组织绩效评价的程序

1. 明确评价对象与范围

在公共组织绩效评价的初始阶段，首要任务是精确确定评价的对象。这通常意味着要聚焦于特定的公共组织，或是该组织内部的某个特定部门、项目或服务。明确评价对象有助于增强后续评价工作的针对性与深入性。紧接着，需要详细界定评价的范围，这涵盖了多个方面：时间范围上，要明确是评估一个年度、季度还是其他特定的时间段；业务领域上，需指出是涉及组织的全部业务还是某个特定的服务领域；任务特定性上，则需明确是评估常规运营还是某个具体的项目或任务。这样的界定为评价工作设定了清晰的边界，确保了评价的全面性和准确性。

2. 制定评价计划与方案

评价计划的制定是绩效评价工作的基石。首先，要明确评价的目标，即期望通过评价达到什么目的，预期实现哪些成果。这有助于为整个评价过程提供明确的方向。其次，要设计详尽的评价方案，包括构建全面反映公共组织绩效水平的评价指标体系，该体系应涵盖经济性、效率、效果、公平性等多个关键维度。同时，要选择合适的评价方法，并确定评价周期，以确保评价的科学性和可操作性。此外，还需根据评价目标和指标体系，制定具体的评价标准或评分细则，这是确保评价结果客观性和可比性的重要步骤。

3. 收集评价信息与数据

为了获得准确的评价依据，需要采用多种方法全面收集评价对象的相关信息和数据。这包括问卷调查、深入访谈、实地考察以及文献资料分析等。在收集过程中，要注重信息的广泛性和代表性。收集完成后，还需对信息和数据进行严格的筛选与整理，剔除无效或重复的内容，确保评价工作的顺利进行。

4. 实施评价过程

在评价实施过程中，要根据评价方案，运用适当的评价方法对评价对象进行绩效评估。这要求评价者具备专业的知识和技能，能够熟练运用目标管理法、关键绩效指标法、平衡计分卡等常见的评价方法。同时，为了确保评价结果的公正性和准确性，还需邀请相关领域的专家对评价结果进行评审和反馈。

5. 撰写并提交评价报告

评价报告是评价工作的最终成果。在撰写报告时，要对评价结果进行深入分析，客观指出存在的问题和不足，并提出具有针对性和可操作性的改进措施和建议。报告内容应条理清晰、逻辑严密，以便决策者能够快速理解并作出决策。

6. 应用评价结果

评价结果的及时反馈和沟通是评价工作的重要环节。要将评价结果及时传达给被评价对象和相关利益方，通过加强沟通与协作，共同推动绩效改进。同时，要根据评价结果，对相关政策、制度和管理流程进行调整和优化，以提高公共组织的绩效水平。

7. 持续监测与改进机制

为了确保绩效改进工作的持续性和有效性，需要建立绩效监测机制，对公共组织的绩效进行持续监测和跟踪。此外，还应定期对评价对象进行复评，根据新的评价结果和实际情况对评价方案进行调整和优化。这有助于公共组织在不断变化的环境中保持竞争力，实现持续改进和发展。

（五）公共组织绩效评价的方法

公共组织绩效评价方法是衡量和评判公共组织工作成效与效率的关键工具，它深入触及公共组织运作的多个层面和角度。以下是对几种主要公共组织绩效评价方法的简单介绍。

（1）简单排序法　在公共组织中，简单排序法通常被用于对部门或个人的绩效进行初步排序。这种方法直观易懂，能够快速反映出绩效的优劣。然而，由于它主要依赖于评价者的主观判断，因此可能受到个人偏见、经验不足等因素的影响，导致排序结果不够准确。为了克服这一缺点，公共组织在使用简单排序法时，可以引入更多的客观指标和数据，以提高评价的科学性和公正性。

（2）强制分配法　强制分配法通过设定一定的比例，将评价对象分配到不同的绩效等级中。这种方法在公共组织中有助于确保评价的公正性和客观性，避免主观偏见对评价结果的影响。同时，它也能够激励成员积极工作，争取进入更高的绩效等级。然而，强制分配法也可能导致成员之间的竞争加剧，甚至产生不公平感。因此，公共组织在使用此方法时，需要合理设定比例，确保评价的公正性和成员的积极性。

（3）3E评价法　3E评价法从经济性（economy）、效率（efficiecy）和效果（effectiveness）3个维度对公共组织的绩效进行全面评估。在公共组织中，这种方法有助于揭示资源利用是否合理、服务提供是否高效以及成果是否达到预期目标。通过3E评价法，公共组织可以更加全面地了解自身的绩效状况，为改进工作提供有力依据。然而，这种方法也需要收集大量的数据和信息，并进行复杂的分析，因此评价成本较高。

（4）360度绩效评估法　360度绩效评估法通过收集不同来源的反馈，对评价对象的绩效进行全面评估。在公共组织中，这种方法能够揭示员工在工作中的优点和不足，为制定个性化的培训和发展计划提供依据。同时，它也能够增强员工之间的沟通和协作，提高团队的整体绩效。然而，360度绩效评估法也可能增加评价的复杂性和成本，且需要确保反馈的匿名性和保密性，以避免员工之间的冲突和不满。

（5）数据包络分析法　数据包络分析法是一种基于线性规划的数学评价方法，它通过分析评价对象的投入产出数据，来评估其相对效率。在公共组织中，这种方法特别适用于对服务提供和资源配置效率进行评估。通过数据包络分析法，公共组织可以了解各部门或项目的资源利用情况，找出效率低下的原因，并采取相应的改进措施。然而，这种方法需要专业的数学知识和技能，且对数据的准确性和完整性要求较高。

（6）价值分析法　价值分析法通过分析当前公共管理的内容所包含的价值来评估绩效。在公共组织中，这种方法有助于揭示公共管理活动的意义和价值，为制定更加合理的政策和计划提供依据。价值分析法强调对公共管理活动的全面审视和深入思考，有助于提升公共组织的管理水平和决策能力。然而，这种方法也可能受到主观因素的影响，因此需要结合其他评价方法进行综合使用。

（7）专家评估法　专家评估法是指组织专家对公共管理的内容进行审定和评估。在公共组织中，这种方法能够充分利用专家的专业知识和经验，对公共管理活动的质量和效果进行准确评判。专家评估法具有权威性和专业性，能够为公共组织提供有价值的建议和意见。然而，这种方法也可能受到专家个人偏见和利益冲突的影响，因此需要确保专家的独立性和公正性。

（8）平衡计分卡　平衡计分卡是一种综合性的评价方法，它将组织的战略目标转化为具体的绩效指标，并从财务、客户、内部流程、学习与成长四个维度进行评估。在公共组织中，平衡计分卡有助于确保各部门和员工的工作与组织的战略目标保持一致，促进组织的长期发展和持续改进。通过平衡计分卡，公共组织可以全面了解自身的绩效状况，为制定更加合理的战略计划和绩效目标提供依据。然而，这种方法也需要投入大量的时间和精力进行设计和实施，且需要不断调整和优化以适应组织的变化和发展。

综上所述，公共组织在选择绩效评价方法时，应充分考虑自身的实际情况和需求，结合多种方法进行综合评价。同时，为了确保评价结果的客观性和准确性，还需要建立科学的评价指标体系、制定明确的评价标准，并加强评价过程中的沟通与反馈。通过科学合理的绩效评价方法，公共组织可以不断提升自身的绩效水平，为公众提供更加优质高效的服务。

第三节 国内外公共组织绩效管理实践

公共组织绩效管理作为提升公共组织服务质量和运行效率的关键手段，在全球范围内受到广泛关注。不同国家和地区基于自身的政治、经济、文化背景，形成了各具特色的实践模式。对这些实践进行研究，有助于理解公共组织绩效管理的多样性与复杂性，推动公共组织更好地履行公共职责。本节主要介绍国内外公共组织绩效管理发展历程与实践特色。以美国、英国、韩国和新加坡等国家为代表的公共组织绩效管理实践，为中国公共组织绩效管理改革提供了借鉴样本和共性经验。在此基础上进一步梳理中国公共组织绩效管理的具体实践及发展趋势。

一、西方国家公共组织绩效管理的发展历程

公共组织绩效管理的广泛应用，是西方发达国家行政体制改革与公共管理理论研究不断推进的必然产物。回顾以效率政府、顾客导向、公共责任为核心的一系列改革实践，公共组织绩效管理历经了一个不断演进与完善的历程。根据各时期侧重点的差异，其发展历程可划分为以下 3 个阶段。

（一）初期探索与萌芽（20 世纪初至 20 世纪 70 年代）

公共组织绩效管理的萌芽可追溯至 20 世纪初，特别是美国纽约市政研究院的绩效评价实践，这一历程已逾百年。19 世纪末，美国政府腐败与无能现象频发，经媒体曝光后，公众对政府的信任度大幅下滑，同时，通过财政预算控制地方政府绩效的呼声日益高涨。在此背景下，1906 年，布鲁埃尔等人创立了纽约市政研究院，并于次年开启了纽约市政府的绩效评价工作，这标志着公共组织绩效评价的初步尝试。受科学管理及传统公共行政模式影响，此时期效率成为绩效评价的核心价值。

进入 20 世纪 30 年代，赫伯特・A. 西蒙与其导师克拉伦斯・E. 里德利深入研究了市政绩效评价，并出版了相关著作，提出了评价需求、结果、成本、努力、业绩等五方面内容，为政府绩效评价注入了新活力。此阶段，绩效评价实践的现实意义在于，在传统行政模式下提出了一种新的政府评价理念，并涌现出专门研究政府绩效的组织和学术团体，为后续发展奠定了坚实基础。

20 世纪 40 年代至 20 世纪 70 年代，“效率至上”的观念得到进一步延续和强化，理论界与政府部门对绩效评价与绩效预算的关注度持续提升。此间，美国联邦政府进行了多次大规模行政改革，包括绩效预算、成本和财政管理改革方案以及计划—执行—预算制度等，这一阶段通常被称为“预算时期”，以控制开支为主要目标。

（二）全面发展与深化（20 世纪 70 年代至 20 世纪 80 年代末）

20 世纪 70 年代起，企业管理的先进经验和经济学市场竞争机制被引入公共组织，西方

各国掀起了强调顾客导向和结果导向的“新公共管理”改革热潮。公共组织绩效管理成为政府改革的核心内容，并发挥了重要作用。这一阶段被称为管理阶段，以效率和效益为目标。绩效评价的价值取向由单纯追求效率发展为对经济、效率、效益和公平（4E）的综合追求，从关注过程和规则转向关注行政结果和输出。尽管时间不长，但此时期是公共组织绩效管理最具里程碑意义的发展阶段。

（三）持续深化与法制化（20 世纪 90 年代至今）

进入 20 世纪 90 年代，公共组织绩效管理在西方各国达到鼎盛。随着社会经济不断发展、公民民主意识增强以及政府改革深化，公共组织绩效评价不仅关注经济、效率、效果及公平，而且开始步入法制化、规范化轨道，不断探索科学有效的绩效管理体系。英、美、日等国相继出台政府绩效审计与评价、政府绩效改革等方面的国家层面立法文件，成立专门执行机构，并制定具体计划、框架及指南等，以确保政府绩效管理活动的顺利开展。

同时，为提高绩效管理的科学化水平，此阶段开始注重绩效管理工具的使用，积极探索科学有效的绩效评价指标体系。美国夏洛特市率先在政府组织中应用平衡计分卡，以加强绩效管理；2000 年，欧盟成员国专家组成的公共服务创新小组推出了通用评价框架（CAF），得到广泛认可；2007 年，全球公共管理学权威戴维·H. 罗森布罗姆介绍了平衡计分卡在公共管理领域的应用。

作为公共组织绩效管理的先行者，美国联邦政府及各级地方政府经过实践与立法，形成了一套较为完善的绩效管理体系，特别是在联邦政府及公务员绩效管理、地方政府及公务员绩效管理和联邦政府项目绩效评价等方面表现突出。这不仅维护了社会秩序，提升了政府服务效率，还增强了政府的号召力与凝聚力。英国在公共组织绩效评价方面应用持久、广泛且技术成熟，积累了丰富的中央政府及国家公务员、地方政府及地方政府雇员绩效管理经验。韩国则紧密联系政府机关、部门和公务员个人绩效评价，形成了具有特色的政府绩效管理体系。新加坡政府作为世界上最高效廉洁的政府之一，通过引进和采用先进的绩效管理方法和技术，积累了大量政府绩效审计的宝贵经验。

二、中国公共组织绩效管理的演进及发展趋势

公共组织绩效管理起源于西方，其改革和发展历程为中国行政管理体制改革和政府效率提升提供了新机制、新技术和新工具。深入研究发达国家公共组织绩效管理的理论、动态和经验，不仅有助于深化中国公共组织绩效管理的理论研究，更能推动其实践发展。

（一）中国公共组织绩效管理的发展历程

自 20 世纪 80 年代以来，绩效管理在中国公共组织管理体系中的地位日益凸显。在各级政府的不懈推动与社会各界的密切关注下，中国公共组织绩效管理领域在理论研究与实践应用中均取得了举世瞩目的成就，其重要性也愈发显著。回首过往四十载的求索历程，中国公共组织绩效管理在不断发展与自我完善的征途中，逐步探索并创立了一系列既独具特色又成

效显著的绩效管理模式，为提升公共组织效能、优化公共服务质量奠定了坚实基础。

1. 行政效率导向的绩效管理实践

1982 年，伴随着改革开放的浪潮，中国着手实施了首次政府机构改革，其核心目的在于通过缩减机构规模与人员配置，进而提升政府工作的整体效率。在这一时期，政府绩效管理的概念初露端倪，其发展深受当时社会环境与宏观政策的影响，主要聚焦于行政效率的提升。随后，在“目标管理”（MBO）理念的影响下，中国政府部门的传统岗位责任制逐步向目标责任制转型，并迅速在全国范围内得到广泛应用。值得注意的是，这一阶段的目标责任制实施带有较大的自发性，尚缺乏统一的标准与规范来指导实践。与此同时，效能监察作为一种创新的绩效管理模式应运而生，它标志着中国首次引入外部监督力量，对政府内部的管理效能进行客观公正的检查与评估。

这种侧重于行政效率的绩效管理模式，虽然有效推动了公共组织对自身管理方式和运作效率的密切关注，对于更新管理理念、转变政府职能等方面产生了深远的影响，但其固有的局限性也不容忽视。它过分聚焦于管理过程的效率，却在一定程度上忽略了政府行为所带来的实际结果以及对社会的广泛影响，因此，在全面体现政府的“公共性”和满足公众多元化需求方面显得力不从心。

2. 服务质量导向的绩效管理实践

20 世纪 90 年代，中国行政管理体制的改革步入了深化发展的新阶段。政府不仅在追求行政效率的提升上持续努力，更将目光投向了服务质量的优化与升级。在这一时代背景下，众多政府组织和部门的管理者逐渐觉醒了绩效管理的意识，将其视为优化内部管理流程、提升外部服务品质的有力工具。同时，受西方先进管理理念的影响，中国公共组织绩效管理的焦点开始发生转变，从原本的内部视角转向外部视角，从单一的效率追求转向对实际成果的关注，并将服务质量纳入了绩效评估的核心指标之中。在英国“公民宪章运动”的启迪下，中国部分地方政府组织和部门于 90 年代初勇敢地迈出了探索社会服务承诺制的步伐。而到了 90 年代末，随着公民参与意识的日益成熟与增强，中国政府对于服务意识的培育与服务质量的提升给予了前所未有的重视。“公民评议政府”作为一种新兴的绩效管理方式，在这一时期被广泛地应用于各级政府组织之中，成为推动政府服务品质提升、加强政府与民众沟通互动的重要桥梁。

以服务质量为导向的绩效管理模式有助于改善政府与公民的关系、树立良好形象，提高政府行为透明度、强化行政监督，对提高工作绩效、建立责任意识以及改善服务水平等都具有重要意义。然而，这种方式也存在评价内容片面、评价主体单一、定量评价缺失等不足，需要不断改进和完善。

3. 科学方法导向的绩效管理实践

迈入 21 世纪，中国政府的执政理念焕然一新，科学发展观与正确政绩观等先进理念成为政府绩效管理研究与实践领域的核心指导思想。在这一新的历史时期，构建一个科学、合理的政府绩效评价体系成为公共组织绩效管理的当务之急。此阶段的显著特征是，理论研究与实际应用的紧密融合，两者相辅相成，共同推动绩效管理水平的提升。随着国外先进绩效管理理念的引进，中国公共组织的绩效管理工作逐渐踏上了科学化、规范化的道路。国内学者积极借鉴国际先进模式与方法，致力于探索一套既符合中国国情又具普遍适用性的政府绩效评价通用指标体系。例如，国家行政学院所构建的中国特色通用绩效评价框架，以及人事部“中国政府绩效评价研究”项目所取得的丰硕成果，均为中国绩效管理体系的完善提供了有力支撑。与此同时，平衡计分卡、全面质量管理、关键绩效指标等一系列国际先进的绩效管理工具如雨后春笋般涌现，并被中国公共组织广泛采纳与应用，为绩效管理工作的创新发展注入了源源不断的活力。

这一时期，中国公共组织绩效管理的实践呈现出多元化、系统化的新面貌，各种绩效管理工具与方法百花齐放，共同推动了中国政府绩效管理水平的全面提升。

4. 强化第三方评价的绩效管理实践

为了进一步提升绩效管理的公正性与客观性，部分地方政府开始积极探索并实施第三方评价政府绩效的新模式。第三方评价主体的引入，以其独立的身份和独到的视角，为政府绩效管理注入了新的活力，对于丰富中国政府绩效管理的实践内涵、完善其评价体系具有不可忽视的积极作用。在这一阶段，各级政府绩效管理在评价模式上实现了多元化发展，实施机制日益健全，关注点也更加全面且深入，覆盖范围更是大幅拓展。

这些变化共同促成了多种各具特色、成效显著的绩效管理模式的形成，标志着中国政府绩效管理迈上了新的台阶。

（二）中国公共组织绩效管理存在的问题

中国公共组织绩效管理不断取得进展，随着政府对绩效管理重视程度的提高，越来越多的公共组织开始引入绩效管理的理念和方法，尝试通过绩效管理来提升组织效率和服务质量。然而，在实际操作中，仍存在一些亟待解决的问题。

1. 绩效管理制度不健全

缺乏系统性是中国公共组织绩效管理中的一大问题。在许多公共组织中，绩效管理仍然处于摸索阶段，尚未建立起一套系统、完整的绩效管理制度。这导致在实施绩效管理时，缺乏明确的指导和规范，使得绩效管理过程显得杂乱无章，难以达到预期的效果。同时，即使存在绩效管理制度，但在实际执行过程中，由于领导重视不够、成员抵触情绪等多种原因，这些制度往往得不到有效执行，最终形同虚设。

2. 绩效指标设置不合理

公共组织的产出往往难以直接量化，这是设置绩效指标时面临的一大挑战。例如，在提供公共服务时，如何准确衡量服务的质量和社会影响力，是一个复杂而困难的问题。这使得在设置绩效指标时，往往难以找到准确、客观的衡量标准，导致绩效指标设置不合理。此外，当前很多公共组织在设置绩效指标时，过于注重经济指标或某些特定领域的指标，而忽视了员工满意度、组织文化等其他重要方面。这种片面的指标设置方式，无法全面反映公共组织的绩效状况，也容易导致组织发展的不平衡。

3. 绩效评价过程不科学

在绩效评价过程中，评价者的主观因素往往会对评价结果产生较大影响。这可能导致评价结果的不公正、不公平，进而损害成员的积极性和组织的凝聚力。例如，在评价过程中，如果评价者过于注重个人喜好或偏见，就可能对某些成员或部门给出不公正的评价。此外，绩效评价往往被视为一种单向的管理活动，缺乏与员工之间的有效沟通。这使得员工对绩效评价结果不理解、不认同，甚至产生抵触情绪，从而影响绩效管理的效果。

4. 绩效反馈与激励机制不完善

在绩效评价结束后，很多公共组织往往缺乏对组织成员的绩效反馈。这使得成员无法了解自己的优点和不足，无法制定针对性的改进计划。同时，当前很多公共组织在绩效激励方面存在不足，如奖励力度不够、奖励方式单一等。这使得成员对绩效管理的积极性不高，难以形成有效的激励作用。例如，一些组织在奖励组织成员时，往往只注重物质奖励，而忽视了精神奖励和职业发展机会等非物质奖励，导致激励效果有限。

5. 绩效管理与组织战略脱节

在很多公共组织中，绩效管理与组织战略之间存在脱节现象。这主要表现在绩效目标的制定与组织战略目标不一致，导致绩效管理无法有效支持组织战略的实现。同时，公共组织内部不同部门之间的绩效管理往往缺乏协同性，导致各部门各自为政、目标不一致。这使得组织的整体绩效难以得到提升，也影响了组织战略的实现。

6. 绩效管理信息系统不完善

当前很多公共组织在绩效管理过程中，存在信息孤岛现象。各部门之间的信息无法有效共享和利用，导致绩效管理效率低下。同时，一些公共组织在引入绩效管理信息系统后，由于系统不稳定或操作复杂等原因，导致系统无法正常使用或数据不准确。这不仅影响了绩效管理的效果和效率，也给组织带来了额外的负担和成本。

（三）中国公共组织绩效管理的发展趋势

中国自 20 世纪 80 年代起，便踏上了对公共组织绩效管理进行探索的征程。通过积极借鉴国外的绩效管理理念和经验，并结合中国自身的国情特点和实践需求，逐步形成了一系列既符合国际趋势又具中国特色的管理模式。尽管在实践中仍面临一些细节问题，需要在未来的工作中持续改进和完善，但不可否认的是，这些地方政府和部门的实践探索为中国公共组织绩效管理事业的发展奠定了坚实基础，积攒了丰富经验。

进入新时代，在党和政府的正确领导下，中国各级政府和部门积极响应国家路线、方针、政策，勇于探索绩效管理的新路径，不断推进绩效管理体制机制的创新。这一过程中，中国公共组织绩效管理呈现出以下明显的发展趋势。

1. 公众导向日益凸显

随着公民意识的觉醒和公共服务需求的多样化，中国公共组织绩效管理越来越注重公众的需求和满意度。未来，绩效管理将更加关注公众的感受和反馈，通过引入公民参与、开展公众满意度调查等方式，确保绩效管理更加贴近民生、服务公众。

2. 绩效管理体系不断优化

在绩效管理体系建构方面，中国将继续加强组织机构建设，明确绩效管理职责和权限，确保绩效管理工作的顺利开展。同时，还将进一步完善绩效评价体系，建立科学、合理、全面的评价指标和标准，提高绩效管理的准确性和有效性。

3. 运行机制持续创新

为了适应不断变化的外部环境和管理需求，中国公共组织绩效管理将不断创新运行机制。例如，引入市场竞争机制、推行绩效管理信息化等，以提高绩效管理的效率和响应速度。

4. 法制进程稳步推进

为了保障绩效管理的规范性和权威性，中国将继续推进绩效管理的法制进程。通过制定相关法律法规、明确绩效管理的法律地位和责任追究机制，确保绩效管理工作有法可依、有章可循。

5. 公民参与不断扩大

公民参与是绩效管理的重要组成部分，也是提高绩效管理民主化、科学化的关键。未来，中国将进一步扩大公民参与的范围和深度，通过公开征集意见、举行听证会等方式，让公民更多地参与到绩效管理的过程中来。

6. 信息公开不断加强

信息公开是保障公民知情权、参与权和监督权的重要前提。中国将继续加强绩效管理的信息公开工作，通过定期发布绩效管理报告、公开绩效评价结果等方式，提高绩效管理的透明度和公信力。

综上所述，中国公共组织绩效管理在未来的发展中，将更加注重公众导向、优化体系建构、创新运行机制、推进法制进程、扩大公民参与和加强信息公开等方面的工作。这些趋势不仅符合国际绩效管理的发展趋势，也符合中国国情和实际需求，将有力推动公共组织绩效管理事业的持续健康发展。

◎思考题

1. 简述公共组织绩效的生成过程及其影响因素。
2. 公共组织绩效管理与企业绩效管理的区别是什么？
3. 请阐述公共组织绩效评价的程序。
4. 公共组织绩效评价的常用方法有哪些？请结合实际谈谈如何选择。
5. 简述中外公共组织绩效管理的演进历程。

第九章

公共组织战略管理

战略管理是组织为顺应外部环境变化，而对自身活动进行的全方位管理，它涵盖了一系列关于战略的制定、执行、监控及评估的管理决策与实际行动。战略管理以组织整体和全局为对象，以实现组织目标为目的。自 20 世纪 80 年代起，战略管理的重要性日益凸显，尤其在公共组织领域内受到了广泛关注。作为新公共管理运动的组成部分，在公共组织中引进战略管理具有深远的意义。本章主要涉及战略与战略管理、公共组织战略管理及其过程。

第一节　战略与战略管理

随着工业化城镇化快速推进，经济结构发生深刻变革、社会结构发生深刻变化、城乡结构发生深刻变迁、治理结构发生深刻变动，已成为中国现代化不可避免和不可逆转的发展趋势，公共组织面临着日益复杂的社会需求、资源约束以及竞争压力。公共组织的战略与战略管理成为其应对这些挑战、实现可持续发展的关键。

一、战略

自古以来，“战略”一词便存在于中国语境中，起初“战”与“略”各自独立使用，“战”意指战斗或战争，而“略”则涵盖筹划、策略及计划之意。《左传》与《史记》中已可见“战略”一词的身影，西晋时期的史学家司马彪更著有以“战略”命名的作品，专指战争中的智谋与策略。在西方，“战略”一词源自希腊语“strategos”，原意为“将军”，特指指挥军队的艺术与科学。英语中的“strategy”一词通常蕴含两层意义：一是关于战争中军队或武装力量的预先部署艺术；二是为特定活动成功而制定的计划。

进入 20 世纪，随着企业间竞争日趋激烈，“商场即战场”的观念逐渐深入人心，商业竞争愈发呈现出军事竞争的特征。在此背景下，“战略”一词逐渐被引入工商企业管理领域。1938 年，巴纳德首次在管理理论中引入战略概念，他主张战略考量不应局限于管理或交易活动的特定方面，而是在任何需要决策的情况下，企业组织都应遵循相同的原则，全面考虑战略因素[①]。随后，冯·诺伊曼与摩根斯顿将战略解读为企业根据特定情境所选择的一系列行动[②]。然而，为企业战略给出明确定义的首位学者是美国著名管理学家钱德勒将战略界定为“确定企业基本长期目标、选择行动路径及为实现这些目标进行资源分配的过程”[③]。

到了20世纪80年代，“战略”一词在企业界得到广泛应用，战略理论也取得了显著进展。加拿大麦吉尔大学的亨利·明茨伯格教授，借鉴市场学中的四要素（产品、价格、地点、促销）框架，通过深入研究和梳理既往战略理论，将战略的定义精炼为5P模型，即计划（plan）、模式（pattern）、定位（position）、计策（ploy）和观念（perspective）。计划强调未来的发展，战略是一种有意识的领导与前瞻性的规划；模式则侧重于从历史发展轨迹中识别出的行动模式，强调战略的执行与实践；定位关注企业在产业中的位置，强调适应外部环境并在竞争中找到有利位置；计策是指在竞争过程中采用的策略手段，旨在击败对手，实现企业目标；观念则从企业整体层面出发，强调战略作为一种集体意识，要求企业成员共享战略愿景，促进一致行动[④]。至此，战略已成为管理学中的核心词汇，战略管理的理论与实践也随之蓬勃发展。

二、战略管理

（一）战略管理的定义

二战结束后，申克尔与霍佛共同奠定了战略管理理论的概念基石与范式框架，标志着战略管理学科的正式兴起。而战略管理领域的另一位巨擘——伊戈尔·安索夫，凭借其开创性著作《公司战略》及后续具有里程碑意义的《战略管理》，赢得了“战略管理之父”的美誉。安索夫对战略管理的独到贡献，在于他首次提出了公司战略、战略管理概念，构建了战略规划的系统理论框架，引入了企业竞争优势的概念，并创立了将战略管理与复杂多变环境相联系的权变理论。

除安索夫外，众多学者也对战略管理给出了深刻定义。例如，汤普森认为，战略管理是一个高层管理者确定组织长期方向、设定绩效目标，并根据内外环境制定并实施战略以达成这些目标的过程[⑤]。纳特和巴可夫则强调，战略管理旨在解决组织在不确定性未来中的定位问题，通过制定计划、计谋等为组织创造焦点、一致性和目的[⑥]。伊萨克·亨利指出，战略管理涉及规划、实施和监控组织战略的过程，包含战略分析、战略选择和战略实施三大核心

---

① ［美］切斯特·巴纳德：《经理人员的职能》，王永贵译，北京：机械工业出版社，2013。

② ［美］冯·诺伊曼，摩根斯顿：《博弈论与经济行为》，王文玉，王宇译，上海：生活·读书·新知三联书店，2004。

③ ［美］艾尔弗雷德·D. 钱德勒：《战略与结构》，孟昕译，昆明：云南人民出版社，2002。

④ Henry Mintzberg：《The Strategy Concept I：Five Ps for Strategy》，California Management Review，1987。

⑤ ［美］阿瑟·A·汤普森：《战略管理：获取竞争优势》，蓝海森，李卫宁，黄嫚丽等译，北京：机械工业出版社，2006。

⑥ ［美］保罗·C. 纳特，罗伯特·W. 巴可夫：《公共和第三部门组织的战略管理》，陈振明等译，北京：中国人民大学出版社，2002。

领域[①]。波齐曼和斯特劳斯曼则认为，战略管理涉及处理组织的外部环境、使命和目标，其主要特征包括界定目标和目的、提出协调组织与环境的行动计划以及设计有效的执行方法[②]。

在众多定义中，安德鲁提出的战略管理定义被广泛接受，并成为现代战略管理理论的重要基石。他强调，战略管理是一种系统化的决策过程，通过制定与执行一系列关键决策，确立组织的长远目标和使命，并指导组织在动态环境中实现这些目标。安德鲁的定义涵盖了四个方面：首先，明确界定与反映组织目标和意图；其次，界定组织业务范围和服务领域；再次，决定组织性质，包括组织结构、文化等；最后，强调组织对股东、托管人、雇员、顾客和社会的经济或非经济贡献[③]。

安德鲁的战略管理定义提供了一个全面的分析框架，从目标设定到业务选择，再到组织定位和社会责任，为战略管理的实践提供了明确指导，也为学术研究奠定了坚实基础。通过这一系统化的决策过程，组织能够在复杂多变的环境中保持战略定力，实现可持续发展，并在激烈的市场竞争中脱颖而出。战略管理不仅关乎组织内部资源的优化配置，更关乎对外部环境的敏锐洞察与灵活应对，是组织在全球化背景下谋求长远发展的必由之路。

综上所述，战略管理可以定义为：战略管理是一种系统化的决策过程，旨在通过制定与执行一系列关键决策，明确界定并反映组织的长远目标和意图，界定组织的业务范围和服务领域，决定组织的性质（包括组织结构、文化等），并强调组织对股东、托管人、雇员、顾客和社会的经济或非经济贡献。这一过程涉及对组织内外部环境的深入分析，以及对组织资源和能力的精准评估，以确保组织能够在动态复杂的环境中实现其使命和愿景，保持竞争优势，并实现可持续发展。战略管理不仅关注组织内部的资源优化配置，还强调对外部环境的敏锐洞察和灵活应对，是组织在全球化背景下谋求长远发展和在激烈的市场竞争中脱颖而出的必由之路。

（二）战略管理与其他相关概念的辨析

为更好地理解战略管理，有必要把战略管理与非战略管理、战略规划、功能管理等相关概念进行辨析。

1. 战略管理与非战略管理

战略管理是组织发展的核心驱动力，其核心在于对整体战略目标的深度规划与高效执行。这一过程不仅要求高层管理者具备高瞻远瞩的视野，能够准确预见行业趋势与市场变化，还需具备强大的资源整合能力，以确保战略实施过程中的每一步都精准无误。战略管理

---

① Kester Isaac Henry：《Strategic Management in Public Services》. In SYLVIA HORTON and DAVID FARHAM (eds.) Public Management in Britain. London：Macmillan Press，1999。

② Barry Bozeman，Jeffrey D. Straussman：《Public Management Strategies》，San Francisco：Jossey - Bass Publishers，1990。

③ Kenneth R. Andrews：《"The Concept of Corporate Strategy"，in the Concept of Corporate Strategy》，Homewood，IL：Dow Jones - Irwin，1971，18 - 46。

强调的是全局性、长远性和系统性，它要求组织上下一心，围绕既定的战略目标，调动并整合包括人力资源、财务资源、技术资源、信息资源等在内的全部资源，形成强大的合力，共同推动战略目标的实现。

具体来说，战略管理会通过制定详细的战略计划，明确组织的长远发展方向、阶段性目标以及实现路径。随后，通过优化资源配置、调整组织结构、强化团队协作等一系列措施，确保战略计划得以有效执行。在这一过程中，战略管理还会不断监控外部环境的变化和内部资源的状况，及时调整战略方向和执行策略，以应对各种不确定性和挑战，确保战略目标的顺利达成。

相比之下，非战略管理则显得较为片面和局限。它通常只关注于总体目标中的某些特定部分或局部目标，缺乏对战略全局的深入理解和统筹考虑。这种管理方式往往导致组织资源的分散和浪费，因为各个部门或团队可能只关注自己的局部利益，而忽视了组织的整体利益。同时，由于缺乏全局性的协调和统筹，非战略管理可能导致组织内部出现矛盾冲突，影响组织的整体效率和竞争力。

例如，在一个多元化的企业集团中，如果各个子公司或业务部门都各自为政，只关注自己的局部目标，而忽视了集团的整体战略和发展方向，那么很可能会导致资源重复投入、市场重叠、品牌冲突等问题。这种情况下，即使各个子公司或业务部门都取得了局部的成功，整个集团的发展也可能陷入困境。

因此，战略管理对于组织的长远发展具有至关重要的意义。它能够帮助组织明确发展方向和目标，调动并整合全部资源，形成强大的合力，共同推动组织的发展。而非战略管理则可能因片面性和局限性导致组织陷入困境，无法实现长远的发展目标。

2. 战略管理与战略规划

战略规划，作为一种高层次的管理活动，专注于为达成组织既定目标或任务制定蓝图，但其范畴并不涵盖计划的后续执行与评估环节。追溯历史，战略规划作为战略理念在私营领域的初步实践，于 20 世纪 60—70 年代盛行，主要表现为企业层面的战略计划与公司层面的战略计划两种形态。

然而，从管理流程的视角审视，战略规划本身更多聚焦于规划阶段，对于如何确保战略规划的有效实施关注不足。因此，自 20 世纪 80 年代以来，随着对战略本质及其运作机制的深入理解，人们开始意识到，战略的应用不能仅限于规划层面，还必须重视依据战略规划的要求，全面执行、监控并评估整个战略过程。这意味着，战略思维须渗透至组织的每一个角落，以及管理的每一环节，确保战略的实施构成一个闭环的管理流程，由此催生了战略管理的概念。

在这一转变中，战略管理在管理学领域内逐步取代了战略规划的地位，而战略规划则转变为战略管理的一个关键环节。战略规划、执行与评估三者紧密结合，共同构成了一个完整且系统的战略管理过程，标志着战略管理理论的成熟与发展。

3. 战略管理与功能管理

战略管理与功能管理，作为组织管理的两大支柱，虽同处一域却各司其职，展现出明显的目标、焦点及管理幅度的差异。战略管理的核心使命在于促成组织的远景规划，它立足高远，着眼全局，致力于宏观目标的设定与实现路径的勾勒。这一进程通常牵引着组织的高层智囊团，他们深入剖析外部环境与内部资源，匠心独运地制定出引领组织稳健前行的战略蓝图。此蓝图非但顾及眼前的市场机遇与挑战，更前瞻性地预判未来趋势，确保组织在瞬息万变的市场洪流中稳踞竞争优势。故而，战略管理的重心在于外向型管理，即如何灵活应对外部环境变迁，如何在激烈的市场竞争中脱颖而出，以及如何通过高瞻远瞩的战略抉择引领组织迈向辉煌。

反观功能管理，则更侧重于微观层面的业务运作与内部管理细化。它精心协调并整合组织内部各职能部门的力量，确保每一环节都能高效运转，共同支撑起组织的宏观战略目标。功能管理的焦点在于“如何行事”，即具体业务活动的执行细节与操作流程的优化。举例来说，生产部门在功能管理下，会细致规划生产计划，严格把控质量关卡；而营销部门则可能专注于市场调研、策划营销活动及维护客户关系等。这些细化的目标与任务，正是功能管理施展拳脚的舞台。

在功能管理的框架下，管理者需确保各部门间协作无间，资源调配合理，避免无谓的消耗与职能重叠。这种内向型管理强调的是，如何通过精简各部门的职能，实现组织内部资源的最大化利用，为战略目标的达成奠定坚实基础。功能管理倾向于短期目标的快速实现，其成效往往取决于各部门在日常运营中的执行力与效率。

战略管理与功能管理，两者相辅相成，缺一不可。战略管理犹如灯塔，为功能管理指明航向，通过确立长远目标与战略部署，确保组织全局目标的一致性与前瞻性。而功能管理，则如同船桨，通过高效的业务操作与内部资源的精细配置，为战略目标的实现提供强有力的支撑与保障。缺乏战略管理的指引，功能管理可能迷失方向，导致各部门各自为政，缺乏整体协同；而若功能管理不力，即便战略目标再宏伟，组织也难以在实战中顺利推进战略蓝图，终将沦为空谈。因此，战略管理重在外部管理和长期目标的实现，通过全局性的战略规划引导组织的方向；而功能管理则重在内部管理，通过对各部门职能的整合和优化，确保组织内部的高效运作。二者相互依存，共同构成了组织管理的完整体系，推动组织在复杂多变的环境中实现持续发展。

第二节　公共组织战略管理概述

公共组织战略管理，作为引领组织发展方向、优化资源配置、确保目标实现的核心管理活动，是现代公共管理领域不可或缺的重要组成部分。在日益复杂多变的外部环境和内部需求下，公共组织面临着前所未有的挑战与机遇。战略管理的引入，旨在通过系统性的分析、规划、执行与评估，为公共组织构建起一套高效、灵活且具有前瞻性的管理体系。

一、公共组织战略的定义与类型

随着社会环境的日益复杂和公众需求的不断变化，公共组织需要明确的战略来指导其行为，以实现公共利益的最大化和公共服务的高效供给。因此，准确理解公共组织战略的定义和类型是提升公共组织管理效能的基础。

（一）公共组织战略的定义

公共组织战略是公共组织在深入考察与审视自身所处环境的基础上，对组织的宗旨、长远发展目标、政策导向及实施路径进行的精心规划与部署，旨在明确组织在社会结构中的定位与角色。在公共组织中，目标虽多元，但核心在于实现公共利益的最大化，而这一目标的实现必须以组织的持续、稳健发展作为基础。因此，公共组织战略管理被视为维系公共组织可持续发展的命脉，也是确保公共利益最大化的关键要素。通过战略管理，激发公共组织内在的创新潜能与活力，使组织能够更加积极主动地塑造自身未来，而非被动地应对环境变化带来的挑战。

随着全球化浪潮、信息技术的飞速发展，政府改革的不断深化推动了公共组织在职能、地位、角色、结构以及社会关系等方面的深刻变革。面对日益复杂多变的外部环境，公共组织不得不将关注点聚焦于自身的生存与发展。战略管理在此背景下显得尤为重要，它超越了传统行政管理仅关注内部事务的局限性，采用系统化的方法，从组织内部的优势与不足，以及外部的机会与威胁出发，全面审视并规划组织的长期发展愿景。这使得战略管理成为公共组织应对不确定性环境、迎接挑战、解决生存与发展问题的有力武器。不仅如此，战略管理还作为一种新兴的管理工具，在新公共管理运动中占据了举足轻重的地位，成为推动公共组织现代化转型的重要力量。

（二）公共组织战略的类型

1. 根据战略的性质分类，可将公共组织战略分为扩张型战略、稳健型战略和紧缩型战略

（1）扩张型战略　扩张型战略是指公共组织通过扩大规模、增加服务范围或提升服务质量等方式，来增强组织的影响力和服务能力。这种战略通常适用于良好的外部发展环境（如政策支持、社会需求增长等），同时组织内部资源较为充足的情况。当公共组织面临良好的发展机遇，如政府加大对公共服务的投入、社会对新服务的需求增加等，可以考虑采用扩张型战略。例如，政府可以扩大教育、医疗等公共服务的覆盖范围，提高服务质量，以满足民众日益增长的需求。

（2）稳健型战略　稳健型战略强调保持公共组织的现有规模和地位，追求稳定的增长和发展。这种战略注重风险控制和内部管理，确保组织在复杂多变的环境中能够持续稳定地运行。当外部环境不确定性增加，如政策调整、经济波动等，或组织内部资源有限时，公共组织可以采用稳健型战略。通过优化内部管理、提高服务效率等方式，确保组织在稳定中求发展。

（3）紧缩型战略　紧缩型战略是指公共组织通过减少服务范围、降低成本和缩小规模等方式，来应对不利环境。这种战略通常在经济衰退、政策收紧或组织内部出现严重问题时采用。当公共组织面临严重的财务危机、政策限制或社会需求下降等不利环境时，可以考虑采用紧缩型战略。通过缩减不必要的开支、优化服务结构等方式，确保组织在困境中能够生存下来。

2. 根据战略的重点分类，公共组织战略可分为需求导向型战略、服务导向型战略、技术导向型战略。

（1）需求导向型战略　需求导向型战略强调以公众需求为导向，通过调研公众需求、优化服务内容和方式等手段，提升公众满意度。当公共组织面临公众需求多样化时，可以采用需求导向型战略。通过深入了解公众需求，提供个性化、差异化的服务，满足公众的多元化需求。

（2）服务导向型战略　服务导向型战略注重服务的开发和创新，通过技术创新、质量提升等手段，提升公共组织的服务水平和竞争力。当公共组织需要提升服务质量、打造特色品牌或应对技术变革时，可以采用服务导向型战略。通过不断改善服务方式、优化服务流程等方式，提高组织的创新能力和服务质量。

（3）技术导向型战略　技术导向型战略强调以技术研发和创新为驱动力，通过引进新技术、培养创新人才等手段，提升公共组织的技术水平和竞争力。当公共组织面临技术变革、需要提升服务效率或打造智慧型组织时，可以采用技术导向型战略。通过加强技术研发、引进先进技术等手段，提高组织的技术水平和创新能力。

3. 按战略的层次分类，公共组织战略可分为组织总体战略、业务部门战略和职能层战略

战略的层次分类对于指导组织在不同层面上的行动和决策至关重要。一般来说，公共组织战略可以划分为三个层次：组织总体战略、业务部门战略和职能层战略。

（1）组织总体战略　组织总体战略是公共组织的最高层次战略。它规定了组织的使命、愿景、价值观和总体发展方向，为组织的长远发展提供了行动纲领。组织总体战略需要考虑组织的整体利益和发展前景，具有全局性和长远性。组织总体战略通常包括扩张型战略、稳健型战略和紧缩型战略等。这些战略的选择取决于组织面临的外部环境、内部资源和能力，以及组织的长期发展目标。组织总体战略为组织的发展提供了方向和目标，是制定其他层次战略的基础和依据。

（2）业务部门战略　业务部门战略是公共组织中各个业务部门的战略规划和实施。它以组织总体战略为指导，根据公众需求和业务发展情况，制定具体的业务目标和行动计划。业务部门战略具有相对独立性和灵活性，能够更好地适应外部环境的变化和满足内部资源的需求。业务部门战略通常包括需求导向型战略、服务导向型战略和技术导向型战略等。这些战略的选择取决于业务部门的公共职能、服务特点和技术优势。业务部门战略确保了组织总体战略在各个业务部门的执行和落实，同时也为职能层战略提供了指导和支持。

（3）职能层战略　职能层战略是公共组织中各个职能部门的战略规划和实施。它以组织总体战略和业务部门战略为指导，根据各个职能部门的特点和需求，制定具体的行动方案。职能层战略具有专业性和操作性，注重资源的合理配置和流程的优化。职能层战略通常包括人力资源战略、财务战略、科技发展战略等。这些战略的选择取决于职能部门的具体职责和任务，以及组织总体战略和业务部门战略的要求。职能层战略确保了组织总体战略和业务部门战略在具体职能部门中的落实和执行，同时也为组织的日常运营和管理提供了支持和保障。

这三个层次的战略相互关联、相互支持，共同构成了公共组织完整的战略体系。组织总体战略为业务部门战略和职能层战略提供了方向和目标；业务部门战略在组织总体战略的指导下，为职能层战略提供了具体的业务目标和行动计划；职能层战略则确保了组织总体战略和业务部门战略在具体职能部门中的落实和执行。通过这种层次分明的战略体系，公共组织能够更好地适应外部环境的变化，提升组织的竞争力和可持续发展能力。

以政府部门的战略规划为例，中央政府制定的总体战略可能包括推动经济高质量发展、加强社会治理和公共服务等。在此基础上，各个部门（如教育部、卫生部等）会根据自身职责和任务，制定相应的业务部门战略。例如，教育部可能制定提高教育质量、促进教育公平等战略；卫生部可能制定加强医疗卫生体系建设、提高公共卫生服务水平等战略。最后，各个职能部门（如人事处、财务处等）会根据总体战略和业务部门战略的要求，制定具体的行动方案，如加强人才队伍建设、优化资金分配等。

综上所述，公共组织战略的层次分类对于指导公共组织在不同层面上的行动和决策具有重要意义。通过制定清晰、明确的战略体系，公共组织能够更好地适应外部环境的变化，提升组织的竞争力和可持续发展能力。

4. 基于政府再造的五 C 战略

戴维·奥斯本和彼得·普拉斯特里克在《摒弃官僚制：政府再造的五项战略》提出了五 C 战略，是为完成政府再造而采取的核心战略、后果战略、顾客战略、控制战略、文化战略五大战略。这一理论框架为公共组织的改革提供了战略支持和实践路径①。

（1）核心战略（core strategy）　核心战略旨在明确组织的目标和使命，为公共组织的发展提供清晰的方向。它要求公共组织明确自己的核心价值，并围绕这些价值来制定战略和决策。通过设定明确、可衡量的目标，公共组织可以确保所有员工都朝着同一个方向努力。例如，政府可以设定提高公共服务质量、促进经济增长等核心目标，并以此为指导来制定政策和计划。

（2）后果战略（consequences strategy）　后果战略强调通过创设绩效后果来推动公共组织的改革和进步。它要求公共组织建立有效的绩效评估体系，将绩效与奖惩挂钩，以激励员工提高工作效率和服务质量。政府可以设定具体的绩效指标，如服务响应时间、客户满意度等，并定期对这些指标进行评估和考核。根据评估结果，政府可以对表现优秀的员工进行奖励，对表现不佳的员工进行惩罚或培训提升。

（3）顾客战略（customer strategy）　顾客战略将顾客置于公共组织服务的中心位置，强调以顾客需求为导向来改进服务质量和效率。它要求公共组织关注顾客的需求和反馈，不断优化服务流程和内容。政府可以通过建立顾客反馈机制、开展顾客满意度调查等方式来了解顾客的需求和期望。基于这些信息，政府可以调整服务策略、改进服务流程和内容，以更

① ［美］戴维·奥斯本，彼德·普拉斯特里克：《摒弃官僚制：政府再造的五项战略》，谭功荣，刘霞译，北京：中国人民大学出版社，2002。

好地满足顾客的需求。

（4）控制战略（control strategy） 控制战略旨在通过下放权力和责任来提高公共组织的灵活性和响应速度。它要求公共组织改变传统的集中控制方式，将更多的决策权下放给一线员工或业务部门。政府可以通过设立自主管理团队、赋予业务部门更多自主权等方式来实施控制战略。这有助于激发员工的积极性和创造力，提高组织的响应速度和灵活性。

（5）文化战略（culture strategy） 文化战略强调通过创造企业家文化来推动公共组织的改革和创新。它要求公共组织培养一种鼓励创新、容忍失败、追求卓越的组织文化。政府可以通过建立创新奖励机制、开展员工创新培训等方式来培养企业家文化。这有助于激发员工的创新意识和创造力，推动公共组织不断寻求新的发展机遇和突破点。

戴维·奥斯本和彼得·普拉斯特里克的五 C 战略为公共组织的改革提供了全面而系统的指导框架。通过实施这五大战略，公共组织可以明确目标、提高效率、关注顾客需求、下放权力、培养创新文化，从而实现组织的可持续发展和不断进步。这一理论框架在全球政府再造浪潮中得到了广泛应用和认可。

二、公共组织战略管理的概念

公共组织战略管理作为一种系统性的管理理念与方法，对公共组织应对环境变化、达成公共目标具有极为关键的意义。它有助于公共组织明确自身定位，合理配置资源，提高服务质量，进而增强社会公众对公共组织的信任与支持。

（一）公共组织战略管理的定义与特征

结合国内外有关战略和战略管理的界定，公共组织战略管理可以认为是公共组织为实现其公共利益目标及组织自身的发展目标，通过深入分析内外部环境，制定并执行一系列长期性、全局性的规划、决策与行动方案的过程。公共组织需密切关注外部环境的变化动向、社会需求的波动以及内部资源的实际情况，以此来明确职能扩展或缩减的方向。通过精心选择资源配置策略与制定高效的应对策略，公共组织能够显著增强服务能力和应变能力，从而在纷繁复杂的社会环境中，更精确、更有效地满足公众需求。此过程旨在保障公共服务的质量与效率，同时增强公共组织的社会责任感及公众对其的信任。通过不断的职能调整与战略优化，公共组织能够逐步提升在公共事务中的影响力与领导力，从而更有效地履行公共职能，为实现社会公共利益构建稳固的基础。

公共组织战略管理是一个复杂而系统的过程，它要求公共组织必须具备全局视野、长远眼光和灵活应变能力，以应对不断变化的外部环境，实现公共利益和组织自身的发展目标。公共组织战略管理具有其鲜明的特点，体现在如下方面。

（1）公共性 公共组织战略管理的核心主体为政府及非政府公共组织，这些组织的根本宗旨在于提供公共服务并致力于公共利益的实现。因此，公共组织战略管理天然地带有强烈的公共性色彩，这是其在公共领域广泛应用的核心属性，彰显了其公共本质。

（2）权威性 公共组织战略管理不可避免地受到政治权威的影响。由于政府权力的垄断性，其在实施战略管理时往往以国家权威为后盾。作为国家公共权力的代表，公共组织的战略决策体现了国家的利益和行为倾向，不会因个别或少数服务对象的反对而轻易改变。为了实现整体利益的最大化，公共组织战略需要在不同地区、不同部门间进行协调，调动广泛资源来实施，即使短期内可能对某些地区或部门的利益造成一定影响。

（3）模糊性 公共组织战略管理的目标具有一定的模糊性。这主要源于公共组织所处的复杂、多元且不确定的政治环境，不同利益集团对政治的影响以及政治的不断变迁。公共组织通常面临多个模糊且不断变化的目标。对于政府等公共组织而言，公平对待每位公民并提供服务是首要宗旨。然而，在市场化需求下，公民对公共物品的需求呈现多样化和个性化特征，同时公共组织在与私人部门的竞争中提供公共物品，因此效率也成为公共组织战略管理的重要关注点。而公平与效率之间的冲突使得公共组织的战略管理目标在判定过程中具有了一定的模糊性。

（4）参与性 鉴于政府部门的公共属性与权威地位，其运作与民众的切身利益息息相关。为了促使政府及其他公共组织能够更加高效、透明地进行管理，并顺应政治民主化的发展趋势，这些组织应当将服务公众、维护公共利益作为自身的核心使命。在此过程中，确保组织运作的公开性与透明度至关重要。同时，应当积极鼓励公民参与到公共组织的战略管理中来，让公民在充分了解情况的基础上，有效行使参与权、监督权与检查权。此外，还需积极探索并构建有效的参与机制，为外界力量参与战略制定等环节提供畅通的渠道，从而确保公共组织的决策与行动能够更加贴近民意、反映民声。

（二）公共组织战略管理与私人部门战略管理的区别

艾利森与纽斯塔特等学者的研究成果显示，公共组织战略管理与私人部门战略管理的区别主要体现在环境、交易和程序三个方面，这些差异对公共组织战略管理的实践提出了独特要求，并对其产生了深远影响。

（1）环境因素 环境因素涵盖市场、法律制度、传统以及政治等多个层面。在市场环境方面，私人部门直接受顾客购买行为驱动，资金来源于市场收费，市场信号明确，战略制定与执行高度自主。相比之下，公共组织则面临市场环境的严格限制，资金源自预算拨款，战略制定与实施需符合决策层的信仰和需求，且战略意图需公开透明，以获得民众支持，并接受公众参与和监督，这极大限制了公共组织战略管理的自主性。在法律、制度和传统环境方面，私人部门仅需依法运营，而公共组织则需在宪法和法律框架下进行多项活动，如预算编制、人员晋升等，其自主性和灵活性受到法律和制度的严格约束。政治环境因素对私人部门影响有限，但对公共组织则影响显著，因为公共组织战略规划的实施是政治集团博弈的结果，且高度依赖预算拨款。因此，公共组织战略管理者需增强预见性并提升谈判和协商能力，以应对外部影响，确保战略顺利执行。

（2）交易因素 交易因素涉及交易的强制力、影响范围和公众审查。公共组织具有法律授权的强制力，可作为战略的重要组成部分，而私人部门则依赖于向潜在顾客出售服务。公共组织的影响范围更广，需处理更广泛的社会事务，并承担其他组织无法承担的责任。此外，公共组织需接受更多的公众参与和审查，这源于其政治性本质，所有行动都需接受民众和舆论的监督。这增加了战略管理的复杂性。

（3）程序因素　程序因素包括组织目标、权力限制、绩效期望和激励因素。在组织目标方面，私人部门以利润最大化为目标，目标明确且可量化。而公共组织则面临目标模糊和多元的挑战，需平衡效率和公平，且在复杂多变的政治环境中确定目标。在权力限制方面，私人部门管理者拥有较大自主权，而公共组织管理者则权力基础薄弱，战略资源受控于政府或政治团体。在绩效期望方面，私人部门目标清晰且可量化，绩效评估具有紧迫感。而公共组织则因目标模糊而难以明确绩效期望，导致绩效评估标准不确定，行政效率降低。因此，公共组织需创造紧迫感，明确绩效目标，并积极采取行动。在激励因素方面，私人部门以物质激励为主，而公共组织则更偏好稳定工作、权力、赞赏等非物质激励，且对激励机制反应迟钝。因此，公共组织在制定战略时需发挥创造力，突破制度化框架，寻找与公共组织相符的激励机制。

三、公共组织战略管理的发展

公共组织战略管理的发展经历了多个阶段，并且不断呈现出新的趋势。在现代化进程中，公共组织战略管理的兴起是公共管理领域的一个重要现象，反映了公共组织在应对复杂多变的现代化环境、提高社会公共服务质量和效率、增强自身竞争力等方面的积极探索。

（一）公共组织战略管理兴起的背景

公共组织战略管理兴起的背景，是一个多维度、深层次的社会与管理现象，其根源可归纳为以下几个方面。

1. 复杂且不确定环境的全面挑战

（1）环境的不确定性加剧　随着信息技术的飞速进步，全球化进程的加速，公共组织所面临的环境日益复杂多变。这种不确定性不仅体现在经济波动、社会结构变化、技术进步等宏观层面，还深入到政策执行、公众需求响应等微观操作之中。因此，公共组织与非营利组织被迫跳出传统的管理框架，采用更具有前瞻性和灵活性的战略思维，以期在快速变化的环境中找到稳定与发展的平衡点。

（2）环境的相互关联性增强　在全球化的浪潮下，国家间、地区间以及不同政策领域之间的界限变得模糊，问题往往跨越多个领域和国界，形成复杂的相互依赖关系。这种关联性要求公共组织在制定战略时，必须考虑更广泛的外部因素，采取跨部门、跨国界的合作方式，共同应对全球性挑战。

（3）环境的限制性条件增多　财政紧缩与公众期望之间的矛盾是当代公共组织面临的重大挑战。一方面，经济波动、税收减少等因素导致政府财政收入紧张；另一方面，公众对公共服务的质量、效率和个性化需求不断提升，使得公共组织必须在有限的资源下实现更高效、更精准的服务提供，这无疑对战略管理提出了更高要求。

2. 政府改革与转型的必然结果

在应对财政危机和社会变迁的过程中，政府及其他公共组织经历了深刻的职能转变、角色重塑和组织结构调整。公共组织不仅仅是服务的提供者，更是社会治理的参与者和推动者。面对重组、合并乃至私有化的压力，公共组织不得不引入战略管理，以提升自身效率和竞争力，确保在变化的环境中持续有效地履行职能。

3. 新公共管理主义的理念驱动

新公共管理主义强调结果导向、顾客至上和效率优先，它要求公共组织像私人企业一样，明确组织目标，注重绩效管理，通过战略管理实现资源的优化配置和服务质量的提升。这一理念的推广，促使公共组织从传统的规则驱动转向目标驱动，从被动响应转向主动规划，战略管理成为实现这一转变的关键工具。

4. 私人部门战略管理的示范性影响

私人部门在战略管理方面的实践，如市场定位、竞争策略、品牌建设等，取得了显著成效，为公共组织提供了宝贵的经验和启示。公共组织通过观察和学习私人部门的成功案例，逐渐认识到战略管理对于提升组织效能、满足公众需求的重要性。因此，私人部门的战略管理不仅为公共组织提供了理论上的指导，更在实践中成为公共组织模仿和借鉴的典范，推动了战略管理在公共领域的广泛应用和发展。

（二）公共组织战略管理的演进

1. 预算阶段

在 20 世纪 80 年代之前，公共组织的管理主要遵循着一种传统的行政范式，其核心特征可概括为预算主导。在此时期，公共组织的管理重心在于预算的编制与财务的严格控制。预算与财务控制作为管理活动的基础，旨在确保有限资源能够合理分配，以支撑组织的各项运营。然而，这种预算驱动的管理方式存在明显局限，预算制定易受多种因素影响，导致资源分配的合理性与效率难以保证。此情况下，公共组织可能倾向于选择短期见效的项目，而忽视那些需长期投入但对社会影响深远的公共事业，从而损害服务质量和效率，甚至影响组织长远目标的实现。因此，预算主导的传统行政模式在面对更复杂、更动态的社会需求时显得力不从心，促使公共管理领域开始探索更为全面、灵活的管理策略。

2. 战略规划阶段

20 世纪 80 年代初至 80 年代末，公共组织经历了从预算主导向战略规划的转型。这一时期，全球化与技术变革加速，使得公共组织所处的环境日益复杂且难以预测。传统的科层官僚制因其僵化结构与低效决策机制，已无法适应快速变化的外部需求。为应对挑战，公共组织开始借鉴企业战略规划理念，强调对外部环境的分析与预测，不仅要被动应对变化，更要主动创造变化，以实现组织的长期目标。战略规划阶段高度重视信息搜集与方案研究，确保决策能够顺应未来趋势。然而，此阶段也暴露出战略执行不足的问题，战略规划往往停留于理论层面，缺乏有效的执行机制。尽管如此，战略规划阶段为公共组织应对未来挑战奠定了基础，推动了公共管理理论与实践的进一步发展。

3. 战略管理阶段

自 20 世纪 80 年代末起，公共组织进入战略管理阶段，并持续至今。此时期，全球经济环境与技术进步引发了公共管理领域的深刻变革。面对更加复杂且不可预测的外部环境，公共组织意识到仅依赖战略规划制定目标远远不够，关键在于如何有效执行这些战略。因此，战略管理作为动态、全面的管理过程，在公共组织中得到广泛应用。战略管理不仅涵盖战略制定，还扩展至战略执行、控制与结果评价等各个环节，确保战略能够通过有效执行机制得以落实，实现组织整体目标。随着战略管理理念的深入，公共组织对战略的理解不断深化，将其视为持续调整、动态应对的过程。此外，战略管理强调结果导向，通过持续评估与反馈确保战略目标的实现，并根据实际情况进行必要调整。此阶段还见证了特殊战略研究的重要性与兴起，如公私部门合作、政府间合作以及顾客导向战略等。总体而言，战略管理的持续发展标志着公共组织管理方式的转型与应对复杂环境能力的提升，推动公共服务供给的高效化与公共价值的最大化。

第三节　公共组织战略管理过程

公共组织战略管理过程是公共组织为实现其使命和目标，对组织的战略进行系统规划、实施、评估和调整的一系列相互关联的活动总和。它是一个系统且连续的循环，涵盖了从环境洞察到战略行动再到绩效评估与调整的多个阶段，贯穿于公共组织的长期发展之中。

一、公共组织战略管理过程概述

从管理过程来看，公共组织的战略管理与私人部门一样，通常表现为一个客观的、逻辑和系统的过程或步骤。虽然这一过程在一定程度上表现为一种管理艺术，但它是有规律可循的，进而也是有基本的原则可依的。

跟私人部门一样，公共组织战略管理的兴起也经历了五个阶段，按照欧文休斯的观点，预算与财务控制在公共组织很早就出现了，这一计划阶段可被看成传统行政模式的组织精髓，计划的主要目的不过是进行预算分配[①]。奥尔森和伊迪则提出了类似于私人部门的战略规划过程，即一是综合任务和目标的描述；二是环境监测与分析；三是分析组织内部的概况和可供挖掘的资源；四是战略制定、评价和选择；五是战略计划的运作和控制[②]。

波兹曼和斯特陶曼认为战略管理分为四个层次，即关注长远目标与组织内的等级制整合在一起，认识到战略管理和战略计划不会自行贯彻这一点也非常重要，强调一种外向性的观点，不是去适应环境而是去改变环境，必须行使政治权力的问题。从中可以看出，注重战略的贯彻执行和与环境更为紧密的相互作用，这两点是从战略规划过渡到战略管理得当的关键[③]。

在理论上对战略管理的过程的划分，亚瑟·A. 汤姆森和 A. J. 斯迪克指出，战略管理

---

①② ［澳］欧文·E. 休斯：《公共管理导论》（第 5 版），张成福，杨崇祺，赵弘毅，郭梓焱译，北京：中国人民大学出版社，2023。

③ Jack Koteen：《Strategic Management in Public and Nonprofit Organization》，London：Praeger Publishers，1997：9。

有六项任务：制定战略展望和业务使命；建立目标体系；制定战略，完成目标；有效地执行和实施战略；业绩评估；检测新的发展态势，实施调整性措施①。

管理学者布莱森设计了一个模式，将公共组织的战略管理分为开始制定战略计划过程并取得一致意见、明确组织权限、阐明组织任务和价值、对外界环境进行评价、对企业内部状况进行评价、确定组织面对的战略性问题、制定战略处理问题、制定有效的未来的组织蓝图八个步骤②。美国学者奥斯本和盖伯勒在进一步将公共组织战略管理的步骤分为内外形势分析、判断鉴定组织面对的要害问题、确定组织的基本任务、整合组织的基本目标、绘制蓝图成功的景象、制定实现这个蓝图和目标的战略、排列战略时间表、测量评价最终结果九个步骤③。

管理学家罗宾斯将战略管理过程分为九个步骤：确定组织的当前的使命、目标和战略；分析环境；识别机会和威胁；分析组织的资源和能力；识别优势和劣势；重新评价组织的宗旨和目标；构造战略；实施战略；评估结果④。

较为著名的公共组织战略管理模型有两个，一个是由纳特和巴克夫提出的六阶段公共组织战略管理模型（图 9－1）⑤：

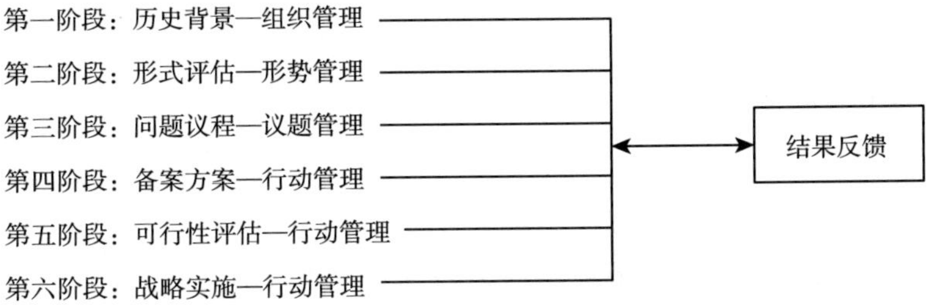

图 9－1　六阶段公共组织战略管理模型

该模型将战略管理活动划分为六个阶段，每个阶段都包含具体的工作内容和步骤，形成了一个完整的战略管理过程。该模型针对公共组织的特点进行设计，充分考虑了公共组织的特殊性和复杂性，为公共组织战略管理提供了具体的操作指南和工具，帮助公共组织更好地进行战略管理。该模型引入了议题张力分析框架等概念和技术，对公共组织战略管理情境和特性的分析更为深入和细致。纳特和巴可夫的六阶段模型在公共组织战略管理中得到了广泛应用。许多公共组织都借鉴该模型来制定和实施自己的战略管理计划，以提高组织的绩效和竞争力。

另外一个是由菲利普·科特勒与艾伦·R. 安德里亚森在《非营利组织战略营销》一书中提出的战略营销规划程序，该程序包含的关键步骤包括：首先，发展以消费者为导向的理

① 曾俊：《公共管理新论》，北京：人民出版社，2006。

② ［美］约翰·布赖森：《公共与非营利组织战略规划：增强并保持组织成就的行动指南》（第三版），孙春霞译，北京：北京大学出版社，2010。

③ 李传军：《公共组织学》，北京：中国大学人民出版社，2015。

④ ［美］罗宾斯：《管理学》（第四版），北京：中国人民大学出版社，1997。

⑤ ［美］保罗·C. 纳特，罗伯特·W. 巴可夫：《公共和第三部门组织的战略管理》，陈振明等译，北京：中国人民大学出版社，2002。

念，即理解非营利组织的目标受众（消费者或捐赠者）需求和行为，培养以目标客户为中心的观念，关注其期望和满意度。其次，战略规划与组织：制定战略营销计划，明确组织的使命、目标和目的；进行 SWOT 分析，了解组织的优势、劣势、机会和威胁；确定细分市场，选择目标市场，并进行定位。第三，开发与组织管理：筹款策略的制定与实施，确保资金来源的稳定性和多样性；志愿者招募与管理，构建强大的志愿者团队；与私人部门合作，寻求资源共享和优势互补。第四，设计营销组合：管理组织的产品与服务，确保其满足目标受众的需求；制定沟通策略，通过有效的传播手段传达组织的信息和价值观；控制营销成本，提高营销效率。最后，控制营销战略：建立营销评估和控制机制，监测营销活动的进展和效果；根据评估结果调整营销战略，确保目标的实现①。菲利普·科特勒与艾伦·R. 安德里亚森提出的战略营销规划程序，对非营利组织具有重要的指导意义。它不仅帮助非营利组织明确了营销的方向和目标，还提供了系统性的方法和工具来实现这些目标。通过遵循该程序，非营利组织可以更有效地利用资源，提高营销效率，进而实现其社会使命和愿景。

综上所述，战略管理大体要对环境进行分析、再制定战略方案、实施战略、最后对战略的绩效进行评价及对结果进行反馈。这里也同样适用于公共组织战略管理。因此，将公共组织的战略管理概括为战略分析、战略规划制定、战略实施和战略控制四个主要环节。

二、公共组织战略分析

公共组织战略分析是公共组织运用系统的方法与工具，对其所处的外部环境和内部环境进行全面、深入、动态的研究与评估，以揭示影响组织战略制定与实施的关键因素，为战略决策提供科学依据的过程。

（一）公共组织战略分析的概念

公共组织战略分析的核心在于对组织所处环境进行全面而系统的审视，这一过程也被称为战略环境分析。鉴于公共组织的生存与发展必然嵌入特定的环境之中，因此，实施公共组织战略管理的首要步骤是建立在对公共组织内外部环境科学、合理认知的基础之上。具体而言，公共组织环境分析的基本使命是利用系统思维及特定的分析框架或工具，辨识那些与组织相互作用及影响组织的外部系统，进而明确公共组织内部的优势与不足，洞察外部的机会与威胁，为战略规划的制定奠定坚实基础。这种借助专门工具进行的环境分析，通常被命名为 SWOT 分析。

（二）公共组织战略分析的重要性

公共管理部门采用战略管理的重要性主要体现在两大方面：一是使管理活动能够更好地适应环境变化的需求，具备全局视野和长远规划，从而提升管理的精准度和效率；二是推动

---

① ［美］菲利普·科特勒，艾伦·R. 安德里亚森：《非营利组织战略营销》（第五版），孟延春等译，北京：中国人民大学出版社，2003。

公共管理部门自身不断变革与学习，确保部门的长期稳定发展。组织学习，已成为现代社会中所有组织必须面对的一项关键任务和挑战。公共组织的管理环境是一个由多重相互作用的因素构成的综合系统，它既包括公共组织内部环境，也涵盖如生态、文化、政治、经济、社会等外部环境。根据这些因素对公共组织决策影响的不同程度，可进一步细分为一般环境和具体环境。一般环境指的是那些对整个公共组织决策构成背景影响的社会性、普遍性或宏观层面的因素，如社会文化心态、公共管理文化观念等；而具体环境则直接关联到公共组织的决策与管理，包括组织内部的各类环境因素。

（三）公共组织战略分析的内容

1. 公共组织外部环境分析

在进行公共组织外部环境分析时，需遵循以下步骤。

首先，广泛收集涉及经济条件、法律法规、政府政策、社会发展趋势、技术创新、文化背景、人口状况与质量、人力资源、自然条件等多方面的信息。

其次，对这些信息进行分类、整理及评估；接着，区分出哪些属于一般环境因素，哪些属于具体环境因素，并进一步识别出哪些是关键或重要的环境因素。

最后，在组织内部广泛传播这些环境因素的信息，确保更多员工了解组织所面临的机遇与挑战。

2. 公共组织内部环境分析

对于公共组织内部环境的分析，重点在于识别组织的强项与弱项。其分析流程如下：首先，收集关于组织内部条件的全方位信息；其次，对这些信息进行分类整理与评估；随后，明确组织的优势与劣势所在；最后，确保组织内部员工广泛认知并理解这些优势与劣势。

（四）公共组织战略分析方法

常见的公共组织战略分析方法主要有两种：SWOT 分析法与 PEST 分析法。

1. SWOT 分析法

SWOT，这一术语是优势（strengths）、劣势（weaknesses）、机遇（opportunities）与威胁（threats）的精炼概括。其中，优势与劣势聚焦于组织内部的实际情况，而机遇与威胁则着眼于组织所处的外部环境。SWOT 分析法，最初由安德鲁斯在 20 世纪 70 年代的著作《企业战略概念》中阐述，它代表了一种全面的分析方法，旨在系统性地评估组织的内部条件与外部条件，以此为基础，甄选出最优的经营战略。这一分析框架最初由美国哈佛商学院引入并应用，它依据组织所掌握的资源，深入分析组织内部的优势与不足，同时考察外部环境中的有利机会与潜在威胁，从而为组织选定恰当的战略方向。SWOT 分析法的八个步骤如下。

①列出组织的关键外部威胁；②列出组织的关键内部优势；③列出组织的关键内部弱点；④列出组织的关键外部机会；⑤将内部优势与外部机会相匹配，形成 SO 战略；⑥将内部弱点与外部机会相匹配，形成 WO 战略；⑦将内部优势与外部威胁相匹配，形成 ST 战略；⑧将内部弱点与外部威胁相匹配，形成 WT 战略。

SWOT 分析法强调，在深入剖析组织内外部环境的基础上，应充分发挥组织的优势，着力克服其劣势，有效利用外部机遇，并妥善规避潜在风险。此方法不仅具有高度的针对性，能够精准识别组织问题的核心所在，而且通过不同因素的组合，能够生成多样化的战略方案，为组织的发展战略提供明确的指引。

SWOT 分析法的核心在于构建一个分析矩阵，其分析流程包含两个关键步骤。

第一，系统梳理并列出组织的优势（S）与劣势（W），以及外部环境所带来的机遇（O）与威胁（T）；

第二，将组织的优劣势与外部环境的机遇威胁进行匹配分析，从而得出四种战略组合（即 SO，ST，WO，WT），具体如表 9－1 所示。

表 9－1　SWOT 分析矩阵

环境	组织	
	优势（S） 1、2…	劣势（W） 1、2…
机遇（O） 1、2…	SO 战略 发挥抓住优势	WO 战略 克服弱点、抓住机遇
威胁（T） 1、2…	ST 战略 发挥优势、规避威胁	WT 战略 克服弱点、规避威胁

如图 9－2 所示，SWOT 分析法为组织提供了四种可供选择的战略。

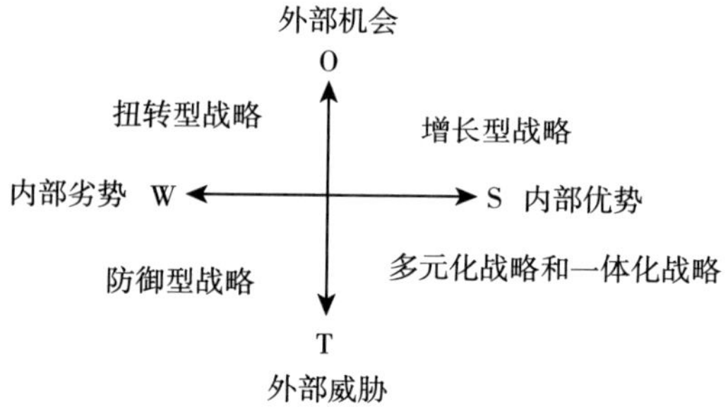

图 9－2　SWOT 分析模型

第一，在 SO 象限内，公共组织面临着最为理想的情境，即其内部优势与外部机会实现了完美融合。在此情境下，组织不仅拥有雄厚的内部实力，还面临着众多的外部机遇，因此，采取增长型战略成为理所当然的选择。

第二，当公共组织落入 WO 象限时，意味着它虽拥有外部机会，但内部条件却显得捉襟见肘。此时，组织应采取扭转型战略，迅速调整并改善内部不利条件，以便更有效地把握和利用外部机会。

第三，WT 象限代表了最为不利的内外部因素组合。在此情境下，组织不仅内部实力薄弱，还面临着大量的外部威胁。面对这样的困境，公共组织可以选择紧缩型或防御型战略来减少产品或市场，或者干脆采取放弃战略，以改变产品或市场，从而寻求新的出路。

第四，在 ST 象限内，即组织虽然拥有内部优势，但却遭遇外部不利环境威胁的情境时，组织应当积极寻求策略性调整以应对挑战。一种有效的应对策略是实施多元化发展战略，这意味着组织可以充分利用其现有的优势资源，如专业能力、技术实力或影响力，去探索并开拓新的服务领域，从而在这些新兴领域中建立稳固且长期的发展机会。进一步地，如果公共组织不仅具备显著的优势，而且实力异常雄厚，那么它还可以考虑采取更为积极主动的一体化战略。通过一体化战略，组织能够凭借其强大的实力和明显优势，直接面对并克服外部环境中的障碍，从而进一步巩固和扩大自身的社会地位和服务范围。

SWOT 分析法的核心要义在于每个组织在制定战略时都应着眼于扬长避短、趋利避害。这意味着组织应充分利用其内部优势去攻击竞争对手的薄弱环节，同时要敏锐捕捉外部机遇并有效规避潜在威胁。一个成功的组织需兼具主动出击的勇气和坚实的防御能力，否则便可能在激烈的竞争中败下阵来。对于任何组织而言，无论是公共组织还是私营企业，都存在着固有的优势与不足，以及外部环境带来的机遇与挑战。公共组织战略管理的首要使命，便是要促使组织能够充分发挥自身优势，紧抓时代机遇，实现快速发展；同时，也要警惕外部威胁，通过策略调整来规避风险。更重要的是，组织需学会如何将内部优势与外部机遇巧妙结合，以此来弥补自身的不足，增强抵御外部威胁的能力。通常而言，组织外部的威胁往往因内部存在的弱点而被放大，因此，组织必须保持高度的警觉性，善于在复杂多变的外部环境中寻找机遇，并及时采取措施强化自身薄弱环节。只有将内部因素与外部条件紧密融合，形成协同效应，组织才能在激烈的竞争中立于不败之地。

2. PEST 分析

PEST 分析是指宏观环境的分析，P 是政治（politics），E 是经济（economy），S 是社会（society），T 是技术（technology），从这四个因素进行分析所面临的状况（图 9－3）。

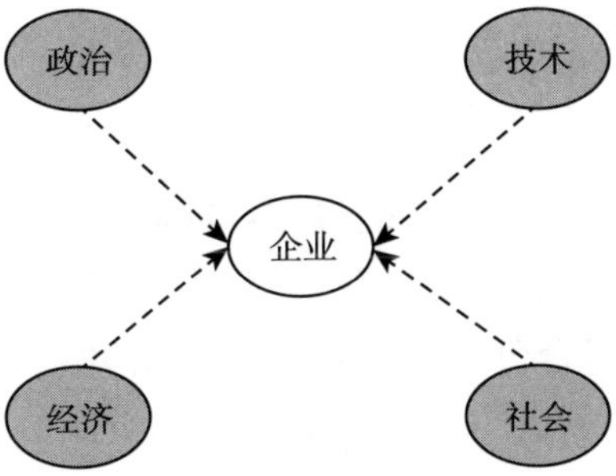

图 9－3　PEST 分析

（1）政治环境分析　政治环境是一个复杂而多维的系统，它主要包括国家的政治制度与体制，这是决定政策走向和权力分配的基础框架。政局的稳定性，即政府更迭的频率、政治派别的力量对比以及政策连续性等，对公共组织和企业的运营产生深远影响。此外，政府的态度，包括对特定行业或项目的支持程度、监管政策的宽松或严格，都是政治环境中不可或缺的一部分。在对政治环境分析的时候，还会考察法律环境。法律环境则是由国家立法机关制定的各项法律法规构成的，它们为公共组织和企业的行为设定了明确的边界和规则。这些法律法规不仅关乎组织的合法运营，还直接影响到其市场准入、知识产权保护、合同执行等多个方面。

（2）经济环境是公共组织和企业战略规划中必须重点考虑的因素之一　构成经济环境的关键战略要素众多，其中 GDP（国内生产总值）是衡量一个国家或地区经济总量的重要指标，它反映了经济的整体规模和增长潜力。利率水平、财政货币政策则直接影响到资金成本和市场流动性，进而影响组织的投资决策。通货膨胀、失业率水平则关系到消费者的购买力和社会的稳定，对市场需求产生间接影响。居民可支配收入水平决定了市场的消费能力，是制定产品定价和市场策略的重要依据。汇率、能源供给市场则关系到国际贸易的成本和效率，以及生产成本的波动性。市场机制与需求则反映了市场供需关系的平衡状态，是组织制定市场进入和扩张策略的基础。

（3）社会环境分析　社会环境对公共组织和企业的影响同样不可忽视。其中，人口环境是最具影响力的因素之一，它包括人口规模、年龄结构、人口分布、种族结构以及收入分布等多个方面。这些因素直接影响到市场的规模和细分，以及产品或服务的定位和营销策略。文化背景则关系到消费者的价值观、生活方式和消费习惯，对组织的品牌建设和市场营销产生深远影响。

（4）技术环境分析　技术环境在现代社会中扮演着越来越重要的角色。它不仅包括发明创造，即新的科学发现和技术突破，还包括与企业市场有关的新技术、新工艺、新材料的出现和发展趋势以及应用背景。这些技术因素不仅改变了生产方式和运营效率，还催生了新的商业模式和市场机会，对组织的战略规划和竞争力产生重大影响。

因此，企业经常采用这种全面而系统的环境分析方法，对本组织的战略发展规划进行深入剖析。同样地，公共组织在进行战略管理时，也可以借鉴这种分析方法，对所处的环境进行全面评估，以制定更加科学、合理和有效的战略规划。

三、公共组织战略规划

战略规划是基于环境分析来塑造战略的过程，同时也是将战略构想转化为具体战略决策的过程。公共组织的战略规划起源于私人部门，它不仅采纳了众多私人部门战略规划的分析工具，如产品组合分析、议题组合分析、行业分析、解释性方法、计划系统、适应性战略、竞争仲裁人分析及哈佛 SWOT 分析等，这些都为公共组织的战略规划提供了丰富的理论与方法支持[①]。公共组织战略规划是公共组织在分析和解读环境的基础上，明确组织使命、愿景和价值观，制定长远的发展目标，并设计实现这些目标的具体策略和行动计划的过程。

（一）公共组织战略规划的步骤与内容

从战略管理的角度看，公共组织战略规划主要有以下几个方面的活动。

1. 展现愿景与明确任务

在公共组织战略规划的蓝图中，首要且核心的任务是明确并展现组织的愿景。这一愿景，不仅是对组织未来理想状态的生动描绘，更是激励全体成员团结一心、共同奋斗的精神

① 陈振明：《公共管理学》，北京：中国人民大学出版社，2007。

灯塔。以环保组织为例，其愿景或可设定为“引领绿色可持续发展，共创地球美好未来”。在这一愿景的引领下，组织需进一步细化并明确具体任务，诸如“推动环保政策创新，强化政策实施；提升公众环保意识，促进全民参与；加强生态环境保护，助力生态恢复”。这些明确的任务，为组织提供了清晰的行动路径，确保所有工作都紧密围绕实现愿景而有序展开。

2. 洞悉环境变化与趋势议题

在制定战略规划时，公共组织必须保持高度敏锐、密切关注外部环境的变化及趋势。这涵盖了政治法律环境的微妙变动、经济社会发展的宏观趋势、技术创新的日新月异以及公众需求的不断演变。以环保组织为例，面对全球气候变化的严峻挑战，组织需特别关注碳排放的削减、可再生能源的推广等紧迫议题。同时，组织也应深入审视内部环境的变化，如人员结构的优化、技术能力的提升等，以确保战略规划与组织的实际情况紧密契合。

3. 强调组织的核心价值观

公共组织的战略规划，应契合组织的核心价值观。这些价值观，是组织文化的灵魂，是指导组织行为的不变准则。对于环保组织而言，“尊重自然、保护生态、追求公平正义”等价值理念，或许正是其战略规划的灵魂所在。通过强调这些价值观，组织能够确保战略规划与组织的使命和愿景保持高度一致，进而增强组织的凝聚力和向心力。

4. 聚焦重大关切议题

在战略规划的制定过程中，公共组织需具备敏锐的洞察力，识别并聚焦那些对组织发展具有深远影响的重大议题。这些议题，可能涉及政策制定的科学性、服务提供的有效性、资源管理的合理性等多个层面。对于环保组织而言，“推动绿色能源发展、加强生态环境监管、提升公众环保意识”等议题，无疑是其战略规划中需要重点关注的领域。通过聚焦这些议题，组织能够更有针对性地制定战略规划，确保资源的合理配置和战略目标的顺利实现。

5. 设定明确策略方向

在完成了目标任务的明确、内外部环境的分析、价值观的强调以及关切议题的选择之后，公共组织需要设定明确且具体的策略方向。这些策略方向，应基于组织的实际情况和外部环境的变化，既具有可行性又具备有效性。以环保组织为例，其策略方向或可设定为“加强政策倡导与合作，提升技术研发与应用水平，深化公众环保教育与参与”。

6. 选择适宜策略

在设定了明确的策略方向之后，公共组织需要进一步筛选并确定适宜的策略来实现其战略规划。这些策略，应具体、可行，并能够有力地支撑策略方向的实现。例如，在“加强政策倡导与合作”这一策略方向上，组织或可选择“组建专业的政策研究团队，加强与政府及企业的沟通合作，定期举办政策研讨会”等具体策略。

7. 制定详细行动方案

公共组织需要为战略规划的实施，制定详细且周密的行动方案。这包括制定详尽的行动计划、明确各部门的责任分工、设定关键的时间节点等。以“组建政策研究团队”为例，组织或可制定包括“招聘并选拔专业研究人员，正式组建研究团队，制定详细的研究计划与时间表”等在内的行动方案。通过这些具体而细致的安排，组织能够确保其战略规划得到有力地执行，从而稳步迈向组织的长期发展目标。

（二）战略规划的误区与批判

在公共组织战略规划的实践中，也存在一些常见的误区和批判。威尔逊指出了战略规划的七大致命错误：参谋部接管了战略计划的制定，战略计划进程支配了参谋部门，战略规划系统实际上根本没有什么效果，战略规划忽视了组织的核心发展能力，计划的程序没有发展成真正的战略选择，战略规划忽视了战略的组织和文化要求，以单点预测为基础的计划在组织调整或不稳定时期是不合适的。明茨伯格分析了战略规划的三大谬误：预定的谬误（简单认为环境的稳定，可以预测和控制，否认突变和意外事件）、分离的谬误（认为思考应与行动相分离，战略制定应当从战略实施中分离出来）、程式化的谬误（战略只看做的，程式化的方案规划，忽视灵感，顿悟，洞见和随机应变的战略）。

这些误区和批判提醒，在战略规划过程中需要保持警惕，避免陷入盲目性、僵化性和分离性等陷阱。

四、公共组织战略实施

战略实施是将战略规划转化为实际行动并达成战略目标的关键过程。有效的战略实施能够确保公共组织在履行公共责任、提供公共服务方面发挥积极作用，实现公共价值的最大化。

（一）公共组织战略实施的概念

战略实施的本质，在于构建并提升执行能力与机制，从而实现将战略蓝图转化为实际成效的目标。这一过程被视为战略规划的自然延续，两者紧密相连，且均触及公共组织的核心职能领域。然而，它们在职能侧重上存在显著差异，并展现出本质上的区别。具体而言，战略实施是通过建立必要的行动能力与机制，确保战略设想能够落地生根，产生实际绩效。战略规划与战略实施虽相互联系，但有着本质区别：前者侧重于在行动之前进行力量的部署与规划，后者则聚焦于在行动过程中如何有效管理和调配这些力量；战略规划更注重目标设定的合理性与有效性，而战略实施则强调执行的效率与效果；战略制定主要是一个思维层面的过程，涉及少数决策者的智慧碰撞，而战略实施则是一个广泛的行动过程，需要众多行动者之间的紧密协作与协调①。

在战略管理的框架内，战略实施紧随战略制定之后，意味着一旦组织确定了战略方向，就必须着手将战略构想付诸实践，转化为具体的战略行动。此转化阶段要求组织深刻理解战略制定与实施之间的相互作用，两者的协同程度直接关乎战略管理的成功概率。必须强调的是，战略实施与战略制定具有同等重要的地位。遗憾的是，战略制定者往往过于乐观地假设组织能无障碍地执行战略，但这仅是一种理想状态。事实上，若战略实施不力，将难以准确

---

① 李传军：《公共组织学》，北京：中国大学人民出版社，2015。

评估战略本身的质量。在审视组织战略制定与实施时，应警惕两大常见误区：首先，是过分偏重制定而轻视实施。例如，聘请外部专家为组织量身打造战略虽被视为明智之举，但若管理者仅满足于获取战略方案和咨询报告，而未深入思考如何有效实施，特别是当战略制定与实施的责任主体不一致时，战略目标的实现将举步维艰。其次，是重视宏观战略而忽略微观战术。战略的本质在于指引方向，尽管在制定时会考量实施的可行性，但具体的实施路径和手段往往超出战略方案的范畴。因此，若组织仅聚焦于战略本身，而忽视了确保其落地的具体方法，战略终将沦为空谈[①]。

（二）公共组织战略实施的步骤与内容

战略实施主要按如下步骤开展活动。

1. 确定实际目标与实施的具体指标

在公共组织中，确定实际目标需要充分考虑公众的需求、政府的政策导向以及组织的自身能力。这些目标应该是具体、可衡量、可达成、相关性强且时限明确的（SMART 原则）。同时，为了监测和评估战略实施的进度与效果，还需要设定一系列具体的实施指标。这些指标可能包括服务提供的质量、效率、公众满意度、成本节约等，它们将为组织提供一个清晰的衡量标准，确保战略实施不偏离既定目标。

2. 进行功能战略的选择

功能战略是公共组织实现总体战略的关键。在确定了总体战略后，组织需要识别出其中的关键因素，如关键服务领域、核心竞争力等。然后，针对这些因素，制定功能战略以强化组织在提供公共产品和服务中的关键环节。例如，如果组织的总体战略是提高公共服务质量，那么功能战略可能包括提升员工培训、优化服务流程、引入新技术等。

3. 进行有效的资源配置

公共组织的资源通常有限，因此必须进行有效的资源配置以确保战略实施的顺利进行。这包括人力、物力、财力等多个方面。组织需要评估各项战略活动的资源需求，并根据优先级进行分配。同时，还需要建立资源监控机制，确保资源的合理使用和高效利用。

4. 根据战略规划的要求，建立有效的组织结构

组织结构是战略实施的重要支撑。公共组织需要根据战略规划的要求，调整和优化组织结构，确保组织内部各部门和团队之间的协同合作和信息畅通。这可能涉及组织层级的调整、职责的重新划分、跨部门协作机制的建立等。通过优化组织结构，可以更好地支持战略目标的实现。

5. 建立和发展有效的沟通与协调机制

在战略实施过程中，有效的沟通与协调机制至关重要。公共组织需要建立多层次的沟通渠道，确保信息能够在组织内部顺畅传递。同时，还需要加强跨部门之间的协调与合作，共同解决战略实施中遇到的问题。通过有效的沟通与协调，可以提升组织的整体执行力，确保战略实施的顺利进行。

---

① 张成福，党秀云：《公共管理学》（修订版），北京：中国人民大学出版社，2007。

6. 促进变革，克服变革的阻力

战略实施往往伴随着组织变革，而变革通常会遇到各种阻力。公共组织需要积极促进变革，通过宣传教育、培训引导等方式，增强员工对变革的认识和接受度。同时，还需要采取有效措施克服变革过程中的阻力，如提供必要的支持、建立激励机制等。通过促进变革和克服阻力，可以确保战略实施的持续推进。

7. 通过政府及社会营销，促进战略实施

政府及社会营销是公共组织战略实施的重要手段。通过向政府、公众及其他利益相关者传达组织的战略愿景、目标和成果，可以增强他们对组织的信任和支持。这有助于为战略实施创造良好的外部环境，提升组织的形象和声誉。同时，通过营销手段还可以吸引更多的资源和合作伙伴，为战略实施提供有力的支持。

（三）公共组织战略实施过程

战略实施过程中的活动又可以细分为三个相互联系的阶段：战略发动阶段、战略计划阶段和战略运作阶段。

1. 战略发动阶段

在公共组织中，战略发动阶段是战略实施过程的起始点，也是确保战略成功实施的关键一步。此阶段的主要任务如下。

（1）明确战略意图　公共组织需要清晰地向全体员工传达战略的重要性和紧迫性，明确战略实施的目标和愿景。这有助于激发员工的积极性和创造力，为战略实施奠定思想基础。

（2）组建战略实施团队　为了确保战略实施的有效推进，公共组织需要组建一个专门的战略实施团队。这个团队应该由具有丰富经验和专业知识的人员组成，负责战略的具体实施和监控。

（3）进行战略动员　通过召开动员大会、组织培训等方式，向全体员工普及战略知识，提高他们对战略实施的认识和理解。这有助于形成共识，增强组织的凝聚力和执行力。

2. 战略计划阶段

战略计划阶段是公共组织战略实施过程中的关键环节，此阶段的主要任务是制定详细的战略实施计划和方案。具体如下。

（1）分解战略目标　将总体战略目标分解为具体的、可衡量的子目标，并明确每个子目标的责任人和完成时间。这有助于确保战略实施的针对性和可操作性。

（2）制定实施策略　根据战略目标和组织的实际情况，制定具体的实施策略。这些策略应该包括如何优化资源配置、如何提升服务效率和质量、如何加强内部管理等方面的内容。

（3）制定行动计划　将实施策略转化为具体的行动计划，包括具体的任务、时间表和责任人。这有助于确保战略实施的有序进行和责任的明确划分。

（4）风险评估与应对　对战略实施过程中可能出现的风险进行评估，并制定相应的应对措施。这有助于降低战略实施的不确定性，确保战略的顺利实施。

3. 战略运作阶段

战略运作阶段是公共组织战略实施过程的核心阶段，此阶段的主要任务是执行战略计划，实现战略目标。具体如下。

（1）资源配置与调度　根据战略计划和行动方案，合理调配和调度组织的资源，包括人力、物力、财力等。这有助于确保战略实施的顺利进行和资源的有效利用。

（2）组织调整与优化　根据战略实施的需要，对组织结构、职能分工、工作流程等进行必要的调整和优化。这有助于提升组织的执行力和协同合作能力，为战略实施提供有力的组织保障。

（3）沟通与协调　加强组织内部的沟通与协调，确保信息的顺畅传递和问题的及时解决。同时，加强与外部利益相关者的沟通与协作，争取更多的支持和合作机会。这有助于为战略实施创造良好的外部环境和内部氛围。

（4）监控与评估　定期对战略实施的进展和效果进行监控和评估，及时发现问题并采取措施进行调整。这有助于确保战略实施的有效性和适应性，为后续的战略实施提供有益的参考和借鉴。

综上所述，公共组织战略实施过程是一个分阶段逐步推进的过程，包括战略发动阶段、战略计划阶段和战略运作阶段。通过这三个阶段的有机结合和逐步深入，公共组织可以更有效地实施战略并达成预定目标。

（四）公共组织战略实施的注意事项

在组织的战略管理框架中，战略实施构成了一项综合性的系统工程。实施过程需着重关注以下三大核心要素。

1. 组织结构优化

这一要素的重要性，源自管理学家钱德勒对美国大型企业战略与组织结构演变的研究。他强调，新战略的执行往往会遭遇管理障碍，这时，构建与战略相匹配的新组织结构显得尤为关键。若既有结构成为战略推进的绊脚石，就必须果断革新。尽管“结构追随战略”的理念广为接受，但在实践中，受组织网络化、扁平化及流程再造等理论影响，组织有时过于追求结构变革，导致结构与战略脱节。因此，结构不仅应响应战略，更需与战略协同。组织结构定义了组织内部人员的配置方式，它既可能是战略实施的助力，也可能是阻力。设计结构时，既要促进各部门和团队的特色发展，以完成特定任务，又要确保它们能协同作战，共同实现战略目标。故此，组织应在设计结构前，深入剖析战略及其目标，将其转化为组织设计的原则，并据此审视结构调整、部门配置、职能划分及岗位设置，以持续优化结构，并确保其与战略相匹配。

2. 组织文化适应性

制定战略时虽需考虑组织文化，但战略不应被文化所束缚。与文化应顺应战略需求相仿，组织文化也应为战略服务。通常，调整文化以适应新战略，比修改战略以适应文化更为高效。组织文化体现了组织内部的价值观、态度与行为模式，这些并非静态，而需随外部环境与战略目标的变化而调整。组织文化的积极或消极作用，主要取决于其与战略目标的契合度。适配且先进的文化能激发员工积极性与创造力，推动他们向战略目标迈进，并适应动态环境下的战略调整。反之，不适配或过时的文化，则会成为战略实现的障碍，甚至威胁组织的生存。因此，战略领导者应珍视并维护文化中支持新战略的部分，同时识别并改变与战略相悖的部分。改造文化的方法包括：吸纳能接受新文化的员工、开展战略培训、提拔支持新文化的管理者与员工，以及树立新文化典范等。

3. 组织资源配置

战略实施作为组织发展的关键，对资源需求产生深远影响。因此，如何围绕战略有效配置资源，对战略实施的成败至关重要。资源是组织生存与成长的基础，也是构建竞争力的关键。传统上，组织资源分为人力、财力、物力与技术资源。资源配置即根据特定原则，合理分配并有效利用这些资源的过程。然而，仅将资源分配至特定部门并不足以保证战略成功。资源有效分配的常见障碍包括资源过度保留、短期财务指标偏重、组织政策与战略目标不明确、风险规避及知识匮乏等。为充分利用资源，需不断提升配置效率，具体措施包括：建立规范的资源配置制度，明确资源管理者的权责；根据战略总目标、分目标及年度目标，合理确定资源分配比例，全面考虑各层次需求；细化资金分配至具体项目，实行专人负责制，确保使用效率；根据战略需求对资源进行优先级排序，重点项目需重点投资。

五、公共组织战略评估与控制

公共组织战略管理是一个持续的、动态的过程，战略评估与控制作为其中的关键环节，对公共组织战略实施的过程和结果进行全面、系统、客观的评价与分析。它不仅关注战略目标的达成情况，还涉及对战略实施过程中的资源配置合理性、组织协同性、环境适应性以及公共价值创造等多方面的考量。

（一）公共组织战略评估

公共组织战略管理，正如任何周密的计划执行不可或缺的反馈控制机制一样，其战略管理流程亦需构建一个反馈体系，这一重任则落在了战略评估的肩上。战略评估，简而言之，是对战略实施过程进行严密监控，并对战略成效进行全面而系统评判的一套流程，它深刻触及公共组织战略评价的精髓、评判准则、理论框架，以及组织绩效的界定、绩效评估流程、绩效偏差纠正的关键步骤与影响因素，还有公共组织战略评价的主要方法论等核心内容。

具体而言，战略评估涵盖以下核心活动。

1. 审视战略基础

为了准确把握战略基础的现状，需通过一系列关键问题进行深入探究：既有优势是否依然稳固且得到增强？内部劣势是否依旧存在，或在实施中暴露了新的短板？内部机遇是否有所变动，是否涌现了新的契机？外部威胁是否持续存在，或有无新威胁浮现？总之，通过透彻分析这些问题，旨在明确当前战略所依赖的机会、威胁、优势与劣势是否及如何发生了变化，以及变化背后的原因，为战略的适时调整奠定坚实基础。

2. 衡量战略绩效

此环节涉及将战略规划设定的目标与实际成果进行比对、识别并总结战略实施过程中的成就。科学度量战略绩效，依赖于建立清晰且尽可能量化的绩效指标体系。同时，绩效衡量还需通过成绩评估，深入探究诸如组织结构是否与战略需求相匹配、战略是否适应外部环境变化、战略规划的制定与执行是否实现了资源的最优配置、战略所涉风险水平是否恰当、战略实施时间表是否合理等核心问题。

3. 战略的修正与调整

这是一项对既有战略进行重新审视与决策的过程，基于战略基础审视与战略绩效度量的结果，决定是继续执行原战略、进行策略性调整、实施战略重组，还是终止战略。这一过程确保了战略能够灵活应对环境变化，持续优化，以最大化战略价值。

（二）公共组织战略控制

战略控制是确保战略实施成功的关键，它涉及对战略执行过程的持续监督，以及时发现和纠正偏差，保证战略计划能够顺利推进至最终实现。作为战略管理周期的收尾环节，战略控制的重要性不言而喻，其根本原因在于战略在规划阶段仅为一种构想，而实施后所达成的实际成效与预设目标之间难免存在差距。这种差距的产生，主要归因于两大因素：一是执行过程中出现的与战略计划相悖的行动，这往往源于个体认知、能力局限，信息掌握不足，以及个人与组织目标的不一致；二是战略计划的部分或全部内容与组织当前的内外环境不相匹配，可能是因为原计划制定不当，或是环境变迁超出了组织的预期。因此，组织必须对战略实施进行严密控制，并在必要时对战略计划进行适时调整。通过战略控制，整个战略管理过程得以保持动态性和适应性。

战略控制的有效实施依赖于三项基本要素：明确评价标准、客观评价工作成效、及时反馈与调整。

1. 明确评价标准

明确评价标准是战略控制的基础，它为衡量战略措施或计划是否达成战略目标提供了基准。通常，组织的整体战略目标即为最高层级的评价标准，而在更具体的组织层级上，个人目标也应纳入评价体系。评价标准应量化、易衡量，且与组织的战略目标和战略紧密相关。

2. 客观评价工作成效

客观评价工作成效涉及将实际业绩与既定评价标准进行对比，识别差距并分析其成因。这一步骤对于发现战略执行中的问题及其根源至关重要。在评价时，组织不仅应关注自身业绩与标准的对比，还应与竞争对手进行比较，以更全面地识别自身的优势与不足，从而采取针对性的改进措施。评价的频率需根据问题的性质及其对战略实施的重要性合理设定，以确保信息的及时性和有效性，同时避免评价成本过高。

3. 及时反馈与调整

及时反馈与调整是战略控制的最终目的。一旦发现业绩与标准存在偏差，组织必须针对偏差原因采取纠正措施。若仅制定了评价标准并进行了业绩评价，却未采取相应行动，则前两步的努力将付诸东流。当业绩达到标准时，可能无需调整；但若未达标，管理者必须深入分析偏差原因，并采取有效措施予以纠正，包括调整不切实际的战略目标、修正错误的战略选择、优化组织结构、提升人员能力、强化激励机制、加强内部沟通、应对环境变化等。

◎思考题

1. 战略管理的概念和基本特征。
2. 公共组织引入战略管理的背景及发展历程。
3. 试述戴维·奥斯本和彼得·普拉斯特里克对公共组织战略的分类。
4. 公共组织战略管理与私人部门战略管理的差异比较。
5. 公共组织战略规划的步骤与内容。
6. 公共组织战略控制的基本要素有哪些？

第十章

公共组织发展

公共组织，如政府机构、非营利组织等，在社会发展中扮演着重要角色。它们不仅提供公共服务，还参与社会治理、推动社会进步。公共组织的发展，是指这些组织在结构、功能、文化等方面不断适应外部环境变化，实现自我完善和提升的过程。公共组织学习和公共组织创新是公共组织发展主要途径。本章将主要从公共组织发展的内涵、动因与基本趋势等方面进行概述；介绍公共组织学习的概念、特征、内容与方式、学习模型构建和公共组织学习的障碍及克服；介绍公共组织创新的必要性和重要性及公共组织创新的内容、阻力和对策。

第一节　公共组织发展概述

公共组织发展是公共组织为了适应内外部环境的变化，通过一系列有计划的变革、创新以及能力提升活动，在组织目标、结构、功能、资源、人员素质等方面进行持续改进和优化的过程，涵盖了公共组织从自身理念更新到实际运作方式变革的全方位演进。

一、公共组织发展的内涵

随着现代化不断加快，组织发展已成为国内外组织学领域的研究热点。由于研究视角的多样性，不同学者对组织发展的理解呈现出多元化的特点。以下是对几种典型观点的概述。

1. 将组织发展等同于“敏感性训练”

该观点强调，在等级分明的科层制组织中，成员可能对组织问题产生漠视或麻木心态。这种心态若得不到及时纠正，将导致组织停滞不前。因此，促进组织的发展的关键在于打破传统的科层制障碍，推动组织结构向扁平化转型，并加强对组织成员进行敏感性培训。这样的举措能够显著提升成员对组织各类问题的警觉性和重视程度，进而激发他们更加积极主动地参与到组织的发展进程中来，为组织的持续进步注入强大动力。

2. 组织发展的核心聚焦于提升人力因素，涉及人员配置与变革管理

该理念认为，通过完善个体激励机制、合理分配权力、优化感知管理、强化人际互动及协调群体内外部关系等人力资源管理举措，能够有效推动组织的成长与进步。

3. 组织发展被界定为一项旨在提升组织效能与促进组织健康成长的系统性活动

此活动依托行为科学理论，采取有计划、全面覆盖、自上而下的方式，对组织内部的各类流程进行科学干预与指导。

4. 强调组织发展的综合性

该观点认为，组织发展是一个包括收集资料、分析问题、制定行动计划、采取干预措施以及评估成效的完整过程。这一过程旨在使组织结构、活动过程、战略、人员以及组织作风和制度更好地相互配合，从而增强组织的自我更新能力。

这些对组织发展的探讨为理解公共组织的发展提供了有益的启示。结合公共组织的独特特点，并综合上述观点的合理成分，可以将公共组织发展定义为：公共组织人员在对未来社会发展趋势进行科学预测的基础上，全面运用管理科学的知识与技术，有计划地变革与发展公共组织的战略、结构、技术、人员和文化等方面，以提高公共组织效能的过程。

二、公共组织发展的动因

公共组织的发展目标及内容确定之后，是哪些力量推动着公共组织体系向既定的目标前进？这是公共组织发展理论必须解决的重大问题。可以认为，推动公共组织发展的基本动因主要是外部环境的变化和内部因素的驱动相互作用、共同推动着公共组织不断向前发展。

（一）外部环境的变化

1. 经济体制转轨

经济体制的变革对公共组织的发展产生深远影响。随着市场经济体制的建立和完善，公共组织需要适应新的经济环境，调整自身的职能、结构和运作方式，以更好地服务于社会经济发展。

2. 政治制度更迭

政治制度的变革也是推动公共组织发展的重要因素。政治制度的更迭往往伴随着权力结构的调整、政策导向的变化以及法律法规的修订，这些都会对公共组织的职能定位、组织结构和管理方式产生重要影响。

3. 社会发展程度

社会发展程度的高低直接影响公共组织的发展水平。随着社会的不断进步和发展，人们对公共服务的需求日益多样化、个性化，这要求公共组织不断提高自身的服务能力和水平，以满足人民群众的需求。

4. 国际环境的重大变化

国际环境的重大变化也会对公共组织的发展产生影响。全球化、信息化等趋势的加速发展，使得国际交流与合作日益频繁，公共组织需要适应这种变化，加强国际合作与交流，提升自身的国际竞争力。

（二）内部因素的驱动

1. 组织职能的变革

公共组织职能的变革是推动其发展的重要动力。随着社会的不断发展，公共组织的职能也在不断变化和调整。从政治职能向经济职能、社会事务管理职能、科技文化职能的转变，以及从保卫性、统治性职能向管理性、服务性职能的转变，都是公共组织职能变革的重要表现。

2. 组织结构的调整

组织结构的调整也是推动公共组织发展的重要因素。随着信息技术的不断发展和应用，公共组织的结构也在不断优化和调整。从集权式、尖塔式的结构形式向分权式、扁平型的结构形式转变，以及加强咨询、信息、监督等部门的建设，都是公共组织结构变革的重要方向。

3. 组织文化的塑造

组织文化是公共组织发展的重要支撑。一个积极向上的组织文化能够激发组织成员的积极性和创造力，增强组织的凝聚力和向心力。因此，塑造具有鲜明特色和强大影响力的组织文化，是推动公共组织发展的重要手段。

4. 管理方式的创新

管理方式的创新也是推动公共组织发展的重要因素。随着管理理论和管理实践的不断发展，公共组织需要不断创新管理方式，提高管理效率和质量。例如，引入项目管理、绩效管理、质量管理等先进的管理方法和工具，以及加强信息化建设，提高管理决策的科学性和准确性。

三、当代公共组织发展的基本趋势

公共组织变革的趋势是多方面的，公共组织在变革的道路上需要不断完善自身的管理体系和服务机制，以适应社会的发展需求，为公众提供更加优质的服务和支持。准确把握公共组织发展趋势，能够帮助组织前瞻性地识别外部环境的变化与内部能力的需求，从而制定更加科学合理的战略规划，确保公共组织能够适时调整方向，优化资源配置，有效应对挑战，抓住发展机遇，持续提升公共服务的质量和效率，进而实现组织的长期使命和社会价值的最大化。

（一）弹性化组织结构的兴起

传统科层制组织结构，作为近代西欧工业革命的产物，曾以其高效、规范的特点适应了工业化大生产的需求。然而，随着知识社会的到来，传统科层制的弊端逐渐显现，如过度专业化导致的部门本位主义、集权体制下的组织成员积极性受限、法规僵化等问题。因此，当代公共组织正逐渐从传统科层制向更具弹性的组织结构转变。这种转变强调组织的系统性和权变性，要求组织设计符合整分合原则、相对封闭原则，并具备更强的适应性和灵活性。同时，行为科学理论的引入也促使组织设计更加人性化，关注组织成员的愿望、动机和态度，以激发组织的活力和创造力。

（二）学习型组织的构建

在信息化和知识化的社会背景下，学习已成为社会组织的一项基本职能。彼得·圣吉的《第五项修炼》一书激发了人们对组织学习与学习型组织研究的热情。学习型组织强调集体学习，不断提升组织收集、管理与运用知识的能力，以获得成功。公共组织作为社会的重要组成部分，必须通过学习来应对信息社会和知识社会的挑战。学习型组织的构建不仅有助于提高公共组织的绩效，更是其生存与发展的前提和基础。通过周密地筹划组织学习过程，公共组织可以不断创造新知识，弥补自身缺陷，提高整体能力。

（三）文化型组织的塑造

企业文化研究的兴起为组织文化的研究提供了借鉴。公共组织文化作为公共组织在长期实践活动中形成的价值观念、团体意识、行为规范和思维模式的总和，对公共组织的管理活动具有重要价值。优秀的公共组织文化能够指导、规范、约束组织成员的行为，推动组织发展，凝聚和激励组织成员，塑造组织形象。因此，公共组织应自觉建设具有自身特点的文化型组织，以更好地承担起管理国家事务和社会公共事务的职责。这要求公共组织在价值观、组织精神、制度规范、形象塑造等方面下功夫，形成独特的组织文化。

（四）数字化组织的转型

随着信息技术的飞速发展，数字化组织已成为公共组织发展的基本趋势。数字化组织借助现代电子技术、网络技术、信息技术，对传统组织的管理理念、组织结构、运作方式进行深刻变革。数字化组织能够提升公共决策水平，提高公共政策执行的绩效，提高公共服务的质量，增进公共组织与社会公众的团结和凝聚，同时也有利于社会公众对公共组织进行有效监督，推动民主政治的发展。因此，公共组织应加快信息化建设步伐，建立包括信息收集、存储、加工、人机对话等完备的公务信息系统和信息平台，实现网上办公，提高组织效率和服务水平。

（五）服务型组织的转变

传统的公共组织往往采取以管制为主要内容的社会治理方式，但随着经济社会的发展和公民意识的提高，这种管制型组织已越来越不适应时代发展的要求。因此，推动公共组织从管制型组织向服务型组织转变成为必然。服务型公共组织以公民本位、社会本位为理念，以公民服务为宗旨，承担着服务责任。这种转变要求公共组织切实转变政府职能，推动政府成为真正意义上的服务型政府；同时大力发展非政府的公共组织，发挥其在了解社会公众需求、运作成本低、专业化水平高等方面的优势，为社会公众提供最佳的、最有针对性的服务。通过深入进行行政改革和鼓励发展非政府的公共组织，建立一个“小政府、大服务”“小政府、大社会”的管理格局，以适应时代发展的需求。

第二节　公共组织学习

在知识经济时代背景下，经济增长模式已发生了根本性转变。知识已超越传统生产要素，跃升为最关键的生产要素，它对组织的适应性、学习能力、创新能力乃至核心竞争力的塑造起着决定性作用。知识密集型组织成为这个时代的领航者，而组织内部知识的集中与深化则标志着一种新的发展趋势。掌握知识者，即在竞争中占据上风；而那些擅长学习的组织，则能稳固其不败之地。然而，知识同样是一种稀缺资源，正如所言，“知识是组织最珍贵的财富，却往往得不到充分的管理”。“组织学习”这一理念，始自 20 世纪阿吉瑞斯与舍恩的提出，他们将之定义为：以组织成员为学习主体，主动识别并纠正组织运行中的错误，同时将所获得的新知深化至个人认知层面，并融入组织的共有知识体系之中。组织学习绝非仅是对外部变化的被动应对，而是一个在实践中不断主动提升自我能力的过程。其学习的主体是组织整体或内部的各个团队，通过汇聚个体的学习成果，持续在组织内部汲取新知、创造价值、传播智慧、共享信息，从而显著优化组织的思维方式、行为模式及工作成效，最终强化组织的核心竞争优势。

一、公共组织学习的概念

公共组织的学习过程，本质上是对组织内部那些隐含且尚未被审视的基础假设（即指导行为却不易察觉的核心理念）进行深刻反思与重构，其目的在于修正偏差，强化组织的行动效能。这一过程涵盖了对更广泛的知识的吸收与理解，通过回溯以往行为，促成新的组织规范诞生，为将来的实践活动提供指引。此外，组织学习还蕴含着管理者致力于深化成员对组织本身及其所处环境的认知，并激发其行动意愿，确保他们能够制定出更为高效的决策，不断推动组织效能的提升。这一过程同样强调，通过信息的有效处理与资料的充分利用，积极策划行动方案，以进一步增强组织的适应力，确保其长远发展。

（一）公共组织学习的基本内涵

相较于企业组织学习理论，公共组织学习理论作为公共管理科学的理论核心分支，其研究虽起步较晚，但正蓬勃发展。这一领域的研究跨越行为科学、组织科学、政治学及公共管理科学等多个学科，形成了多学科交叉的研究格局。鉴于不同国家公共组织的独特性，国内外学者对“公共组织”与“学习型公共组织”的理解各异，尚未达成共识，其特征描述亦存在显著差异。

彼得·圣吉指出，学习型组织既能进行适应性学习，亦能开展创造性学习，并将此视为持续竞争优势的源泉。他描绘的学习型组织中，成员不断突破自我，创造理想成果，培养前瞻思维，共同实现抱负，并持续学习如何共同学习。鲍尔·沃尔纳则强调，学习型组织应系统地将学习者与工作结合，支持个人、团队及整个组织系统的发展。沃特金斯和马席克简洁地定义学习型组织为通过不断学习来改革自身的组织。

公共组织学习的目标并非单纯的学习行为，而是构建一个“过程性”的学习型公共组织。这类组织能随环境变化调整行为，尤其是因获取知识而引发的行为改变。组织的“学习”存在于其“运行”之中，是连接过去、现在与未来的桥梁。因此，学习型公共组织可被视为通过组织学习，深入自我剖析，寻求解决问题与障碍的对策，以前瞻性、整体性的视角调整组织文化、体制与战略创新，逐步接近理想状态的组织。

（二）公共组织学习的理解框架

公共组织学习是一种动态的行为改变过程，涉及个人知识在组织层面的调整与创新，以支持特定发展方向。此过程不仅为个人学习提供背景，也要求组织在面对环境变化时，不断调整与修正自身及其知识体系。这种调整既可以是主动的，也可以是被动的，旨在实现持久的行为改变。组织学习不仅反思过去，更是一个贯穿时间轴的连续过程，强调持续进行的动态状态，而非静态结果，体现了组织的适应性与持续改进能力。

组织学习是一个互动的过程，强调组织内外部互动对学习效果的关键作用。通过成员间的交流与协作，知识得以共享与扩展，促进整体学习。这种互动不仅限于组织成员间合作，还包括组织与外部环境的关系。有效互动能推动知识流动与整合，使组织迅速响应外部变化并作出调整。组织学习的互动性高度依赖人际沟通与团队协作，有助于形成共同的知识基础与创新能力。

制度因素是组织学习的关键，对学习过程影响深远。组织的制度环境，包括规章制度、文化规范与激励机制，直接决定学习的方式与效果，影响知识获取、传播与应用，进而影响整体学习效率。因此，建立支持性强、鼓励学习与创新的制度环境，是确保组织学习有效实施的核心，不仅塑造学习氛围，还决定学习的深度与广度，影响组织的长期发展与适应能力。

（三）学习型公共组织的特征

学习型组织是以知识为基础的组织，组织的学习依托丰富的知识资源，实施目标管理，成员自身能根据组织确定的目标进行自我学习、自我发展和自我控制。要想发挥组织成员每个人最大的潜力和积极性，必须个人与组织一起学习，一起成长，为他们共同的目标和任务而奋斗。一般而言，学习型公共组织与传统公共组织和非公共组织相比，具有以下特征。

1. 高度参与的成员文化

在学习型公共组织中，成员的参与意识显著增强，这与组织目标的明确性及个人自我实现的成效紧密相连。组织内部领导与成员间建立了深厚的信任基础，通过广泛授权和自主管理的实践，信息、权力及工作成果得以公平分享，激发了成员对组织的深切关怀和积极参与。

2. 持续深化与更新的组织职能

学习型组织依据其宗旨和发展蓝图，构建了系统的学习机制，包括定期的教育培训、交流分享及绩效评估，鼓励成员不断学习，持续更新并丰富知识体系。成员既从组织知识库中汲取养分，也主动贡献新知，形成知识共享与共创的良性循环，加速知识的应用与创新。

3. 卓越的环境适应力

学习型组织致力于营造开放包容的学习氛围，促进知识的高效学习与应用。通过持续吸收外部新信息、新知识，组织能够紧跟时代步伐，精准把握社会环境变化，明晰自身优劣势，灵活调整策略，确保在全球竞争中保持领先地位。

4. 以人为本，全面学习的组织生态

在学习型公共组织中，组织学习是构建学习型组织的核心路径。个人学习作为组织学习的基石，通过明确个人愿景与目标体系，激发成员自我驱动的学习动力。组织鼓励成员根据个人需求设定学习目标，自主选择学习资源与方法，实现自我管理与自我提升。同时，组织提供丰富的学习资源与支持，促进个人学习与组织学习的深度融合，形成全员学习、全程学习的浓厚氛围。

5. 鲜明的组织文化特色

学习型公共组织以共同的愿景为纽带，秉持利他主义的价值导向，强调团队合作与整体成就，尊重人性，追求公共利益。组织内部倡导合作共赢、公平竞争的价值观，勇于面对矛盾，开放对话，勇于改正错误。组织文化强调平等与尊重，减少因职位差异造成的沟通障碍，促进成员间的深度交流与合作。这种独特的组织文化，成为学习型公共组织区别于其他组织的标志性特征。

二、公共组织学习的内容与方式

公共组织学习是有效应对现代社会环境不断变化的重要方式。公共组织学习不仅有助于提升组织内部成员的知识与能力水平，更能够促进组织整体的适应性与创新性。

（一）公共组织学习的核心内容

1. 系统性问题解决机制

作为组织学习的核心支柱，系统性问题解决强调深入剖析问题本质，避免浅尝辄止。组织需运用诸如根本原因分析、鱼骨图等先进工具，追溯问题根源，并建立科学的决策模型与评估体系，以确保解决方案的精准有效。同时，跨部门合作与资源整合扮演着至关重要的角色，它们汇聚多方专业知识，协同应对复杂挑战，从而优化内部流程，提升组织整体效能。

2. 试验精神与探索精神

试验是组织学习不可或缺的一环，它使组织能够在受控环境中验证假设，探索创新解决方案。明确的目标设定与评估标准确保了试验的科学性和实用性，而组织的灵活性与适应能力则使其能够根据试验结果迅速调整策略。这种实验性学习方法不仅降低了风险，还激发了组织的创新活力，为未来的决策提供了宝贵的实践经验。

3. 经验回顾与知识共享文化

从过往经验中学习是提升组织能力的关键途径。组织应建立系统的经验总结机制，记录并整理成功案例与失败教训，通过定期的经验分享会，促进知识的传播与集体智慧的汇聚。

同时，建立反馈与改进机制，确保组织能够持续优化工作流程，提高决策质量，避免重复犯错。

4. 外部知识吸收与整合

向外界学习是组织学习的重要组成部分。通过参与行业活动、建立外部合作关系，组织能够汲取业内的最新趋势与最佳实践。同时，重视顾客、供应商等外部利益相关者的反馈意见，有助于组织更准确地把握市场需求，调整产品与服务策略，从而提升市场竞争力。

5. 知识传递与共享体系

有效的知识传递是组织学习与持续改进的基石。组织应构建系统的知识管理体系，鼓励成员间的知识分享与交流，通过举办交流会、工作坊等活动，促进知识的流动与扩散。同时，设立激励机制，激发成员参与知识传递与分享的积极性，为组织的持续创新与发展提供有力支撑。

（二）公共组织学习的实践方式

公共组织学习的实践方式，从根本上讲，主要体现在单环学习与双环学习这两种各具特色的模式上。

1. 单环学习

单环学习，作为公共组织学习中一种普遍且实用的方式，其核心价值在于对现有操作与策略进行精细的调整与优化。这一模式强调在现有的组织框架和流程内，通过构建持续的反馈机制与适时的策略调整，逐步完善工作流程，提升方法效率，以迅速且有效地解决当前面临的问题。单环学习的显著优势在于其快速响应和高度实用性，使得组织能够针对具体问题迅速提出并实施解决方案。然而，这种学习方式也可能因过于聚焦于眼前的具体问题，而忽视了对组织整体战略方向和基本假设的深层次反思，从而在一定程度上限制了组织的长期发展潜力和战略视野。

2. 双环学习

相比之下，双环学习则展现了一种更为深层次、全面性和前瞻性的学习过程。它不仅关注当前操作的改进和优化，更将焦点放在对组织基本假设、规则与策略的重新审视与调整上。双环学习通过深入的系统性分析和批判性思维，挖掘问题的本质和根源，识别和修正那些可能阻碍组织持续发展的深层次问题。这种学习方式不仅能够有效解决当前面临的问题，还能促使组织对自身的核心理念、价值观和发展方向进行深刻的反思与调整，从而为组织的根本性变革和长远进步奠定坚实的基础。通过双环学习，公共组织能够不断提升自身的适应能力与竞争力，以更加自信和稳健的姿态应对未来的挑战与机遇。

三、学习型公共组织的模型构建

在当今快速变化的社会环境中，公共组织面临着前所未有的挑战与机遇。为了持续适应外部环境的变化、提升内部管理效能，并有效履行其公共服务职能，构建学习型公共组织已成为一种必然趋势。本书将基于沃尔纳模型、瑞定模型以及圣吉模型，探讨如何在公共组织情境中构建高效的学习型组织模型。

（一）沃尔纳模型在公共组织中的应用

沃尔纳模型为学习型组织的构建提供了一个逐步深入的框架，对于公共组织而言，这一模型同样具有指导意义。

1. 无意识学习阶段

在公共组织的日常运行中，组织成员往往会在不经意间积累大量的实践经验和专业技能。这些知识和技能的获取往往源于对工作的直接参与和观察，虽然缺乏系统的培训，但组织成员在实践中逐渐掌握了工作流程和技巧。对于公共组织而言，这一阶段的优势在于组织成员能够在实际工作中自然提升能力，但问题在于知识传递的不完整性和效率低下。为了改善这一状况，公共组织可以建立定期的经验分享会，鼓励组织成员之间的非正式交流，以促进知识的自然流动和整合。

2. 消费性学习阶段

随着组织对学习需求的明确，组织成员开始主动寻求外部资源以提升自身知识和技能。在公共组织中，这表现为组织成员参加培训课程、阅读专业书籍、参与在线学习等。此阶段的关键在于激发组织成员的主动性和培养其资源利用能力。公共组织可以通过提供丰富的学习资源、建立学习激励机制以及鼓励组织成员参与外部培训等方式，促进消费性学习的深入发展。

3. 学习引入组织阶段

当个人学习成果逐渐显现时，公共组织需要将这些知识系统地引入组织层面，进行知识管理和传播。通过建立知识库、制定标准操作程序（SOP）以及开展内部培训等方式，公共组织可以将个体知识转化为组织资产，从而提升整体能力和效率。此外，组织还可以建立学习成果分享平台，鼓励组织成员将学习心得和成果进行展示和交流，以进一步促进知识的传播和应用。

4. 确定组织学习进程阶段

在这一阶段，公共组织需要明确学习目标、方法和实施步骤，并制定学习战略。通过建立评估机制来衡量学习成效，组织可以确保学习活动与战略目标的一致性，从而推动组织的整体发展。公共组织可以设立专门的学习管理部门或委员会，负责制定学习规划、监督学习进度以及评估学习成果，以确保学习活动的系统性和有效性。

5. 学习型组织阶段

当学习成为公共组织文化的核心时，组织便进入了学习型组织阶段。在这一阶段，组织持续更新知识、推动创新、促进组织成员全面发展。通过建立激励机制和定期的知识分享活动，公共组织可以形成一个持续学习和改进的机制，从而不断适应变化并保持竞争优势。此外，组织还可以将学习与组织成员的职业发展相结合，为组织成员提供更多的学习机会和晋升空间，以激发组织成员的学习动力和创新能力。

（二）瑞定模型在公共组织中的应用

瑞定模型强调组织在变革过程中的学习和适应能力，对于公共组织而言，这一模型同样具有重要的指导意义。

1. 持续准备阶段

公共组织需要不断为未来的变化需求做准备，包括监测和分析内外部环境的变化趋势，以及建立有效的内部准备机制。在这一阶段，组织不仅需要关注物质资源的储备和更新，还需要注重组织文化和价值观的塑造。通过培养组织成员的危机意识和变革意识，以及建立灵活的组织结构和流程，公共组织可以增强其适应性和灵活性，为未来的变革做好充分准备。

2. 不断计划阶段

当组织面临变革需求时，需要制定详细的变革计划，并根据实际情况进行调整和优化。在公共组织中，这一阶段的系统性和灵活性规划尤为重要。组织需要明确变革的目标和愿景，制定详细的实施步骤和时间表，并建立有效的沟通和协调机制。同时，组织还需要关注组织成员的参与和反馈，及时调整变革计划以确保其可行性和有效性。

3. 即兴推行阶段

在实施变革计划的过程中，公共组织需要具备即兴调整和灵活应对的能力。这一阶段强调快速反应和策略调整，以确保变革的顺利进行。公共组织可以建立灵活的决策机制和应急响应体系，以及时应对变革过程中出现的各种问题和挑战。同时，组织还需要加强组织成员的培训和指导，提高其应对变革的能力和信心。

4. 行动学习阶段

在变革过程中，公共组织需要不断进行学习和改进。通过反思和总结变革过程中的经验和教训，组织可以不断提升其学习能力和绩效。在这一阶段，组织可以建立定期的学习和交流机制，鼓励组织成员分享变革过程中的经验和心得。同时，组织还可以将学习与组织成员的绩效考核相结合，以激励组织成员积极参与学习和改进活动。

（三）圣吉模型在公共组织中的应用

圣吉模型强调了个体和组织在自我超越、心智模式改善、共同愿景建立、团队学习以及系统思考等方面的重要性，对于公共组织而言，这一模型提供了构建学习型组织的全面框架。

1. 自我超越阶段

在公共组织中，个体和组织的自我超越是构建学习型组织的基础。组织成员需要深刻认识和反思自己的优缺点，设定新目标，并采取有效行动策略。同时，组织也需要鼓励组织成员挑战现状，培养其创新意识和进取精神。通过建立激励机制和提供发展机会，公共组织可以促进组织成员的自我超越和成长。

2. 改善心智模式阶段

公共组织需要对其内部和个人的思维模式进行调整和优化，以促进更有效地学习和决策。这要求组织挑战思维惯性和固定观念，重新审视和更新对问题的理解和解决方法。通过引入新的思维方式和工具，以及开展定期的培训和研讨活动，公共组织可以提高其创新能力和决策水平。

3. 建立共同愿景阶段

在公共组织中，形成并传达一个共同的目标和方向对于增强团队的凝聚力和协作效果至关重要。共同愿景提供了组织的长期发展方向和动力源泉。通过制定明确的战略规划和目标体系，以及加强内部的沟通和协调机制，公共组织可以推动整体目标的实现并增强团队的凝聚力和协作精神。

4. 团队学习阶段

团队学习是构建学习型公共组织的关键环节。通过团队的协作和互动，组织可以促进知识的共享和共同成长。在公共组织中，团队学习强调的是合作和沟通，集合不同的观点和经验以提升整体的学习效果和工作绩效。为了支持团队学习，组织可以建立跨部门的学习小组或项目团队，鼓励组织成员之间的交流和合作。同时，组织还可以提供必要的学习资源和支持，如培训材料、学习平台等，以促进团队学习的深入开展。

5. 系统思考阶段

在系统思考阶段，公共组织需要从整体和系统的角度出发来分析和解决问题。这要求组织关注系统中各部分之间的相互关系和影响，通过识别关键因素和动态关系来分析互动和反馈机制。通过引入系统思考的方法和工具，如系统动力学、因果图等，公共组织可以更全面地理解问题并提高其决策的准确性和有效性。同时，组织还需要培养组织成员的系统思考能力和意识，鼓励其在日常工作中运用系统思考的方法来解决问题和作出决策。

综上所述，构建学习型公共组织是一个复杂而系统的过程，需要综合运用沃尔纳模型、瑞定模型以及圣吉模型等理论框架。通过明确学习目标、制定学习战略、建立学习机制以及培养组织成员的学习能力和创新意识，公共组织可以不断提升其适应性和竞争力，为社会的持续发展和进步作出贡献。

四、公共组织学习的障碍和克服对策

公共组织学习的障碍是多方面且深层次的，它们不仅存在于领导层，还渗透至组织成员、组织结构以及组织文化之中，共同构成了阻碍组织学习与发展的复杂网络。

（一）公共组织学习的障碍

公共组织通常具有层级分明的结构，信息在这种结构中是沿着层级上下传递的，容易造成多种障碍。

1. 领导者的障碍

（1）独揽权力的领导者　这类领导者往往将个人权力和地位置于组织利益之上，他们可能会投入大量时间和精力在内部权力的争夺上，导致组织氛围紧张，员工因恐惧而不敢表达真实想法和创意，从而严重阻碍了组织的学习和创新能力。这种权力集中还可能导致决策失误，因为缺乏多元化的意见输入。

（2）被成功经历迷惑的领导者　成功的经验有时会让领导者陷入盲目自信，忽视外部环境的快速变化和内部问题的累积。他们可能变得故步自封，不愿意接受新思想、新技术，导致组织无法适应新的挑战，错失发展机遇。

（3）不学习的领导者　领导者自身的学习能力和意愿是推动组织学习的关键。如果领导者缺乏持续学习的动力，不能有效激励、鼓励和支持员工的学习成长，那么整个组织的学习氛围将难以形成，团队成员的思维也会受到限制，无法实现自我突破和组织的持续发展。

2. 组织成员的障碍

（1）组织成员缺乏自信心　自信心不足的员工在面对新任务或挑战时，往往选择回避或保持现状，这限制了他们的学习潜力和创新能力。缺乏自信还可能导致沟通不畅，影响团队合作和知识共享。

（2）组织成员缺乏创造力　创造力是推动组织创新和学习的重要驱动力。如果组织成员缺乏创造力和想象力，就会倾向于遵循既定规则和流程，难以提出新颖的解决方案，从而影响组织的竞争力和适应性。

（3）组织成员对自我职位的狭隘认知　当员工过于关注个人职位和利益，而忽视与其他部门的合作与协调时，会导致组织内部的信息孤岛和资源浪费。这种狭隘的职位观念限制了知识的流动和整合，影响了组织整体的学习效果和创新能力。

3. 组织结构的障碍

（1）组织层次过多　层次繁多的组织结构会延长决策过程，降低信息传递的效率，使得组织难以快速响应外部变化。此外，过多的层级还可能导致信息失真和决策失误，阻碍组织学习的有效进行。

（2）组织的条块分割　部门间的壁垒和隔阂是组织学习的又一障碍。各部门如果缺乏有效的沟通和协作机制，就会导致知识、技能和资源的分散，无法形成合力推动组织的学习和发展。

（3）系统的阻塞　信息系统的不畅通是组织学习的一大瓶颈。如果组织内部的信息系统无法及时、准确地传递和处理信息，就会导致学习成果的浪费和失效，影响组织的学习和决策质量。

4. 组织文化的障碍

（1）组织内官僚专制文化浓厚　官僚专制文化强调等级和权威，抑制了员工的主动性和创造性。在这种文化氛围中，员工往往不敢提出创新性的想法，也不敢挑战现有的规则和流程，从而阻碍了组织的学习和创新。

（2）组织内弥漫着对错误的不宽容氛围　害怕犯错的文化氛围会让员工变得谨慎和保守，不敢尝试新事物。这种对错误的过度苛责不仅打击了员工的积极性和创造力，还可能导致组织错失学习和成长的机会。

（3）组织内缺乏共享和协作精神　如果组织文化中没有强调共享和协作的重要性，那么员工之间就难以形成知识共享和创新的氛围。缺乏合作和团队精神的组织将难以应对复杂多变的外部环境，也难以实现持续的学习和发展。

（二）克服公共组织学习障碍的对策

1. 重塑领导角色：引领与示范并重

在公共组织中，领导者不仅是决策者，更应是学习型组织的积极推动者和实践者。他们需通过持续的个人学习，不断提升自身素养，以身作则，为组织树立学习的榜样。领导者的学习行为不仅能够激发员工的学习热情，还能够传递出对学习的重视和尊重，从而在整个组织内形成一种积极向上的学习氛围。同时，领导者应致力于营造一个开放、包容的文化环境，鼓励员工敢于表达不同意见，勇于分享创新想法，让组织内部充满活力和创造力。

2. 增强员工素养与潜能：培训与引导双管齐下

为了提升员工的自信心和创造力，公共组织应建立完善的培训体系，为员工提供多样化的培训和教育资源。这些培训应涵盖专业知识、技能提升、创新思维等多个方面，旨在帮助员工不断拓宽视野，增强应对挑战的能力。同时，组织还应引导员工树立全局观念，让他们认识到自己的工作不仅仅是完成个人任务，更是与组织的发展紧密相连。通过这种引导，可以激发员工的责任感和使命感，促使他们为组织的持续发展贡献更多力量。

3. 优化组织结构布局：精简与协作并行不悖

为了提升信息传递的效率和效果，公共组织应对现有的组织结构进行优化。一方面，要精简组织层次，减少不必要的中间环节，确保信息能够快速、准确地传递到各个层级。另一方面，要加强部门间的沟通与协作，打破内部壁垒，促进知识的共享和创新的涌现，这可以通过建立跨部门协作机制、定期举办交流会等方式实现，让不同部门之间能够相互了解、相互支持，共同推动组织的发展。

4. 培育学习型组织文化：深植理念与弘扬精神相结合

在公共组织中，学习应被视为推动持续发展的核心动力。因此，组织应在文化中深植学习的重要性，让员工认识到学习不仅是个人成长的需要，更是组织发展的需要。为了鼓励员工勇于尝试和创新，组织应建立容错机制，让员工在犯错中汲取教训，不断成长。同时，要大力弘扬共享与协作的精神，鼓励员工之间互学互助，共同解决问题，推动组织的进步与发展。通过这种文化的培育，可以形成一种积极向上的学习氛围，让组织在不断变化的环境中保持竞争力和活力。

第三节 公共组织创新

在当今这个快速变化的时代，公共组织无法维持长久不变的状态，它必须随社会变革的步伐而不断自我革新。鉴于公共组织的特殊职责，仅仅具备被动的适应性是远远不够的。在拥有基本社会适应力的前提下，公共组织应当紧跟社会发展的主流趋势，积极主动地进行自我规划、设计与构建，努力成为引领时代潮流的先锋、指路明灯以及推动社会进步的重要力量。

一、公共组织创新的必要性和重要性

公共组织的创新是指公共组织为了适应内外环境的变化，及时地调整自己的战略、组织结构、管理方式、文化等，以取得更好的组织绩效的进程。而公共组织发展必须有制度创新才能更有效地推动公共组织向更高层次的发展。

（一）适应外部环境变化

在当今这个日新月异的时代，社会环境的快速变化对公共组织提出了前所未有的挑战。市场趋势的瞬息万变、技术的飞速发展以及政策导向的不断调整，都要求公共组织必须时刻保持敏锐的洞察力和高度的适应性。为了应对这些变化，公共组织必须不断调整自身的结构和运营方式，确保自身能够紧跟时代的步伐。例如，随着互联网的普及和电子商务的崛起，传统的公共服务提供方式已经显得捉襟见肘，难以满足公众日益增长的需求。为此，公共组织需要积极创新，将线下服务与线上平台相结合，利用大数据、云计算等现代信息技术手段，提供更加便捷、高效、个性化的服务，从而赢得公众的认可和支持。

（二）提升公共组织效能

公共组织效能的提升，是公共组织创新的重要目标之一。通过创新，公共组织可以优化自身的组织结构、制度和流程，消除冗余和浪费，提高组织的运行效率和绩效水平。具体来说，公共组织可以打破传统的官僚体制和僵化的管理模式，引入更加灵活、高效的工作机制，如项目管理、团队协作等，激发组织内部的活力和创造力。同时，公共组织还可以通过创新，推动公共服务标准化、流程化、信息化，提高服务质量和效率，提升公众满意度和信任度。

（三）满足公众需求变化

随着经济社会的发展和公众生活水平的提高，公众对公共服务的需求也日益多样化和个性化。为了满足这些变化的需求，公共组织需要不断创新，提供更加优质的服务。例如，在教育领域，公众对教育资源的需求日益多样化，公共组织可以通过创新，提供更加灵活多样的教育服务，如在线教育、远程教育等，满足公众的不同需求。同时，公共组织还可以通过创新，推动公共服务均等化、普惠化，让更多人享受到优质的公共服务。

（四）推动公共组织持续发展

创新是公共组织持续发展的重要动力。通过创新，公共组织可以不断探索新的业务领域和市场机会，拓展自身的发展空间。同时，创新也有助于激发公共组织内部成员的积极性和创造力，形成良好的工作氛围和团队文化，为组织的长期发展提供有力支持。此外，公共组织还可以通过创新，推动自身转型升级，从传统的服务提供者转变为服务创新者和引领者，为社会的可持续发展贡献更大的力量。

（五）增强公共组织竞争力

在竞争日益激烈的公共服务市场中，公共组织需要不断创新来增强自身的竞争力。通过创新，公共组织可以开发出更加独特、高效的服务模式来提高服务质量和效率，从而在市场中脱颖而出。同时，创新也有助于提升公共组织的品牌形象和知名度，吸引更多的公众关注和信任。在与其他公共服务提供者的竞争中，具备创新能力的公共组织将更具优势，能够更好地满足公众的需求和期望。

综上所述，公共组织创新在适应外部环境变化、提升组织效能、满足公众需求变化、推动组织持续发展以及增强组织竞争力等方面都具有重要意义。因此，公共组织应该积极拥抱创新，不断探索和实践新的管理模式和服务方式，以更好地服务公众、推动社会发展。通过创新，公共组织将能够不断提升自身的核心竞争力，为社会的繁荣和进步贡献更大的力量。

二、公共组织创新的内容

公共组织创新是一个多维度、深层次的过程，它涉及公共组织系统的众多层面，主要包括公共组织职能、结构、运行方式以及管理技术等方面的创新。

（一）公共组织职能的创新

公共组织职能的创新主要体现在以下方面。

1. 职能重心的转移

随着政府承担的公共管理职能日益繁重，非政府公共组织迅速崛起，分担了大量政府管理职能。因此，公共组织的职能重心逐渐从政治事务转向社会公共事务，如经济、社会、科教文化等领域，以适应社会经济发展的需求，并增强公共组织的合法性基础。

2. 职能方式的革新

在经济市场化和法制化的推动下，社会生活中的平等、法治、民主、权利意识显著提升，促使公共组织在履行职能时减少主观随意性，更加注重法律依据，减少行政手段的使用，而更多地采用法律、经济、教育等手段来管理社会公共事务。

3. 职能关系的重塑

随着市场经济的充分发展和信息化时代的到来，社会自我管理、自我组织的能力显著增强。政府组织逐渐将部分职能转移给非政府公共组织，形成政府组织掌舵、非政府公共组织划桨的特殊职能关系。政府组织专注于市场机制和社会组织无法或不宜承担的任务，而非政府公共组织则承担专业性强、政府绩效水平低的任务。

（二）公共组织结构的创新

公共组织结构是指公共组织要素的组合方式，包括纵向层级结构和横向部门结构。公共组织结构的合理性直接关系到组织系统的正常运转和效率。因此，根据环境变化适时调整组织结构至关重要。中国公共组织结构变革呈现以下趋势。

1. 决策、执行、监督、咨询、信息部门并重

在知识和信息爆炸的社会背景下，公共组织需要分化出专门从事信息处理、决策支持、监督检查的部门，以应对社会发展的需求。这些部门相互联系、配合、协调，形成有效的闭环管理网络。

2. 行政组织与非政府公共组织的力量对比变化

在市场经济条件下，政府应减少对市场及市场主体的干预，转向宏观调控和间接管理。

因此，政府组织的规模和数量相应减少，而非政府公共组织则不断发展壮大，承担大量政府不宜或无法承担的公共事务。

3. 纵向结构向分权化、扁平化转变

随着社会化大生产带来的社会分工复杂化，高层集权已不适应因地制宜的需求，需要积极推进简政放权。同时，随着公共组织整体素质的提高和现代信息技术的发达，传统的科层制组织结构逐渐转变为扁平化结构。

4. 推进跨部门合作与整合

随着公共事务的日益复杂化，越来越需要跨部门合作与整合，打破部门壁垒，建立跨部门协作机制，实现资源共享与优势互补，有助于提升公共组织的整体效能，减少重复劳动和资源浪费。积极推行整体性治理，采用整体性的治理组织结构，以目标和结果为导向，保持部门专业化分工的同时，实现跨部门的合作与整合，有助于提升公共组织的协同作战能力，以便更好地应对复杂问题。

（三）公共组织运行方式创新

公共组织运行方式的创新，致力于通过一系列精心设计的策略与措施，全面提高组织的效率、灵活性和应变能力，以便更有效地响应公众需求，提升公共服务的质量与水平。

1. 组织服务流程再造

一方面要大力精简流程。对现有的公共组织服务流程进行剖析与梳理，精准识别并剔除那些不产生价值、冗余或低效的环节，确保每个步骤都能直接服务于公共服务目标的实现。通过流程的精简与优化，以减少不必要的时间损耗，大幅提升公共服务的效率与速度；另一方面，开展标准化管理，制定并推广统一的标准操作流程（SOP），确保各部门、各岗位在执行相同业务时能够遵循一致的标准与规范，减少因操作差异而产生的误解或错误，为公共服务流程进行持续的监控与优化提供便利。

2. 决策机制创新

采用数据驱动决策。通过构建先进的大数据平台，全面收集、整合并深入分析来自各渠道的数据资源，为决策提供科学、客观的依据。借助人工智能与机器学习技术，对数据进行深度挖掘，揭示数据背后的隐藏规律与未来趋势，从而提升决策的准确性与前瞻性。同时，建立开放包容的决策机制，积极鼓励组织成员、公众以及相关利益方参与到决策过程中来。通过充分的讨论、协商，确保决策更加民主、透明且符合各方利益。这不仅有助于增强决策的合法性与执行力，还可促进组织内外的和谐与稳定。

3. 激励机制创新

开发设计科学合理的绩效考核体系，明确各项工作的目标与标准。通过定期的评估与反馈，根据组织成员的工作表现给予相应的奖励与惩罚，从而有效激发组织成员的积极性与创造力，以提升工作效率与质量。此外，要开展多元化激励。除了传统的物质奖励（如奖金、福利等）外，公共组织还应注重非物质激励的运用。通过提供丰富的职业发展机会、优质的培训与学习资源以及崇高的荣誉与认可等，满足组织成员的多样化需求，进一步激发他们的创新动力与潜能。

4. 组织文化创新

努力营造开放、包容且鼓励创新的组织氛围。赋予组织成员在合理范围内尝试新想法、新方法的自由与权利，即使遭遇失败也能得到理解与支持。通过设立创新基金、创新项目等举措，为组织成员提供充足的创新资源与平台支持。积极倡导终身学习的理念，鼓励组织成员持续学习新知识、新技能以不断提升个人素质与能力。通过构建学习型组织并提供多样化的学习机会与资源（如内部培训、外部学习、在线课程等），助力组织成员实现个人成长与组织发展的双赢。

（四）公共组织管理技术的创新

公共组织管理技术的创新是推动公共组织创新的重要基石与有力保障。

1. 信息技术应用

充分利用云计算、大数据、人工智能等现代信息技术构建功能完善、操作便捷的电子政务平台，实现公共服务的在线办理、查询、咨询与反馈功能，极大地提高服务的效率与便捷。同时，通过电子政务平台收集与分析公众需求，可为服务的持续优化提供有力支撑。运用大数据与人工智能技术对海量数据进行深入的分析与挖掘工作，能揭示数据之间的关联性与规律性，为管理决策提供科学可靠的依据。借助数据分析手段，能准确预测公众需求的变化趋势、客观评估政策的实施效果并合理优化资源的配置方案等。

2. 实行智能化管理

利用人工智能技术开发智能助手系统以协助组织成员处理日常事务工作。这不仅能够减轻组织成员的工作负担并提高工作效率，还能提供个性化的服务体验（如智能推荐、智能问答等）以满足组织成员的多样化需求。借助物联网与传感器技术构建智能监控系统以实现对组织内部各项工作的实时监控与预警。通过智能监控手段，能够及时发现潜在问题并预防风险的发生；同时还能对工作流程进行持续优化以进一步提升组织的运行效率与服务质量。

3. 开发云计算与共享服务

利用云计算平台实现计算资源的按需分配与弹性扩展功能。通过这一平台，能够方便地获取并使用各种计算资源（如服务器、存储、数据库等）从而降低组织的 IT 成本并提高信息化水平及运行效率。积极推行共享服务模式以实现资源的共享与复用功能。通过设立共享服务中心或云平台等方式，将各部门、各岗位的共性服务（如人力资源、财务管理、IT 支持等）进行集中管理与统一提供，这不仅能减少重复建设与资源浪费现象的发生，还可以提升资源的利用效率与服务质量水平。

4. 推行移动化管理

开发移动办公平台以支持组织成员在智能手机、平板电脑等移动设备上处理工作事务的功能需求。借助这一平台，组织成员可以随时随地地查看工作信息、处理工作任务并参与视频会议等活动。这不仅能提高组织的灵活性与效率，还可增强组织成员的满意度与归属感。利用移动支付技术实现了公共服务的在线缴费与移动支付功能。通过移动支付平台，公众可以方便快捷地缴纳水电费、税费、罚款等费用，这不仅能提高服务的便捷性与满意度，还可以促进数字经济的繁荣发展。

5. 利用区块链技术赋能公共组织管理

利用区块链技术构建数据溯源与防伪系统以确保数据的真实性与可信度水平。通过区块链的不可篡改性与分布式存储特性，为公共服务领域提供食品追溯、药品防伪以及知识产权保护等方面的有力保障措施。作为一种基于区块链的自动化合约系统，利用智能合约技术实现自动化执行与管理功能。智能合约能够自动执行合同条款、处理交易并管理资产等活动，在公共服务领域，可以将其应用于政府采购、合同管理以及资金拨付等方面，以降低人为干预与错误的风险水平并提升管理的智能化与自动化程度。

三、公共组织创新的阻力

公共组织在创新过程中面临着多种阻力，这些阻力主要源自个体、组织以及外部环境等多个层面，构成了一个复杂而多维的挑战体系。

（一）个体层面的阻力

1. 习惯与惰性

人们往往倾向于维持现状，对稳定的工作环境和熟悉的操作流程有着强烈的依赖感。这种习惯与惰性使得个体在面对创新时，往往持有一种保守的态度，不愿轻易打破原有的舒适区。改变意味着要适应新的环境，面对未知的挑战，以及承担可能的学习成本，这些都会引发个体的抵触情绪，成为创新过程中的一大障碍。

2. 不确定感与恐惧

创新往往伴随着不确定性，这种不确定性使得个体对失败的风险感到担忧。他们担心创新失败后，自己的个人声誉受损，职业发展也受到阻碍。这种恐惧心理使得个体在创新过程中变得谨慎而保守，不愿轻易尝试新的方法和思路，从而阻碍了创新的推进。

3. 对个体利益的关注

当创新举措影响到个体的既得利益时，如职位变动、薪酬调整等，个体往往会出于自我保护的本能而抵制创新。他们担心创新会破坏自己现有的利益格局，因此会采取各种手段来阻碍创新的实施，以维护自己的利益。

4. 选择性信息加工

个体在接收创新信息时，往往会根据自己的价值观和认知偏见进行选择性加工。他们可能会过滤掉与自己观点不符的信息，或者对信息进行片面或扭曲的解释，从而导致对创新的理解不准确、不全面。这种选择性信息加工使得个体在创新过程中难以形成正确的认知和判断，从而阻碍了创新的实施。

（二）组织层面的阻力

1. 官僚组织的封闭性和仓筒化现象

官僚组织往往存在着封闭性和仓筒化现象，这使得组织间缺乏有效的沟通与合作。不同部门之间可能存在着信息壁垒和利益冲突，导致创新举措难以在组织内部得到广泛的认同和支持。这种封闭性和仓筒化现象使得组织在面对创新时难以形成合力，从而阻碍了创新的推进。

2. 结构惯性

公共组织往往拥有稳定的组织结构和规章制度，这些制度和结构在保障组织稳定运行的同时，也形成了强大的惯性。这种惯性使得组织在面对创新时难以迅速适应和改变，导致创新举措难以在组织内部得到有效实施。结构惯性是公共组织创新过程中的一大障碍，需要采取有效的措施来克服。

3. 改革的有限性

公共组织的改革受到法律法规、政策导向、社会舆论等多重限制，这使得创新难以迅速、彻底地推进。法律法规的制约使得组织在创新过程中需要遵守各种规定和程序，增加了创新的成本和难度。政策导向和社会舆论的影响也使得组织在创新过程中需要考虑各种外部因素，从而限制了创新的自由度和灵活性。

4. 群体压力与权力关系

组织内部的不同群体可能因权力斗争和利益冲突而阻碍创新。特别是当创新威胁到某些群体的权力地位时，他们会联合起来抵制创新，以维护自己的权力和利益。这种群体压力和权力关系使得创新在组织内部难以得到广泛的认同和支持，从而阻碍了创新的推进。

5. 资源分配与专业知识威胁

创新需要资源和专业知识的支持，但公共组织的资源有限，且现有专业知识可能无法满足创新需求，导致创新项目在资源分配和专业知识方面面临挑战。资源的稀缺性使得组织在创新过程中需要精打细算，合理分配资源，以确保创新项目的顺利进行。而专业知识的不足则可能使得组织在创新过程中遇到技术难题和瓶颈，需要寻求外部支持和合作。

（三）外部环境层面的阻力

1. 政策法规限制

政策法规是公共组织创新的重要约束条件。当创新举措与现行政策法规相抵触时，会受到政策法规的制约和阻碍。政策法规的滞后性和不完善性可能使得创新举措无法得到有效的法律保障和支持，从而增加了创新的风险和成本。因此，公共组织在创新过程中需要密切关注政策法规的变化和动态，以确保创新举措的合法性和合规性。

2. 社会认知与接受度

创新需要得到社会的广泛认知和接受。然而，由于社会认知的滞后性和差异性，创新举措可能难以在短时间内获得社会的广泛认可和支持。社会成员对创新的认知和态度可能因文化、教育、经济等因素而有所不同，导致创新在推广和应用过程中可能遇到各种阻力和挑战。因此，公共组织在创新过程中需要加强与社会的沟通和交流，提高社会对创新的认知和接受度。

3. 外部竞争压力

在公共服务领域，公共组织不仅面临内部压力，还面临外部的竞争压力。在公共服务领域，不同的组织（如政府部门、非营利组织、私营企业等）可能提供相似的服务从而形成竞争。这种外部竞争压力使得公共组织在创新过程中需要更加注重公众需求和体验，提高服务质量和效率，以应对外部竞争的挑战。同时，公共组织也需要加强与外部组织的合作和交流，共同推动公共服务领域的创新和发展。

四、公共组织创新对策

公共组织创新取得成功的关键在于尽可能不要让阻碍组织创新的因素发挥作用，最大限度地减少反对变革的力量。

（一）客观分析创新的动力与阻力的强弱

在公共组织创新中，客观分析创新的动力与阻力，无疑是推动组织创新与迈向发展新高度的核心步骤。首要任务在于明确创新的核心目标与深远价值，这不仅仅局限于提升组织的运营效率、强化市场竞争力等直观的经济利益，更需深刻洞察其对组织文化、组织成员满意度乃至企业社会责任等的长远影响。创新应被视为一种全面升级的战略选择，旨在促进组织的可持续发展与全面进步。

与此同时，深入剖析变革过程中可能遭遇的阻力显得尤为关键。这些阻力可能根植于组织内部，如传统观念的根深蒂固、既得利益者的抵触情绪，以及因利益格局调整而引发的内部矛盾；也可能来源于外部环境，包括政策导向的不确定性、市场需求的快速变化以及技术迭代的挑战。通过全面而细致的分析，可以为制定既具前瞻性又具实操性的应对策略奠定坚实基础，确保变革措施在实施过程中既强劲有力，又能够稳健推进，最大限度地减少不必要的摩擦与损耗。

（二）营造公共组织创新的社会舆论

在推动公共组织创新时，营造积极的社会舆论至关重要。积极的社会舆论能影响公众的接受度，塑造实施环境。通过舆论引导，提高创新透明度和公众知晓度，如新闻发布会、媒体报道等，增强公众信任、参与和支持。积极舆论还能强化创新的合法性与正当性。良好的舆论氛围能减少负面反馈，通过宣传沟通解答疑虑，化解误解，提供宝贵反馈。正面舆论能激励组织成员的积极性，使其增强信心和加大投入。公共组织需制定舆论引导策略，利用传播渠道，结合案例数据，精准传播互动，最大化正面效应，创造有利环境，提升公信力和影响力，实现创新目标。

（三）精心设计方案，加强创新宣传

精心设计创新方案，是确保组织创新成功不可或缺的基石。方案需细致入微地规划创新的每一步骤、预设清晰的成果目标与科学的评估体系，确保从启动到实施的每一个环节都条理清晰、易于执行与监控。此外，加强创新理念的传播与普及同样重要，通过内部会议、专业培训、宣传栏等多种媒介，广泛播撒创新的种子，激发组织成员的共鸣与参与热情，构建全员参与、上下同心的创新氛围。

（四）进行人事调整，做好组织保障

人事调整作为变革的配套措施，其重要性不言而喻。依据创新的实际需求，灵活调整组织架构与人力资源配置，确保关键岗位由具有创新思维与专业能力的人才担任，同时为新业务的拓展预留充足的资源空间。通过资源的优化配置，为创新提供坚实的支撑与保障。

（五）提高普通工作人员对组织创新的参与程度

提升普通组织成员对创新的参与度，是激活组织内在动力的关键所在。鼓励组织成员不仅仅停留在提出意见与建议的层面，更要让他们亲身参与创新实践，感受自己的贡献被看见、被重视，从而加深对组织的归属感与责任感。这种全员参与的创新模式，能够极大地提升组织的凝聚力与创新能力，为成功注入不竭的动力。

（六）正确运用组织动力，消解对创新的抵制心理

正确运用组织动力，是有效化解创新抵制情绪的重要途径。通过建立公平合理的激励机制，如绩效奖励、职业晋升路径等，激发组织成员的内在动力与创造力。同时，开展有针对性的培训项目，帮助组织成员掌握新技能、新知识，提升他们适应创新的能力，减少因未知而产生的恐惧与不安。

（七）采取多元举措，强化革新行为

强化革新行为对组织创新的成功至关重要，它明确创新目标并激发成员参与。首先，需确立清晰的创新愿景和目标，通过战略规划传达必要性及预期成果，引导成员理解创新意义，激发积极性。其次，建立有效激励机制，包括物质奖励如奖金、晋升，及精神鼓励如表扬、认可，促进参与，增强创新意识和行动力。同时，提供必要的支持和培训，如技术培训、管理提升，确保成员适应新环境，有效实施创新。此外，建立反馈机制，定期收集成员反馈，及时调整优化策略，解决实施问题，增强成员信任和支持。最后，领导层应示范引领，积极参与创新，展示承诺和热情，感染和激励成员。综合这些措施，组织能强化革新行为，实现创新目标，提升效能和竞争力。

（八）适当折中妥协，平衡多方诉求

折中妥协在组织创新中至关重要，它平衡各方需求，推动创新实施。首先，需识别并理解各方利益，通过沟通调研，全面收集内部组织成员、管理层、客户等意见。其次，制定创新策略时，寻找利益平衡点，灵活调整工作流程，确保目标实现同时满足各方需求。建立有效沟通机制，透彻说明创新进展及调整，增强理解和支持，减少抵触。实施过程中应灵活应对变化，动态调整方案，确保效果符合预期。最终，折中妥协成功与否依赖领导层智慧，需高超协调谈判技巧，找到平衡点，推动创新。有效折中妥协能减少阻力，增强创新全面性和包容性，达成创新目标。

（九）提高领导者自身素质，完善领导行为方式

提升领导者的自身素质与完善其领导行为方式，是确保组织创新成功不可或缺的决定性因素。一位杰出的领导者，应当具备超前的战略眼光，能够准确预见组织发展趋势，为组织规划出清晰且富有前瞻性的发展蓝图。同时，他们还需拥有坚定的变革决心，不畏艰难险阻，勇于引领组织突破现状，迈向新的高度。此外，卓越的沟通协调能力也是领导者必备的素质之一，他们需擅长倾听各方意见，有效整合资源，促进团队合作，确保组织创新过程中信息的畅通无阻。更为重要的是，领导者应以身作则，通过自己的言行举止树立榜样，激发组织成员的积极性和创造力，共同迎接组织创新带来的挑战，携手克服组织创新道路上的重重障碍。唯有如此，才能确保组织在创新中稳步前行，最终实现既定的战略目标。

（十）妥善安置因组织创新而受到冲击的人员

对于因组织创新而受到直接或间接影响的组织成员，组织必须展现出高度的责任感与人文关怀，给予他们充分的支持与帮助。这包括但不限于实施妥善的安置措施，如为受影响组织成员寻找内部调岗机会或协助其外部就业，以减少他们的生活波动。同时，组织应提供再培训的机会，帮助组织成员掌握新技能、新知识，提升他们的职业竞争力，使其能够更好地适应组织创新后的新环境。此外，对于因创新而离职的组织成员，组织也应给予合理的经济补偿，以减轻他们的经济压力，并尽可能地减轻由此带来的心理负担。通过这些措施，组织不仅能够确保转型过程的平稳有序，还能够赢得组织成员的理解与支持，为组织的长期稳定与持续发展奠定坚实的基础。

◎思考题

1. 公共组织发展的本质是什么？
2. 现代信息技术如何影响当代公共组织发展？
3. 构建学习型公共组织为何非常必要？结合实际，谈谈开展公共组织学习的策略。
4. 系统思考如何帮助公共组织进行创新？

参考文献

(1) [澳] 欧文・E. 休斯 . 公共管理导论：第 5 版 [M] . 张成福，杨崇祺，赵弘毅，等，译 . 北京：中国人民大学出版社，2023.

(2) [德] 亨里希・李凯尔特 . 文化科学和自然科学 [M] . 北京：商务印书馆，2020.

(3) [德] 卡尔・马克思，弗里德里希・恩格斯 . 马克思恩格斯全集：第 1 卷 [M] . 北京：人民出版社，1956.

(4) [美] 阿瑟・A. 汤普森 . 战略管理：获取竞争优势 [M] . 蓝海森，李卫宁，黄嫚丽，等，译 . 北京：机械工业出版社，2006.

(5) [美] 艾尔弗雷德・D. 钱德勒 . 战略与结构 [M] . 孟昕，译 . 昆明：云南人民出版社，2002.

(6) [美] 保罗・C. 纳特，罗伯特・W. 巴可夫 . 公共和第三部门组织的战略管理 [M] . 陈振明，等，译，北京：中国人民大学出版社，2002.

(7) [美] 戴维・奥斯本，彼德・普拉斯特里克 . 摒弃官僚制：政府再造的五项战略 [M] . 谭功荣，刘霞，译 . 北京：中国人民大学出版社，2002.

(8) [美] 菲利普・科特勒，艾伦・R. 安德里亚森 . 非营利组织战略营销：第五版 [M] . 孟延春，等，译. 北京：中国人民大学出版社，2003.

(9) [美] 冯・诺伊曼，摩根斯顿 . 博弈论与经济行为 [M] . 王文玉，王宇，译 . 上海：生活・读书・新知三联书店，2004.

(10) [美] 海尔・G. 瑞尼 . 理解和管理公共组织：第二版 [M] . 王孙禺，达飞，译 . 北京：清华大学出版社，2002：60.

(11) [美] 赫伯特・西蒙 . 管理行为：第 3 版 [M] . 杨砾，等，译，北京：北京经济学院出版社，1988：9.

(12) [美] 切斯特・巴纳德 . 经理人员的职能 [M] . 王永贵，译 . [M] . 机械工业出版社，2013.

(13) [美] 切斯特・巴纳德 . 组织与管理 [M] . 北京：中国人民大学出版社，2009.

(14) [美] 斯蒂芬・P. 罗宾斯，玛丽・库尔特 . 管理学：第 9 版 [M] . 孙健敏，黄卫伟，王凤彬，等，译，北京：中国人民大学出版社，2008.

(15) [美] 雅米尔・E. 吉瑞赛特 . 公共组织管理——理论和实践的演进 [M] . 李丹，译 . 上海：上海译文出版社，2003.

(16) [美] 约翰・布赖森 . 公共与非营利组织战略规划：增强并保持组织成就的行动指南：第 3 版 [M] . 孙春霞，译 . 北京：北京大学出版社，2010.

(17) [英] 拉德克利夫・布朗 . 原始社会的结构与功能 [M] . 北京：中央民族大学出版社 .

(18) [英] 爱德华・伯纳特・泰勒 . 原始文化 [M] . 上海：上海文艺出版社，1992.

(19) Amitai Etzioni. Modern Organizations [M] . Engle wood Cliffs，NewJersey：Prentice - Hall. 1964.

(20) Barry Bozeman，Jeffreyd Straussman. Public Management Strategies [M] . SanFrancisco：Jossey - Bass Publishers，1990.

(21) Henry Mintzberg. The Strategy Concept: Five Ps for Strategy [M] . California Management Review, 1987.
(22) Jack Koteen. Strategic Management in Public and Nonprofit Organization [M] . London: Praeger Publishers, 1997.
(23) Kenneth R. Andrews. 'The Concept of Corporate Strategy', in The Concept of Corporate Strategy [M] . Homewood, IL: Dow Jones - Irwin, 1971.
(24) Kester Isaac - Henry [M] . Strategic Management in Public Services [A] . In SYL VIA HORTON and DAVID FARHAM (eds.) Public Management in Britain [C] . London: Macmillan Press, 1999.
(25) Kroeber A. L., Kluck hohn C. Culture: A Critical Review of Concepts and Definitions [M] . Peabody Museum, Cambridge, MA, 1952.
(26) 曾俊．公共管理新论［M］．北京：人民出版社，2006.
(27) 陈晓春．非营利组织经营管理［M］．北京：清华大学出版社，2012.
(28) 陈晓春．非营利组织营销学［M］．长沙：湖南人民出版社，2003.
(29) 陈岳堂，胡扬名．社会组织管理导引与案例［M］．北京：中国农业出版社，2008.
(30) 陈振明，孟华．公共组织理论［M］．上海：上海人民出版社，2006.
(31) 陈振明．公共管理学［M］．北京：中国人民大学出版社，2007.
(32) 陈振明，等．公共管理学原理：第2版［M］．北京：中国人民大学出版社，2017.
(33) 管仲军．面向现代公益事业组织的事业单位分类改革研究［J］．北京行政学院学报，2014（2）．
(34) 靳继东．公共组织概论［M］．北京：中国商业出版社，2008.
(35) 李传军．公共组织学［M］．北京：中国人民大学出版社，2015.
(36) 李文钊．公共组织决策理论：起源、模型与发展趋势［J］．管理世界，2015（12）．
(37) 梁启超．梁启超论中国文化史［M］．北京：商务印书馆，2012.
(38) 梁漱溟．东西文化及其哲学［M］．北京：商务印书馆，2010.
(39) 刘仁春．公共企业：政府弥补市场失灵的一项政策工具［J］．广西师范大学学报（哲学社会科学版），2005（3）．
(40) 罗俐琳，胡扬名．农村组织创新之策［M］．北京：国家行政学院出版社，2012.
(41) 麻宝斌．公共组织理论与管理［M］．北京：科学出版社，2015.
(42) 聂平平，尹利民．公共组织理论［M］．武汉：武汉大学出版社，2009.
(43) 彭和平．公共行政管理［M］．北京：中国人民大学出版社，1995.
(44) 尚虎平，杨娟．我国政府绩效中的潜绩：生成、类型与主要评估维度［J］．南京社会科学，2016（11）．
(45) 帅学明．我国公共组织的性质与功能论析［J］．学术探索，2003（4）．
(46) 苏忠林．公共组织理论：第2版［M］．武汉：武汉大学出版社，2013.
(47) 肖前．马克思主义哲学原理［M］．北京：中国人民大学出版社，1994.
(48) 闫洪芹．公共组织理论：结构、规则与行为［M］．北京：北京航空航天大学出版社，2009.
(49) 叶常林．公共企业：涵义、特征和功能［J］．中国行政管理，2005（10）．
(50) 张成福，党秀云．公共管理学（修订版）［M］．北京：中国人民大学出版社，2007.
(51) 张成福，等．公共管理学［M］．北京：中国人民大学出版社，2001.
(52) 张岱年，程宜山．中国文化与文化论争［M］．北京：中国人民大学出版社，1990.
(53) 张国庆．行政管理中的组织、人事与决策［M］．北京：北京大学出版社，1990.

(54) 张建东，陆江兵．公共组织学：第3版［M］．北京：高等教育出版社，2020.
(55) 周志忍．公共组织绩效评估：中国实践的回顾与反思［J］．兰州大学学报（社会科学版），2007（1）．
(56) 周志忍．论政府绩效评估中主观客观指标的合理平衡［J］．行政论坛，2015（3）．

附录

附录1　中华人民共和国国务院组织法

（1982年12月10日第五届全国人民代表大会第五次会议通过并于同日公布施行
2024年3月11日第十四届全国人民代表大会第二次会议修订）

第一条　为了健全国务院的组织和工作制度，保障和规范国务院行使职权，根据宪法，制定本法。

第二条　中华人民共和国国务院，即中央人民政府，是最高国家权力机关的执行机关，是最高国家行政机关。

第三条　国务院坚持中国共产党的领导，坚持以马克思列宁主义、毛泽东思想、邓小平理论、“三个代表”重要思想、科学发展观、习近平新时代中国特色社会主义思想为指导，坚决维护党中央权威和集中统一领导，坚决贯彻落实党中央决策部署，贯彻新发展理念，坚持依法行政，依照宪法和法律规定，全面正确履行政府职能。

国务院坚持以人民为中心、全心全意为人民服务，坚持和发展全过程人民民主，始终同人民保持密切联系，倾听人民的意见和建议，建设人民满意的法治政府、创新政府、廉洁政府和服务型政府。

第四条　国务院对全国人民代表大会负责并报告工作；在全国人民代表大会闭会期间，对全国人民代表大会常务委员会负责并报告工作。

国务院应当自觉接受全国人民代表大会及其常务委员会的监督。

第五条　国务院由总理、副总理、国务委员、各部部长、各委员会主任、中国人民银行行长、审计长、秘书长组成。

国务院实行总理负责制。总理领导国务院的工作。

副总理、国务委员协助总理工作，按照分工负责分管领域工作；受总理委托，负责其他方面的工作或者专项任务；根据统一安排，代表国务院进行外事活动。

第六条　国务院行使宪法和有关法律规定的职权。

第七条　国务院实行国务院全体会议和国务院常务会议制度。国务院全体会议由国务院全体成员组成。国务院常务会议由总理、副总理、国务委员、秘书长组成。总理召集和主持国务院全体会议和国务院常务会议。国务院工作中的重大问题，必须经国务院常务会议或者国务院全体会议讨论决定。

第八条　国务院全体会议的主要任务是讨论决定政府工作报告、国民经济和社会发展规划等国务院工作中的重大事项，部署国务院的重要工作。

国务院常务会议的主要任务是讨论法律草案、审议行政法规草案，讨论、决定、通报国务院工作中的重要事项。

国务院全体会议和国务院常务会议讨论决定的事项，除依法需要保密的外，应当及时公布。

国务院根据需要召开总理办公会议和国务院专题会议。

第九条　国务院发布的行政法规、决定、命令，向全国人民代表大会或者全国人民代表大会常务委员会提出的议案，任免人员，由总理签署。

第十条　国务院秘书长在总理领导下，负责处理国务院的日常工作。

国务院设副秘书长若干人，协助秘书长工作。

国务院设立办公厅，由秘书长领导。

第十一条　国务院组成部门的设立、撤销或者合并，经总理提出，由全国人民代表大会决定；在全国人民代表大会闭会期间，由全国人民代表大会常务委员会决定。国务院组成部门确定或者调整后，由全国人民代表大会或者全国人民代表大会常务委员会公布。

第十二条　国务院组成部门设部长（主任、行长、审计长）一人，副部长（副主任、副行长、副审计长）二至四人；委员会可以设委员五至十人。

国务院组成部门实行部长（主任、行长、审计长）负责制。部长（主任、行长、审计长）领导本部门的工作，召集和主持部务（委务、行务、署务）会议，讨论决定本部门工作的重大问题；签署上报国务院的重要请示、报告和发布的命令、指示。副部长（副主任、副行长、副审计长）协助部长（主任、行长、审计长）工作。

国务院副秘书长、各部副部长、各委员会副主任、中国人民银行副行长、副审计长由国务院任免。

第十三条　国务院可以根据工作需要和优化协同高效精简的原则，按照规定程序设立若干直属机构主管各项专门业务，设立若干办事机构协助总理办理专门事项。每个机构设负责人二至五人，由国务院任免。

第十四条　国务院组成部门工作中的方针、政策、计划和重大行政措施，应当向国务院请示报告，由国务院决定。根据法律和国务院的行政法规、决定、命令，主管部门可以在本部门的权限范围内发布命令、指示。

国务院组成部门和具有行政管理职能的直属机构以及法律规定的机构，可以根据法律和国务院的行政法规、决定、命令，在本部门的权限范围内，制定规章。

第十五条　国务院统一领导全国地方各级国家行政机关的工作。

第十六条　国务院坚持科学决策、民主决策、依法决策，健全行政决策制度体系，规范重大行政决策程序，加强行政决策执行和评估，提高决策质量和效率。

第十七条 国务院健全行政监督制度，加强行政复议、备案审查、行政执法监督、政府督查等工作，坚持政务公开，自觉接受各方面监督，强化对行政权力运行的制约和监督。

第十八条 国务院组成人员应当坚决维护党中央权威和集中统一领导，模范遵守宪法和法律，认真履行职责，带头反对形式主义、官僚主义，为民务实，严守纪律，勤勉廉洁。

第十九条 国务院组成部门、直属机构、办事机构应当各司其职、各负其责、加强协调、密切配合，确保党中央、国务院各项工作部署贯彻落实。

第二十条 本法自公布之日起施行。

附录2　中华人民共和国地方各级人民代表大会和地方各级人民政府组织法

（1979年7月1日第五届全国人民代表大会第二次会议通过　1979年7月4日公布　自1980年1月1日起施行　根据1982年12月10日第五届全国人民代表大会第五次会议《关于修改〈中华人民共和国地方各级人民代表大会和地方各级人民政府组织法〉的若干规定的决议》第一次修正　根据1986年12月2日第六届全国人民代表大会常务委员会第十八次会议《关于修改〈中华人民共和国地方各级人民代表大会和地方各级人民政府组织法〉的决定》第二次修正　根据1995年2月28日第八届全国人民代表大会常务委员会第十二次会议《关于修改〈中华人民共和国地方各级人民代表大会和地方各级人民政府组织法〉的决定》第三次修正　根据2004年10月27日第十届全国人民代表大会常务委员会第十二次会议《关于修改〈中华人民共和国地方各级人民代表大会和地方各级人民政府组织法〉的决定》第四次修正　根据2015年8月29日第十二届全国人民代表大会常务委员会第十六次会议《关于修改〈中华人民共和国地方各级人民代表大会和地方各级人民政府组织法〉、〈中华人民共和国全国人民代表大会和地方各级人民代表大会选举法〉、〈中华人民共和国全国人民代表大会和地方各级人民代表大会代表法〉的决定》第五次修正 根据2022年3月11日第十三届全国人民代表大会第五次会议《关于修改〈中华人民共和国地方各级人民代表大会和地方各级人民政府组织法〉的决定》第六次修正）

目　录

第一章　总　　则

第一条　为了健全地方各级人民代表大会和地方各级人民政府的组织和工作制度，保障和规范其行使职权，坚持和完善人民代表大会制度，保证人民当家作主，根据宪法，制定本法。

第二条　地方各级人民代表大会是地方国家权力机关。

县级以上的地方各级人民代表大会常务委员会是本级人民代表大会的常设机关。

地方各级人民政府是地方各级国家权力机关的执行机关，是地方各级国家行政机关。

第三条　地方各级人民代表大会、县级以上的地方各级人民代表大会常务委员会和地方各级人民政府坚持中国共产党的领导，坚持以马克思列宁主义、毛泽东思想、邓小平理论、“三个代表”重要思想、科学发展观、习近平新时代中国特色社会主义思想为指导，依照宪法和法律规定行使职权。

第四条　地方各级人民代表大会、县级以上的地方各级人民代表大会常务委员会和地方各级人民政府坚持以人民为中心，坚持和发展全过程人民民主，始终同人民保持密切联系，倾听人民的意见和建议，为人民服务，对人民负责，受人民监督。

第五条　地方各级人民代表大会、县级以上的地方各级人民代表大会常务委员会和地方各级人民政府遵循在中央的统一领导下、充分发挥地方的主动性积极性的原则，保证宪法、法律和行政法规在本行政区域的实施。

第六条　地方各级人民代表大会、县级以上的地方各级人民代表大会常务委员会和地方各级人民政府实行民主集中制原则。

地方各级人民代表大会和县级以上的地方各级人民代表大会常务委员会应当充分发扬民主，集体行使职权。

地方各级人民政府实行首长负责制。政府工作中的重大事项应当经集体讨论决定。

第二章　地方各级人民代表大会

第一节　地方各级人民代表大会的组成和任期

第七条　省、自治区、直辖市、自治州、县、自治县、市、市辖区、乡、民族乡、镇设立人民代表大会。

第八条　省、自治区、直辖市、自治州、设区的市的人民代表大会代表由下一级的人民代表大会选举；县、自治县、不设区的市、市辖区、乡、民族乡、镇的人民代表大会代表由选民直接选举。

地方各级人民代表大会代表名额和代表产生办法由选举法规定。各行政区域内的少数民族应当有适当的代表名额。

第九条　地方各级人民代表大会每届任期五年。

第二节　地方各级人民代表大会的职权

第十条　省、自治区、直辖市的人民代表大会根据本行政区域的具体情况和实际需要，在不同宪法、法律、行政法规相抵触的前提下，可以制定和颁布地方性法规，报全国人民代表大会常务委员会和国务院备案。

设区的市、自治州的人民代表大会根据本行政区域的具体情况和实际需要，在不同宪法、法律、行政法规和本省、自治区的地方性法规相抵触的前提下，可以依照法律规定的权限制定地方性法规，报省、自治区的人民代表大会常务委员会批准后施行，并由省、自治区的人民代表大会常务委员会报全国人民代表大会常务委员会和国务院备案。

省、自治区、直辖市以及设区的市、自治州的人民代表大会根据区域协调发展的需要，可以开展协同立法。

第十一条　县级以上的地方各级人民代表大会行使下列职权：

（一）在本行政区域内，保证宪法、法律、行政法规和上级人民代表大会及其常务委员会决议的遵守和执行，保证国家计划和国家预算的执行；

（二）审查和批准本行政区域内的国民经济和社会发展规划纲要、计划和预算及其执行情况的报告，审查监督政府债务，监督本级人民政府对国有资产的管理；

（三）讨论、决定本行政区域内的政治、经济、教育、科学、文化、卫生、生态环境保护、自然资源、城乡建设、民政、社会保障、民族等工作的重大事项和项目；

（四）选举本级人民代表大会常务委员会的组成人员；

（五）选举省长、副省长，自治区主席、副主席，市长、副市长，州长、副州长，县长、副县长，区长、副区长；

（六）选举本级监察委员会主任、人民法院院长和人民检察院检察长；选出的人民检察院检察长，须报经上一级人民检察院检察长提请该级人民代表大会常务委员会批准；

（七）选举上一级人民代表大会代表；

（八）听取和审议本级人民代表大会常务委员会的工作报告；

（九）听取和审议本级人民政府和人民法院、人民检察院的工作报告；

（十）改变或者撤销本级人民代表大会常务委员会的不适当的决议；

（十一）撤销本级人民政府的不适当的决定和命令；

（十二）保护社会主义的全民所有的财产和劳动群众集体所有的财产，保护公民私人所有的合法财产，维护社会秩序，保障公民的人身权利、民主权利和其他权利；

（十三）保护各种经济组织的合法权益；

（十四）铸牢中华民族共同体意识，促进各民族广泛交往交流交融，保障少数民族的合法权利和利益；

（十五）保障宪法和法律赋予妇女的男女平等、同工同酬和婚姻自由等各项权利。

第十二条　乡、民族乡、镇的人民代表大会行使下列职权：

（一）在本行政区域内，保证宪法、法律、行政法规和上级人民代表大会及其常务委员会决议的遵守和执行；

（二）在职权范围内通过和发布决议；

（三）根据国家计划，决定本行政区域内的经济、文化事业和公共事业的建设计划和项目；

（四）审查和批准本行政区域内的预算和预算执行情况的报告，监督本级预算的执行，审查和批准本级预算的调整方案，审查和批准本级决算；

（五）决定本行政区域内的民政工作的实施计划；

（六）选举本级人民代表大会主席、副主席；

（七）选举乡长、副乡长，镇长、副镇长；

（八）听取和审议乡、民族乡、镇的人民政府的工作报告；

（九）听取和审议乡、民族乡、镇的人民代表大会主席团的工作报告；

（十）撤销乡、民族乡、镇的人民政府的不适当的决定和命令；

（十一）保护社会主义的全民所有的财产和劳动群众集体所有的财产，保护公民私人所有的合法财产，维护社会秩序，保障公民的人身权利、民主权利和其他权利；

（十二）保护各种经济组织的合法权益；

（十三）铸牢中华民族共同体意识，促进各民族广泛交往交流交融，保障少数民族的合法权利和利益；

（十四）保障宪法和法律赋予妇女的男女平等、同工同酬和婚姻自由等各项权利。

少数民族聚居的乡、民族乡、镇的人民代表大会在行使职权的时候，可以依照法律规定的权限采取适合民族特点的具体措施。

第十三条 地方各级人民代表大会有权罢免本级人民政府的组成人员。县级以上的地方各级人民代表大会有权罢免本级人民代表大会常务委员会的组成人员和由它选出的监察委员会主任、人民法院院长、人民检察院检察长。罢免人民检察院检察长，须报经上一级人民检察院检察长提请该级人民代表大会常务委员会批准。

第三节 地方各级人民代表大会会议的举行

第十四条 地方各级人民代表大会会议每年至少举行一次。乡、民族乡、镇的人民代表大会会议一般每年举行两次。会议召开的日期由本级人民代表大会常务委员会或者乡、民族乡、镇的人民代表大会主席团决定，并予以公布。

遇有特殊情况，县级以上的地方各级人民代表大会常务委员会或者乡、民族乡、镇的人民代表大会主席团可以决定适当提前或者推迟召开会议。提前或者推迟召开会议的日期未能在当次会议上决定的，常务委员会或者其授权的主任会议，乡、民族乡、镇的人民代表大会主席团可以另行决定，并予以公布。

县级以上的地方各级人民代表大会常务委员会或者乡、民族乡、镇的人民代表大会主席团认为必要，或者经过五分之一以上代表提议，可以临时召集本级人民代表大会会议。

地方各级人民代表大会会议有三分之二以上的代表出席，始得举行。

第十五条 县级以上的地方各级人民代表大会会议由本级人民代表大会常务委员会召集。

第十六条 地方各级人民代表大会举行会议，应当合理安排会期和会议日程，提高议事质量和效率。

第十七条　县级以上的地方各级人民代表大会每次会议举行预备会议，选举本次会议的主席团和秘书长，通过本次会议的议程和其他准备事项的决定。

预备会议由本级人民代表大会常务委员会主持。每届人民代表大会第一次会议的预备会议，由上届本级人民代表大会常务委员会主持。

县级以上的地方各级人民代表大会举行会议的时候，由主席团主持会议。

县级以上的地方各级人民代表大会会议设副秘书长若干人；副秘书长的人选由主席团决定。

第十八条　乡、民族乡、镇的人民代表大会设主席，并可以设副主席一人至二人。主席、副主席由本级人民代表大会从代表中选出，任期同本级人民代表大会每届任期相同。

乡、民族乡、镇的人民代表大会主席、副主席不得担任国家行政机关的职务；如果担任国家行政机关的职务，必须向本级人民代表大会辞去主席、副主席的职务。

乡、民族乡、镇的人民代表大会主席、副主席在本级人民代表大会闭会期间负责联系本级人民代表大会代表，根据主席团的安排组织代表开展活动，反映代表和群众对本级人民政府工作的建议、批评和意见，并负责处理主席团的日常工作。

第十九条　乡、民族乡、镇的人民代表大会举行会议的时候，选举主席团。由主席团主持会议，并负责召集下一次的本级人民代表大会会议。乡、民族乡、镇的人民代表大会主席、副主席为主席团的成员。

主席团在本级人民代表大会闭会期间，每年选择若干关系本地区群众切身利益和社会普遍关注的问题，有计划地安排代表听取和讨论本级人民政府的专项工作报告，对法律、法规实施情况进行检查，开展视察、调研等活动；听取和反映代表和群众对本级人民政府工作的建议、批评和意见。主席团在闭会期间的工作，向本级人民代表大会报告。

第二十条　地方各级人民代表大会每届第一次会议，在本届人民代表大会代表选举完成后的两个月内，由上届本级人民代表大会常务委员会或者乡、民族乡、镇的上次人民代表大会主席团召集。

第二十一条　县级以上的地方各级人民政府组成人员和监察委员会主任、人民法院院长、人民检察院检察长，乡级的人民政府领导人员，列席本级人民代表大会会议；县级以上的其他有关机关、团体负责人，经本级人民代表大会常务委员会决定，可以列席本级人民代表大会会议。

第二十二条　地方各级人民代表大会举行会议的时候，主席团、常务委员会、各专门委员会、本级人民政府，可以向本级人民代表大会提出属于本级人民代表大会职权范围内的议案，由主席团决定提交人民代表大会会议审议，或者并交有关的专门委员会审议、提出报告，再由主席团审议决定提交大会表决。

县级以上的地方各级人民代表大会代表十人以上联名，乡、民族乡、镇的人民代表大会代表五人以上联名，可以向本级人民代表大会提出属于本级人民代表大会职权范围内的议案，由主席团决定是否列入大会议程，或者先交有关的专门委员会审议，提出是否列入大会议程的意见，再由主席团决定是否列入大会议程。

列入会议议程的议案，在交付大会表决前，提案人要求撤回的，经主席团同意，会议对该项议案的审议即行终止。

第二十三条 在地方各级人民代表大会审议议案的时候，代表可以向有关地方国家机关提出询问，由有关机关派人说明。

第二十四条 地方各级人民代表大会举行会议的时候，代表十人以上联名可以书面提出对本级人民政府和它所属各工作部门以及监察委员会、人民法院、人民检察院的质询案。质询案必须写明质询对象、质询的问题和内容。

质询案由主席团决定交由受质询机关在主席团会议、大会全体会议或者有关的专门委员会会议上口头答复，或者由受质询机关书面答复。在主席团会议或者专门委员会会议上答复的，提质询案的代表有权列席会议，发表意见；主席团认为必要的时候，可以将答复质询案的情况报告印发会议。

质询案以口头答复的，应当由受质询机关的负责人到会答复；质询案以书面答复的，应当由受质询机关的负责人签署，由主席团印发会议或者印发提质询案的代表。

第二十五条 地方各级人民代表大会进行选举和通过决议，以全体代表的过半数通过。

第四节 地方国家机关组成人员的选举、罢免和辞职

第二十六条 县级以上的地方各级人民代表大会常务委员会的组成人员，乡、民族乡、镇的人民代表大会主席、副主席，省长、副省长，自治区主席、副主席，市长、副市长，州长、副州长，县长、副县长，区长、副区长，乡长、副乡长，镇长、副镇长，监察委员会主任，人民法院院长，人民检察院检察长的人选，由本级人民代表大会主席团或者代表依照本法规定联合提名。

省、自治区、直辖市的人民代表大会代表三十人以上书面联名，设区的市和自治州的人民代表大会代表二十人以上书面联名，县级的人民代表大会代表十人以上书面联名，可以提出本级人民代表大会常务委员会组成人员，人民政府领导人员，监察委员会主任，人民法院院长，人民检察院检察长的候选人。乡、民族乡、镇的人民代表大会代表十人以上书面联名，可以提出本级人民代表大会主席、副主席，人民政府领导人员的候选人。不同选区或者选举单位选出的代表可以酝酿、联合提出候选人。

主席团提名的候选人人数，每一代表与其他代表联合提名的候选人人数，均不得超过应选名额。

提名人应当如实介绍所提名的候选人的情况。

第二十七条 人民代表大会常务委员会主任、秘书长，乡、民族乡、镇的人民代表大会主席，人民政府正职领导人员，监察委员会主任，人民法院院长，人民检察院检察长的候选人数可以多一人，进行差额选举；如果提名的候选人只有一人，也可以等额选举。人民代表大会常务委员会副主任，乡、民族乡、镇的人民代表大会副主席，人民政府副职领导人员的候选人数应比应选人数多一人至三人，人民代表大会常务委员会委员的候选人数应比应选人数多十分之一至五分之一，由本级人民代表大会根据应选人数在选举办法中规定具体差额数，进行差额选举。如果提名的候选人数符合选举办法规定的差额数，由主席团提交代表酝酿、讨论后，进行选举。如果提名的候选人数超过选举办法规定的差额数，由主席团提交代

表酝酿、讨论后，进行预选，根据在预选中得票多少的顺序，按照选举办法规定的差额数，确定正式候选人名单，进行选举。

县级以上的地方各级人民代表大会换届选举本级国家机关领导人员时，提名、酝酿候选人的时间不得少于两天。

第二十八条　选举采用无记名投票方式。代表对于确定的候选人，可以投赞成票，可以投反对票，可以另选其他任何代表或者选民，也可以弃权。

第二十九条　地方各级人民代表大会选举本级国家机关领导人员，获得过半数选票的候选人人数超过应选名额时，以得票多的当选。如遇票数相等不能确定当选人时，应当就票数相等的人再次投票，以得票多的当选。

获得过半数选票的当选人数少于应选名额时，不足的名额另行选举。另行选举时，可以根据在第一次投票时得票多少的顺序确定候选人，也可以依照本法规定的程序另行提名、确定候选人。经本级人民代表大会决定，不足的名额的另行选举可以在本次人民代表大会会议上进行，也可以在下一次人民代表大会会议上进行。

另行选举人民代表大会常务委员会副主任、委员，乡、民族乡、镇的人民代表大会副主席，人民政府副职领导人员时，依照本法第二十七条第一款的规定，确定差额数，进行差额选举。

第三十条　地方各级人民代表大会补选常务委员会主任、副主任、秘书长、委员，乡、民族乡、镇的人民代表大会主席、副主席，省长、副省长，自治区主席、副主席，市长、副市长，州长、副州长，县长、副县长，区长、副区长，乡长、副乡长，镇长、副镇长，监察委员会主任，人民法院院长，人民检察院检察长时，候选人数可以多于应选人数，也可以同应选人数相等。选举办法由本级人民代表大会决定。

第三十一条　县级以上的地方各级人民代表大会举行会议的时候，主席团、常务委员会或者十分之一以上代表联名，可以提出对本级人民代表大会常务委员会组成人员、人民政府组成人员、监察委员会主任、人民法院院长、人民检察院检察长的罢免案，由主席团提请大会审议。

乡、民族乡、镇的人民代表大会举行会议的时候，主席团或者五分之一以上代表联名，可以提出对人民代表大会主席、副主席，乡长、副乡长，镇长、副镇长的罢免案，由主席团提请大会审议。

罢免案应当写明罢免理由。

被提出罢免的人员有权在主席团会议或者大会全体会议上提出申辩意见，或者书面提出申辩意见。在主席团会议上提出的申辩意见或者书面提出的申辩意见，由主席团印发会议。

向县级以上的地方各级人民代表大会提出的罢免案，由主席团交会议审议后，提请全体会议表决；或者由主席团提议，经全体会议决定，组织调查委员会，由本级人民代表大会下次会议根据调查委员会的报告审议决定。

第三十二条　县级以上的地方各级人民代表大会常务委员会组成人员、专门委员会组成人员和人民政府领导人员，监察委员会主任，人民法院院长，人民检察院检察长，可以向本级人民代表大会提出辞职，由大会决定是否接受辞职；大会闭会期间，可以向本级人民代表大会常务委员会提出辞职，由常务委员会决定是否接受辞职。常务委员会决定接受辞职后，报本级人民代表大会备案。人民检察院检察长的辞职，须报经上一级人民检察院检察长提请该级人民代表大会常务委员会批准。

乡、民族乡、镇的人民代表大会主席、副主席，乡长、副乡长，镇长、副镇长，可以向本级人民代表大会提出辞职，由大会决定是否接受辞职。

第五节　地方各级人民代表大会各委员会

第三十三条　省、自治区、直辖市、自治州、设区的市的人民代表大会根据需要，可以设法制委员会、财政经济委员会、教育科学文化卫生委员会、环境与资源保护委员会、社会建设委员会和其他需要设立的专门委员会；县、自治县、不设区的市、市辖区的人民代表大会根据需要，可以设法制委员会、财政经济委员会等专门委员会。

各专门委员会受本级人民代表大会领导；在大会闭会期间，受本级人民代表大会常务委员会领导。

第三十四条　各专门委员会的主任委员、副主任委员和委员的人选，由主席团在代表中提名，大会通过。在大会闭会期间，常务委员会可以任免专门委员会的个别副主任委员和部分委员，由主任会议提名，常务委员会会议通过。

各专门委员会每届任期同本级人民代表大会每届任期相同，履行职责到下届人民代表大会产生新的专门委员会为止。

第三十五条　各专门委员会在本级人民代表大会及其常务委员会领导下，开展下列工作：

（一）审议本级人民代表大会主席团或者常务委员会交付的议案；

（二）向本级人民代表大会主席团或者常务委员会提出属于本级人民代表大会或者常务委员会职权范围内同本委员会有关的议案，组织起草有关议案草案；

（三）承担本级人民代表大会常务委员会听取和审议专项工作报告、执法检查、专题询问等的具体组织实施工作；

（四）按照本级人民代表大会常务委员会工作安排，听取本级人民政府工作部门和监察委员会、人民法院、人民检察院的专题汇报，提出建议；

（五）对属于本级人民代表大会及其常务委员会职权范围内同本委员会有关的问题，进行调查研究，提出建议；

（六）研究办理代表建议、批评和意见，负责有关建议、批评和意见的督促办理工作；

（七）办理本级人民代表大会及其常务委员会交办的其他工作。

第三十六条　县级以上的地方各级人民代表大会可以组织关于特定问题的调查委员会。

主席团或者十分之一以上代表书面联名，可以向本级人民代表大会提议组织关于特定问题的调查委员会，由主席团提请全体会议决定。

调查委员会由主任委员、副主任委员和委员组成，由主席团在代表中提名，提请全体会议通过。

调查委员会应当向本级人民代表大会提出调查报告。人民代表大会根据调查委员会的报告，可以作出相应的决议。人民代表大会可以授权它的常务委员会听取调查委员会的调查报告，常务委员会可以作出相应的决议，报人民代表大会下次会议备案。

第三十七条　乡、民族乡、镇的每届人民代表大会第一次会议通过的代表资格审查委员会，行使职权至本届人民代表大会任期届满为止。

第六节　地方各级人民代表大会代表

第三十八条　地方各级人民代表大会代表任期，从每届本级人民代表大会举行第一次会议开始，到下届本级人民代表大会举行第一次会议为止。

第三十九条　地方各级人民代表大会代表、常务委员会组成人员，在人民代表大会和常务委员会会议上的发言和表决，不受法律追究。

第四十条　县级以上的地方各级人民代表大会代表，非经本级人民代表大会主席团许可，在大会闭会期间，非经本级人民代表大会常务委员会许可，不受逮捕或者刑事审判。如果因为是现行犯被拘留，执行拘留的公安机关应当立即向该级人民代表大会主席团或者常务委员会报告。

第四十一条　地方各级人民代表大会代表在出席人民代表大会会议和执行代表职务的时候，国家根据需要给予往返的旅费和必要的物质上的便利或者补贴。

第四十二条　县级以上的地方各级人民代表大会代表向本级人民代表大会及其常务委员会提出的对各方面工作的建议、批评和意见，由本级人民代表大会常务委员会的办事机构交有关机关和组织研究办理并负责答复。

乡、民族乡、镇的人民代表大会代表向本级人民代表大会提出的对各方面工作的建议、批评和意见，由本级人民代表大会主席团交有关机关和组织研究办理并负责答复。

地方各级人民代表大会代表的建议、批评和意见的办理情况，由县级以上的地方各级人民代表大会常务委员会办事机构或者乡、民族乡、镇的人民代表大会主席团向本级人民代表大会常务委员会或者乡、民族乡、镇的人民代表大会报告，并予以公开。

第四十三条　地方各级人民代表大会代表应当与原选区选民或者原选举单位和人民群众保持密切联系，听取和反映他们的意见和要求，充分发挥在发展全过程人民民主中的作用。

省、自治区、直辖市、自治州、设区的市的人民代表大会代表可以列席原选举单位的人民代表大会会议。

县、自治县、不设区的市、市辖区、乡、民族乡、镇的人民代表大会代表分工联系选民，有代表三人以上的居民地区或者生产单位可以组织代表小组。

地方各级人民代表大会代表应当向原选区选民或者原选举单位报告履职情况。

第四十四条　省、自治区、直辖市、自治州、设区的市的人民代表大会代表受原选举单位的监督；县、自治县、不设区的市、市辖区、乡、民族乡、镇的人民代表大会代表受选民的监督。

地方各级人民代表大会代表的选举单位和选民有权随时罢免自己选出的代表。代表的罢免必须由原选举单位以全体代表的过半数通过，或者由原选区以选民的过半数通过。

第四十五条　地方各级人民代表大会代表因故不能担任代表职务的时候，由原选举单位或者由原选区选民补选。

第三章　县级以上的地方各级人民代表大会常务委员会

第一节　常务委员会的组成和任期

第四十六条　省、自治区、直辖市、自治州、县、自治县、市、市辖区的人民代表大会设立常务委员会，对本级人民代表大会负责并报告工作。

第四十七条　省、自治区、直辖市、自治州、设区的市的人民代表大会常务委员会由本级人民代表大会在代表中选举主任、副主任若干人、秘书长、委员若干人组成。

县、自治县、不设区的市、市辖区的人民代表大会常务委员会由本级人民代表大会在代表中选举主任、副主任若干人和委员若干人组成。

常务委员会的组成人员不得担任国家行政机关、监察机关、审判机关和检察机关的职务；如果担任上述职务，必须向常务委员会辞去常务委员会的职务。

常务委员会组成人员的名额：

（一）省、自治区、直辖市四十五人至七十五人，人口超过八千万的省不超过九十五人；

（二）设区的市、自治州二十九人至五十一人，人口超过八百万的设区的市不超过六十一人；

（三）县、自治县、不设区的市、市辖区十五人至三十五人，人口超过一百万的县、自治县、不设区的市、市辖区不超过四十五人。

省、自治区、直辖市每届人民代表大会常务委员会组成人员的名额，由省、自治区、直辖市的人民代表大会依照前款规定，按人口多少并结合常务委员会组成人员结构的需要确定。自治州、县、自治县、市、市辖区每届人民代表大会常务委员会组成人员的名额，由省、自治区、直辖市的人民代表大会常务委员会依照前款规定，按人口多少并结合常务委员会组成人员结构的需要确定。每届人民代表大会常务委员会组成人员的名额经确定后，在本届人民代表大会的任期内不再变动。

第四十八条　县级以上的地方各级人民代表大会常务委员会每届任期同本级人民代表大会每届任期相同，它行使职权到下届本级人民代表大会选出新的常务委员会为止。

第二节　常务委员会的职权

第四十九条　省、自治区、直辖市的人民代表大会常务委员会在本级人民代表大会闭会期间，根据本行政区域的具体情况和实际需要，在不同宪法、法律、行政法规相抵触的前提下，可以制定和颁布地方性法规，报全国人民代表大会常务委员会和国务院备案。

设区的市、自治州的人民代表大会常务委员会在本级人民代表大会闭会期间，根据本行政区域的具体情况和实际需要，在不同宪法、法律、行政法规和本省、自治区的地方性法规相抵触的前提下，可以依照法律规定的权限制定地方性法规，报省、自治区的人民代表大会常务委员会批准后施行，并由省、自治区的人民代表大会常务委员会报全国人民代表大会常务委员会和国务院备案。

省、自治区、直辖市以及设区的市、自治州的人民代表大会常务委员会根据区域协调发展的需要，可以开展协同立法。

第五十条　县级以上的地方各级人民代表大会常务委员会行使下列职权：

（一）在本行政区域内，保证宪法、法律、行政法规和上级人民代表大会及其常务委员会决议的遵守和执行；

（二）领导或者主持本级人民代表大会代表的选举；

（三）召集本级人民代表大会会议；

（四）讨论、决定本行政区域内的政治、经济、教育、科学、文化、卫生、生态环境保护、自然资源、城乡建设、民政、社会保障、民族等工作的重大事项和项目；

（五）根据本级人民政府的建议，审查和批准本行政区域内的国民经济和社会发展规划纲要、计划和本级预算的调整方案；

（六）监督本行政区域内的国民经济和社会发展规划纲要、计划和预算的执行，审查和批准本级决算，监督审计查出问题整改情况，审查监督政府债务；

（七）监督本级人民政府、监察委员会、人民法院和人民检察院的工作，听取和审议有关专项工作报告，组织执法检查，开展专题询问等；联系本级人民代表大会代表，受理人民群众对上述机关和国家工作人员的申诉和意见；

（八）监督本级人民政府对国有资产的管理，听取和审议本级人民政府关于国有资产管理情况的报告；

（九）听取和审议本级人民政府关于年度环境状况和环境保护目标完成情况的报告；

（十）听取和审议备案审查工作情况报告；

（十一）撤销下一级人民代表大会及其常务委员会的不适当的决议；

（十二）撤销本级人民政府的不适当的决定和命令；

（十三）在本级人民代表大会闭会期间，决定副省长、自治区副主席、副市长、副州长、副县长、副区长的个别任免；在省长、自治区主席、市长、州长、县长、区长和监察委员会主任、人民法院院长、人民检察院检察长因故不能担任职务的时候，根据主任会议的提名，从本级人民政府、监察委员会、人民法院、人民检察院副职领导人员中决定代理的人选；决定代理检察长，须报上一级人民检察院和人民代表大会常务委员会备案；

（十四）根据省长、自治区主席、市长、州长、县长、区长的提名，决定本级人民政府秘书长、厅长、局长、委员会主任、科长的任免，报上一级人民政府备案；

（十五）根据监察委员会主任的提名，任免监察委员会副主任、委员；

（十六）按照人民法院组织法和人民检察院组织法的规定，任免人民法院副院长、庭长、副庭长、审判委员会委员、审判员，任免人民检察院副检察长、检察委员会委员、检察员，批准任免下一级人民检察院检察长；省、自治区、直辖市的人民代表大会常务委员会根据主任会议的提名，决定在省、自治区内按地区设立的和在直辖市内设立的中级人民法院院长的任免，根据省、自治区、直辖市的人民检察院检察长的提名，决定人民检察院分院检察长的任免；

（十七）在本级人民代表大会闭会期间，决定撤销个别副省长、自治区副主席、副市长、副州长、副县长、副区长的职务；决定撤销由它任命的本级人民政府其他组成人员和监察委员会副主任、委员，人民法院副院长、庭长、副庭长、审判委员会委员、审判员，人民检察院副检察长、检察委员会委员、检察员，中级人民法院院长，人民检察院分院检察长的职务；

（十八）在本级人民代表大会闭会期间，补选上一级人民代表大会出缺的代表和罢免个别代表。

常务委员会讨论前款第四项规定的本行政区域内的重大事项和项目，可以作出决定或者决议，也可以将有关意见、建议送有关地方国家机关或者单位研究办理。有关办理情况应当及时向常务委员会报告。

第三节　常务委员会会议的举行

第五十一条　常务委员会会议由主任召集并主持，每两个月至少举行一次。遇有特殊需要时，可以临时召集常务委员会会议。主任可以委托副主任主持会议。

县级以上的地方各级人民政府、监察委员会、人民法院、人民检察院的负责人，列席本级人民代表大会常务委员会会议。

常务委员会会议有常务委员会全体组成人员过半数出席，始得举行。

常务委员会的决议，由常务委员会以全体组成人员的过半数通过。

第五十二条　县级以上的地方各级人民代表大会常务委员会主任会议可以向本级人民代表大会常务委员会提出属于常务委员会职权范围内的议案，由常务委员会会议审议。

县级以上的地方各级人民政府、人民代表大会各专门委员会，可以向本级人民代表大会常务委员会提出属于常务委员会职权范围内的议案，由主任会议决定提请常务委员会会议审议，或者先交有关的专门委员会审议、提出报告，再提请常务委员会会议审议。

省、自治区、直辖市、自治州、设区的市的人民代表大会常务委员会组成人员五人以上联名，县级的人民代表大会常务委员会组成人员三人以上联名，可以向本级常务委员会提出属于常务委员会职权范围内的议案，由主任会议决定是否提请常务委员会会议审议，或者先交有关的专门委员会审议、提出报告，再决定是否提请常务委员会会议审议。

第五十三条　在常务委员会会议期间，省、自治区、直辖市、自治州、设区的市的人民代表大会常务委员会组成人员五人以上联名，县级的人民代表大会常务委员会组成人员三人以上联名，可以向常务委员会书面提出对本级人民政府及其工作部门、监察委员会、人民法院、人民检察院的质询案。质询案必须写明质询对象、质询的问题和内容。

质询案由主任会议决定交由受质询机关在常务委员会全体会议上或者有关的专门委员会会议上口头答复，或者由受质询机关书面答复。在专门委员会会议上答复的，提质询案的常务委员会组成人员有权列席会议，发表意见；主任会议认为必要的时候，可以将答复质询案的情况报告印发会议。

质询案以口头答复的，应当由受质询机关的负责人到会答复；质询案以书面答复的，应当由受质询机关的负责人签署，由主任会议印发会议或者印发提质询案的常务委员会组成人员。

第五十四条　省、自治区、直辖市、自治州、设区的市的人民代表大会常务委员会主任、副主任和秘书长组成主任会议；县、自治县、不设区的市、市辖区的人民代表大会常务委员会主任、副主任组成主任会议。

主任会议处理常务委员会的重要日常工作：

（一）决定常务委员会每次会议的会期，拟订会议议程草案，必要时提出调整会议议程的建议；

（二）对向常务委员会提出的议案和质询案，决定交由有关的专门委员会审议或者提请常务委员会全体会议审议；

（三）决定是否将议案和决定草案、决议草案提请常务委员会全体会议表决，对暂不交付表决的，提出下一步处理意见；

（四）通过常务委员会年度工作计划等；

（五）指导和协调专门委员会的日常工作；

（六）其他重要日常工作。

第五十五条　常务委员会主任因为健康情况不能工作或者缺位的时候，由常务委员会在副主任中推选一人代理主任的职务，直到主任恢复健康或者人民代表大会选出新的主任为止。

第四节　常务委员会各委员会和工作机构

第五十六条　县级以上的地方各级人民代表大会常务委员会设立代表资格审查委员会。

代表资格审查委员会的主任委员、副主任委员和委员的人选，由常务委员会主任会议在常务委员会组成人员中提名，常务委员会任免。

第五十七条　代表资格审查委员会审查代表的选举是否符合法律规定。

第五十八条　主任会议或者五分之一以上的常务委员会组成人员书面联名，可以向本级人民代表大会常务委员会提议组织关于特定问题的调查委员会，由全体会议决定。

调查委员会由主任委员、副主任委员和委员组成，由主任会议在常务委员会组成人员和其他代表中提名，提请全体会议通过。

调查委员会应当向本级人民代表大会常务委员会提出调查报告。常务委员会根据调查委员会的报告，可以作出相应的决议。

第五十九条　常务委员会根据工作需要，设立办事机构和法制工作委员会、预算工作委员会、代表工作委员会等工作机构。

省、自治区的人民代表大会常务委员会可以在地区设立工作机构。

市辖区、不设区的市的人民代表大会常务委员会可以在街道设立工作机构。工作机构负责联系街道辖区内的人民代表大会代表，组织代表开展活动，反映代表和群众的建议、批评和意见，办理常务委员会交办的监督、选举以及其他工作，并向常务委员会报告工作。

县、自治县的人民代表大会常务委员会可以比照前款规定，在街道设立工作机构。

第六十条　县级以上的地方各级人民代表大会常务委员会和各专门委员会、工作机构应当建立健全常务委员会组成人员和各专门委员会、工作机构联系代表的工作机制，支持和保障代表依法履职，扩大代表对各项工作的参与，充分发挥代表作用。

县级以上的地方各级人民代表大会常务委员会通过建立基层联系点、代表联络站等方式，密切同人民群众的联系，听取对立法、监督等工作的意见和建议。

第四章　地方各级人民政府

第一节　一般规定

第六十一条　省、自治区、直辖市、自治州、县、自治县、市、市辖区、乡、民族乡、镇设立人民政府。

第六十二条　地方各级人民政府应当维护宪法和法律权威，坚持依法行政，建设职能科学、权责法定、执法严明、公开公正、智能高效、廉洁诚信、人民满意的法治政府。

第六十三条　地方各级人民政府应当坚持以人民为中心，全心全意为人民服务，提高行政效能，建设服务型政府。

第六十四条　地方各级人民政府应当严格执行廉洁从政各项规定，加强廉政建设，建设廉洁政府。

第六十五条　地方各级人民政府应当坚持诚信原则，加强政务诚信建设，建设诚信政府。

第六十六条　地方各级人民政府应当坚持政务公开，全面推进决策、执行、管理、服务、结果公开，依法、及时、准确公开政府信息，推进政务数据有序共享，提高政府工作的透明度。

第六十七条　地方各级人民政府应当坚持科学决策、民主决策、依法决策，提高决策的质量。

第六十八条　地方各级人民政府应当依法接受监督，确保行政权力依法正确行使。

第六十九条　地方各级人民政府对本级人民代表大会和上一级国家行政机关负责并报告工作。县级以上的地方各级人民政府在本级人民代表大会闭会期间，对本级人民代表大会常务委员会负责并报告工作。

全国地方各级人民政府都是国务院统一领导下的国家行政机关，都服从国务院。

地方各级人民政府实行重大事项请示报告制度。

第二节　地方各级人民政府的组成和任期

第七十条　省、自治区、直辖市、自治州、设区的市的人民政府分别由省长、副省长，自治区主席、副主席，市长、副市长，州长、副州长和秘书长、厅长、局长、委员会主任等组成。

县、自治县、不设区的市、市辖区的人民政府分别由县长、副县长，市长、副市长，区长、副区长和局长、科长等组成。

乡、民族乡的人民政府设乡长、副乡长。民族乡的乡长由建立民族乡的少数民族公民担任。镇人民政府设镇长、副镇长。

第七十一条　新的一届人民政府领导人员依法选举产生后，应当在两个月内提请本级人民代表大会常务委员会任命人民政府秘书长、厅长、局长、委员会主任、科长。

第七十二条　地方各级人民政府每届任期五年。

第三节　地方各级人民政府的职权

第七十三条　县级以上的地方各级人民政府行使下列职权：

（一）执行本级人民代表大会及其常务委员会的决议，以及上级国家行政机关的决定和命令，规定行政措施，发布决定和命令；

（二）领导所属各工作部门和下级人民政府的工作；

（三）改变或者撤销所属各工作部门的不适当的命令、指示和下级人民政府的不适当的决定、命令；

（四）依照法律的规定任免、培训、考核和奖惩国家行政机关工作人员；

（五）编制和执行国民经济和社会发展规划纲要、计划和预算，管理本行政区域内的经济、教育、科学、文化、卫生、体育、城乡建设等事业和生态环境保护、自然资源、财政、民政、社会保障、公安、民族事务、司法行政、人口与计划生育等行政工作；

（六）保护社会主义的全民所有的财产和劳动群众集体所有的财产，保护公民私人所有的合法财产，维护社会秩序，保障公民的人身权利、民主权利和其他权利；

（七）履行国有资产管理职责；

（八）保护各种经济组织的合法权益；

（九）铸牢中华民族共同体意识，促进各民族广泛交往交流交融，保障少数民族的合法权利和利益，保障少数民族保持或者改革自己的风俗习惯的自由，帮助本行政区域内的民族自治地方依照宪法和法律实行区域自治，帮助各少数民族发展政治、经济和文化的建设事业；

（十）保障宪法和法律赋予妇女的男女平等、同工同酬和婚姻自由等各项权利；

（十一）办理上级国家行政机关交办的其他事项。

第七十四条 省、自治区、直辖市的人民政府可以根据法律、行政法规和本省、自治区、直辖市的地方性法规，制定规章，报国务院和本级人民代表大会常务委员会备案。设区的市、自治州的人民政府可以根据法律、行政法规和本省、自治区的地方性法规，依照法律规定的权限制定规章，报国务院和省、自治区的人民代表大会常务委员会、人民政府以及本级人民代表大会常务委员会备案。

依照前款规定制定规章，须经各该级政府常务会议或者全体会议讨论决定。

第七十五条 县级以上的地方各级人民政府制定涉及个人、组织权利义务的规范性文件，应当依照法定权限和程序，进行评估论证、公开征求意见、合法性审查、集体讨论决定，并予以公布和备案。

第七十六条 乡、民族乡、镇的人民政府行使下列职权：

（一）执行本级人民代表大会的决议和上级国家行政机关的决定和命令，发布决定和命令；

（二）执行本行政区域内的经济和社会发展计划、预算，管理本行政区域内的经济、教育、科学、文化、卫生、体育等事业和生态环境保护、财政、民政、社会保障、公安、司法行政、人口与计划生育等行政工作；

（三）保护社会主义的全民所有的财产和劳动群众集体所有的财产，保护公民私人所有的合法财产，维护社会秩序，保障公民的人身权利、民主权利和其他权利；

（四）保护各种经济组织的合法权益；

（五）铸牢中华民族共同体意识，促进各民族广泛交往交流交融，保障少数民族的合法权利和利益，保障少数民族保持或者改革自己的风俗习惯的自由；

（六）保障宪法和法律赋予妇女的男女平等、同工同酬和婚姻自由等各项权利；

（七）办理上级人民政府交办的其他事项。

第七十七条 地方各级人民政府分别实行省长、自治区主席、市长、州长、县长、区长、乡长、镇长负责制。

省长、自治区主席、市长、州长、县长、区长、乡长、镇长分别主持地方各级人民政府的工作。

第七十八条 县级以上的地方各级人民政府会议分为全体会议和常务会议。全体会议由本级人民政府全体成员组成。省、自治区、直辖市、自治州、设区的市的人民政府常务会议，分别由省长、副省长，自治区主席、副主席，市长、副市长，州长、副州长和秘书长组成。县、自治县、不设区的市、市辖区的人民政府常务会议，分别由县长、副县长，市长、副市长，区长、副区长组成。省长、自治区主席、市长、州长、县长、区长召集和主持本级人民政府全体会议和常务会议。政府工作中的重大问题，须经政府常务会议或者全体会议讨论决定。

第四节 地方各级人民政府的机构设置

第七十九条 地方各级人民政府根据工作需要和优化协同高效以及精干的原则，设立必要的工作部门。

县级以上的地方各级人民政府设立审计机关。地方各级审计机关依照法律规定独立行使审计监督权，对本级人民政府和上一级审计机关负责。

省、自治区、直辖市的人民政府的厅、局、委员会等工作部门和自治州、县、自治县、市、市辖区的人民政府的局、科等工作部门的设立、增加、减少或者合并，按照规定程序报请批准，并报本级人民代表大会常务委员会备案。

第八十条 县级以上的地方各级人民政府根据国家区域发展战略，结合地方实际需要，可以共同建立跨行政区划的区域协同发展工作机制，加强区域合作。

上级人民政府应当对下级人民政府的区域合作工作进行指导、协调和监督。

第八十一条 县级以上的地方各级人民政府根据应对重大突发事件的需要，可以建立跨部门指挥协调机制。

第八十二条 各厅、局、委员会、科分别设厅长、局长、主任、科长，在必要的时候可以设副职。

办公厅、办公室设主任，在必要的时候可以设副主任。

省、自治区、直辖市、自治州、设区的市的人民政府设秘书长一人，副秘书长若干人。

第八十三条 省、自治区、直辖市的人民政府的各工作部门受人民政府统一领导，并且依照法律或者行政法规的规定受国务院主管部门的业务指导或者领导。

自治州、县、自治县、市、市辖区的人民政府的各工作部门受人民政府统一领导，并且依照法律或者行政法规的规定受上级人民政府主管部门的业务指导或者领导。

第八十四条 省、自治区、直辖市、自治州、县、自治县、市、市辖区的人民政府应当协助设立在本行政区域内不属于自己管理的国家机关、企业、事业单位进行工作，并且监督它们遵守和执行法律和政策。

第八十五条　省、自治区的人民政府在必要的时候，经国务院批准，可以设立若干派出机关。

县、自治县的人民政府在必要的时候，经省、自治区、直辖市的人民政府批准，可以设立若干区公所，作为它的派出机关。

市辖区、不设区的市的人民政府，经上一级人民政府批准，可以设立若干街道办事处，作为它的派出机关。

第八十六条　街道办事处在本辖区内办理派出它的人民政府交办的公共服务、公共管理、公共安全等工作，依法履行综合管理、统筹协调、应急处置和行政执法等职责，反映居民的意见和要求。

第八十七条　乡、民族乡、镇的人民政府和市辖区、不设区的市的人民政府或者街道办事处对基层群众性自治组织的工作给予指导、支持和帮助。基层群众性自治组织协助乡、民族乡、镇的人民政府和市辖区、不设区的市的人民政府或者街道办事处开展工作。

第八十八条　乡、民族乡、镇的人民政府和街道办事处可以根据实际情况建立居民列席有关会议的制度。

第五章　附　　则

第八十九条　自治区、自治州、自治县的自治机关除行使本法规定的职权外，同时依照宪法、民族区域自治法和其他法律规定的权限行使自治权。

第九十条　省、自治区、直辖市的人民代表大会及其常务委员会可以根据本法和实际情况，对执行中的问题作具体规定。